U0822865

轻松过关® 1

2020年注册会计师考试
应试指导及全真模拟测试

经济法
（上册）

郭守杰　编著

东奥会计在线　组编

北京科学技术出版社

本书正版具有以下标识，请认真识别：

1. 本书附有防伪标签一枚，上有二维码，激活即可获赠正版图书超值专享服务。使用方法详见本书正文。

2. 本书防伪标签为正版标识，若无此标识即盗版，请广大读者拒绝购买。盗版举报电话：**400-627-5566**

您有任何问题或建议都可以扫描二维码，写下来反馈给我们，您的每一句话都很宝贵，期待您的意见反馈。

图书在版编目（CIP）数据

2020 年注册会计师考试应试指导及全真模拟测试. 经济法：上下册/郭守杰编著；东奥会计在线组编. —北京：北京科学技术出版社，2020. 4

（轻松过关 . 1）

ISBN 978-7-5714-0752-0

Ⅰ. ①2… Ⅱ. ①郭… ②东… Ⅲ. ①经济法-中国-资格考试-自学参考资料 Ⅳ. ①F23

中国版本图书馆 CIP 数据核字（2020）第 026761 号

2020 年注册会计师考试应试指导及全真模拟测试 经济法 上下册

作　　者：	郭守杰　东奥会计在线	**电子信箱：**	bjkj@ bjkjpress. com
责任编辑：	王　藏	**网　　址：**	www. bkydw. cn
封面设计：	晓　莉	**经　　销：**	新华书店
版式设计：	马金霞	**印　　刷：**	湖南天闻新华印务邵阳有限公司
出 版 人：	曾庆宇	**开　　本：**	787mm×1092mm　1/16
出版发行：	北京科学技术出版社	**字　　数：**	750 千字
社　　址：	北京西直门南大街 16 号	**印　　张：**	39
邮政编码：	100035	**版　　次：**	2020 年 4 月第 1 版
电话传真：	0431-87635566（编辑部） 010-66135495（总编室）	**印　　次：**	2020 年 4 月第 1 次印刷

ISBN 978-7-5714-0752-0/F · 536

定　价：99.00 元（上下册）

京科版图书，版权所有，侵权必究。
京科版图书，印装差错，负责退换。

编 委 会

（按姓氏笔画排序）

主　编：郭守杰

编著者：田　明　兰　飞　闫华红　刘　畅　刘　颖　刘圣妮　刘红梅　张志凤　陈　然　郭　萌

2020

轻松过关®

- 22年，我们始终保持着最初的热忱；
- 22年，我们对《轻松过关》依然虔诚且敬畏；
- 22年，《轻松过关》，是我们的事业，您的未来；
- 22年，我们不断进步，只为助考路上的您，轻松过关！

发展历程

- 1998年，东奥诞生，打造“轻松过关”品牌图书；
- 2001年，“轻松过关”的发行量几乎达到人手一册，被称为：财会培训领域的《圣经》；
- 2007年，东奥旗下“东奥会计在线”网校上线，编写名师讲授网课，反响火热；
- 此后，学员对“轻松过关”图书和“东奥会计在线”网课的认可度、需求度持续高涨；
- 2016—2019年，连续4年荣获“天猫双十一”图书考试行业销售冠军、职业资格考试领域成交额冠军。

出品流程

- 编写准备：
  - ·上一季考试结束后，名师围绕真题重新梳理考点，开始为期150多天的初稿撰写；
  - · 300多人的教务团队历经多次校对、探讨、修订，给名师返稿。
- 融入变化：
  - ·考试大纲与教材下发后，教务团队逐字比对，整理变化；
  - ·名师夜以继日，融入逢新必考的内容和例题；
  - ·1道紧扣最新考试大纲的经典题目，会花费名师6个小时乃至更长的时间。
- 校对定稿：
  - ·完成更新的稿件会重新交予教务团队，进行3校3审，最终才会定版。

体例创新

- APP查解析：
  - ·改变传统翻页对答案模式，实现随时扫码拍照，就能对答案、看解析、听名师讲题，方便快捷，提升学习效率。
- 知识点讲解具象化：
  - ·将复杂、抽象的知识点，采用图示、漫画、表格、案例等形式讲解，把学习变得更简单、有趣。
- 易错易混辨析：
  - ·将易混淆的知识点进行整理，对比区分，加深记忆，巧妙辨析，避免出错。

轻松过关®

系列丛书

轻1

《应试指导及全真模拟测试》

- 东奥经典产品，稳定的名师编写团队（合作时间最长20年，最短11年+），造就了“财会考试知名教辅”的地位，劲销22年，无以撼动。注重基础，考点覆盖全面。讲解透彻，例题针对性强，准确把握命题趋势，学练结合，融会贯通，轻松过关。

轻2

《通关必做500题》

- 轻1的“好搭档”，名师精编要点题库。
- 以题带点，牢握考点。举一反三，解锁做题技巧。
- 拒绝题海，题目质量高；含章节习题、历年真题、机考试题、模拟题，对比辨析，深度讲解。

轻3

《考点荟萃及记忆锦囊》

- 口袋书，体型小巧，携带方便，高度凝结知识点。
- 总结归纳，对比分析，利用碎片时间，随时翻看，巧妙记忆，想忘都难。

轻4

《最后六套题》

- 高质量考前模拟试卷，是各位名师呕心沥血，紧贴考试脉搏的考前力作。
- 覆盖重点，预测考点，在考前，查缺补漏，短时间快速提分。

轻5

《思维导图全解》

- 彩色版思维导图，并附以要点强化记忆。为考生搭建知识点框架系统，从广度和深度上为备考助力。

《100小时过注会》

- 这是一本名师千锤百炼、抽丝剥茧的课堂精要讲义。
- 教您如何高效分配100小时，快速覆盖核心考点。
- 辅以经典习题巩固，短时高效备考。

目　录

上　册

第一部分　2020年备考指南

第二部分　同步辅导及强化训练

下 册

第三部分　跨章节综合题演练

第四部分　全真模拟测试题及参考答案

第一部分

2020 年备考指南

2020 年备考指南

一、考试题型

2020 年 CPA 经济法将安排两场考试，第一场（北京、上海、深圳等城市的部分考生）的考试时间为 2020 年 10 月 11 日 16：30~18：30 进行，第二场（全国考生）的考试时间为 2020 年 10 月 17 日 17：00~19：00 进行，考试时长均为 120 分钟。具体的考试时间，以自己的准考证为准。

经济法的考试题型包括单选题（24 小题 24 分）、多选题（14 小题 21 分）和案例分析题（4 题 55 分）三个题型。其中，单选题和多选题属于客观题（合计 45 分），考生通过鼠标直接点击屏幕上的正确答案即可，案例分析题需要通过键盘输入答案。

2019 年 CPA 经济法只进行了一场考试，根据考生反馈的信息，A 卷和 B 卷的案例分析题各不相同，客观题有 1/2 左右的题目相同。

1. 单选题

单选题共 24 个小题，每小题 1 分，共 24 分。单选题有四个备选项，每小题只有一个正确答案。单选题是难度最小的题型，考生能否在单选题上拿到 18 分以上的分数是顺利通过经济法考试的基础和前提。

做单选题时，考生应注意以下问题：（1）要保证单选题的准确率，除了直接考数字的题目，在四个备选项中找出一个最佳答案并不是特别难；（2）最好把四个备选项都认真看一遍，仔细权衡后，再选出最符合题意的正确答案；（3）有些题目要求考生选择“不正确”或者“不符合法律规定”的选项，千万不要大意，否则出了考场，自己都无法原谅自己。

2. 多选题

多选题共 14 个小题，每小题 1.5 分，共 21 分。多选题有四个备选项，正确答案 2~4 个，四个选项有可能全部正确。如果正确答案为 AC，考生只有选 AC 才能得 1.5 分，不选、错选或者漏选均不得分。多选题的评分标准十分苛刻，或者 1.5 分或者 0 分。考生很快可以发现，得 1.5 分太困难，得 0 分很容易。如果能在多选题上拿到 10 分以上的分数，基本上就可以通过考试了。

在考试中，有些多选题可以采用“排除法”，只要考生能成功排除掉两个错误选项，剩下的选项只能作为正确答案。但问题的关键是能否成功排除，万一踩了地雷，1.5 分又没了。

3. 案例分析题

案例分析题共四个题目，合计 55 分，每个题目的分值不尽相同（题目中会标注分值）。一般情况下，前两个题目的分值均为 10 分，第三个题目的分值为 17 分，第四个题目的分值为 18 分。其中，只有一个题目（机考试题中会清楚地标明）考生可以选择使用“中文或者英文”解答，如果使用英文解答，该题目必须全部使用英文，答案正确的话可以多拿 5 分。因此，CPA 经济法的最高分数为 105 分，但合格分数线仍为 60 分（如果个别年份的试题非常难，有可能下调及格分数线，但肯定不会上调）。

二、案例分析题的命题方向和答题步骤

1. 命题方向

不管考生抽到哪份试卷，案例分析题一般集中于四个方面：

（1）破产法律制度（一般为 10 分）；

（2）票据法律制度（一般为 10 分）；

（3）物权法律制度和合同法律制度的结合（一般为 17 分）；

（4）公司法律制度和证券法律制度的结合（一般为 18 分）。

2. 答题步骤

对于主观题的答题步骤，我们以 2016 年第 4 个案例分析题最后 1 个小问题为例进行说明。题目的要求是“人民法院应否受理钱某提起的诉讼？并说明理由。”（本小题 3 分）

第一步，作出明确判断（1 分）。如果时间允许，考生最好完整地写出“人民法院不应受理钱某提起的诉讼”。如果时间不够，考生也可以简短写出“人民法院不应受理”。因为阅卷老师要的就是您的判断：应当受理还是不受理？您必须给个明确的说法，不要吞吞吐吐、左躲右闪。案例分析题即使判断错了也不倒扣分，该怎么做“你懂的”。

第二步，说明理由（2 分）。标准答案是：根据公司法律制度的规定，股份有限公司连续 180 日以上单独或者合计持有公司 1% 以上股份的股东，可以提起股东代表诉讼。在本题中，钱某仅持有风顺科技 0.1% 的股份，不具有提起股东代表诉讼的资格。

首先，“根据公司法律制度的规定”只是过渡性语言，并非评分要点，为了节省时间，考生简单地敲上“根据规定”几个字即可。

其次，是否要求考生必须一字不差地引述法律条文？真的不要求。考生可以进行适当的变通，但关键词必须交代清楚。本题考核的是股份有限公司股东代表诉讼的股东资格问题，如果连“1%”这个数字都写错了，其他文字写得再漂亮也没分。讲到这里，考生可能松了一口气，既然不要求必须一字不差地去引述法律条文，就不用像小学生背诵课文那样费劲了。但是，考生必须注意三个问题：第一，在复习过程中必须加深对法律条文的准确理解，清楚地知道该法律条文的“关键词”到底是什么。第二，在答题过程中必须做到“有的放矢”，您首先应当清楚这个题目的“进攻点”，然后才能组织清晰、有效的“防守”。第三，什么叫“适当的变通”？一千个人心中有一万个“哈姆雷特”。如果您能做到“八九不离十”，阅卷老师一般不会扣分。但是，如果您把法律条文变通的“面目全非”呢？肯定没分。所以，对一些重要的法律条文，考试之前最好背一下，即使做不到“一字不差”，至少应做到“差不多”。

最后，如果考生根本不会引述法律条文，只能用“胡同语言”进行具体分析。如果考生能写出“钱某仅持有风顺科技 0.1% 的股份，不足 1%，不具有提起股东代表诉讼的资格”，只要关键词（1%）交代清楚了，一般情况下照样可以得分。

简而言之，如果考生能够相对准确地引述法律条文，最好采用“判断+条文”的模式，不得已的情况下采用“判断+具体分析”的模式。如果自己感觉时间还非常充裕（别过于相信自己的感觉，CPA 经济法的考试时间不太够用），当然可以选择“三步走”（判断+条文+具体分析）的模式。

三、 2020 年教材的主要变化

1. 第二章

对“国家赔偿的诉讼时效期间起算”的内容进行了调整。

2. 第三章

对“建设用地使用权”的内容进行了调整。

3. 第四章

对“建设工程合同承包人的优先受偿权”的内容进行了重大调整。

4. 第六章

新增了《公司法司法解释(五)》的内容。

5. 第七章

（1）根据 2020 年 3 月 1 日起施行的《证券法》对本章内容进行了全面调整；

（2）对“重大资产重组”的内容进行了重大调整；

（3）对“非上市公众公司”的内容进行了重大调整。

6. 第八章

（1）新增了《企业破产法司法解释（三）》的部分内容；

（2）新增了《全国法院民商事审判工作会议纪要》的部分内容。

7. 第九章

（1）对“票据贴现”的内容进行了重大调整；

（2）对“公示催告”的内容进行了调整；

（3）对“银行结算账户”的内容进行了调整。

8. 第十章

（1）对“企业国有资产法律制度概述”的内容进行了大幅删减；

（2）在论述企业国有资产的产权登记和资产评估等内容时，对“金融企业与非金融企业”的相关规定进行了整合。

9. 第十一章

（1）对“反垄断执法机构”的内容进行了重大调整；

（2）对“反垄断调查”的内容进行了重大调整；

（3）根据《禁止垄断协议暂行规定》对“垄断协议”的内容进行了重大调整；

（4）根据《禁止滥用市场支配地位行为暂行规定》对“滥用市场支配地位”的内容进行了重大调整；

（5）根据《制止滥用行政权力排除、限制竞争行为暂行规定》，对“行政垄断”的内容进行了重大调整；

（6）对“公平竞争审查制度”的内容进行了调整。

10. 第十二章

（1）根据《外商投资法》和《外商投资法实施条例》，对“涉外投资法律制度”的内容进行了重大调整；

（2）对“合格境外机构投资者制度”的内容进行了重大调整；

（3）对“外保内贷”的内容进行了重大调整。

由于 2020 年经济法教材进行了多处重大调整，有三个问题的答案已经非常清楚了。

第一，2019 年的教材今年还能用吗？标准答案是：您想通过 2020 年的考试吗？

第二，2019 年的辅导书今年还能用吗？标准答案是：您想通过 2020 年的考试吗？

第三，2019 年的课件今年还能用吗？标准答案是：您想通过 2020 年的考试吗？

2020 年教材的基本情况

章节	2019 年试卷一分值	2019 年试卷二分值	2020 年教材变化幅度	复习难度	考试重要性
第 1 章	2	2	未进行重大调整	★	★
第 2 章	3.5	2.5	★	★★	★★
第 3 章	9.5	22	★	★★★	★★★
第 4 章	12.5	1	★	★★★	★★★
第 5 章	7	7	未进行重大调整	★★	★★
第 6 章	12	9	★★	★★★	★★★
第 7 章	16.5	19.5	★★★	★★★	★★★
第 8 章	11	11	★★★	★★★	★★★
第 9 章	12.5	12.5	★	★★★	★★★
第 10 章	3.5	3.5	★★★	★★	★★
第 11 章	4	4	★★★	★★	★★
第 12 章	6	6	★★★	★★	★★

四、 2020年备考指南

1. 2020年教材

(1) 教材的地位不容挑战！买不买教材，这不是一个可以讨论的问题。

(2) 上考场之前，确认自己曾经非常认真地看过一遍2020年的教材，要求家长签字(具备完全民事行为能力的考生可以自己签名或者盖章)。

(3) 如果考生真的没有时间把2020年教材完完整整地看一遍，至少要保证最后三章要认认真真地看两遍（注意不是一遍）。最后三章的分值合计在14分左右，最后三章的得分率直接决定了考生能否顺利地通过经济法的考试。最后三章，考生千万不要选择放弃，这绝对不属于“战略放弃”的范围。

2. 机考并不可怕

相对传统的纸笔考试，机考对考生更有利。因为大多数考生用计算机输入汉字的速度会比手写速度快（也比手写的字好看得多），而且客观题直接用鼠标点击答案即可，比原来用2B铅笔填涂答题卡要省去至少10分钟的时间。

2020年，东奥会计在线将继续推出机考模拟系统，只要大家参加几次机考模拟考试，熟悉了机考的流程、答题方法，到了考场就“轻车熟路”了。

3. 历年试题

历年试题是最好的复习资料，通过对历年试题的研究，考生可以准确把握经济法的考试难度和命题思路。但是，由于经济法教材每年都进行翻天覆地的调整，考生很难准确把握哪些试题的考点2020年教材已经删掉了，哪些试题的考点2020年教材已经进行了调整。因此，考生千万不要从网上随便下载一套“考试真题”就开始做，弄不好会“走火入魔”。

对于最近十年的考试真题，我们严格按照2020年教材进行了筛查和修补，所有有价值的“客观题”根据其考点进行分门别类之后，放在了每一个考点的后面。所有有价值的“案例分析题”，我们根据2020年教材进行修补之后，放在了各章的“案例分析题专项演练”模块中（有些章从未出过案例分析题），希望考生高度重视。

最近三年的整套试题，我们已经根据2020年教材进行了修补和解析，考生可以通过东奥会计在线免费查看。

4. 如何做题?

(1) 经济法大多数考点需要考生准确理解，希望考生至少拿出60%的时间用于对“考点”的理解和记忆，这是前提，也是关键。千万不要“本末倒置”，搞“题海战术”效果并不好。

(2) 要保证做题的质量。每做完一个题目，考生都应该总结一下，这个题目涉及了哪些考点？这些考点自己是否已经掌握了？能否做到举一反三？不要为了做题而做题，因为做题本身不是目的，而是手段。翻译成胡同语言：您做题的目的是为了通过考试，而不是要做多少道破题。

(3) 要真正去做题。许多考生习惯一边看题，一边看答案。这个习惯最好改掉，因为能否看懂答案和自己是否真的会做题是两个完全不同的层次。否则，平时复习时感觉案例分析题很容易，答案全都看得懂（只要认识汉字都能看得懂）；到了考场上没有答案可以看了，傻了，晚了。

5. 并非多余的话

(1) “地毯式轰炸”绝非最有效的复习方式，就算您下定了决心准备搞“地毯式轰炸”，没过几天您就会发现前几天刚刚背完的东西又忘得一干二净，没信心了。一开始头大，再后来头疼，最后头不疼了，放弃了。

(2) 要想通过CPA经济法的考试，靠的是准确理解，当然还有死记硬背。

(3) 2020年CPA经济法教材虽然很厚，但80%的重要考点集中在教材20%的篇幅之内，应当将有限的时间聚焦在那些重点章节和重要考点上。

(4) 别忘了自己的奋斗目标只是60分，而不是100分，要学会“有所为、有所不为”，要知道对某些无关痛痒的问题进行

“战略放弃”未尝不是一个明智的选择。但是，应该“有所为”的时候千万不要耍“小聪明”，CPA 考试需要的是真正聪明的考生。

（5）要知道自己只是第一次学习 CPA 经济法的“菜鸟”，出题老师也知道您的水平，CPA 经济法的试题不要求您掌握多么深奥的理论，解决多么复杂的现实问题。不要去“钻牛角尖儿”，不要去钻研法律还没有明确规定的东西，如果您真的有兴趣，通过考试之后再去慢慢研究它，您还有一辈子的时间。

（6）要分清“轻重缓急”，您的任务是在考试之前完成所有的战斗准备，而不是成为《物权法》的专家，因为那需要一生的努力。要从投入产出的角度科学、合理地分配自己有限的复习时间。

（7）要制订一个明确、可行的复习计划，然后认真去执行。时钟滴答在响，时间在一分一秒中流逝。不要在大街上随便买一套破模拟试题就不管不顾地做上三天，这三天足以把《物权法》复习完了。

（8）要知道自己只是第一次接触 CPA 经济法，第一轮复习时肯定有看不懂的地方，别着急，别看到第二章的第二节就放弃了，事后您会发现第二章其实并不难。每年全国都有数以万计的考生通过了 CPA 经济法的考试，他们都是和您一样的普通人，这件事情真的不需要太高的智商。

（9）如果您自己想通过考试，没有人会拦得住您。在复习过程中，最大的问题不是教材，不是“证券法律制度”，而是您自己。您的手机、您的拖延、您的动摇，这才是最大的问题。解决了自己的问题，任何考试都不是问题！

（10）没有人会随随便便成功，幸福都是拼出来的！“天道酬勤”应该是所有 CPA 经济法考生的座右铭。

6. 您不是一个人在战斗！

（1）鉴于 CPA 考试的难度，如果不考虑资金成本，建议您最好报一个辅导班；如果考虑时间成本，东奥会计在线是您最好的选择，没有之一。

（2）本书在每个单元的后面都添加了二维码，考生用手机扫描二维码之后，可以直接听到本书作者对该单元的讲解。考生应该清楚的是，对于大多数考点，本书只能以文字的形式进行解读，但在东奥会计在线的“基础精讲班”中，本书作者以手工画图的形式进行的解读可能更直观、更简单、更有效。本书作者将用 80 个课时左右完成对核心考点的解读，您会发现，CPA 经济法其实并不枯燥，有时还挺“好玩儿”。“万科股权之争”、“顺丰借壳上市”、“格力电器控股股东公开征集转让股份”原来和我们的考试息息相关，当然还有“隔壁老王的故事”。

（3）对于大多数考生比较头痛的案例分析题，本书作者将用 20 个课时左右，在东奥会计在线的“习题强化班”中为您全面讲解。哪些考点需要重点关注？怎么审题？怎么答题？

（4）考前 30 天左右，“逆袭提分班”将陆续上线。

（5）考试当天晚上，本书作者将根据考生的反馈信息，告诉您那些试题的参考答案，不管有多晚。

就差替您上考场了！

CPA 考试是勇敢者的游戏，也是智者的游戏。当然，人生有时候也需要一点点运气。

预祝大家轻松过关！

郭守杰

2020 年 4 月 1 日

第二部分

同步辅导及强化训练

图书使用秘籍　助力“码上”通关

神奇的二维码

我们在每章【单元标题】下分别设置了二维码，
每个二维码对应了相关章节名师的视频讲解。

扫码免费听课

使用【会计云课堂APP】扫描二维码，即可免费观看名师详解视频，
哪里不会扫哪里，这是一本会讲课的书。

1 下载安装
【会计云课堂APP】

2 注册／登录
东奥个人账户

3 点击首页右上角
的“扫一扫”即可听课

第一编　法律概论

第一章　法律基本原理

本章考情分析

在最近 3 年的考试中，本章的平均分值为 2.5 分，2019 年试卷一的分值为 2 分，试卷二的分值为 2 分，题型全部为客观题。

本章分为三个单元，共计 9 个考点。这些考点需要准确理解，不需要死记硬背，复习难度不大。复习本章需要 3 个小时左右。

2020 年教材对本章内容未进行重大调整。

最近 3 年题型、题量分析表

题型	2017 年	2018 年试卷一	2018 年试卷二	2019 年试卷一	2019 年试卷二
单选题	1 题 1 分	2 题 2 分	1 题 1 分	2 题 2 分	2 题 2 分
多选题	1 题 1.5 分	1 题 1.5 分	1 题 1.5 分		
合计	2.5 分	3.5 分	2.5 分	2 分	2 分

历年试题涉及本章的主要考点

考点	年份/题型
我国的法律渊源	2012 年单选题、2014 年单选题、2015 年多选题、2016 年单选题、2018 年多选题
法律规范	2015 年单选题、2017 年单选题、2018 年单选题
法律关系的概念	2016 年多选题
法律关系主体的种类	2015 年多选题、2017 年多选题
权利能力和行为能力	2013 年单选题、2015 年单选题、2018 年单选题、2019 年单选题
法律关系的客体	2017 年多选题
法律事实	2014 年多选题
全面依法治国基本方略	2019 年单选题

本章思维导图

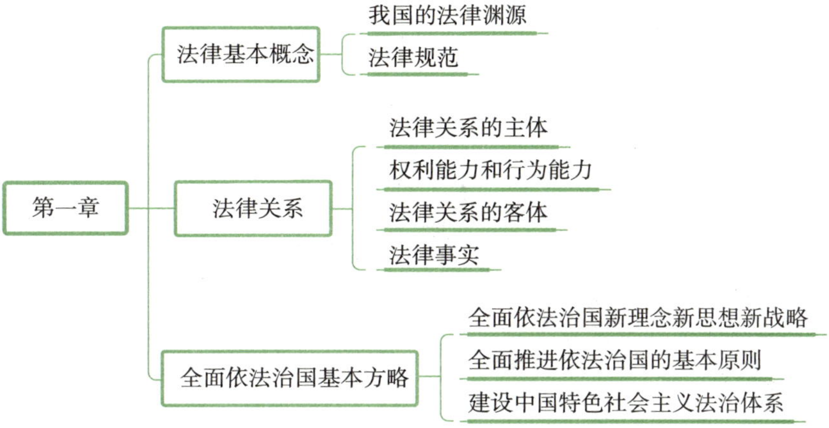

本章核心考点解读

第一单元　法律基本概念

免费听名师课

【考点 1】 我国的法律渊源（★★★）（P7）

1. 宪法：由全国人民代表大会制定

2. 法律

（1）基本法律：由全国人民代表大会制定

亲爱的小伙伴：

恭喜您选择了东奥《轻松过关》，作为您开启注会备考之旅的加油站。

因为当您翻开这本书，您就会获得比他人更多的实现梦想的机会。不管您从事哪个行业，我们都建议您，赶快扫码下载“会计云课堂”APP，这是一款财会界的网红 APP，可以带您实现把知识装进口袋，随时随地，轻松学习。

书中的“本章核心考点解读”都配有二维码。只要轻轻一扫！名师现身讲解，双倍吸收！注会学习从此变得轻便又有趣！

友情提示：前两章知识点视频，扫码免费享有。

操作指南：

1. 下载安装最新版“会计云课堂”APP。
2. 登录东奥个人账号。
3. 点击首页右上角的“扫一扫”，即可听课。

扫我下载会计云课堂APP

为方便您在学习中可以快速了解知识点的重要程度，本书中将知识点进行分类。★★★代表重要知识点，★★代表次重要知识点，★代表非重要知识点。

（2）一般法律：由全国人民代表大会常务委员会制定

【解释 1】全国人民代表大会制定和修改的，调整国家和社会生活中带有普遍性的社会关系的规范性法律文件，属于基本法律。如《刑法》、《民法总则》。

【解释 2】全国人民代表大会常务委员会制定和修改的，调整国家和社会生活中某一方面社会关系的规范性法律文件，属于一般法律。如《公司法》、《证券法》。

【解释 3】在全国人民代表大会闭会期间，全国人民代表大会常务委员会可对基本法律进行部分补充和修改，但是不得同该法律的基本原则相抵触。

【解释 4】全国人民代表大会常务委员会负责解释法律，其作出的法律解释与法律具有同等效力。例如，2016 年 11 月 7 日，全国人民代表大会常务委员会对《香港特别行政区基本法》第 104 条进行了解释，明确了相关公职人员“就职时必须依法宣誓”的具体含义。

3. 法规

（1）行政法规：由国务院制定

（2）地方性法规：由有地方立法权的地方人民代表大会及其常务委员会制定

【解释】省、自治区、直辖市的人民代表大会及其常务委员会，有权制定地方性法规；自治州和设区的市的人民代表大会及其常务委员会有权对城乡建设与管理、环境保护、历史文化保护等方面的事项制定地方性法规。

4. 规章

（1）部门规章：由国务院各部、委员会、中国人民银行、审计署和具有行政管理职能的直属机构制定

（2）地方政府规章：由有地方立法权的地方人民政府制定

【解释 1】自治州和设区的市的人民政府有权就城乡建设与管理、环境保护、历史文化保护等方面的事项制定地方政府规章。

【解释 2】没有法律或者国务院的行政法规、决定、命令的依据，部门规章不得设定减损公民、法人和其他组织权利或者增加其义务的规范，不得增加本部门的权力或者减少本部门的法定职责。

【解释 3】没有法律、行政法规、地方性法规的依据，地方政府规章不得设定减损公民、法人和其他组织权利或者增加其义务的规范。

5. 司法解释：由最高人民法院、最高人民检察院制定

最高人民法院和最高人民检察院的解释如果有原则性的分歧，报请全国人民代表大会常务委员会解释或者决定。

【解释】法律解释权归全国人民代表大会常务委员会，司法解释权归最高人民法院和最高人民检察院。

6. 国际条约和协定

【解释 1】我国的法律渊源主要表现为制定法，不包括判例法。

【解释 2】效力等级：（1）宪法>法律>行政法规>地方性法规>本级和下级地方政府规章；（2）宪法>法律>行政法规>部门规章。

经典题解

【真题 1 · 单选题】 中国证券监督管理委员会制定的《上市公司信息披露管理办法》属于（　　）。（2012 年）

A. 法律

B. 行政法规

C. 部门规章

D. 司法解释

【答案】 C

【真题 2 · 单选题】 下列关于各种法律渊源效力层级由高到低的排序中，正确的是（　　）。（2014 年）

A. 宪法、行政法规、部门规章、法律

B. 宪法、法律、部门规章、行政法规

C. 宪法、行政法规、法律、部门规章

D. 宪法、法律、行政法规、部门规章

【答案】 D

【真题3·多选题】 下列各项中，属于我国法律渊源的有(　　)。(2015年)

A. 联合国宪章

B. 某公立大学的章程

C.《最高人民法院公报》公布的案例

D. 中国证监会发布的《上市公司收购管理办法》

【解析】（1）选项A：属于“国际条约”；(2）选项C：最高人民法院公布的判例不属于我国的法律渊源；（3）选项D：属于“部门规章”。

【答案】 AD

【真题4·单选题】 下列关于法律渊源的表述中，正确的是(　　)。(2016年)

A. 全国人大常委会有权部分修改由全国人大制定的基本法律

B. 部门规章可以设定减损公民、法人和其他组织权利或者增加其义务的规范

C. 地方性法规是指地方人民政府对地方性事务制定的规范性法律文件的总称

D. 除最高人民法院外，其他国家机关无权解释法律

【解析】（1）选项B：没有法律或者国务院的行政法规、决定、命令的依据，部门规章不得设定减损公民、法人和其他组织权利或者增加其义务的规范；(2）选项C：地方性法规由有地方立法权的“地方人民代表大会及其常委会”制定；（3）选项D：法律解释权归全国人民代表大会常务委员会，司法解释权归最高人民法院和最高人民检察院。

【答案】 A

【真题5·多选题】 下列各项中，属于我国法律渊源的有(　　)。(2018年)

A. 中国人民银行发布的《支付结算办法》

B.《最高人民法院关于适用〈中华人民共和国物权法〉若干问题的解释（一）》

C.《中华人民共和国立法法》

D. 中国证监会发布的《上市公司信息披露管理办法》

【解析】（1）选项AD：属于“部门规章”；(2）选项B：属于“司法解释”；(3）选项C：属于“法律”。

【答案】 ABCD

【考点2】法律规范（★★★）(P8)

1. 法律规范的概念

法律规范是由国家制定或者认可的，具体规定主体权利、义务及法律后果的行为准则。

2. 法律规范与法律条文

(1）法律规范不同于法律条文，法律规范是法律条文的内容，法律条文是法律规范的表现形式。

(2）法律规范是法律条文的主要内容，但法律条文的内容还可能包含其他法要素(如法律原则)。

(3）法律规范与法律条文不是一一对应的，一项法律规范的内容可以表现在不同法律条文甚至不同的规范性法律文件中。同样，一个法律条文中也可以反映若干法律规范的内容。

【解释1】《公司法》第1条（为了规范公司的组织和行为，保护公司、股东和债权人的合法权益，维护社会经济秩序，促进社会主义市场经济的发展，制定本法）只是说明了立法目的，不属于法律规范。

【解释2】一项法律规范的内容可以表现在不同法律条文中。例如《公司法》第171条规定：公司除法定的会计账簿外，不得另立会计账簿。《公司法》第201条规定：公司违反本法规定，在法定的会计账簿以外另立会计账簿的，由县级以上人民政府财政部门责令改正，处以5万元以上50万元以下的罚款。

【解释3】一个法律条文中也可以反映若干法律规范的内容。例如《公司法》第147条规定：董事、监事、高级管理人员应当遵守法律、行政法规和公司章程，对公司负有忠实义务和勤勉义务。董事、监事、高级管理人员不得利用职权收受贿赂或者其他非法收入，不得侵占公司的财产。

经典题解

【真题·单选题】下列关于法律规范与法律条文关系的表述中，正确的是（ ）。（2017年）

A. 法律规范是法律条文的表现形式

B. 法律规范等同于法律条文

C. 法律规范与法律条文一一对应

D. 法律条文的内容除法律规范外，还包括法律原则等法要素

【答案】D

3. 法律规范的种类

（1）授权性规范和义务性规范

这是根据法律规范为主体提供行为模式的不同方式进行的区分。其中，义务性规范可分为命令性规范和禁止性规范。

①授权性规范是规定人们可以作出一定行为或者可以要求别人作出一定行为的法律规范。授权性规范的立法语言表达式为"可以……"、"有权……"、"享有……权利"等。

②命令性规范是指规定人们的积极义务，即规定主体应当或者必须作出一定积极行为的规范。命令性规范的立法语言表达式为"应当……"、"必须……"、"有……义务"等。

③禁止性规范是指规定人们的消极义务（不作为义务），即禁止人们作出一定行为的规范。禁止性规范的立法语言表达式为"不得……"、"禁止……"等。

【解释1】《票据法》第5条："票据当事人可以委托其代理人在票据上签章。"此规定属于授权性规范。

【解释2】《婚姻法》第21条："子女不履行赡养义务时，无劳动能力的或生活困难的父母，有要求子女付给赡养费的权利。"此规定属于授权性规范。

【解释3】《票据法》第10条："票据的签发、取得和转让，应当遵循诚实信用的原则，具有真实的交易关系和债权债务关系。"此规定属于命令性规范、义务性规范。

【解释4】《婚姻法》第15条："夫妻双方都有参加生产、工作、学习和社会活动的自由，一方不得对他方加以限制或干涉。"此规定属于禁止性规范、义务性规范。

（2）强行性规范和任意性规范

强行性规范是指所规定的义务具有确定的性质，不允许任意变动和伸缩。任意性规范是指在法定范围内允许行为人自行确定其权利义务的具体内容。

【解释1】《婚姻法》第20条："夫妻有互相扶养的义务。一方不履行扶养义务时，需要扶养的一方，有要求对方付给扶养费的权利。"此规定属于强行性规范。

【解释2】《婚姻法》第22条："子女可以随父姓，可以随母姓。"此规定属于任意性规范。

（3）确定性规范和非确定性规范

确定性规范是指内容已经完备明确，无须再援引或者参照其他规范来确定其内容的法律规范。非确定性规范是指没有明确具体的行为模式或者法律后果，需要引用其他法律规范来说明或者补充的规范，具体包括委任性规范和准用性规范。

①委任性规范是指只规定某种概括性指示，具体内容由有关国家机关通过相应途径或者程序加以确定的法律规范。

②准用性规范是指本身没有具体的规则内容，而是规定可以援引或者参照其他有关规定内容的法律规范。

【解释1】《婚姻法》第6条："结婚年龄，男不得早于22周岁，女不得早于20周岁。"此规定属于确定性规范。

【解释2】《反垄断法》第9条："国务院反垄断委员会的组成和工作规则由国务院规定。"此规定属于委任性规范。

【解释3】《合同法》第184条："供用水、供用气、供用热力合同，参照供用电合同的有关规定。"此规定属于准用性规范。

经典题解

【真题1·单选题】法律规范可以分为授权性规范和义务性规范，根据这一分类标准，下列法律规范中，与“当事人依法可以委托代理人订立合同”属于同一规范类型的是(　　)。(2015年)

A. 中华人民共和国境内经济活动中的垄断行为，适用本法

B. 公司股东依法享有资产收益、参与重大决策和选择管理者等权利

C. 未经证券交易所许可，任何单位和个人不得发布证券交易即时行情

D. 票据的签发、取得和转让，应当遵循诚实信用的原则，具有真实的交易关系和债权债务关系

【解析】“当事人依法可以委托代理人订立合同”，属于授权性规范。在本题中：(1) 选项A：属于确定性规范；(2) 选项B：属于授权性规范；(3) 选项C：属于禁止性规范（义务性规范）；(4) 选项D：属于命令性规范（义务性规范）。

【答案】B

【真题2·单选题】下列各项法律规范中，属于确定性规范的是(　　)。(2018年)

A. 供用水、供用气、供用热力合同，参照供用电合同的有关规定

B. 法律、行政法规禁止或者限制转让的标的物，依照其规定

C. 国务院反垄断委员会的组成和工作规则由国务院规定

D. 因正当防卫造成损害的，不承担民事责任

【解析】(1) 选项AB：属于准用性规范；(2) 选项C：属于委任性规范；(3) 选项D：属于确定性规范。

【答案】D

第二单元　法律关系

免费听名师课

【考点1】法律关系的主体（★★★）(P12)

1. 法律关系的概念

法律关系是根据法律规范产生的，以主体之间的权利与义务为内容的特殊的社会关系（如合同关系）。法律关系包括三个要素：主体、内容和客体。

【解释】并非所有的社会关系均属于法律关系。法律关系（如夫妻关系）是以相应法律规范的存在为前提的社会关系，没有相应的法律规范就不可能产生相应的法律关系。例如，同学关系、恋人关系，因不存在相应的法律规范，也就不存在相应的法律关系。

经典题解

【真题·多选题】甲、乙均为完全民事行为能力人。甲、乙之间的下列约定中，能够产生法律上的权利义务的有(　　)。(2016年)

A. 甲将房屋出租给乙

B. 二人此生不离不弃

C. 二人共进晚餐

D. 甲送给乙一部手机

【解析】(1) 选项AD：《合同法》明确规定了租赁合同、赠与合同中当事人的权利和义务；(2) 选项BC：因不存在相应的法律规范，也就不存在相应的法律关系，无从产生法律上的权利和义务。

【答案】AD

2. 法律关系主体的种类

(1) 自然人

(2) 法人和非法人组织

(3) 国家

【解释1】自然人既包括本国公民，也包括居住在一国境内或者在境内活动的外国公民和无国籍人。

【解释 2】国家可以直接以自己的名义参与国内法律关系（如发行国债）。

3. 法人的分类

（1）法人分为营利法人、非营利法人和特别法人。

（2）营利法人包括有限责任公司、股份有限公司和其他企业法人等。

（3）非营利法人包括事业单位、社会团体、基金会、社会服务机构等。

（4）特别法人包括特定的机关法人、农村集体经济组织法人、城镇农村的合作经济组织法人、基层群众性自治组织法人。

4. 非法人组织

（1）非法人组织是不具有法人资格，但是能够依法以自己的名义从事民事活动的组织。

（2）非法人组织包括个人独资企业、合伙企业、不具有法人资格的专业服务机构等。

经典题解

【真题 1 · 多选题】 下列各项中，属于民事法律关系主体的有（　）。（2015 年）

A. 有限责任公司

B. 国家

C. 无国籍人士

D. 公立医院

【答案】 ABCD

【真题 2 · 多选题】 下列各项中，属于法人的有（　）。（2017 年）

A. 北京大学

B. 中华人民共和国最高人民法院

C. 中国人民保险集团股份有限公司

D. 中国注册会计师协会

【解析】 法人分为营利法人（选项 C）、非营利法人（选项 AD）和特别法人（选项 B）。

【答案】 ABCD

【考点 2】权利能力和行为能力（★★★）（P12）

1. 权利能力和行为能力

（1）权利能力是指权利主体享有权利和承担义务的能力，它反映了权利主体取得权利和承担义务的资格。行为能力是指权利主体能够通过自己的行为取得权利和承担义务的能力。

（2）法律关系主体要自己参与法律活动，必须具备相应的行为能力。

（3）行为能力必须以权利能力为前提，无权利能力就谈不上行为能力。

（4）作为民事法律关系主体的法人，其权利能力从法人成立时产生，其行为能力伴随着权利能力的产生而同时产生；法人终止时，其权利能力和行为能力同时消灭。

（5）自然人从出生时起到死亡时止，具有民事权利能力，依法享有民事权利，承担民事义务。自然人的民事权利能力一律平等。

2. 自然人的民事行为能力

（1）完全民事行为能力人

①18 周岁以上（≥18 周岁）的自然人为成年人，成年人为完全民事行为能力人，可以独立实施民事法律行为。

②16 周岁以上（≥16 周岁）的未成年人，以自己的劳动收入为主要生活来源的，视为完全民事行为能力人，可以独立实施民事法律行为。

【解释】劳动收入应当是固定的收入（如工资收入），不能是偶然的、不确定的收入（如继承遗产）。

（2）限制民事行为能力人

8 周岁以上（≥8 周岁）的未成年人和不能完全辨认自己行为的成年人为限制民事行为能力人。

（3）无民事行为能力人

不满 8 周岁（<8 周岁）的未成年人，不能辨认自己行为的成年人，以及 8 周岁以上的未成年人不能辨认自己行为的，为无民事行为能力人，由其法定代理人代理实施民事法律行为。

【解释】无民事行为能力人、限制民事行为能力人的监护人是其法定代理人。

表 1-1　自然人的民事行为能力

年龄	具体情形	民事行为能力
≥18 周岁	一般情况下	完全民事行为能力人
	不能完全辨认自己的行为	限制民事行为能力人
	不能辨认自己的行为	无民事行为能力人
8 周岁≤X<18 周岁	一般情况下	限制民事行为能力人
	①16 周岁≤X<18 周岁 ②以自己的劳动收入为主要生活来源	视为完全民事行为能力人
	不能辨认自己的行为	无民事行为能力人
<8 周岁	无论能否辨认自己的行为	无民事行为能力人

经典题解

【真题 1 · 单选题】 小明今年 3 岁，智力正常，但先天腿部残疾。下列关于小明的民事权利能力和民事行为能力的表述中，正确的是(　　)。(2013 年)

A. 小明无民事权利能力，属于无民事行为能力人

B. 小明无民事权利能力，属于限制民事行为能力人

C. 小明有民事权利能力，属于无民事行为能力人

D. 小明有民事权利能力，属于限制民事行为能力人

【解析】 (1) 自然人从出生时起到死亡时止，具有民事权利能力；(2) 不满 8 周岁的未成年人，属于无民事行为能力人。

【答案】 C

【真题 2 · 单选题】 根据民事法律制度的规定，下列主体中，具有完全民事行为能力的是(　　)。(2018 年)

A. 刚出生的甲

B. 8 周岁的乙

C. 15 周岁的少年天才丙

D. 18 周岁的大学生丁

【解析】 (1)选项 A：属于无民事行为能力人；(2)选项 BC：属于限制民事行为能力人。

【答案】 D

【真题 3 · 单选题】 下列关于法律关系主体的表述中，正确的是(　　)。(2015 年)

A. 法律关系主体必须同时具备权利能力和行为能力

B. 作为法律关系主体的自然人不包括外国人

C. 合伙企业不具有法人资格，不能以自己的名义从事民事活动

D. 法律关系主体既包括权利人，也包括义务人

【解析】 (1) 选项 A：法律关系主体“自己独立实施”民事法律行为时，才需要具备相应的民事行为能力；无民事行为能力人可以由其法定代理人代理实施民事法律行为。(2) 选项 C：合伙企业不具有法人资格，但能够依法以自己的名义从事民事活动。(3) 选项 D：法律关系的主体，是指参加法律关系、依法享有权利和承担义务的当事人。

【答案】 D

【真题 4 · 单选题】 下列关于法律主体权利能力的表述中，正确的是(　　)。(2018 年)

A. 权利能力是指权利主体能够通过自己的行为取得权利和承担义务的能力

B. 自然人的权利能力可分为完全权利能力、限制权利能力与无权利能力

C. 营利法人、非营利法人与特别法人均具有权利能力

D. 权利能力以行为能力为前提，无行为能力即无权利能力

【解析】（1）选项A：权利能力是指权利主体享有权利和承担义务的能力；（2）选项B：自然人的民事权利能力一律平等；（3）选项C：作为民事法律关系主体的法人，其权利能力从法人成立时产生；（4）选项D：行为能力必须以权利能力为前提，无权利能力就谈不上行为能力。

【答案】 C

【真题5·单选题】 根据民事法律制度的规定，下列各项中，属于无民事权利能力的是（　　）。（2019年）

A. 刚出生的婴儿

B. 智能机器人

C. 植物人

D. 病理性醉酒的人

【解析】（1）选项ACD：自然人从出生时起到死亡时止，具有民事权利能力；（2）选项B：民事权利能力是指法律关系主体享有民事权利和承担民事义务的能力，智能机器人尚不能成为法律关系的主体。

【答案】 B

【考点3】法律关系的客体（★★★）（P13）

法律关系的客体，是指法律关系主体间权利义务所指向的对象。法律关系的客体通常包括：

1. 物

物（如土地、机器设备、货币、有价证券）是物权法律关系的客体。

2. 行为

行为包括作为和不作为（如竞业禁止合同的客体是不从事相同或者相似的经营活动）。给付行为是债权法律关系（如合同之债）的客体。

【解释】旅客运输合同的客体并非旅客，而是运送旅客的行为。

3. 人格利益

人格利益（如公民的肖像、名誉、人身）是人身权法律关系的客体，也是诸多行政、刑事法律关系的客体。

4. 智力成果

智力成果（如文学艺术作品、科学著作、专利、商标）是知识产权法律关系的客体。

经典题解

【真题·多选题】 下列各项中，属于法律关系客体的有（　　）。（2017年）

A. 建筑物　　B. 自然人的不作为

C. 有价证券　　D. 人格利益

【答案】 ABCD

【考点4】法律事实（★★★）（P14）

法律事实是指法律规范所规定的，能够引起法律关系产生、变更或者消灭的客观现象。根据是否以权利主体的意志为转移，法律事实分为行为和事件两类。

1. 事件（与当事人的意志无关）

（1）人的出生与死亡

（2）自然灾害与意外事件

（3）时间的经过

2. 行为

（1）法律行为（以行为人的意思表示为要素，如订立合同）

（2）事实行为（与意思表示无关，如创作行为、侵权行为）

【案例】（1）甲公司和乙公司因订立有效合同（法律行为）而发生合同关系（法律关系）；（2）因甲公司对乙公司的侵权行为（事实行为），甲公司应当对乙公司承担民事赔偿责任；（3）因甲死亡（事件），其继承人乙继承了房屋的所有权。

经典题解

【真题·多选题】 下列各项中，能导致一定法律关系产生、变更或者消灭的有（　　）。（2014年）

A. 人的出生　　B. 时间的经过

C. 侵权行为　　D. 自然灾害

【解析】 法律事实分为事件（选项ABD）和行为（选项C）。

【答案】 ABCD

第三单元 全面依法治国基本方略

免费听名师课

【考点1】全面依法治国新理念新思想新战略（★★★）（P14）

1. 全面依法治国是坚持和发展中国特色社会主义的本质要求和重要保障，是实现国家治理体系和治理能力现代化的必然要求，是全面建成小康社会、加快推进社会主义现代化的重要保证，是着眼于实现中华民族伟大复兴的中国梦、实现党和国家长治久安的长远考虑，具有基础性、保障性作用。

2. 法治是最好的营商环境。坚持和完善法治，可以使各类市场主体的产权和合法权益受到平等保护；可以规范政府和市场的边界，尊重市场经济规律，通过市场化手段，在法治框架内调整各类市场主体的利益关系；可以强化企业合规意识，保障和服务高水平对外开放。

3. 党的十八大以来，党中央提出一系列全面依法治国新理念新思想新战略，强调要坚持加强党对依法治国的领导，坚持人民主体地位，坚持中国特色社会主义法治道路，坚持建设中国特色社会主义法治体系，坚持依法治国、依法执政、依法行政共同推进，法治国家、法治政府、法治社会一体建设，坚持依宪治国、依宪执政，坚持全面推进科学立法、严格执法、公正司法、全民守法，坚持处理好全面依法治国的辩证关系，坚持建设德才兼备的高素质法治工作队伍，坚持抓住领导干部这个“关键少数”，明确了全面依法治国的指导思想、发展道路、工作布局、重点任务。这些新理念新思想新战略，是全面依法治国的根本遵循，必须长期坚持、不断丰富发展。

4. 全面推进依法治国的总目标是建设中国特色社会主义法治体系、建设社会主义法治国家。

【考点2】全面推进依法治国的基本原则（★★★）（P15）

1. 坚持中国共产党的领导

党的领导是中国特色社会主义最本质的特征，是社会主义法治最根本的保障。

2. 坚持人民主体地位

必须坚持法治建设为了人民、依靠人民、造福人民、保护人民，以保障人民根本权益为出发点和落脚点，保证人民依法享有广泛的权利和自由、承担应尽的义务，维护社会公平正义，促进共同富裕。

3. 坚持法律面前人人平等

平等是社会主义法律的基本属性。任何组织和个人都必须尊重宪法法律权威，都必须在宪法法律范围内活动，都必须依照宪法法律行使权力或权利、履行职责或义务，都不得有超越宪法法律的特权。必须维护国家法制统一、尊严、权威，切实保证宪法法律有效实施，绝不允许任何人以任何借口、任何形式以言代法、以权压法、徇私枉法。必须以规范和约束公权力为重点，加大监督力度，做到有权必有责、用权受监督、违法必追究，坚决纠正有法不依、执法不严、违法不究行为。

4. 坚持依法治国和以德治国相结合

国家和社会治理需要法律和道德共同发挥作用。必须坚持一手抓法治、一手抓德治，大力弘扬社会主义核心价值观，弘扬中华传统美德，培育社会公德、职业道德、家庭美德、个人品德，既重视发挥法律的规范作用，又重视发挥道德的教化作用，以法治体现道德理念、强化法律对道德建设的促进作用，以道德滋养法治精神、强化道德对法治文化的支撑作用，实现法律和道德相辅相成、法治和德治相得益彰。

5. 坚持从中国实际出发

必须从我国基本国情出发，同改革开放不断深化相适应，总结和运用党领导人民实行法治的成功经验，围绕社会主义法治建设重大理论和实践问题，推进法治理论创新，发展符合中国实际、具有中国特色、体现社会发展规律的社会主义法治理论，为依法治国提供理论指导和学理支撑。

【考点 3】 建设中国特色社会主义法治体系（★★★）（P16）

1. 建设中国特色社会主义法治体系，首要的是完善以宪法为核心的中国特色社会主义法律体系。

2. 法的生命力和权威在于实施。建设中国特色社会主义法治体系，还需要建立高效的法治实施体系。坚持依法治国、依法执政，首先是要坚持依宪治国、依宪执政，加强宪法实施。同时，需要坚持严格执法、公正司法、全民守法，切实维护法律尊严和权威，确保法律全面有效实施。

3. 建设中国特色社会主义法治体系，要建立严密的法治监督体系。要以规范和约束公权力为重点，构建党统一指挥、全面覆盖、权威高效的监督体系，加大监督力度，把党内监督同国家机关监督、民主监督、司法监督、群众监督、舆论监督贯通，努力形成科学有效的权力运行制约和监督体系，增强监督合力和实效，做到有权必有责、用权受监督、有责要担当、失责必追究。

4. 建设中国特色社会主义法治体系，必须健全法治保障体系，为全面依法治国提供有力的政治和组织保障。

5. 建设中国特色社会主义法治体系，必须加强党内法规制度建设。要坚持依法治国和制度治党、依规治党的统筹推进、一体建设，完善党内法规制定机制体制，注重党内法规同国家法律的衔接和协调，构建以党章为根本、若干配套党内法规为支撑的党内法规制度体系，提高党内法规的执行能力和水平。

经典题解

【真题·单选题】 全面推进依法治国的总目标是（　）。（2019 年）

A. 坚持中国共产党的领导，坚持人民主体地位

B. 坚持法律面前人人平等

C. 建设中国特色社会主义法治体系，建设社会主义法治国家

D. 坚持依法治国和以德治国相结合

【答案】 C

扫一扫　“码”上做题

本书中各部分试题均配备二维码，下载安装东奥“会计云课堂”APP，扫一扫左侧二维码，即可在线做题，并获得详尽的答案解析、解题思路等超值服务，解决您做题时的一切疑惑。

【“会计云课堂”APP 安装二维码详见封底】

同步强化练习题

一、单项选择题

1. 下列规范性文件中，属于行政法规的是（　）。

A. 全国人民代表大会常务委员会制定的《中华人民共和国公司法》

B. 国务院制定的《中华人民共和国外汇管理条例》

C. 深圳市人民代表大会常务委员会制定的《深圳经济特区注册会计师条例》

D. 中国人民银行制定的《人民币银行结算账户管理办法》

2. 下列关于法律渊源的表述中，不正确的是(　　)。

A. 全国人大常委会负责解释法律，其作出的法律解释与法律具有同等效力

B. 地方性法规不得与宪法、法律和行政法规相抵触

C. 没有法律、行政法规、地方性法规的依据，地方政府规章不得设定减损公民、法人和其他组织权利或者增加其义务的规范

D. 最高人民法院和最高人民检察院的司法解释如果有原则性的分歧，应报请全国人民代表大会解释或者决定

3. 《公司法》第21条规定："公司的控股股东、实际控制人、董事、监事、高级管理人员不得利用其关联关系损害公司利益"。该法律规范属于(　　)。

A. 授权性规范

B. 命令性规范

C. 禁止性规范

D. 任意性规范

4. 《反垄断法》第9条规定："国务院反垄断委员会的组成和工作规则由国务院规定。"该法律规范属于(　　)。

A. 授权性规范

B. 确定性规范

C. 委任性规范

D. 准用性规范

5. 根据《民法总则》的规定，下列主体中，属于非法人组织的是(　　)。

A. 基金会

B. 有限责任公司

C. 事业单位

D. 合伙企业

6. 赵某，15周岁，某省体操队专业运动员，月收入8000元，完全能够满足自己生活所需。根据《民法总则》的规定，下列关于赵某民事行为能力的表述中，正确的是(　　)。

A. 赵某视为完全民事行为能力人

B. 赵某属于完全民事行为能力人

C. 赵某属于限制民事行为能力人

D. 赵某属于无民事行为能力人

7. 下列自然人中，属于无民事行为能力人的是(　　)。

A. 15周岁的小赵，先天腿部残疾

B. 70周岁的老钱，已经不能完全辨认自己的行为

C. 8周岁的小孙，智力超常

D. 20周岁的小李，先天智障，完全不能辨认自己的行为

8. 下列各项中，不属于法律关系主体的是(　　)。

A. 甲个人独资企业

B. 乙公立小学

C. 智能机器人阿尔法

D. 大学生张某

9. 下列关于法律关系主体的表述中，不正确的是(　　)。

A. 法律关系主体要自己参与法律活动，必须具备相应的行为能力

B. 作为民事法律关系主体的法人，其行为能力伴随着权利能力的产生而同时产生

C. 3岁的小明不具有民事权利能力

D. 合伙企业不具有法人资格，但能够依法以自己的名义从事民事活动

10. 下列法律事实中，属于事实行为的是(　　)。

A. 人的死亡

B. 签发汇票

C. 创作行为

D. 自然灾害

11. 甲公司与乙公司签订租赁合同，约定甲公司承租乙公司一台挖掘机，租期1个月，租金1万元。引起该租赁法律关系发生的法律事实是(　　)。

A. 租赁的挖掘机

B. 甲公司和乙公司

C. 1万元租金

D. 签订租赁合同的行为

二、多项选择题

1. 根据《立法法》的规定，下列事项中，设区的市、自治州的人民政府有权制定地方政府规章的有(　　)。

A. 外商直接投资
B. 城乡建设与管理
C. 环境保护
D. 历史文化保护

2. 下列关于法律规范与法律条文关系的表述中，正确的有(　　)。
A. 法律规范是法律条文的内容，法律条文是法律规范的表现形式
B. 一项法律规范的内容可以表现在不同法律条文中
C. 一个法律条文中可以反映若干法律规范的内容
D. 法律条文的内容除法律规范外，还可能包括法律原则等其他法要素

3. 《公司法》第51条规定："董事、高级管理人员不得兼任监事"。该法律规范属于(　　)。
A. 禁止性规范
B. 命令性规范
C. 强行性规范
D. 确定性规范

4. 下列各项中，可以成为法律关系主体的有(　　)。
A. 无国籍人　　B. 国家
C. 合伙企业　　D. 社会团体

5. 根据《民法总则》的规定，下列各项中，属于非营利法人的有(　　)。
A. 社会团体
B. 基金会
C. 国家机关
D. 基层群众性自治组织

6. 下列关于权利能力与行为能力的表述中，正确的有(　　)。
A. 自然人的民事权利能力一律平等
B. 自然人从出生时起到死亡时止，具有民事权利能力
C. 法律关系主体要自己参与法律活动，必须具备相应的行为能力
D. 作为民事法律关系主体的法人，其权利能力从法人成立时产生，其行为能力伴随着权利能力的产生而同时产生

7. 下列关于自然人民事行为能力的表述中，正确的有(　　)。
A. 14周岁的李某，以自己的劳动收入为主要生活来源，视为完全民事行为能力人
B. 7周岁的王某，不能完全辨认自己的行为，是限制民事行为能力人
C. 18周岁的周某，能够完全辨认自己的行为，是完全民事行为能力人
D. 20周岁的赵某，完全不能辨认自己的行为，是无民事行为能力人

8. 下列自然人中，属于限制民事行为能力人的有(　　)。
A. 杨某，13周岁，系大学少年班在校大学生
B. 范某，20周岁，有精神障碍，不能辨认自己的行为
C. 孙某，7周岁，不能辨认自己的行为
D. 周某，15周岁，系体操队专业运动员

9. 根据《民法总则》的规定，下列人员中，属于完全民事行为能力人的有(　　)。
A. 王某，7周岁，小学生，已参与拍摄电视剧两部，获酬3000元
B. 李某，18周岁，大学生，学费和生活费由父母负担
C. 刘某，16周岁，网店店主，以自己的劳动收入为全部生活来源
D. 张某，20周岁，待业人员，不能完全辨认自己的行为

10. 下列选项中，可以成为法律关系客体的有(　　)。
A. 森林
B. 运送旅客的行为
C. 公民的肖像
D. 专利

11. 为实现全面推进依法治国的总目标，应坚持的基本原则包括(　　)。
A. 坚持中国共产党的领导
B. 坚持人民主体地位
C. 坚持法律面前人人平等
D. 坚持依法治国和以德治国相结合

同步强化练习题参考答案及解析

"扫码看解析"

使用"微信"或"会计云课堂"APP 扫右方二维码，对答案、看解析、听名师讲难题，开启轻松过关之旅。

一、单项选择题

1. 【答案】 B

解析：（1）选项 A：属于"法律"；（2）选项 B：属于"行政法规"；（3）选项 C：属于"地方性法规"；（4）选项 D：属于"部门规章"。

2. 【答案】 D

解析：选项 D：应报请"全国人民代表大会常务委员会"解释或者决定。

3. 【答案】 C

4. 【答案】 C

5. 【答案】 D

解析：（1）选项 AC：属于"非营利法人"；（2）选项 B：属于"营利法人"。

6. 【答案】 C

解析："视为完全民事行为能力人"应同时满足 2 个条件：（1）16 周岁以上的未成年人；（2）以自己的劳动收入为主要生活来源。在本题中，赵某仅 15 周岁，仍属于限制民事行为能力人。

7. 【答案】 D

解析：（1）选项 A：腿部残疾不影响能否辨认自己的行为，15 周岁的小赵属于限制民事行为能力人；（2）选项 B：18 周岁以上、不能完全辨认自己行为的自然人，属于限制民事行为能力人；（3）选项 C：8 周岁的小孙，无论智力是否超常，均属于限制民事行为能力人；（4）选项 D：18 周岁以上、完全不能辨认自己行为的自然人，属于无民事行为能力人。

8. 【答案】 C

解析：选项 C：可以成为法律关系的客体，目前尚不能成为法律关系的主体。

9. 【答案】 C

解析：选项 C：自然人从出生时起到死亡时止，具有民事权利能力。

10. 【答案】 C

解析：（1）选项 AD：属于事件；（2）选项 B：属于法律行为。

11. 【答案】 D

解析：法律事实（签订租赁合同的行为）是法律关系发生、变更、消灭的直接原因。

二、多项选择题

1. 【答案】 BCD

解析：设区的市、自治州的人民政府有权就"城乡建设与管理、环境保护、历史文化保护等方面的事项"制定地方政府规章。

2. 【答案】 ABCD

3. 【答案】 ACD

4. 【答案】 ABCD

5. 【答案】 AB

解析：（1）选项 AB：属于"非营利法人"；（2）选项 CD：属于"特别法人"。

6. 【答案】 ABCD

7. 【答案】 CD

解析：（1）选项 A：属于限制民事行为能力人；（2）选项 B：7 周岁（年龄是硬伤）的王某，无论能否辨认自己的行为，均属于无民事行为能力人。

8. 【答案】 AD

解析：选项 BC：属于无民事行为能力人。

9. 【答案】 BC

解析：（1）选项 A：不满 8 周岁的未成年人，属于无民事行为能力人；（2）选项

B：18 周岁以上的自然人，属于完全民事行为能力人；（3）选项 C：16 周岁以上的未成年人，以自己的劳动收入为主要生活来源的，视为完全民事行为能力人；（4）选项 D：不能完全辨认自己行为的成年人属于限制民事行为能力人。

10.【答案】ABCD

11.【答案】ABCD

第二编　民事法律制度

第二章 基本民事法律制度

本章考情分析

在最近3年的考试中，本章的平均分值为4分，2019年试卷一的分值为3.5分，试卷二的分值为2.5分，题型主要为客观题。值得注意的是，2015年的案例分析题涉及本章的“表见代理”，2017年的案例分析题涉及本章的“可撤销的民事法律行为”，2018年的案例分析题涉及本章的“单方民事法律行为”。

本章分为三个单元，共计13个考点。大多数考点需要准确理解，需要死记硬背的考点并不多，复习难度不大。复习本章需要5个小时左右。

2020年教材对“诉讼时效期间的起算”的内容进行了调整。

最近3年题型、题量分析表

题型	2017年	2018年试卷一	2018年试卷二	2019年试卷一	2019年试卷二
单选题	1题1分	1题1分	3题3分	2题2分	1题1分
多选题	1题1.5分	1题1.5分	1题1.5分	1题1.5分	1题1.5分
案例分析题	2.5分	2分			
合计	5分	4.5分	4.5分	3.5分	2.5分

历年试题涉及本章的主要考点

考点	年份/题型
单方民事法律行为和双方民事法律行为	2012年单选题、2018年单选题、2019年多选题
负担行为与处分行为	2018年单选题
意思表示	2018年多选题、2019年单选题
无效的民事法律行为	2014年单选题、2015年多选题
可撤销的民事法律行为	2013年单选题、2014年单选题、2015年单选题、2017年单选题、2017年案例分析题、2018年单选题
附条件和附期限的民事法律行为	2017年单选题
委托代理中的代理权	2018年案例分析题
代理权的滥用	2015年多选题
狭义的无权代理	2009年单选题

续表

考点	年份/题型
表见代理	2011 年单选题、2013 年单选题、2015 年案例分析题
诉讼时效期间的起算	2017 年单选题
诉讼时效的中止与中断	2009 年多选题、2013 年多选题、2014 年单选题、2016 年单选题、2017 年多选题、2019 年多选题

本章思维导图

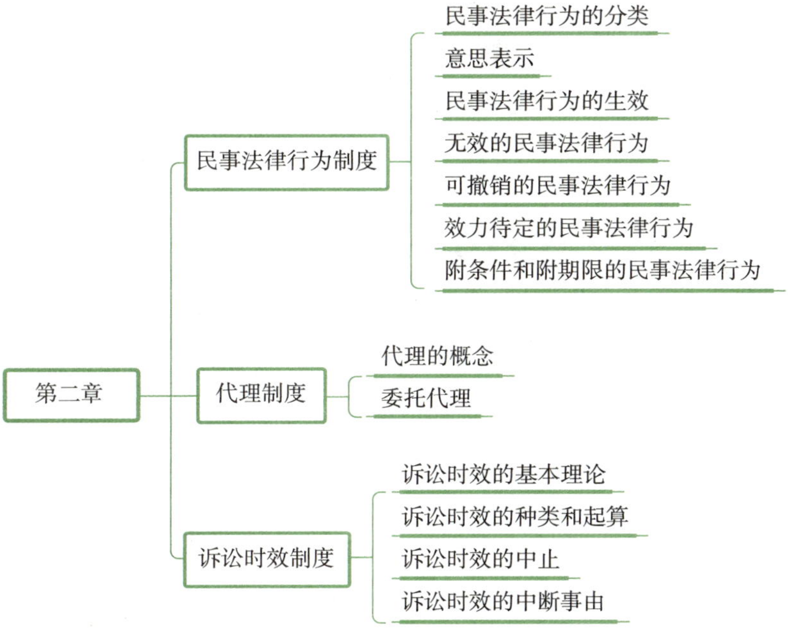

本章核心考点解读

第一单元　民事法律行为制度

免费听名师课

【考点 1】 民事法律行为的分类（★★）（P23）❶

1. 民事法律行为是民事主体通过意思表示设立、变更、终止民事法律关系的行为。

【解释】民事法律行为分为有效的民事法律行为、无效的民事法律行为、可撤销的民事法律行为和效力待定的民事法律行为。

❶为方便您在学习中可以快速了解知识点的重要程度，本书中将知识点进行分类。★★★代表重要知识点，★★代表次重要知识点，★代表非重要知识点。

2. 单方民事法律行为、双方民事法律行为和多方民事法律行为

（1）民事法律行为可以基于双方或者多方的意思表示一致成立，也可以基于单方的意思表示成立。

（2）单方民事法律行为，是指根据一方当事人的意思表示而成立的民事法律行为（如委托代理的撤销、无权代理的追认、债务的免除、订立遗嘱等）。

（3）双方民事法律行为，是指两个当事人之间意思表示一致而成立的民事法律行为。

（4）多方民事法律行为，是指三个以上的当事人意思表示一致而成立的民事法律行为。

【解释】（1）甲乙订立赠与合同（甲将吉他送给乙）属于双方民事法律行为，只有双方意思表示一致合同才能成立；（2）甲订立遗嘱（甲去世后将其全部财产送给乙）属于单方民事法律行为，该遗嘱根据甲单方的意思表示即可成立。如果乙不想要甲的财产，可以放弃遗赠。

经典题解

【真题1·单选题】 根据民事法律制度的规定，下列民事法律行为中，须经双方当事人意思表示一致才能成立的是（　　）。（2012年）

A. 甲免除乙对自己所负的债务

B. 甲将一枚钻石戒指赠与乙

C. 甲授权乙以甲的名义购买一套住房

D. 甲立下遗嘱，将个人所有财产遗赠给乙

【解析】（1）选项ACD：属于单方民事法律行为；（2）选项B：属于双方民事法律行为。

【答案】 B

【真题2·单选题】 根据民事法律制度的规定，下列各项中，属于双方民事法律行为的是（　　）。（2018年）

A. 债务的免除

B. 无权代理的追认

C. 房屋的赠与

D. 委托代理的撤销

【解析】 选项ABD：属于单方民事法律行为。

【答案】 C

【真题3·多选题】 根据民事法律制度的规定，下列各项中，属于单方民事法律行为的有（　　）。（2019年）

A. 赠与

B. 撤销

C. 借贷

D. 追认

【解析】（1）选项AC：属于双方民事法律行为；（2）选项BD：属于单方民事法律行为。

【答案】 BD

亲爱的小伙伴：

恭喜您选择了东奥《轻松过关》，作为您开启注会备考之旅的加油站。

因为当您翻开这本书，您就会获得比他人更多的实现梦想的机会。不管您从事哪个行业，我们都建议您，赶快扫码下载“会计云课堂”APP，这是一款财会界的网红APP，可以带您实现把知识装进口袋，随时随地，轻松学习。

书中的“本章核心考点解读”都配有二维码。只要轻轻一扫！名师现身讲解，双倍吸收！注会学习从此变得轻便又有趣！

友情提示：前两章知识点视频，扫码免费享有。

操作指南：

1. 下载安装最新版“会计云课堂”APP。
2. 登录东奥个人账号。
3. 点击首页右上角的“扫一扫”，即可听课。

扫我下载会计云课堂APP

3. 负担行为与处分行为

（1）负担行为是使一方（义务人）相对于他方（权利人）承担一定给付义务的法律行为，这种给付义务既可以是作为的，也可以是不作为的。

（2）处分行为是直接导致权利发生变动的法律行为，并不需要义务人积极履行给付义务，物权变动是典型的处分行为。

经典题解

【真题·单选题】 根据民事法律制度的规定，下列各项中，属于民事法律行为中的处分行为的是（　　）。（2018年）

A. 租赁合同

B. 所有权转让

C. 买卖合同

D. 拆除房屋

【解析】（1）选项AC：属于负担行为；（2）选项B：属于处分行为；（3）选项D：属于事实行为（而非民事法律行为）。

【答案】 B

【考点2】 意思表示（★★★）（P25）

1. 民事法律行为以意思表示为核心，意思表示可以分为无相对人的意思表示和有相对人的意思表示。

2. 无相对人的意思表示，表示完成时生效。法律另有规定的，依照其规定。

【解释】遗嘱行为、抛弃动产等单方民事法律行为，属于无相对人的意思表示。但并非所有的单方民事法律行为都属于无相对人的意思表示，如撤销权的行使、法定代理人的追认等单方民事法律行为，属于有相对人的意思表示。

3. 有相对人的意思表示分为对话的意思表示和非对话的意思表示。

（1）以对话方式作出的意思表示，相对人知道其内容时生效。

（2）以非对话方式作出的意思表示，到达相对人时生效。订立合同过程中的要约和承诺、债务免除、授予代理权、合同解除等意思表示，均采取到达主义。

（3）以非对话方式作出的采用数据电文形式的意思表示，相对人指定特定系统接收数据电文的，该数据电文进入该特定系统时生效；未指定特定系统的，相对人知道或者应当知道该数据电文进入其系统时生效。当事人对采用数据电文形式的意思表示的生效时间另有约定的，按照其约定。

（4）以公告方式作出的意思表示，公告发布时生效。

4. 行为人可以明示或者默示作出意思表示。沉默只有在有法律规定、当事人约定或者符合当事人之间的交易习惯时，才可以视为意思表示。

【解释】根据《继承法》的规定，继承开始后，继承人放弃继承的，应当在遗产处理前，作出放弃继承的表示。没有表示的（属于法定沉默），视为接受继承。

5. 行为人可以撤回意思表示。撤回意思表示的通知应当在意思表示到达相对人前或者与意思表示同时到达相对人。

6. 对意思表示的解释

（1）有相对人的意思表示的解释，应当按照所使用的词句，结合相关条款、行为的性质和目的、习惯以及诚信原则，确定意思表示的含义。

（2）无相对人的意思表示的解释，不能完全拘泥于所使用的词句，而应当结合相关条款、行为的性质和目的、习惯以及诚信原则，确定行为人的真实意思。

经典题解

【真题1·多选题】 根据民事法律制度的规定，下列各项中，属于无相对人的意思表示的有（　　）。（2018年）

A. 抛弃动产

B. 授予代理权

C. 设立遗嘱

D. 行使解除权

【解析】 选项BD：属于"有相对人的意思表示"。

【答案】 AC

【真题2·多选题】根据民事法律制度的规定，下列情形中，沉默可以视为行为人的意思表示的有(　　)。(2018年)

A. 当事人有约定

B. 法律有明文规定

C. 符合当事人之间的交易习惯

D. 当事人纯获利益

【答案】ABC

【真题3·单选题】根据民事法律制度的规定，下列关于意思表示的表述中，正确的是(　　)。(2019年)

A. 要约不属于意思表示

B. 继承开始后，继承人没有作出表示的，视为放弃继承

C. 以公告方式发出的意思表示，公告发布时生效

D. 非对话的意思表示属于无相对人的意思表示

【解析】(1)选项A：要约属于有相对人的意思表示；(2)选项B：继承开始后，继承人没有表示的，视为接受继承；(3)选项D：有相对人的意思表示分为对话的意思表示和非对话的意思表示。

【答案】C

【考点3】民事法律行为的生效(★)(P26)

1. 民事法律行为有效的实质要件

(1)行为人具有相应的民事行为能力；

(2)行为人的意思表示真实；

(3)不违反法律、行政法规的强制性规定，不违背公序良俗。

【解释1】公序良俗是"公共秩序和善良风俗"的简称。

【解释2】当事人超越经营范围订立合同，人民法院不因此认定合同无效，但违反国家限制经营、特许经营以及法律、行政法规禁止经营规定的除外。

2. 民事法律行为有效的形式要件

(1)民事法律行为可以采用书面形式(包括数据电文在内)、口头形式或者其他形式(如推定形式、沉默形式)。

(2)推定形式，是指当事人并不直接用书面形式或者口头形式进行意思表示，而是通过实施某种积极的行为，使得他人可以推定其意思表示。

【案例】王某在超市购物，王某向售货员交付货币的行为可以推定为王某具有购买商品的意思。

(3)沉默形式，是指行为人没有以积极的作为进行意思表示，而是以消极的不作为代替意思表示。根据《民法总则》的规定，沉默只有在有法律规定、当事人约定或者符合当事人之间的交易习惯时，才可以视为意思表示。

【考点4】无效的民事法律行为(★★★)(P27)

1. 无效民事法律行为的特征

(1)自始无效

无效的民事法律行为从行为开始时就没有法律约束力。

(2)当然无效

不论当事人是否主张，是否知道，也不论是否经过人民法院或者仲裁机构的确认，该民事法律行为当然无效。

(3)绝对无效

无效的民事法律行为绝对不发生法律效力，不能通过当事人的行为进行补正(不可能咸鱼翻身)。

【解释】当事人通过一定行为消除无效原因，使之有效，这不是对无效民事法律行为的补正，而是消灭旧的民事法律行为，成立新的民事法律行为。

经典题解

【真题·多选题】根据民事法律行为制度的规定，下列关于无效的民事法律行为特征的表述中，正确的有(　　)。(2015年)

A. 不能通过当事人的行为进行补正

B. 其无效需以当事人主张为前提

C. 从行为开始起就没有法律约束力

D. 其无效须经人民法院或者仲裁机构确认

【答案】AC

2. 无效的民事法律行为的种类

（1）无民事行为能力人实施的民事法律行为无效。

（2）违背公序良俗的民事法律行为无效。

（3）行为人与相对人恶意串通，损害他人合法权益的民事法律行为无效。

（4）行为人与相对人以虚假的意思表示实施的民事法律行为无效。

【解释】如债务人为避免财产被强制执行，虚假地将房子卖给自己的朋友。通谋虚假表示实施的民事法律行为之所以无效，主要是因为对于双方当事人而言，均无真实的意思表示。

（5）违反法律、行政法规的强制性规定的民事法律行为无效，但是该强制性规定不导致该民事法律行为无效的除外。

【解释1】如果民事法律行为违反的是法律、行政法规强制性规定中的“效力性规范”，则该民事法律行为无效。例如，根据《保险法》的规定，人身保险的投保人在保险合同订立时，对被保险人应当具有保险利益。因此，人身保险合同订立时，如果投保人对被保险人不具有保险利益，则保险合同无效。

【解释2】如果民事法律行为违反的是法律、行政法规强制性规定中的“管理性规范”，并不导致该民事法律行为无效。例如，根据《证券法》的规定，通过证券交易所的证券交易，投资者持有或者通过协议、其他安排与他人共同持有一个上市公司已发行的有表决权股份达到5%时，应当在该事实发生之日起3日内，向国务院证券监督管理机构、证券交易所作出书面报告，通知该上市公司，并予公告，在上述期限内不得再行买卖该上市公司的股票，但国务院证券监督管理机构规定的情形除外。如果当事人违反该项规定，买入上市公司股票的，在买入后的36个月内，对该超过规定比例部分的股份不得行使表决权，但并不导致股票交易行为的无效。

【考点5】可撤销的民事法律行为（★★★）（P28）

1. 可撤销的民事法律行为与无效的民事法律行为的区别

（1）法律效力不同

可撤销的民事法律行为在撤销前已经生效，在被撤销之前，其法律效果可以对抗除撤销权人以外的任何人（只有撤销权人有“发言权”）。而无效的民事法律行为在法律上当然无效，从一开始即不发生法律效力。

（2）主张权利的主体不同

可撤销的民事法律行为的撤销，应由撤销权人申请，人民法院不主动干预。而无效的民事法律行为的确认，不以当事人的意志为转移，人民法院或者仲裁机构可以在诉讼或者仲裁程序中主动宣告其无效。

（3）行为效果不同

可撤销的民事法律行为的撤销权人对权利的行使拥有选择权，当事人可以选择撤销其行为，也可以通过承认的表示使撤销权消灭。如果撤销权人未在法定的期限内行使撤销权的，可撤销的民事法律行为将终局有效，不得再被撤销。可撤销的民事法律行为一经撤销，则视同无效的民事法律行为，其效力溯及至行为开始，即自行为开始时无效。而无效的民事法律行为则自始无效、绝对无效。

（4）行使时间不同

可撤销的民事法律行为，其撤销权的行使有时间限制。而无效的民事法律行为不存在此种限制。

经典题解

【真题1·单选题】根据民事法律行为制度的规定，下列关于可撤销的民事法律行为的表述中，正确的是（　　）。（2015年）

A. 可撤销的民事法律行为一经撤销，自始无效

B. 可撤销的民事法律行为在撤销前效力待定

C. 可撤销的民事法律行为的撤销权人只能选择撤销该行为

D. 法官审理案件时发现民事法律行为具有可撤销事由的，可依职权撤销

【解析】 选项 B：可撤销的民事法律行为在撤销前已经生效。

【答案】 A

【真题 2 · 单选题】 根据民事法律行为制度的规定，下列关于可撤销民事法律行为的表述中，正确的是(　　)。(2018 年)

A. 行为在撤销前已经生效

B. 撤销权可由司法机关主动行使

C. 撤销权的行使不受时间限制

D. 被撤销行为在撤销之前的效力不受影响

【解析】 选项 D：可撤销的民事法律行为一经撤销，其效力溯及行为的开始，即自行为开始时无效。

【答案】 A

2. 可撤销的民事法律行为的种类

(1) 重大误解

基于重大误解实施的民事法律行为，行为人（双方当事人）有权请求人民法院或者仲裁机构予以撤销。

(2) 显失公平

一方利用对方处于危困状态、缺乏判断能力等情形，致使民事法律行为成立时显失公平的，受损害方有权请求人民法院或者仲裁机构予以撤销。

【解释 1】当事人无论是“乘人之危”(利用对方处于危困状态)，还是“乘人之傻”(利用对方缺乏判断能力)，只要致使民事法律行为在成立时显失公平的，受损害方均有权请求人民法院或者仲裁机构予以撤销。

【解释 2】在民事法律行为成立之后发生的情势变化，导致双方利益显失公平的，不属于显失公平的民事法律行为，而应当按照诚实信用原则处理。

(3) 胁迫

一方或者第三人以胁迫手段，使对方在违背真实意思的情况下实施的民事法律行为，受胁迫方有权请求人民法院或者仲裁机构予以撤销。

【解释】受胁迫的对象可以是相对人，也可以是相对人的亲友。受胁迫的客体可以是生命、健康、荣誉、名誉、财产等。

(4) 欺诈

①一方以欺诈手段，使对方在违背真实意思的情况下实施的民事法律行为，受欺诈方有权请求人民法院或者仲裁机构予以撤销。

②第三人实施欺诈行为，使一方在违背真实意思的情况下实施的民事法律行为，对方知道或者应当知道该欺诈行为的，受欺诈方有权请求人民法院或者仲裁机构予以撤销。

【解释 1】欺诈是指当事人一方故意编造虚假情况或者隐瞒真实情况，使对方陷入错误而为违背自己真实意思表示的行为。

【解释 2】(1) 对于第三人欺诈，只有相对人“知道或者应当知道”时才可以撤销；(2) 对于第三人胁迫，无论相对人是否“知道或者应当知道”，均可以撤销。

经典题解

【真题 1 · 单选题】 甲欲低价购买乙收藏的一幅古画，乙不允。甲声称：若乙不售画，就公布其不雅视频，乙被迫与甲订立买卖合同。根据《民法总则》的规定，该民事法律行为的效力为(　　)。(2013 年)

A. 有效　　B. 无效

C. 可撤销　　D. 效力待定

【答案】 C

【真题 2 · 单选题】 甲欠乙 10 万元未还，乙索债时，甲对乙称：若不免除债务，必以硫酸毁乙容貌，乙恐惧，遂表示免除其债务。根据《民法总则》的规定，下列关于该债务免除行为效力的表述中，正确的是(　　)。(2014 年)

A. 有效　　B. 无效

C. 可撤销　　D. 效力待定

【答案】 C

【真题 3 · 单选题】 甲向乙兜售毒品时，虽然提供了真实的毒品作为样品，但实际交付的却是面粉。根据《民法总则》的规定，下列关于该民事法律行为效力的表述中，正确的是(　　)。(2014 年)

A. 无效　　B. 可撤销

C. 有效　　D. 效力待定

【解析】 合同中约定的标的物属于违法标的物，不论实际交付的是不是毒品，该买卖合同在订立时都是无效的。

【答案】 A

3. 撤销权的消灭

有下列情形之一的，撤销权消灭：

（1）当事人自知道或者应当知道撤销事由之日起 1 年内、重大误解的当事人自知道或者应当知道撤销事由之日起 3 个月内没有行使撤销权；

（2）当事人受胁迫，自胁迫行为终止之日起 1 年内没有行使撤销权；

（3）当事人知道撤销事由后明确表示或者以自己的行为表明放弃撤销权；

（4）当事人自民事法律行为发生之日起 5 年内没有行使撤销权。

【解释 1】撤销权在性质上属于形成权，依撤销权人单方的意思表示即可产生相应的法律效力，无须相对人同意。

【解释 2】撤销权应依诉行使，向人民法院或者仲裁机构作出。撤销权有存续时间，该存续时间为除斥期间。

表 2-1　可撤销的民事法律行为

类型	撤销权人	撤销权的消灭	
重大误解	双方当事人	自知道或者应当知道撤销事由之日起 3 个月内没有行使撤销权	1. 当事人知道撤销事由后明确表示或者以自己的行为表明放弃撤销权 2. 自民事法律行为发生之日起 5 年内没有行使撤销权
显失公平	受损害方	自知道或者应当知道撤销事由之日起 1 年内没有行使撤销权	
欺诈	受欺诈方		
胁迫	受胁迫方	自胁迫行为终止之日起 1 年内没有行使撤销权	

经典题解

【例题·多选题】 齐某在路边摆放一尊廉价购得的旧蟾蜍石雕，冒充玉雕等待买主。甲曾以 5000 元从齐某处买过一尊同款石雕，发现被骗后正在和齐某交涉时，乙过来询问。甲有意让乙也上当，以便讨好齐某，要回自己被骗的款项，未等齐某开口便对乙说："我之前从他这里买了一个玉雕，转手就赚了 8000 元，这个你不要我就要了。"乙信以为真，以 5000 元赶紧买下"玉雕"。根据《民法总则》的规定，下列表述中，正确的有（　　）。

A. 甲有权请求人民法院或者仲裁机构撤销自己与齐某之间的买卖合同

B. 乙有权请求人民法院或者仲裁机构撤销自己与齐某之间的买卖合同

C. 乙自知道或者应当知道撤销事由之日起 1 年内没有行使撤销权的，撤销权消灭

D. 乙的撤销权自购买行为发生之日起 2 年内不行使而消灭

【解析】（1）选项 A：对于甲和齐某签订的买卖合同，齐某以欺诈手段，使甲在违背真实意思的情况下实施的民事法律行为，只有受欺诈方（甲）有权请求人民法院或者仲裁机构予以撤销；（2）选项 B：对于乙和齐某签订的买卖合同，由于第三人（甲）实施欺诈行为，使一方（乙）在违背真实意思的情况下实施的民事法律行为，对方（齐某）知道或者应当知道该欺诈行为，只有受欺诈方（乙）有权请求人民法院或者仲裁机构予以撤销，甲和齐某均无撤销权；（3）选项 C：对于欺诈行为，当事人自知道或者应当知道撤销事由之日起 1 年内没有行使撤销权的，撤销权消灭；（4）选项 D：当事人自民事法律行为发生之日起 5 年内没有行使撤销权的，撤销权消灭。

【答案】 ABC

4. 民事法律行为被确认无效或者被撤销的法律后果

（1）民事法律行为无效、被撤销或者确定不发生效力后，行为人因该行为取得的财产，应当予以返还；不能返还或者没有必要返还的，应当折价补偿。

（2）有过错的一方应当赔偿对方由此所受到的损失；各方都有过错的，应当各自承担相应的责任。法律另有规定的，依照其规定。

【考点6】效力待定的民事法律行为（★★★）（P29）

【解释】效力待定的民事法律行为，是指民事法律行为成立时尚未生效（而非无效），须经权利人追认才能生效。追认的意思表示自到达相对人时生效。一旦追认，则民事法律行为自成立时起生效；如果权利人拒绝追认，则民事法律行为自成立时起无效。

1. 限制民事行为能力人独立实施的民事法律行为

（1）直接有效

限制民事行为能力人实施的纯获利益的民事法律行为或者与其年龄、智力、精神健康状况相适应的民事法律行为直接有效。

（2）效力待定

限制民事行为能力人实施的其他民事法律行为经法定代理人同意或者追认后有效。

①相对人的催告权

相对人可以催告法定代理人自收到通知之日起1个月内予以追认；法定代理人未作表示的，视为拒绝追认。

②相对人的撤销权

民事法律行为被追认前，善意相对人有撤销的权利。撤销应当以通知的方式作出。

2. 无权代理

（1）狭义的无权代理：效力待定

行为人没有代理权、超越代理权或者代理权终止后，仍然实施代理行为，未经被代理人追认的，对被代理人不发生效力。

①相对人的催告权

相对人可以催告被代理人自收到通知之日起1个月内予以追认；被代理人未作表示的，视为拒绝追认。

②相对人的撤销权

行为人实施的行为被追认前，善意相对人有撤销的权利。撤销应当以通知的方式作出。

【解释1】无论相对人是否善意均可行使催告权；只有善意相对人才可以行使撤销权。

【解释2】（1）追认权在性质上属于形成权，仅凭被代理人的单方意思表示就可以使效力待定的合同转化为有效合同；（2）撤销权属于形成权，但催告权不属于形成权。

【解释3】被代理人已经开始履行民事法律行为中设定的义务的，视为对民事法律行为的追认。

【解释4】行为人实施的行为未被追认的：（1）善意相对人有权请求行为人履行债务或者就其受到的损害请求行为人赔偿，但是赔偿的范围不得超过被代理人追认时相对人所能获得的利益；（2）相对人知道或者应当知道行为人无权代理的，相对人和行为人按照各自的过错承担责任。

（2）表见代理：直接有效

行为人没有代理权、超越代理权或者代理权终止后，仍然实施代理行为，相对人有理由相信行为人有代理权的，代理行为有效。

【解释1】表见代理的构成要件：（1）代理人实际上无代理权；（2）相对人主观上为善意且无过失；（3）客观上有使相对人相信无权代理人具有代理权的情形；（4）相对人基于这个客观情形而与无权代理人成立民事法律行为。

【解释2】相对人有理由相信无权代理人具有代理权的情形包括但不限于：（1）被代理人对相对人表示已将代理权授予无权代理人，而实际并未授权；（2）无权代理人持有被代理人的介绍信或者盖有印章的空白合同书，使得相对人相信其有代理权；（3）代理关系终止后，被代理人未采取必要的措施而使相对人仍然相信行为人有代理权，并与之进行民事法律行为。

经典题解

【真题 1 · 单选题】 2007 年 3 月，甲公司聘用乙为业务经理，委托其负责与丙公司的业务往来。2008 年 4 月，甲公司将乙解聘，但未收回乙所持盖有甲公司公章的空白合同书，亦未通知丙公司。2008 年 5 月，乙以甲公司业务经理的身份，持盖有甲公司公章的空白合同书，与丙公司签订了一份买卖合同。根据代理法律制度的规定，下列关于该买卖合同效力的说法中，正确的是(　　)。(2011 年)

A. 合同无效

B. 合同有效

C. 合同效力待定

D. 合同可撤销

【解析】 乙的行为构成表见代理，买卖合同直接有效。

【答案】 B

【真题 2 · 单选题】 甲为乙公司业务员，负责某小区的订奶业务多年，每月月底在小区摆摊，更新订奶户并收取下月订奶款。2013 年 5 月 29 日，甲从乙公司辞职。5 月 30 日，甲仍照常前往小区摆摊收取订奶款，订奶户不知内情，照例交款，甲亦如常开出盖有乙公司公章的订奶款收据，之后甲下落不明。根据代理法律制度的规定，下列表述中，正确的是(　　)。(2013 年)

A. 甲的行为构成无权处分，应由乙公司向订奶户承担损害赔偿责任后，再向甲追偿

B. 甲的行为构成狭义无权代理，应由甲向订奶户承担损害赔偿责任

C. 甲的行为与乙公司无关，应由甲向订奶户承担合同履行义务

D. 甲的行为构成表见代理，应由乙公司向订奶户承担合同履行义务

【答案】 D

【真题 3 · 单选题】 甲是乙公司采购员，已离职。丙公司是乙公司的客户，已被告知甲离职的事实，但当甲持乙公司盖章的空白合同书，以乙公司名义与丙公司洽购 100 吨白糖时，丙公司仍与其签订了买卖合同。根据代理法律制度的规定，下列表述中，正确的是(　　)。(2009 年)

A. 甲的行为构成无权代理，合同的效力待定

B. 甲的行为构成无权代理，合同无效

C. 丙公司有权在乙公司追认合同之前，行使撤销权

D. 丙公司可以催告乙公司追认合同，如乙公司在 1 个月内未作表示，合同有效

【解析】 (1) 选项 AB：甲的行为属于狭义的无权代理（由于丙公司已被告知甲离职的事实，谈不上表见代理的问题），该买卖合同的效力待定（而非无效合同）；(2) 选项 C：只有善意相对人才享有撤销权，由于丙公司已经知道甲离职的事实，丙公司不属于善意相对人，不能行使撤销权；(3) 选项 D：被代理人在 1 个月内未作表示的，视为拒绝追认。

【答案】 A

【考点 7】 附条件和附期限的民事法律行为（★）(P30)

1. 附条件的民事法律行为

(1) 附生效条件的民事法律行为，自条件成就时生效。

(2) 附解除条件的民事法律行为，自条件成就时失效。

(3) 附条件的民事法律行为，当事人为自己的利益不正当地阻止条件成就的，视为条件已成就；不正当地促成条件成就的，视为条件不成就。

【解释 1】所附条件，可以是自然现象、事件，也可以是人的行为。但应当具备下列特征：(1) 必须是将来发生的事实；(2) 必须是将来不确定的事实；(3) 条件应当是双方当事人约定的；(4) 条件必须合法。

【解释 2】所附条件应当是双方当事人约定的，如果是法律规定的特定民事法律行为的生效条件，不属于此处所谓的“条件”。例如，根据《担保法》的规定，定金合同从实际交付定金之日起生效。交付定金是法律规定的定金合同的生效条件，不属于此处所谓的“条件”。

经典题解

【例题 1 · 多选题】 甲打算卖房，问乙是否愿买，乙一向迷信，就跟甲说："如果明天早上 7 点你家屋顶上来了喜鹊，我就出 10 万块钱买你的房子。"甲同意。乙回家后非常后悔。第二天早上 7 点差几分时，恰有一群喜鹊停在甲家的屋顶上，乙正要将喜鹊赶走，甲不知情的儿子拿起弹弓把喜鹊打跑了，至 7 点再无喜鹊飞来。根据《民法总则》的规定，下列表述中，正确的有(　　)。

A. 甲、乙之间的合同属于附生效条件的合同

B. 甲、乙之间的合同属于附解除条件的合同

C. 所附条件未成就，乙有权拒绝履行该合同

D. 所附条件已成就，乙应当履行该合同

【解析】（1）选项 AB：该合同属于附生效条件的合同；（2）选项 CD：如果乙亲自动手将喜鹊打跑（恶意阻止条件成就），视为条件已经成就。但将喜鹊打跑的并不是乙，因此，所附条件未成就，乙有权拒绝履行该合同。

【答案】 AC

【真题 2 · 单选题】 下列关于附条件民事法律行为所附条件的表述中，正确的是(　　)。(2017 年)

A. 既可以是将来的事实，也可以是过去的事实

B. 既可以是人的行为，也可以是自然现象

C. 既可以是确定发生的事实，也可以是不确定发生的事实

D. 所附条件可以合法，也可以不合法

【答案】 B

2. 附期限的民事法律行为

（1）附生效期限的民事法律行为，自期限届至时生效。

（2）附终止期限的民事法律行为，自期限届满时失效。

【解释】（1）所附的条件可能成立也可能不成立；（2）所附的期限可以是未来一个确定的日期（如 2021 年 8 月 8 日），也可以是一个不确定的日期（如雷某死亡之日），但无论是不是一个确定的日期，必然会到来。

第二单元　代理制度

免费听名师课

【考点 1】 代理的概念（★）(P32)

1. 代理是指代理人在代理权限内，以被代理人的名义与第三人实施民事法律行为，由此产生的法律后果直接由被代理人承担的一种法律制度。

2. 依照法律规定、当事人约定或者民事法律行为的性质，应当由本人亲自实施的民事法律行为，不得代理。如订立遗嘱、结婚等民事法律行为不得代理。

3. 代理与行纪的区别

（1）行纪人以自己的名义实施民事法律行为，而代理人以被代理人的名义实施民事法律行为。

（2）行纪的法律后果由行纪人自行承担，但可以通过其他法律关系（如委托合同）转给委托人；而代理产生的法律后果直接由被代理人承担。

（3）行纪必须为有偿民事法律行为，而代理既可以有偿，也可以无偿。

【解释】行纪是指行纪人接受他人委托以自己的名义从事商业活动的行为。拍卖公司（行纪人）与委托人之间的合同是一种典型的行纪合同。

4. 代理与传达的区别

（1）传达的任务是忠实传递委托人的意思表示，传达人自己不进行意思表示，传达人不以具有民事行为能力为条件。

（2）代理人在代理权限内可以独立向第三人进行意思表示，因此代理人必须具有相

应的民事行为能力。

（3）身份行为（如结婚行为、收养行为）必须由本人亲自实施，不能代理；但身份行为可以借助传达人传递意思表示。

经典题解

【真题·单选题】 根据民事法律制度的规定，下列关于传达的表述中，正确的是（　　）。（2019 年）

A. 传达人以自己的名义为意思表示

B. 单方意思表示不能传达

C. 传达人需具备完全民事行为能力

D. 身份行为的意思表示可以传达

【解析】（1）选项 A：传达的任务是忠实传递委托人的意思表示，传达人自己不进行意思表示；（2）选项 B：民事法律行为可以分为单方民事法律行为、双方民事法律行为和多方民事法律行为，而意思表示没有单方意思表示、双方意思表示和多方意思表示的分类；（3）选项 C：传达人应忠实传递委托人的意思表示，不以具有民事行为能力为条件。

【答案】 D

【考点 2】委托代理（★★★）（P33）

1. 委托代理是指基于被代理人授权的意思表示而发生的代理。

2. 委托授权为不要式行为，既可以采用书面形式，也可以采用口头或者其他方式授权。

3. 委托代理中的授权行为是一种单方民事法律行为，仅凭被代理人一方的意思表示，即可发生授权的效果。被代理人的授权行为，既可以向代理人进行，也可以向相对人进行，二者效力相同。

【解释】被代理人与代理人之间的委托合同属于双方民事法律行为，但授权行为一定是单方民事法律行为。（2018 年案例分析题）

4. 职务授权

执行法人或者非法人组织工作任务的人员，就其职权范围内的事项，以法人或者非法人组织的名义实施民事法律行为，对法人或者非法人组织发生效力。法人或者非法人组织对执行其工作任务的人员职权范围的限制，不得对抗善意相对人。

【相关链接】 合伙企业对合伙人执行合伙事务以及对外代表合伙企业权利的限制，不得对抗善意第三人。

5. 代理权的滥用

（1）自己代理

代理人不得以被代理人的名义与自己实施民事法律行为，但是被代理人同意或者追认的除外。

（2）双方代理

代理人不得以被代理人的名义与自己同时代理的其他人实施民事法律行为，但是被代理的双方同意或者追认的除外。

（3）恶意串通

代理人和相对人恶意串通，损害被代理人合法权益的，代理人和相对人应当承担连带责任。

【案例】 乙委托甲买入一台机器设备（授权价格为 80 ~ 100 万元），同时丙委托甲卖出一台机器设备（授权价格为 80 ~ 100 万元）。如果甲分别以乙、丙的名义签订了 90 万元的买卖合同，则甲的行为构成双方代理，因为代理人在代理权限内可以独立进行意思表示，甲分别以乙、丙的名义签订买卖合同时，很难同时最大程度地保护两个委托方的利益。自己代理与双方代理应当定性为效力待定的民事法律行为，如果经被代理人同意或者追认，该行为有效。

经典题解

【真题·多选题】 乙公司有个塔吊，甲和乙公司签订了委托合同，甲代理乙公司将该塔吊出售。根据代理法律制度的规定，甲的下列行为中，属于滥用代理权的有（　　）。（2015 年）

A. 甲以乙公司的名义将塔吊卖给自己

B. 甲以乙公司的名义将塔吊卖给自己代理的丙公司

C. 甲与丁公司恶意串通，将塔吊低价卖给丁公司，损害了乙公司的利益

D. 代理权被收回后，甲仍以乙公司的名

义将塔吊卖给戊公司

【解析】（1）滥用代理权包括：自己代理（选项A）、双方代理（选项B）、代理人与第三人恶意串通，损害被代理人的合法权益（选项C）；（2）选项D：属于无权代理。

【答案】 ABC

第三单元　诉讼时效制度

免费听名师课

【考点1】诉讼时效的基本理论（★★★）（P36）

1. 诉讼时效的概念

（1）诉讼时效期间届满并不消灭债权人的实体权利，只是让债务人产生抗辩权。

（2）诉讼时效期间的经过，不影响债权人提起诉讼，即不丧失起诉权。

（3）债权人起诉后，如果债务人主张诉讼时效的抗辩，人民法院在确认诉讼时效届满的情况下，应驳回其诉讼请求。当事人未提出诉讼时效抗辩，人民法院不应对诉讼时效问题进行释明及主动适用诉讼时效的规定进行裁判。当事人在一审期间未提出诉讼时效抗辩，在二审期间提出的，人民法院不予支持，但其基于新的证据能够证明对方当事人的请求权已过诉讼时效期间的情形除外。

（4）诉讼时效期间届满，当事人一方向对方当事人作出同意履行义务的意思表示或者自愿履行义务后，又以诉讼时效期间届满为由进行抗辩，人民法院不予支持。

【相关链接】 可撤销的民事法律行为的撤销，应由撤销权人申请，人民法院不主动干预。

【案例】 甲公司欠乙银行的100万元贷款到期，甲公司拒绝还本付息，诉讼时效期间届满日为2019年12月31日。乙银行于2020年4月1日对甲公司提起诉讼。在本案中：（1）人民法院应当受理，乙银行并不丧失起诉权；（2）如果债务人甲公司提出诉讼时效抗辩，人民法院在确认诉讼时效期间届满的情况下，应驳回乙银行的诉讼请求；但乙银行的实体权利（债权）并没有消灭，乙银行可以自己找甲公司主张债权。甲公司突然良心发现，主动还钱的，可以。但还钱后又以诉讼时效期间届满为由要求乙银行退钱的，不可以。

2. 诉讼时效具有强制性

（1）当事人对诉讼时效利益的预先放弃无效。

（2）诉讼时效的期间、计算方法以及中止、中断的事由由法律规定，当事人约定无效。

3. 诉讼时效的适用对象

根据《民法总则》的规定，下列请求权不适用诉讼时效的规定：

（1）请求停止侵害、排除妨碍、消除危险；

（2）不动产物权和登记的动产物权的权利人请求返还财产；

（3）请求支付抚养费、赡养费或者扶养费；

（4）依法不适用诉讼时效的其他请求权。

【解释】（1）登记的动产物权的权利人请求返还财产，不适用诉讼时效的规定；（2）未登记的动产物权的权利人请求返还财产，适用诉讼时效的规定。

4. 下列债权请求权不适用诉讼时效的规定：

（1）支付存款本金及利息请求权；

（2）兑付国债、金融债券以及向不特定对象发行的企业债券本息请求权；

（3）基于投资关系产生的缴付出资请求权；

（4）其他依法不适用诉讼时效规定的债权请求权。

5. 诉讼时效期间与除斥期间

除斥期间是指法律规定某种权利预定存续的期间，如果债权人在此期间不行使权利，预定期间届满后，该权利消灭。例如，基于重大误解订立的合同，当事人自知道或者应当知道撤销事由之日起3个月内没有行使撤销权的，撤销权消灭。诉讼时效期间与除斥期间的区别如下：

（1）适用对象不同

①诉讼时效适用于债权请求权；

②除斥期间一般适用于形成权（如追认权、解除权、撤销权等）。

（2）可以援用的主体不同

①人民法院不能主动援用诉讼时效，诉讼时效须由当事人主张后，人民法院才能审查；

②除斥期间无论当事人是否主张，人民法院均应当主动审查。

（3）法律效力不同

①诉讼时效届满只是让债务人取得抗辩权，债权人的实体权利并不消灭；

②除斥期间届满，实体权利消灭。

【考点2】诉讼时效的种类和起算（★★★）（P37）

1. 诉讼时效的种类

（1）普通诉讼时效

向人民法院请求保护民事权利的诉讼时效期间为3年。法律另有规定的，依照其规定。

【解释】根据《合同法》的规定，因国际货物买卖合同和技术进出口合同争议提起诉讼或者申请仲裁的期限为4年。

（2）最长诉讼时效

权利被损害超过20年的，人民法院不予保护。有特殊情况的，人民法院可以根据权利人的申请决定延长。

【解释】最长诉讼时效期间可以适用诉讼时效的延长，但不适用诉讼时效期间的中止、中断。

【案例】甲公司对乙公司的权利侵害发生于2010年1月1日，适用3年的普通诉讼时效期间：（1）如果乙公司于2018年4月1日（20年之内）知道自己的权利受到侵害以及义务人，应当在2021年4月1日前对甲公司提起诉讼；（2）如果乙公司于2038年8月8日才知道自己的权利受到侵害以及义务人，由于超过了20年的最长诉讼时效期间，人民法院不予保护。

2. 诉讼时效期间的起算

（1）诉讼时效期间自权利人知道或者应当知道权利受到损害以及义务人之日起计算。法律另有规定的，依照其规定。

（2）无民事行为能力人或者限制民事行为能力人对其法定代理人的请求权，诉讼时效期间自该法定代理终止之日起算。

（3）未成年人遭受性侵害的损害赔偿请求权的诉讼时效期间，自受害人年满18周岁之日起算。

（4）附条件或者附期限的债的请求权，从条件成就或者期限届满之日起算。

（5）约定有履行期限的债的请求权，从清偿期限届满之日起算；当事人约定同一债务分期履行的，诉讼时效期间从最后一期履行期限届满之日起计算。

（6）未约定履行期限或者履行期限不明确的债的请求权，依照《合同法》的规定可以确定履行期限的，诉讼时效期间从履行期限届满之日起计算；不能确定履行期限的，诉讼时效期间从债权人要求债务人履行义务的宽限期届满之日起计算，但债务人在债权人第一次向其主张权利之时明确表示不履行义务的，诉讼时效期间从债务人明确表示不履行义务之日起计算。

【相关链接】根据《合同法》的规定，履行期限不明确的，当事人可以协议补充；不能达成补充协议的，按照合同有关条款或者交易习惯确定；还不能确定的，债务人可以随时履行，债权人也可以随时要求履行，但应当给对方必要的准备时间。

（7）请求他人不作为的债权请求权，应当自权利人知道义务人违反不作为义务时起算。

【解释】合同约定一方当事人保守秘密，诉讼时效期间自债权人知道义务人泄密（违反了不作为义务）之日开始计算。

（8）国家赔偿的诉讼时效的起算，自赔

偿请求人知道或者应当知道国家机关及其工作人员行使职权时的行为侵犯其人身权、财产权之日起计算，但被羁押等限制人身自由期间不计算在内。（2020年重大调整）

经典题解

【真题·单选题】 根据诉讼时效法律制度的规定，下列关于诉讼时效期间起算的表述中，正确的是（　　）。（2017年）

A. 当事人约定同一债务分期履行的，从最后一期履行期限届满之日起算

B. 附条件或者附期限的合同的债权请求权，从合同成立之日起算

C. 请求他人不作为的，自义务人违反不作为义务时起算

D. 国家赔偿的，自国家机关及其工作人员实施违法行为时起算

【答案】 A

【考点3】诉讼时效的中止（★★★）（P38）

1. 诉讼时效中止的事由

在诉讼时效期间的最后6个月内，因下列障碍，不能行使请求权的，诉讼时效中止：

（1）不可抗力；

（2）无民事行为能力人或者限制民事行为能力人没有法定代理人，或者法定代理人死亡、丧失民事行为能力、丧失代理权；

（3）继承开始后未确定继承人或者遗产管理人；

（4）权利人被义务人或者其他人控制；

（5）其他导致权利人不能行使请求权的障碍。

2. 诉讼时效中止的时间

自中止时效的原因消除之日起满6个月，诉讼时效期间届满。

【解释】 在20年的最长诉讼时效期间内，诉讼时效中止的持续时间没有限制。

【案例】 假设甲公司对乙公司的诉讼时效期间为2018年1月1日~2020年12月31日：（1）如果2020年3月1日发生地震，4月1日障碍消除。由于不可抗力发生在最后6个月之前，不能中止诉讼时效的进行，诉讼时效期间仍为原来的期间；（2）如果2020年8月1日发生地震，9月1日障碍消除。自诉讼时效中止的原因消除之日（2020年9月1日）起满6个月，诉讼时效期间届满。

【考点4】诉讼时效的中断事由（★★★）（P39）

1. 基本规定

有下列情形之一的，诉讼时效中断，从中断、有关程序终结时起，诉讼时效期间重新计算：

（1）权利人向义务人提出履行请求；

（2）义务人同意履行义务；

（3）权利人提起诉讼或者申请仲裁；

（4）与提起诉讼或者申请仲裁具有同等效力的其他情形。

【解释】 中断事由发生后，已经经过的诉讼时效期间归零。诉讼时效的中断如果是一个时间点，则从该时间点重新起算；诉讼时效的中断如果是一个程序，则从有关程序终结时重新起算。

2. 权利人向义务人提出履行请求

具有下列情形之一的，应当认定“当事人一方提出要求”：

（1）当事人一方向对方当事人直接送交主张权利文书，对方当事人在文书上签字、盖章或者虽未签字、盖章但能够以其他方式证明该文书到达对方当事人的。

【解释】（1）对方当事人为法人或其他组织的，签收人可以是法定代表人、主要负责人、负责收发信件的部门或者被授权主体；（2）对方当事人为自然人的，签收人可以是本人、同住的具有完全民事行为能力的亲属或者被授权主体。

（2）当事人一方以发送信件或者数据电文方式主张权利，信件或者数据电文到达或者应当到达对方当事人的。

（3）当事人一方为金融机构，依照法律规定或者当事人约定从对方当事人账户中扣收欠款本息的。

（4）当事人一方下落不明，对方当事人在国家级或者下落不明的当事人一方住所地的省级有影响的媒体上刊登具有主张权利内容的公告的，但法律和司法解释另有特别规定的，适用其规定。

（5）权利人对同一债权中的部分债权主张权利，诉讼时效中断的效力及于剩余债权，但权利人明确表示放弃剩余债权的情形除外。

3. 义务人同意履行义务

义务人作出分期履行、部分履行、提供担保、请求延期履行等承诺或者行为，均属于“义务人同意履行义务”的行为。

4. 权利人提起诉讼或者申请仲裁

（1）当事人一方向人民法院提交起诉状或者口头起诉的，诉讼时效从提交起诉状或者口头起诉之日起中断。

（2）权利人向人民调解委员会以及其他依法有权解决相关民事纠纷的国家机关、事业单位、社会团体等社会组织提出保护相应民事权利的请求，诉讼时效从提出请求之日起中断。

（3）权利人向公安机关、人民检察院、人民法院报案或者控告，请求保护其民事权利的，诉讼时效从其报案或者控告之日起中断。

（4）上述机关决定不立案、撤销案件、不起诉的，诉讼时效期间从权利人知道或者应当知道不立案、撤销案件、不起诉之日起重新计算。

5. 下列事项与提起诉讼或者申请仲裁具有同等的中断效力

（1）申请支付令；

（2）申请破产、申报破产债权；

（3）为主张权利而申请宣告义务人失踪或者死亡；

（4）申请诉前财产保全、诉前临时禁令等诉前措施；

（5）申请强制执行；

（6）申请追加当事人或者被通知参加诉讼；

（7）在诉讼中主张抵销。

6. 诉讼时效中断的其他情形

（1）对于连带债权人、连带债务人中的一人发生诉讼时效中断效力的事由，应当认定对其他连带债权人、连带债务人也发生诉讼时效中断的效力。

（2）债权人提起代位权诉讼的，应当认定对债权人的债权和债务人的债权均发生诉讼时效中断的效力。

（3）债权转让的，应当认定诉讼时效从债权转让通知到达债务人之日起中断。

【案例】 债务人甲公司拒绝清偿乙银行的到期贷款 100 万元（诉讼时效期间为 2018 年 1 月 1 日～2020 年 12 月 31 日）。2020 年 4 月 1 日，债权人乙银行与丙银行达成债权转让协议。2020 年 4 月 10 日，债权转让通知送达甲公司。在本案中：（1）乙银行与丙银行之间的债权转让协议于 2020 年 4 月 1 日成立并生效；（2）该债权转让于 2020 年 4 月 10 日对甲公司发生效力（债权转让不以债务人的同意为生效条件，但要对债务人发生效力，则必须通知债务人）；（3）如果债务人甲公司向新债权人丙银行清偿了债务，谈不上诉讼的问题；如果甲公司拒绝向丙银行清偿债务，则丙银行对甲公司提起诉讼的诉讼时效期间为 3 年，自 2020 年 4 月 10 日（债权转让通知到达债务人之日）重新计算。

（4）债务承担情形下，构成原债务人对债务承认的，应当认定诉讼时效从债务承担意思表示到达债权人之日起中断。

【案例】 债务人甲公司拒绝清偿乙银行的到期贷款 100 万元（诉讼时效期间为 2018 年 1 月 1 日～2020 年 12 月 31 日）。2020 年 4 月 1 日，甲公司拟将 100 万元的债务转让给丙公司，双方签订了书面协议。2020 年 4 月 10 日，甲公司将该事项书面通知乙银行，请求乙银行予以同意（债务人将合同义务的全部或者部分转移给第三人的，应当经债权人同意）。在本案中，如果该事项经乙银行同意，新债务人丙公司向乙银行清偿债务之后，就谈不上诉讼的问题了；如果新债务人丙公司拒绝向乙银行清偿债务，则乙银行对丙公司提起诉讼的诉讼时效期间为 3 年，自 2020 年 4 月 10 日重新计算（在 4 月 10 日的通知中，甲公司承认自己欠乙银行的钱，但请求由丙公司来偿还，可以理解为“义务人同意履行义务”，应当认定诉讼时效自该意思表示到达债权人之日起中断）。

经典题解

【真题1·多选题】甲向乙借款1万元，借款到期后甲分文未还。根据诉讼时效法律制度的规定，在诉讼时效期间内发生的下列情形中，能够引起诉讼时效中断的有（　　）。（2009年）

A. 乙在大街上碰到甲，甲主动向乙表示将在3日内先支付约定的利息

B. 乙以特快专递发送催款函件给甲，甲签收后未拆封

C. 乙遇到车祸，变成了植物人，且没有法定代理人

D. 乙向人民法院申请支付令

【解析】（1）选项A：义务人作出分期履行、部分履行、提供担保、请求延期履行、先支付利息等承诺或者行为，视为“义务人同意履行义务”，导致诉讼时效中断；（2）选项B：当事人一方以发送信件或者数据电文方式主张权利，信件或者数据电文到达或者应当到达对方当事人的（甲已经签收），应当认定为“当事人一方提出要求”，导致诉讼时效中断；（3）选项C：权利被侵害的无民事行为能力人、限制民事行为能力人没有法定代理人的，导致诉讼时效的中止（而非中断）。

【答案】ABD

【真题2·多选题】根据诉讼时效法律制度的规定，下列情形中，导致诉讼时效中断的有（　　）。（2013年）

A. 债权人向人民法院申请对债务人的财产实施诉前财产保全

B. 债务人否认对债权人负有债务

C. 债权人向人民法院申请债务人破产，但被人民法院驳回

D. 债权人向人民调解委员会请求调解

【解析】（1）选项B：义务人同意履行义务，才导致诉讼时效中断；如果债务人否认对债权人负有债务，不能引起诉讼时效的中断；（2）选项C：债权人申请债务人破产，即导致诉讼时效中断（破产申请被人民法院驳回后，债权人可以继续对债务人提起民事诉讼，诉讼时效期间从申请破产之日起中断）。

【答案】ACD

【真题3·单选题】根据诉讼时效法律制度的规定，下列情形中，导致诉讼时效中止的是（　　）。（2014年）

A. 债权人向人民法院申请支付令

B. 债务人向债权人请求延期履行

C. 未成年债权人的监护人在一次事故中遇难，尚未确定新的监护人

D. 债权人向人民法院申请债务人破产

【解析】选项ABD：属于诉讼时效中断的事由。

【答案】C

【真题4·单选题】根据诉讼时效法律制度的规定，下列各项中，属于诉讼时效中止事由的是（　　）。（2016年）

A. 申请仲裁

B. 权利被侵害的无民事行为能力人没有法定代理人

C. 申请宣告义务人死亡

D. 申请支付令

【解析】选项ACD：属于诉讼时效中断的事由。

【答案】B

【真题5·多选题】根据诉讼时效法律制度的规定，下列各项中，导致诉讼时效中断的有（　　）。（2017年）

A. 申请强制执行

B. 申请仲裁

C. 在诉讼中主张抵销

D. 申请追加当事人

【答案】ABCD

【真题6·多选题】根据民事法律制度的规定，下列各项中，属于诉讼时效中断事由的有（　　）。（2019年）

A. 债权人发送催收信件到达债务人

B. 债务人向债权人请求延期履行

C. 债权人申请诉前财产保全

D. 债务人向债权人承诺提供担保

【答案】ABCD

扫一扫　“码”上做题

本书中各部分试题均配备二维码，下载安装东奥“会计云课堂”APP，扫一扫左侧二维码，即可在线做题，并获得详尽的答案解析、解题思路等超值服务，解决您做题时的一切疑惑。

【“会计云课堂”APP安装二维码详见封底】

同步强化练习题

一、单项选择题

1. 根据民事法律行为制度的规定，下列关于无效的民事法律行为的表述中，不正确的是(　　)。
A. 从行为开始时就没有法律约束力
B. 不论当事人是否主张，是否知道，该民事法律行为当然无效
C. 不论是否经过人民法院或者仲裁机构的确认，该民事法律行为当然无效
D. 可以通过当事人的行为进行补正

2. 根据民事法律行为制度的规定，下列关于可撤销的民事法律行为的表述中，不正确的是(　　)。
A. 该行为在撤销前已经生效
B. 可撤销的民事法律行为的撤销，应由撤销权人申请撤销，人民法院不主动干预
C. 撤销权的行使不受时间限制
D. 可撤销的民事法律行为一经撤销，自行为开始时无效

3. 根据《民法总则》的规定，下列各项中，属于无效的民事法律行为的是(　　)。
A. 一方以胁迫手段，使对方在违背真实意思的情况下实施的民事法律行为
B. 基于重大误解实施的民事法律行为
C. 一方利用对方处于危困状态、缺乏判断能力等情形，致使民事法律行为成立时显失公平的
D. 行为人与相对人以虚假的意思表示实施的民事法律行为

4. 某小学校长甲欲将一套住房以500万元出售。某报社记者乙找到甲，出价300万元，甲拒绝。乙对甲说：“我有你贪污的材料，不答应我就举报你。”甲信以为真，以300万元将该住房卖给乙。乙实际上并无甲贪污的材料。根据《民法总则》的规定，下列表述中，正确的是(　　)。
A. 甲存在重大误解，甲有权请求人民法院或者仲裁机构撤销该合同
B. 乙存在欺诈行为，甲有权请求人民法院或者仲裁机构撤销该合同
C. 乙存在胁迫行为，甲有权请求人民法院或者仲裁机构撤销该合同
D. 乙存在胁迫行为，该合同无效

5. 甲欲购买乙收藏的一件古董，乙不同意。甲的朋友丙得知此事后，找到乙说：“如果你不将此画卖给甲，就公布你的不雅视频”。乙被迫与甲订立买卖合同。甲对丙的所作所为并不知情。根据《民法总则》的规定，该民事法律行为的效力为(　　)。
A. 无效
B. 效力待定
C. 有效
D. 可撤销

6. 7周岁的张某未经其法定代理人同意，将一台价值5000元的笔记本电脑赠与同学李某。根据《民法总则》的规定，该赠与合同的效力是(　　)。
A. 有效
B. 无效
C. 可撤销
D. 效力待定

7. 吴某与其12岁的外甥孙某约定，将其收

藏的一幅名画赠与孙某。根据《民法总则》的规定，下列关于吴某与孙某之间赠与合同的表述中，正确的是(　　)。

A. 合同效力待定，吴某可以随时撤销赠与

B. 合同效力待定，孙某的法定代理人有权在1个月内予以追认

C. 合同有效，因为限制民事行为能力人孙某可以签订纯获利益的合同

D. 合同无效，因为孙某为限制民事行为能力人

8. 2020年4月，14岁的小林参加中学生科技创意大赛，其作品“厨房定时器”获得组委会金奖。张某对此非常感兴趣，向小林提出愿意以10万元的价格买下该作品的制作方法，小林表示同意，张某现场支付给小林10万元。根据《民法总则》的规定，下列表述中，正确的是(　　)。

A. 该合同无效

B. 该合同直接有效

C. 小林的法定代理人有权请求人民法院或者仲裁机构撤销该合同

D. 经小林的法定代理人同意、追认后，该合同有效

9. 王某13周岁生日时，爷爷送其价值1万元的电脑一台，奶奶送其价值50元的棒球帽一顶。第二天，王某未事先征得法定代理人的同意，将其电脑与棒球帽分别赠送给同班同学。根据《民法总则》的规定，下列关于王某行为效力的表述中，正确的是(　　)。

A. 赠送棒球帽的行为效力待定

B. 受赠棒球帽的行为有效

C. 赠送电脑的行为无效

D. 受赠电脑的行为效力待定

10. 根据民事法律制度的规定，下列行为中，不属于可撤销的民事法律行为的是(　　)。

A. 李某误以为赵某的镀金表为纯金表而花高价购买

B. 陈某受王某胁迫与其签订房屋租赁合同

C. 刘某超越代理权以甲公司的名义与乙公司签订买卖合同

D. 孙某受蔡某欺诈与其签订买卖合同

11. 孙某与赵某约定，赵某若于年内结婚，孙某将把其名下一套房屋借给赵某使用1年。根据民事法律行为制度的规定，该约定的性质是(　　)。

A. 附期限的民事法律行为

B. 附条件的民事法律行为

C. 单方民事法律行为

D. 不属于民事法律行为

12. 甲公司授予乙公司代理权，委托乙公司向丙公司采购货物。乙公司和丙公司串通，乙公司以甲公司的名义购进的货物质次价高，致使甲公司遭受严重的经济损失。根据代理法律制度的规定，下列关于甲公司损失承担的表述中，正确的是(　　)。

A. 甲公司的损失应当由甲公司和乙公司分担

B. 甲公司的损失应当由乙公司和丙公司承担连带赔偿责任

C. 甲公司的损失应当由乙公司和丙公司承担按份赔偿责任

D. 甲公司的损失应当由乙公司承担全部赔偿责任

13. 根据诉讼时效法律制度的规定，下列权利中，属于诉讼时效适用对象的是(　　)。

A. 支付存款本金及利息请求权

B. 基于投资关系产生的缴付出资请求权

C. 未登记动产物权的权利人请求返还财产的权利

D. 登记动产物权的权利人请求返还财产的权利

14. 根据诉讼时效法律制度的规定，下列关于诉讼时效期间起算的表述中，错误的是(　　)。

A. 当事人约定债务分期履行的，诉讼时效期间应当分期分别起算

B. 未定有履行期限的债的请求权，债权人第一次要求债务人履行义务时就被债

务人明确拒绝的，诉讼时效期间从债务人明确拒绝之日起算

C. 无民事行为能力人或者限制民事行为能力人对其法定代理人的请求权，诉讼时效期间自该法定代理终止之日起算

D. 请求他人不作为的债权请求权，诉讼时效期间应当自权利人知道义务人违反不作为义务时起算

15. 根据诉讼时效法律制度的规定，下列关于诉讼时效的表述中，正确的是(　　)。

A. 甲向乙借款 5 万元，甲向乙出具借条，约定 1 个月之内归还，乙债权的诉讼时效期间从借条出具之日起计算

B. 甲向银行借款 100 万元，乙提供价值 80 万元的房产作抵押，银行实现抵押权后，会导致剩余的 20 万元债权诉讼时效中断

C. 甲向乙借款 10 万元，诉讼时效期间届满前 1 个月乙因车祸不幸去世，尚未确定继承人和遗产管理人，该事项导致诉讼时效中断

D. 甲向乙借款 15 万元，诉讼时效期间届满前 1 个月乙通过快递向甲寄送催款书，快递签收单上仅有甲配偶的签名，不能引起诉讼时效中断

16. 根据诉讼时效法律制度的规定，下列关于诉讼时效中断的表述中，正确的是(　　)。

A. 甲欠乙 10 万元到期未还，乙要求甲先清偿 8 万元，乙的行为仅导致 8 万元债务诉讼时效中断

B. 甲和乙对丙因共同侵权而需承担连带赔偿责任 10 万元，丙要求甲承担 8 万元，丙的行为导致甲和乙对丙负担的连带债务诉讼时效均中断

C. 乙欠甲 8 万元到期未还，丙欠乙 10 万元到期未还，甲对丙提起代位权诉讼，甲的行为不会导致丙对乙的债务诉讼时效中断

D. 乙欠甲 10 万元，甲将该债权转让给丙，自甲与丙签订债权转让协议之日起，乙的 10 万元债务诉讼时效中断

二、多项选择题

1. 根据民事法律行为制度的规定，下列各项中，属于单方民事法律行为的有(　　)。

A. 授予代理权

B. 债务的免除

C. 无权代理的追认

D. 订立遗嘱

2. 根据民事法律行为制度的规定，下列各项中，属于有相对人的意思表示的有(　　)。

A. 抛弃动产

B. 设立遗嘱

C. 债务免除

D. 授予代理权

3. 根据民事法律行为制度的规定，下列关于意思表示的表述中，正确的有(　　)。

A. 无相对人的意思表示，表示完成时生效，法律另有规定的除外

B. 以对话方式作出的意思表示，相对人知道其内容时生效

C. 以非对话方式作出的意思表示，到达相对人时生效

D. 以公告方式作出的意思表示，公告发布时生效

4. 根据《民法总则》的规定，下列各项中，属于无效的民事法律行为的有(　　)。

A. 无民事行为能力人独立实施的民事法律行为

B. 基于重大误解实施的民事法律行为

C. 行为人与相对人以虚假的意思表示实施的民事法律行为

D. 行为人与相对人恶意串通，损害他人合法权益的民事法律行为

5. 根据《民法总则》的规定，下列各项中，属于可撤销的民事法律行为的有(　　)。

A. 一方以胁迫手段，使对方在违背真实意思的情况下实施的民事法律行为

B. 第三人以胁迫手段，使对方在违背真实意思的情况下实施的民事法律行为

C. 一方以欺诈手段，使对方在违背真实意思的情况下实施的民事法律行为

D. 第三人实施欺诈行为，使一方在违背真实意思的情况下实施的民事法律行为，对方知道或者应当知道该欺诈行为

6. 根据《民法总则》的规定，下列各项中，属于无效民事法律行为的有(　　)。

A. 6 周岁的王某将自己的电话手表赠与赵某

B. 宋某以泄露王某隐私为由，胁迫王某以超低价格将祖传古董卖给自己

C. 张某以高于市场价 30% 的价格将房屋出售给李某

D. 甲公司代理人刘某与乙公司负责人串通，以甲公司的名义向乙公司购买质次价高的商品

7. 根据《民法总则》的规定，下列各项中，属于可撤销的民事法律行为的有(　　)。

A. 甲医院以国产假肢冒充进口假肢，高价卖给乙

B. 某照相机实际价格为 7998 元，营业员赵某误看成 1998 元卖给王某

C. 7 岁的图图自己决定将 1000 元的压岁钱捐赠给希望工程

D. 丙落水，请求路过的丁施救，丁趁机提出以低价收购丙收藏的一幅名画，丙无奈与丁签订了买卖合同

8. 乙公司以国产牛肉为样品，谎称美国进口牛肉，与甲公司签订了买卖合同，后甲公司得知该事实。此时恰逢美国流行疯牛病，美国进口牛肉滞销，国产牛肉价格上涨。根据《民法总则》的规定，下列表述中，正确的有(　　)。

A. 甲公司有权自知道样品为国产牛肉之日起 1 年内主张撤销该合同

B. 甲公司有权自知道样品为国产牛肉之日起 3 个月内主张撤销该合同

C. 甲公司有权决定履行该合同，乙公司无权拒绝履行

D. 在甲公司决定撤销该合同之前，该合同的效力待定

9. 甲是乙公司的采购员，已离职。丙公司是乙公司的客户，已被告知甲离职的事实，但当甲持乙公司盖章的空白合同书，以乙公司的名义与丙公司洽购 100 吨白糖时，丙公司仍与其签订了买卖合同。之后，丙公司催告乙公司自收到通知之日起 1 个月内对该合同予以追认。根据《民法总则》的规定，下列表述中，错误的有(　　)。

A. 在乙公司追认合同之前，丙公司可以行使撤销权

B. 如果乙公司在 1 个月内未作表示，合同有效

C. 如果乙公司拒绝追认，则该合同自成立时起无效

D. 如果乙公司拒绝追认，丙公司有权请求甲履行合同或者就其受到的损害请求甲赔偿

10. 根据代理法律制度的规定，下列关于委托代理的表述中，正确的有(　　)。

A. 委托授权为不要式行为，既可以采用书面形式，也可以采用口头或者其他方式授权

B. 委托代理中的授权行为是单方民事法律行为

C. 代理人与被代理人订立委托代理合同属于单方民事法律行为

D. 被代理人的授权行为，既可以向代理人进行，也可以向相对人进行，二者效力相同

11. 根据诉讼时效法律制度的规定，下列请求权中，不适用诉讼时效规定的有(　　)。

A. 请求停止侵害、排除妨碍、消除危险

B. 请求支付抚养费、赡养费或者扶养费

C. 不动产物权的权利人请求返还财产的权利

D. 未登记的动产物权的权利人请求返还财产的权利

12. 根据诉讼时效法律制度的规定，下列关于除斥期间的表述中，正确的有(　　)。

A. 除斥期间一般适用于形成权

B. 除斥期间无论当事人是否主张，人民法院均应当主动审查

C. 除斥期间届满，实体权利消灭

D. 除斥期间届满，实体权利并不消灭

13. 根据诉讼时效法律制度的规定，下列情形中，能够引起诉讼时效中断的有(　　)。
A. 权利人申请仲裁
B. 权利人为主张权利而申请宣告义务人失踪或者死亡
C. 义务人作出分期履行的承诺
D. 权利人在诉讼中主张抵销

14. 根据诉讼时效法律制度的规定，下列各项中，属于诉讼时效中断事由的有(　　)。
A. 权利受到侵害的无民事行为能力人的法定代理人死亡
B. 继承开始后未确定继承人或者遗产管理人
C. 权利人申请强制执行
D. 权利人申请义务人破产

15. 王某借给李某100万元，李某未按期还本付息。根据诉讼时效法律制度的规定，在诉讼时效期间届满前发生的下列情形中，能够导致诉讼时效期间中断的有(　　)。
A. 李某向王某请求延期还款
B. 李某向王某作出分期履行的承诺
C. 李某向王某提供履行担保
D. 李某向王某还款10万元

同步强化练习题参考答案及解析

“扫码看解析”
使用“微信”或“会计云课堂”APP扫右方二维码，对答案、看解析、听名师讲难题，开启轻松过关之旅。

一、单项选择题

1. 【答案】 D
解析：选项D：无效的民事法律行为绝对不发生法律效力，不能通过当事人的行为进行补正。

2. 【答案】 C
解析：选项C：可撤销的民事法律行为，其撤销权的行使有时间限制。

3. 【答案】 D
解析：(1) 选项ABC：属于可撤销的民事法律行为；(2) 选项D：属于无效的民事法律行为。

4. 【答案】 C

5. 【答案】 D
解析：(1) 如果是第三人欺诈，只有甲“知道或者应当知道”时才可以撤销；(2) 如果是第三人胁迫（丙的行为构成胁迫），无论甲是否“知道或者应当知道”，均可以撤销。

6. 【答案】 B
解析：无民事行为能力人独立实施的民事法律行为无效。

7. 【答案】 C

8. 【答案】 D
解析：限制民事行为能力人小林与张某订立的并非纯获利益的合同，该合同属于效力待定的合同。

9. 【答案】 B
解析：(1) 8周岁以上的未成年人为限制民事行为能力人；(2) 限制民事行为能力人独立实施的纯获利益的民事法律行为（受赠电脑、受赠棒球帽）或者与其年龄、智力、精神健康状况相适应的民事法律行为（赠送棒球帽），直接有效；其他民事法律行为（赠送电脑），属于效力待定的民事法律行为。

10. 【答案】 C
解析：(1) 选项A：行为人对行为内容有重大误解的，属于可撤销的民事法律行为；（2）选项 B：一方以胁迫手段，使对方在违背真实意思的情况下实施的民事法律行为，受胁迫方有权请求人民法院或者仲裁机构予以撤销；（3）选项 C：构成狭义的无权代理，属于效力待定的民事法律行为；（4）选项 D：一方以欺诈手段，使对方在违背真实意思的情况下实施的民事法律行为，受欺诈方有权请求人民法院或者仲裁机构予以撤销。

11.【答案】 B

解析：选项 CD：孙某与赵某的约定属于双方民事法律行为。

12.【答案】 B

解析：代理人和相对人恶意串通，损害被代理人合法权益的，代理人（乙公司）和相对人（丙公司）应当承担连带责任。

13.【答案】 C

14.【答案】 A

解析：选项 A：当事人约定同一债务分期履行的，诉讼时效期间从最后一期履行期限届满之日起计算。

15.【答案】 B

解析：（1）选项 A：定有履行期限的债的请求权，诉讼时效期间自清偿期届满之日起算；（2）选项 B：权利人对同一债权的部分债权主张权利，诉讼时效中断的效力及于剩余债权，但权利人明确表示放弃剩余债权的情形除外；（3）选项 C：继承开始后未确定继承人或者遗产管理人的，属于诉讼时效的中止事由；（4）选项 D：签收人可以是自然人本人、同住的具有完全民事行为能力的亲属或者被授权主体。

16.【答案】 B

解析：（1）选项 A：权利人对同一债权的部分债权（8 万元）主张权利，诉讼时效中断的效力及于剩余债权（2 万元），但权利人明确表示放弃剩余债权的情形除外；（2）选项 B：对于连带债权人、连带债务人中的一人发生诉讼时效中断效力的事由，应当认定对其他连带债权人、连带债务人也发生诉讼时效中断的效力；（3）选项 C：债权人提起代位权诉讼的，应当认定对债权人的债权和债务人的债权均发生诉讼时效中断的效力；（4）选项 D：债权转让的，应当认定诉讼时效从债权转让通知到达债务人之日起中断。

二、多项选择题

1.【答案】 ABCD

2.【答案】 CD

解析：（1）选项 AB：属于“无相对人的意思表示”；（2）选项 CD：属于“有相对人的意思表示”。

3.【答案】 ABCD

4.【答案】 ACD

解析：选项 B：属于可撤销的民事法律行为。

5.【答案】 ABCD

6.【答案】 AD

解析：（1）选项 A：无民事行为能力人独立实施的民事法律行为无效；（2）选项 B：一方以胁迫手段，使对方在违背真实意思的情况下实施的民事法律行为，受胁迫方有权请求人民法院或者仲裁机构予以撤销；（3）选项 C：属于有效的民事法律行为；（4）选项 D：行为人与相对人恶意串通，损害他人合法权益的民事法律行为无效。

7.【答案】 ABD

解析：（1）选项 A：一方以欺诈手段，使对方在违背真实意思的情况下实施的民事法律行为，受欺诈方乙有权请求人民法院或者仲裁机构予以撤销；（2）选项 B：基于重大误解实施的民事法律行为，行为人有权请求人民法院或者仲裁机构予以撤销；（3）选项 C：无民事行为能力人独立实施的民事法律行为无效；（4）选项 D：一方利用对方处于危困状态、缺乏判断能力等情形，致使民事法律行为成立时显失公平的，受损害方（丙）有权请求人民法院或者仲裁机构予以撤销。

8.【答案】 AC

解析：（1）选项 AB：一方以欺诈手段，

使对方在违背真实意思的情况下实施的民事法律行为，受欺诈方（甲公司）自知道或者应当知道撤销事由之日起1年内，有权请求人民法院或者仲裁机构予以撤销；（2）选项CD：可撤销的民事法律行为在撤销前已经生效，在被撤销之前，其法律效果可以对抗除撤销权人（甲公司）以外的任何人。

9.【答案】 ABD

解析：（1）选项A：由于丙公司已经知道甲离职的事实，不属于善意相对人，丙公司不享有撤销权；（2）选项B：被代理人在1个月内未作表示的，视为拒绝追认，合同无效；（3）选项D：乙公司拒绝追认时，由于丙公司知道甲无权代理，丙公司和甲应按照各自的过错承担责任。

10.【答案】 ABD

解析：选项BC：订立委托代理合同属于双方民事法律行为，但授权行为一定是单方民事法律行为。

11.【答案】 ABC

12.【答案】 ABC

13.【答案】 ABCD

14.【答案】 CD

解析：选项AB：属于诉讼时效期间的中止事由。

15.【答案】 ABCD

解析：义务人作出分期履行、部分履行、提供担保、请求延期履行等承诺或者行为，均属于“义务人同意履行义务”的行为，导致诉讼时效中断。

第三章　物权法律制度

本章考情分析

在最近 3 年的考试中，本章的平均分值为 10 分，2019 年试卷一的分值为 9.5 分，试卷二的分值为 22 分（没错儿）。在四个案例分析题中，肯定有一个题目来自物权法律制度和合同法律制度的结合，希望考生高度重视。

本章分为八个单元，共计 31 个考点。绝大多数考点需要准确理解，只有几个数字需要死记硬背，复习难度其实并不大。复习本章需要 10 个小时左右。本章内容表面看比较晦涩，但本章是与我们的日常生活最贴近的一章。大多数考生可能没见过真正的银行承兑汇票，没见过真正的有限合伙企业，但肯定见过房屋、小汽车，这就足够了，本章讲的就是关于房屋（不动产）和小汽车（动产）的故事。

2020 年教材对“建设用地使用权”的内容进行了调整。需要说明的是，为了帮助考生更好地理解教材内容，我们并未按照 2020 年教材的顺序进行编写，而且还穿插了第四章的部分内容。

最近 3 年题型、题量分析表

题型	2017 年	2018 年试卷一	2018 年试卷二	2019 年试卷一	2019 年试卷二
单选题	2 题 2 分	1 题 1 分	1 题 1 分	1 题 1 分	2 题 2 分
多选题	1 题 1.5 分	1 题 1.5 分	1 题 1.5 分	1 题 1.5 分	2 题 3 分
案例分析题	2.5 分	3 分	3 分	7 分	17 分
合计	6 分	5.5 分	5.5 分	9.5 分	22 分

历年试题涉及本章的主要考点

考点	年份/题型
物的种类	2009 年多选题、2017 年单选题、2018 年单选题
物权的种类	2013 年多选题、2017 年单选题、2019 年单选题
物权法的基本原则	2015 年多选题
不动产的物权变动	2008 年案例分析题、2011 年案例分析题、2012 年案例分析题、2016 年案例分析题
物权变动与合同的生效	2009 年单选题、2009 年案例分析题、2016 年案例分析题
不动产登记制度	2014 年多选题、2015 年单选题、2017 年单选题

续表

考点	年份/题型
动产的买卖	2013 年案例分析题、2015 年案例分析题、2017 年案例分析题、2019 年案例分析题
多重买卖合同的合同效力	2012 年案例分析题、2019 年案例分析题
无权处分的合同	2013 年案例分析题、2014 年案例分析题、2019 年案例分析题
善意取得制度	2013 年案例分析题、2014 年案例分析题、2015 年案例分析题、2016 年单选题、2019 年案例分析题
拾得遗失物	2012 年单选题、2019 年多选题
按份共有	2019 年案例分析题
共有物的处分	2012 年单选题、2015 年多选题、2016 年单选题、2017 年单选题、2019 年案例分析题
建设用地使用权	2008 年案例分析题、2009 年单选题、2013 年单选题、2014 年单选题、2016 年多选题、2017 年多选题、2019 年单选题
禁止流押	2013 年案例分析题、2019 年案例分析题
禁止抵押的财产	2009 年单选题、2009 年多选题
不动产的抵押	2016 年案例分析题
动产的抵押	2010 年案例分析题、2013 年案例分析题、2015 年案例分析题、2019 年案例分析题
抵押物的范围	2008 年案例分析题、2013 年案例分析题
物上代位性	2008 年案例分析题、2009 年单选题、2014 年案例分析题
抵押物的出租	2010 年案例分析题、2014 年案例分析题
土地出让金优先于抵押权	2013 年案例分析题
同一财产向两个以上债权人设定抵押时的清偿顺序	2018 年案例分析题
动产的浮动抵押	2010 年多选题
动产质押	2010 年案例分析题
权利质押	2014 年单选题、2018 年多选题
质权人的保管义务	2013 年单选题
留置	2011 年单选题、2019 年多选题

本章思维导图

- 第三章
  - 物权法律制度概述
    - 物的种类
    - 物权的种类
    - 物权法的基本原则
  - 不动产的物权变动
    - 基于法律行为的物权变动
    - 非基于法律行为的物权变动
    - 不动产登记制度
  - 动产的物权变动
    - 动产的所有权
    - 特殊的交付方式
  - 有权处分与无权处分
    - 有权处分
    - 无权处分
    - 善意取得制度
    - 拾得遗失物
  - 共有
    - 按份共有还是共同共有?
    - 共有物的管理
    - 对外关系
    - 按份共有人转让自己的个人份额
    - 共有物的处分
  - 建设用地使用权
    - 无偿划拨
    - 有偿出让
  - 抵押权
    - 抵押合同
    - 抵押物
    - 抵押权的设立
    - 抵押担保的范围
    - 抵押物的转让
    - 抵押物的出租
    - 抵押权的实现
    - 物权重合
    - 最高额抵押
  - 质权和留置权
    - 动产质押
    - 权利质押
    - 留置权

本章核心考点解读

第一单元　物权法律制度概述

扫码听名师课 291857

【考点1】物的种类（★★★）（P41）❶

1. 物的概念

《物权法》所称的物，包括不动产和动产。法律规定权利作为物权客体的，依照其规定。物权法上的物具有以下特征：

（1）有体性

物权法上的物仅指有体物，权利、行为、智力成果（包括电脑程序）等均不属于物权法上的物，因而不属于物权的客体。行为属于债权的客体，智力成果属于知识产权的客体。需要说明的是，某些权利在特定情况下可以成为物权的客体，如以票据权利、股权、知识产权中的财产权等权利出质形成的权利质权。

（2）可支配性

物权法上的物应具有可支配性，能为人力所支配并满足人的需要。因此，不能为人力所支配（如太阳、月亮、星星等）或者不为人所需之物，不属于物权法上的物。

（3）在人的身体之外

人是权利主体，不能成为物权的客体。但人体器官脱离人的身体之后，可以成为物权的客体。

经典题解

【真题1·多选题】 根据物权法律制度的规定，下列各项中，能够成为所有权客体的有（　　）。（2013年）

A. 月球表面　　B. 药品

C. 土地　　D. 计算机程序

【解析】（1）选项A：月球表面不具有可支配性，不能成为物权的客体；（2）选项D：智力成果（包括电脑程序）属于知识产权的客体，不能成为所有权的客体。知识产权中的财产权可以出质，成为权利质权的客体，但不能成为所有权的客体。

【答案】 BC

【真题2·单选题】 根据物权法律制度的规定，下列各项中，属于物权法上物的是（　　）。（2019年）

A. 太阳　　B. 海域

C. 月亮　　D. 星星

【解析】 选项B：属于不动产，属于物权法上的物。

【答案】 B

2. 动产与不动产

不动产包括土地、海域以及房屋、林木等地上定着物。

3. 可分物与不可分物

可分物是指不因分割而变更其性质或者减损其价值的物（如牛肉），反之一头牛则属于不可分物。

4. 可替代物与不可替代物

该分类仅限于动产。交易客体为可替代物（如冰棍）时，可以同类物替代履行；不可替代物（如齐白石的字画）一旦发生毁损、灭失，就只能转化为金钱赔偿。

5. 消耗物与非消耗物

该分类仅限于动产。消耗物只能一次性使用（如苹果），非消耗物（如苹果手机）则相反。以让与为目的的消耗物（如金钱）转移占有即转移所有权。

6. 流通物、限制流通物与禁止流通物

流通物可以自由进入市场流通（如冰

❶ 为方便您在学习中可以快速了解知识点的重要程度，本书中将知识点进行分类。★★★代表重要知识点，★★代表次重要知识点，★代表非重要知识点。

棍），限制流通物是指被法律限制市场流通之物（如文物、黄金、药品），禁止流通物是指法律规定禁止流通之物。

7. 主物与从物

认定主物、从物关系，必须同时具备两个条件：（1）二者在物理上互相独立；（2）二者在经济用途上存在主从关系：A 物脱离 B 物，不损害 A 物的独立用途，则 A 物为主物；B 物脱离 A 物，丧失其本来的用途，则 B 物为从物。

【案例】（1）鞋子与袜子均具有独立的经济用途，不属于主物、从物关系；（2）茶杯和杯盖属于主物、从物关系。

8. 原物与孳息

（1）孳息是独立于原物的物，原物、孳息属于两个物。因此，尚在母牛身体里的小牛属于母牛的组成部分，不属于孳息；尚未与苹果树相分离的苹果，也不属于孳息。

（2）孳息分为天然孳息和法定孳息（如储蓄存款的利息、出租房屋获得的租金）。

经典题解

【真题 1 · 多选题】根据物权法律制度的规定，下列选项中，属于民法意义上孳息的有（　　）。（2009 年）

A. 母牛腹中的小牛

B. 苹果树上长着的苹果

C. 母鸡生的鸡蛋

D. 每月出租房屋获得的租金

【答案】 CD

【真题 2 · 单选题】根据物权法律制度的规定，下列关于物的种类的表述中，正确的是（　　）。（2017 年）

A. 海域属于不动产

B. 文物属于禁止流通物

C. 金钱属于非消耗物

D. 牛属于可分割物

【解析】（1）选项 B：文物属于限制流通物；（2）选项 C：金钱属于消耗物；（3）选项 D：牛属于不可分物。

【答案】 A

【真题 3 · 单选题】根据物权法律制度的规定，下列各项中，属于动产的是（　　）。（2018 年）

A. 海域　　B. 房屋

C. 林木　　D. 船舶

【解析】 选项 ABC：属于不动产。

【答案】 D

【考点 2】物权的种类（★★★）（P43）

1. 物权的概念

物权是指权利人依法对特定的物享有直接支配和排他的权利。与债权相比，物权具有以下特征：

（1）支配性

物权人有权仅以自己的意志实现权利，无须第三人的积极行为协助，属于支配权。而债权属于请求权，其实现有赖于债务人的履行行为。

（2）排他性

物权具有排他性，一物之上只能成立一项所有权。而债权具有兼容性，同一标的物之上可以成立多重买卖合同，几个买卖合同均可有效，并不相互排斥。

（3）绝对性

物权是可以对抗所有人的财产权，有权排除任何他人的干涉，他人有义务予以尊重，属于绝对权或者对世权。而债权仅对特定的债务人存在，属于相对权或者对人权。

表 3-1　物权 VS 债权

物权	债权
支配权	请求权
绝对权	相对权
对世权	对人权
排他性	兼容性

2. 物权的种类

（1）物权包括所有权、用益物权和担保物权。

（2）所有权是指在法律限制范围内，对物全面支配的权利。

（3）用益物权包括建设用地使用权、土

地承包经营权、宅基地使用权和地役权。

(4) 担保物权包括抵押权、质权和留置权。

【解释】用益物权以使用他人之物为目的，针对的是他人之物的使用价值；担保物权以担保债权实现为目的，针对的是他人之物的交换价值。

3. 自物权和他物权

所有权属于自物权，用益物权和担保物权则属于他物权。

4. 独立物权和从物权

(1) 独立物权是指能够独立存在的物权，包括所有权、建设用地使用权、土地承包经营权和宅基地使用权。

(2) 从物权是指从属于其他权利、不能独立存在的物权，包括担保物权和地役权。

【解释 1】担保物权从属于主债权而存在，主债权消灭的，担保物权随之消灭。

【解释 2】地役权从属于需役地的所有权或者使用权而存在。

【案例】 甲为了能在其土地上建造的房屋看到大海，便与相邻的乙约定：乙盖的楼房不得超过 2 米，作为补偿，甲每年支付给乙 1000 万元。双方于 4 月 1 日签订了地役权合同，于 4 月 10 日办理了地役权登记手续。在本案中：(1) 乙的土地属于供役地，甲的土地属于需役地；(2) 甲的地役权属于从物权（从属于甲的土地使用权），如果甲将其土地使用权全部转让给丙，则甲的地役权消灭（丙对乙继续享有地役权）。

表 3-2 物权的分类

物权的类型		自物权	他物权	独立物权	从物权
所有权		√		√	
用益物权	建设用地使用权		√	√	
	土地承包经营权		√	√	
	宅基地使用权		√	√	
	地役权		√		√
担保物权（抵押权、质权和留置权）			√		√

经典题解

【真题·单选题】 根据物权法律制度的规定，下列各项中，属于独立物权的是（　　）。(2017 年)

A. 地役权

B. 建设用地使用权

C. 质权

D. 抵押权

【解析】 选项 ACD：属于从物权。

【答案】 B

【考点 3】 物权法的基本原则（★★）(P44)

1. 物权法定原则

根据《物权法》第 5 条的规定，物权的种类和内容，由法律规定。

【解释 1】《物权法》第 5 条所称“法律”，不限于《物权法》，包括一切由全国人大及其常务委员会制定的“法律”，但不包括行政法规与地方性法规，亦不包括司法解释与司法判例。

【解释 2】(1) 行为人违反“种类法定”原则，在法定物权种类之外创设物权，该行为无效；(2) 行为人违反“内容法定”原则，设定与法定物权相异的内容，该行为无效。

【案例】 根据《物权法》的规定，动产质权自质物移交给质权人占有时设立。当甲以其手表向乙设定质押时，如果甲、乙约定手表仍存放于甲处，则该质权设定行为因违反“物权内容法定原则”而无效（只是质权未设立，并不影响质押合同的效力）。

2. 物权客体特定原则（一物一权原则）

（1）物权只存在于确定的一物之上，而债权的客体是当事人的给付行为，即使物尚未确定、尚不存在，也不影响债权合同（如贾某将正在研发的汽车作价 100 万卖给孙某）的有效性。

（2）一物之上只能有一个所有权，但所有权人可以为多人（如甲乙按份共有或者共同共有）。

（3）一物之上只能有一个所有权，但一物之上可以成立数个互不冲突的物权。如所有权和他物权的共容、用益物权与担保物权的共容。

【案例】 甲（所有权人）将其手表抵押给乙（乙享有抵押权），之后甲将该手表质押给丙（丙享有质权），丙在修理该手表时由于不支付修理费，该手表被丁留置（丁享有留置权）。

3. 物权公示原则

不动产物权的设立、变更、转让和消灭，应当依照法律规定登记。动产物权的设立和转让，应当依照法律规定交付。

经典题解

【真题·多选题】 根据物权法律制度的规定，下列属于物权法基本原则的有（　　）。(2015 年)

A. 物权相对原则

B. 物权法定原则

C. 物权公示原则

D. 物权客体特定原则

【答案】 BCD

第三章

第二单元 不动产的物权变动

扫码听名师课 291859

【考点 1】 基于法律行为的物权变动（★★★）(P50、67)

1. 登记生效

（1）不动产物权的设立、变更、转让和消灭，经依法登记，发生效力；未经登记，不发生效力，但法律另有规定的除外。(2011 年案例分析题)

【解释 1】建设用地使用权自登记时设立。(2008 年案例分析题)

【解释 2】以建筑物、建设用地使用权设定抵押的，必须办理抵押登记，抵押权自登记之日起设立。(2016 年案例分析题)

（2）当事人之间订立有关设立、变更、转让和消灭不动产物权的合同，除法律另有规定或者合同另有约定外，自合同成立时生效；未办理物权登记的，不影响合同的效力。(2009 年案例分析题、2016 年案例分析题)

【相关链接】 不动产的抵押必须办理抵押登记，抵押权自登记之日起设立。如果当事人未办理抵押登记，只是抵押权未设立，但不影响抵押合同的生效。

【案例 1】 甲公司以建设用地使用权作为抵押向乙银行贷款 1000 万元，双方 4 月 1 日签订了抵押合同，4 月 10 日办理了抵押登记。在本案中：（1）抵押合同的生效日期为 4 月 1 日；（2）抵押权的设立日期为 4 月 10 日。

【案例 2】 甲将其房屋卖给乙，双方于 4 月 1 日签订了房屋买卖合同，乙当日向甲支付了 200 万元的购房款，但双方未办理产权过户登记。4 月 20 日，甲又将该房屋卖给了丙，双方签订了房屋买卖合同，并于 4 月 30 日办理了产权过户登记。在本案中：（1）丙于 4 月 30 日依法取得了该房屋的所有权；（2）甲、乙之间的买卖合同自 4 月 1 日成立时生效，但由于未办理登记，乙不能取得该房屋的所有权，但乙可以基于有效的买卖合同要求甲承担违约责任。

经典题解

【真题·单选题】 甲拟移民国外，遂与乙订立合同出售其房屋，并约定乙应当在房屋所有权转移登记手续办理完毕后支付价款。后甲取消了移民计划，并向乙表示不再办理房屋所有权转移登记。根据物权法律制度的规定，下列表述中，正确的是（　　）。（2009年）

A. 合同尚未生效

B. 合同生效，但是甲有权解除合同

C. 合同生效，乙有权要求甲办理所有权转移登记并承担其他违约责任

D. 合同生效，但乙只能请求甲赔偿损失

【答案】 C

2. 登记对抗

（1）土地承包经营权自土地承包经营权合同生效时设立。未经登记，不得对抗善意第三人。

（2）地役权自地役权合同生效时设立。未经登记，不得对抗善意第三人。

【解释】是否登记，不影响地役权的设立。但未经登记的，不得对抗善意第三人。

【案例】 甲为了能在自己的房子里欣赏大海，便与相邻的乙约定：乙盖的楼房不得超过2米，作为补偿，甲每年支付给乙1000万元。双方于4月1日签订了地役权合同，于4月10日办理了地役权登记手续。乙的土地属于供役地，甲的土地属于需役地。在本案中：（1）地役权自4月1日（而非4月10日）设立；（2）如果乙将其建设用地使用权转让给丁，由于地役权进行了登记，则甲可以向丁主张地役权；如果地役权未经登记，且丁属于不知情的善意第三人，则甲不能向丁主张地役权；（3）地役权属于用益物权、从物权，地役权从属于需役地的所有权或者使用权而存在。

【考点2】非基于法律行为的物权变动（★★★）（P47）

1. 基于事实行为

因合法建造、拆除房屋等事实行为设立或者消灭物权的，自事实行为成就时发生效力。（2008年案例分析题）

【解释】非基于法律行为的不动产物权变动虽不以登记为要件，但获得权利的主体再处分该物权时，仍应当依法办理登记。未经登记，不发生物权效力。（2012年案例分析题）

【案例】 甲公司合法建造一幢办公楼，建成之日为4月1日。4月10日，甲公司办理了房屋产权首次登记。4月20日，甲公司将该办公楼作价2000万元卖给乙公司，并于4月30日办理了房屋产权转移登记。在本案中：（1）甲公司基于合法建造（事实行为）自4月1日建成之日起即享有该办公楼的所有权，甲公司的所有权属于原始取得，登记与否不影响其所有权；（2）如果甲公司将该办公楼转让给乙公司，则甲公司应首先将该办公楼登记在自己的名下，然后才能过户到乙公司的名下。由于乙公司所有权的取得（继受取得）是基于房屋买卖（法律行为），因此，乙公司自房屋产权转移登记之日（4月30日）起才能取得该办公楼的所有权。

2. 基于法律规定

因继承或者受遗赠取得物权的，自继承或者受遗赠开始时发生效力。（2012年案例分析题）

【案例】 甲死亡，其房屋由乙继承，乙自继承之日起即取得该房屋的所有权。如果乙将该房屋出售给丙，乙必须首先将该房屋过户登记在自己的名下，然后才能过户到丙的名下。

3. 基于公法行为

因人民法院、仲裁委员会的法律文书或者人民政府的征收决定等，导致物权设立、变更、转让或者消灭的，自法律文书或者人民政府的征收决定等生效时发生效力。

【解释】"导致物权设立、变更、转让或者消灭的人民法院、仲裁委员会的法律文书"，是指人民法院、仲裁委员会在分割共有不动产或者动产等案件中作出并依法生效的改变原有物权关系的判决书、裁决书、调解书，以及人民法院在执行程序中作出的拍卖成交裁定书、以物抵债裁定书。这些"法律文书"具有

第三章

直接改变原有物权关系、不必由当事人履行的形成效力。如果判决内容是一方当事人向另一方履行，那么，让物权发生变动的，是当事人的履行行为而非判决本身。

【案例1】 甲、乙婚后购买一套房屋，所有权登记在甲、乙二人的名下。后二人离婚，人民法院判决房屋归乙所有，该判决的生效时间为2020年4月1日。2020年4月10日，甲、乙高高兴兴地办理了房屋产权转移登记手续。2020年4月11日，乙将该房屋作价250万元卖给了隔壁老王，并于当日办理了房屋产权转移登记手续，从此二人过着幸福美满的生活。在本案中：(1)人民法院作出并依法生效的判决直接改变了原有物权关系（由夫妻共同共有直接变更为全部归乙所有），不必由当事人履行即发生物权变动的效力，因此，乙自法律文书生效之日起（4月1日）即取得该房屋的所有权；(2)乙将该房屋卖给隔壁老王时，属于一般的房屋买卖，老王自登记之日起（4月11日）取得该房屋的所有权。

【案例2】 甲向乙购买房屋一套，并已支付一半价款，剩余价款约定在过户登记手续办理完毕后2个工作日内付清。乙在办理房屋过户登记手续前反悔，要求解除合同。甲诉至人民法院，要求乙继续履行合同。2020年4月1日，人民法院依法判决乙应当在2020年4月30日之前配合甲完成房屋产权的转移登记手续，乙当庭表示不上诉。2020年4月20日，甲、乙二人嘟嘟囔囔地办理了房屋产权转移登记手续。在本案中，人民法院的判决并非直接改变原有物权关系，其判决内容是乙向甲履行义务（配合甲完成房屋产权的转移登记手续）。让物权发生变动的，是当事人的履行行为而非判决本身。因此，甲自转移登记之日起（4月20日）才能取得该房屋的所有权。

【考点3】不动产登记制度（★★★）（P50）

1. 首次登记

不动产首次登记，是指不动产权利第一次登记。未办理不动产首次登记的，不得办理不动产其他类型登记，但法律、行政法规另有规定的除外。

2. 变更登记

变更登记，是指不动产登记事项发生不涉及权利转移的变更所需进行的登记。有下列情形之一的，不动产权利人可以向不动产登记机构申请变更登记：

（1）权利人的姓名、名称、身份证明类型或者身份证明号码发生变更的；

（2）不动产的坐落、界址、用途、面积等状况变更的；

（3）不动产权利期限、来源等状况发生变化的；

（4）同一权利人分割或者合并不动产的；

（5）抵押担保的范围、主债权数额、债务履行期限、抵押权顺位发生变化的；

（6）最高额抵押担保的债权范围、最高债权额、债权确定期间等发生变化的；

（7）地役权的利用目的、方法等发生变化的；

（8）共有性质发生变更的；

（9）法律、行政法规规定的其他不涉及不动产权利转移的变更情形。

3. 转移登记

转移登记，是指不动产权利在不同主体之间发生转移所需进行的登记。因下列情形导致不动产权利转移的，当事人可以向不动产登记机构申请转移登记：

（1）买卖、互换、赠与不动产的；

（2）以不动产作价出资（入股）的；

（3）法人或者其他组织因合并、分立等原因致使不动产权利发生转移的；

（4）不动产分割、合并导致权利发生转移的；

（5）继承、受遗赠导致权利发生转移的；

（6）共有人增加或者减少以及共有不动产份额变化的；

（7）因人民法院、仲裁委员会的生效法律文书导致不动产权利发生转移的；

（8）因主债权转移引起不动产抵押权转移的；

（9）因需役地不动产权利转移引起地役权转移的；

（10）法律、行政法规规定的其他不动产权利转移情形。

4. 注销登记

不动产权利消灭时，需要办理注销登记。有下列情形之一的，当事人可以申请办理注销登记：

（1）不动产灭失的；

（2）权利人放弃不动产权利的；

（3）不动产被依法没收、征收或者收回的；

（4）人民法院、仲裁委员会的生效法律文书导致不动产权利消灭的；

（5）法律、行政法规规定的其他情形。

5. 异议登记

（1）更正登记

权利人、利害关系人认为不动产登记簿记载的事项有错误的，可以申请更正登记。不动产登记簿记载的权利人书面同意更正或者有证据证明登记确有错误的，登记机构应当予以更正。

（2）异议登记

如果不动产登记簿记载的权利人不同意更正，利害关系人可以申请异议登记。

（3）登记机构予以异议登记的，申请人在异议登记之日起15日内不起诉，异议登记失效。

（4）异议登记不当，造成权利人损害的，权利人可以向申请人请求损害赔偿。

【解释】异议登记使得登记簿上所记载的权利失去正确性推定的效力，异议登记后，第三人不得主张基于登记而产生的公信力（不适用于善意取得）。

6. 预告登记

当事人签订买卖房屋或者其他不动产物权的协议，为保障将来实现物权，按照约定可以向登记机构申请预告登记。具有下列情形之一的，当事人可以申请预告登记：

（1）预购商品房；

（2）以预购商品房设定抵押；

（3）房屋所有权转让、抵押；

（4）法律、法规规定的其他情形。

【解释1】预告登记后，未经预告登记的权利人同意，处分该不动产（转移不动产所有权或者设定建设用地使用权、设定地役权、设定抵押权等）的，应当认定其不发生物权效力。

【解释2】预告登记后，债权消灭或者自能够进行不动产登记之日起3个月内未申请登记的，预告登记失效。买卖不动产物权的协议被认定无效、被撤销、被解除，或者预告登记的权利人放弃债权的，应当认定为“债权消灭”。

经典题解

【真题1·多选题】 根据物权法律制度的规定，当事人可申请预告登记的情形有（　　）。（2014年）

A. 预购商品房

B. 房屋所有权转让

C. 房屋抵押

D. 租赁商业用房

【答案】 ABC

【真题2·单选题】 根据物权法律制度的规定，下列关于更正登记与异议登记的表述中，正确的是（　　）。（2015年）

A. 提起更正登记之前，须先提起异议登记

B. 更正登记的申请人可以是权利人，也可以是利害关系人

C. 异议登记之日起10日内申请人不起诉的，异议登记失效

D. 异议登记不当造成权利人损害的，登记机关应承担损害赔偿责任

【答案】 B

【真题3·单选题】 甲公司与乙银行签订300万元的借款合同，以甲公司的房屋提供债权额为300万元的抵押担保，并已办理登记。其后，借款合同的借款金额增加为400万元，仍以该房屋提供抵押担保，担保

债权额相应增加为 400 万元。为使新增抵押生效，根据物权法律制度的规定，乙银行应向不动产登记机构申请的登记类型是(　　)。(2017 年)

A. 更正登记

B. 预告登记

C. 变更登记

D. 转移登记

【答案】 C

第三单元　动产的物权变动

扫码听名师课

【考点 1】 动产的所有权（★★★）（P49）（2013 年案例分析题、2015 年案例分析题、2017 年案例分析题、2019 年案例分析题）

1. 一般动产：交付生效

动产物权的设立和转让，自交付时发生效力，但法律另有规定的除外。

【解释】 在动产买卖合同中，如果当事人未约定所有权保留条款，则动产的所有权自交付之日起转移。

2. 特殊动产：交付生效+登记对抗

根据《物权法》第 24 条的规定，船舶、航空器和机动车等物权的设立、变更、转让和消灭，未经登记，不得对抗善意第三人。

【解释】 对于船舶、航空器和机动车等动产，其所有权的移转仍以交付为生效要件，而不以登记为生效要件。但登记具有对抗效力，如果交付后没有办理过户登记，不得对抗善意第三人。

【案例 1】 4 月 1 日，甲、乙之间签订一份买卖小汽车的合同。买方乙于 4 月 10 日付款，甲于 4 月 20 日将小汽车交付给乙，双方于 4 月 30 日办理了过户登记手续。在本案中，乙自交付之日（4 月 20 日）起取得该车的所有权。

【案例 2】 4 月 1 日，甲将自己的一辆小汽车作价 20 万元卖给乙，双方签订了买卖合同，乙向甲交付了 20 万元的车款，甲向乙交付了该车，但未办理过户登记手续。4 月 20 日，甲向丙借款 20 万元，将该车抵押给不知情的丙，双方办理了抵押登记。因甲到期不能清偿丙的债务，丙拟对该小汽车行使抵押权。在本案中：(1) 尽管甲、乙之间未办理过户登记手续，但乙基于交付已经取得了该车的所有权（物权）；(2) 丙属于善意第三人，并且依法取得了对该车的抵押权，抵押权也属于物权，这是问题的关键；(3) 由于甲、乙之间未办理过户登记手续，乙不能对抗善意第三人丙。因此，丙有权对该车行使抵押权，乙的损失只能要求甲赔偿。

3. 转让人转移船舶、航空器和机动车等所有权，受让人已经支付对价并取得占有，虽未经登记，但转让人的债权人主张其为《物权法》第 24 条所称的“善意第三人”的，除法律另有规定外，不予支持。

【案例】 4 月 1 日，甲将自己的一辆小汽车作价 20 万元卖给乙，双方签订了买卖合同，乙向甲交付了 20 万元的车款，甲向乙交付了该车，但未办理过户登记手续。4 月 20 日，甲又将该车作价 22 万元卖给不知情的丙。在本案中：(1) 尽管甲、乙之间未办理过户登记手续，但乙基于交付已经取得了该车的所有权（物权）；(2) 在甲、丙之间的买卖合同中，在交付小汽车的环节，转让人甲属于债务人，丙属于债权人。考生应清楚的是，丙对该小汽车只是享有债权，并未取得任何物权，这是问题的关键；(3) 乙能否对抗丙？根据物权优于债权的原则，所有权人乙当然可以对抗债权人丙；(4) 由于受让人（乙）已经支付对价并取得占有（依法取得了该车的所有权），虽未经登记，但转让人（甲）的债权人（丙）主张其为《物权法》第 24 条所称的“善意第三人”的，除法律另有规定外，人民法院不予支持。

【考点2】 特殊的交付方式（★★★）（P49）

1. 简易交付

动产物权设立和转让前，权利人已经先行占有该动产的，物权在法律行为生效时发生变动效力。

【相关链接】 标的物在订立合同之前已为买受人占有的，合同生效的时间为交付时间。

【案例】 4月1日，甲将其耕牛出租给乙使用，租期3个月。4月10日，乙提出要买下此耕牛，甲表示同意。双方在买卖合同中约定，转让价款为1000元，1个月后付款。在本案中：（1）在双方订立买卖合同之前该耕牛已经被乙占有，谈不上再交付的问题；（2）甲、乙之间的买卖合同于4月10日生效；（3）耕牛的所有权、孳息和毁损灭失的风险自买卖合同生效时（4月10日）转移。

2. 指示交付

动产物权设立和转让前，第三人依法占有该动产的，负有交付义务的人可以通过"转让请求第三人返还原物的权利"代替交付。

【解释】 转让人与受让人之间有关转让返还原物请求权的协议生效时为动产交付之时。

【案例】 4月1日，甲将其耕牛出租给乙使用，租期3个月。4月10日，甲将该耕牛卖给丙，双方约定，租期届满后（7月1日）由乙将该耕牛直接返还给丙，甲将此事电话通知了乙。在本案中：（1）买卖不破租赁：租赁期间，租赁物的所有权发生变动的，不影响租赁合同的效力，租赁合同在有效期限内对受让人丙继续有效；（2）丙于4月10日（甲丙之间的协议生效时）取得该耕牛的所有权。

3. 占有改定

动产物权转让时，双方又约定由出让人继续占有该动产的，物权转移自该约定生效时发生效力。

【案例】 4月1日，甲将其耕牛卖给乙。双方同时约定，由于正值春耕农忙季节，耕牛先借给甲使用，5月1日甲再将耕牛交给乙。在本案中：（1）耕牛的所有权自4月1日起转移。（2）所谓占有改定，是指甲对耕牛的占有自4月1日发生改变：在4月1日之前，甲拥有耕牛的所有权，甲对耕牛的占有属于"自主占有"；4月1日之后，耕牛的所有权已经归乙，甲只是借用人，甲对耕牛的占有属于"他主占有"。

第四单元　有权处分与无权处分

扫码听名师课

【考点1】 有权处分（★★★）（P48）

1. 多重买卖合同的合同效力

出卖人就同一标的物订立多重买卖合同，合同均不具有《合同法》第52条规定的无效情形，买受人因不能按照合同约定取得标的物的所有权，请求追究出卖人违约责任的，人民法院应予支持。（2012年案例分析题、2019年案例分析题）

【解释】 订立买卖合同只是债权行为，债权行为的效力，是在当事人之间确立债权债务关系，并不导致标的物所有权的转移。例如，4月1日，甲、乙之间签订买卖合同，甲将小汽车作价10万元卖给乙，约定4月10日交货付款。4月8日，在小汽车所有权尚未转移的情况下，甲作为所有权人（甲有权处分），可以将该车作价12万元再卖给丙。在同一标的物上成立的多重买卖合同均可有效。但是，出卖人只能履行其中一个买卖合同，其他未能获得标的物所有权的买受人有权请求出卖人承担违约责任。如果甲将该车交付给丙，则丙基于交付依法取得该车的所有权，乙则有权基于甲、乙之间的有效合同要求甲承担违约责任。

2. 普通动产的一物二卖（第4章）

出卖人就同一普通动产订立多重买卖合同，在买卖合同均有效的情况下，买受人均要求实际履行合同的：

（1）先行受领交付的买受人请求确认所有权已经转移的，人民法院应予支持；

（2）各买受人均未受领交付，先行支付价款的买受人请求出卖人履行交付标的物等合同义务的，人民法院应予支持；

（3）买受人均未受领交付，也未支付价款，依法成立在先合同的买受人请求出卖人履行交付标的物等合同义务的，人民法院应予支持。

【解释】先交付>先付款>先订合同。

【案例】 王某将一个冰棍先后卖给甲、乙、丙三人，买卖合同签订日分别为4月1日、4月2日、4月3日。在三个买卖合同均有效、三人均要求实际履行合同时：（1）如果王某已经将冰棍交付给丙，则丙依法取得了该冰棍的所有权，此时，因甲、乙不能按照合同约定取得冰棍的所有权，甲、乙可以请求追究出卖人王某的违约责任；（2）如果均未交付，但乙最先付款，当乙请求出卖人王某履行交付冰棍义务的，人民法院应予支持；（3）如果均未交付，三人也均未付款，则最先订立合同的甲请求出卖人王某履行交付冰棍义务的，人民法院应予支持。

3. 特殊动产的一物二卖（第4章）

出卖人就同一船舶、航空器、机动车等特殊动产订立多重买卖合同，在买卖合同均有效的情况下，买受人均要求实际履行合同的：

（1）先行受领交付的买受人请求出卖人履行办理所有权转移登记手续等合同义务的，人民法院应予支持；

（2）各买受人均未受领交付，先行办理所有权转移登记手续的买受人请求出卖人履行交付标的物等合同义务的，人民法院应予支持；

（3）出卖人将标的物交付给买受人之一，又为其他买受人办理所有权转移登记，已受领交付的买受人请求将标的物所有权登记在自己名下的，人民法院应予支持；

（4）各买受人均未受领交付，也未办理所有权转移登记手续，依法成立在先合同的买受人请求出卖人履行交付标的物和办理所有权转移登记手续等合同义务的，人民法院应予支持。

【解释1】交付>登记>合同。

【解释2】对于船舶、航空器和机动车等特殊动产，其所有权的移转仍以交付为生效要件，而不以登记为生效要件。

【案例】 王某将一辆小汽车先后卖给甲、乙、丙三人，买卖合同签订日分别为4月1日、4月2日、4月3日。在三个买卖合同均有效、三人均要求实际履行合同时：（1）如果王某已经将小汽车交付给丙，则丙依法取得了该小汽车的所有权（与是否登记无关），此时，因甲、乙不能按照合同约定取得小汽车的所有权，甲、乙可以请求追究出卖人王某的违约责任；（2）如果均未交付，但王某已经将小汽车过户登记给乙，当乙请求出卖人王某履行交付小汽车义务的，人民法院应予支持；（3）如果王某已经将小汽车交付给丙，又将小汽车过户登记给乙，当丙请求将小汽车的所有权过户登记在自己名下的，人民法院应予支持；（4）如果均未交付、均未登记，则最先订立合同的甲请求出卖人王某履行交付小汽车和办理所有权转移登记手续等合同义务的，人民法院应予支持。考生应注意的是，冰棍的问题与付款时间有关，而小汽车的问题则与付款时间没有任何关系。

4. 一房二卖（第4章）

商品房买卖合同订立后，出卖人又将该房屋出卖给第三人的，由于出卖人的行为构成了欺诈，因此买受人可以在解除合同并赔偿损失的前提下，还可以要求出卖人承担不超过已付房款一倍的惩罚性赔偿金。

【相关链接】 预告登记后，未经预告登记的权利人同意，处分该不动产的，不发生物权效力。

【案例】 2020年4月1日，甲房地产开发商与乙签订商品房买卖合同，合同价款为200万元。4月10日，买受人乙先行付款80万元，甲于4月20日将该房屋交付给乙，但未办理产权过户登记手续。6月1日，甲、丙之间签订房屋买卖合同，甲将该房屋卖给不知情的丙，并于6月5日办理了产权过户登记手续。乙因此遭受损失30万元。在本案中：（1）甲、乙之间的买卖合同于4月1日成立并生效；（2）如果该房屋4月22日遭雷击灭失，其风险由乙承担（标的物毁损、灭失的风险，在标的物交付之前由出卖人承担，交付之后由买受人承担，但法律另有规定或者当事人另有约定的除外）；（3）甲、丙之间的房屋买卖合同于6月1日成立并生效，丙基于转移登记于6月5日取得该房屋的所有权；（4）乙不能取得该房屋的所有权，但乙可以提出解除合同并要求甲赔偿损失30万元，乙还可以要求甲承担不超过80万元（已付房款）的惩罚性赔偿金；（5）如果乙当时申请了预告登记，则未经乙同意，甲不可能将该房屋过户登记给丙；但甲、丙之间的房屋买卖合同为有效合同，由于丙不能取得该房屋的所有权，丙有权基于该有效合同要求甲承担违约责任。

【考点2】无权处分（★★★）（P48）

1. 债权行为：合同有效

当事人一方以出卖人在缔约时对标的物没有所有权或者处分权为由主张合同无效的，人民法院不予支持。（2013年案例分析题、2014年案例分析题、2019年案例分析题）

【案例】 甲将设备出租给乙，租赁期间为4月1日~7月1日。6月1日，乙以自己的名义将该设备作价100万元卖给不知情的丙，双方约定，乙在7月10日交付设备，丙于当日付款。在本案中：（1）如果丙于6月20日得知乙在缔约时无权处分，主张买卖合同无效的，人民法院不予支持；（2）如果乙于6月25日从甲手中买下该设备，并按期向丙交付标的物，当然按有效合同去执行，丙必须按照约定付款；（3）如果乙不能在7月10日向丙交付设备，则丙有权基于乙、丙之间的有效合同要求债务人乙承担违约责任或者要求解除合同并主张损害赔偿。

【解释】无权处分是指无处分权人以自己的名义实施的民事行为，而无权代理是指无代理权人以被代理人的名义实施的民事行为。例如，甲在未获得乙授权的情况下，将乙的手机卖给丙，如果甲以乙的名义与丙订立买卖合同，则构成无权代理；如果甲以自己的名义与丙订立买卖合同，则构成无权处分。考生应清楚的是：（1）在无权代理的情况下，甲以乙的名义与丙订立的买卖合同，为什么属于效力待定的合同？因为甲擅自为乙设定合同义务，只有得到被代理人乙的追认，该合同才对乙有约束力。如果全国人民在未经马云授权的情况下，每人以马云的名义和第三人订立一份买卖合同，假设法律规定这些合同均属于有效合同，马云需要履行多少合同？需要承担多少违约责任？马云还有什么安全感？（2）在无权处分的情况下，甲以自己的名义与丙订立买卖合同，为什么属于有效合同？因为债权行为只是负担义务而不转让物权，甲只是为自己（而非他人）设定合同义务，如果甲不能按期向丙交付手机，甲愿意（而且必须）承担违约责任，并未影响到乙的利益。

2. 物权行为：效力待定

物权行为处于效力待定状态，在得到权利人追认或者无处分权人事后取得处分权的，该行为有效。

【案例1】 甲4月1日将其小汽车作价10万元卖给乙，但尚未交付。4月5日，甲又将该车作价15万元卖给不知情的丙（甲丙之间不存在恶意串通，甲丙之间的买卖合同有效）。在本案中，4月5日（小汽车的所有权尚未转移）甲将该车卖给丙的行为属于有权处分，有权处分谈不上“善意取得”的问题。本案属于“一物二卖”的情形，在两个合同均有效的情况下，需要解决的是谁能取得该车的所有权？其处理规则是：交付>登记>合同。

【案例2】 甲4月1日将其小汽车作价10万元卖给乙，并于当日完成交付（该车的所有权已经转移给乙）。4月10日，甲又以自己的名义将该车卖给不知情的丙。在本案中，甲的行为构成无权处分，甲、丙之间的买卖合同属于有效合同。但丙能否取得该车的所有权？这才涉及“效力待定”的问题：（1）如果甲的处分行为得到了乙的追认，或者甲事后取得了对该车的处分权，甲的无权处分行为将转化为有权处分，无论丙是否善意、是否支付对价，丙均自交付之日起取得该车的所有权。(2) 如果甲的行为事后未得到乙的追认，如何处理？考生应区分两种情况：①如果丙符合善意取得的要件（善意、合理对价、已经交付），则丙基于善意取得制度依法取得该车的所有权；②如果丙不符合善意取得的要件（如尚未完成交付），则丙不能取得该车的所有权。此时，丙有权基于甲、丙之间的有效合同，要求甲承担违约责任或者要求解除合同并主张损害赔偿。

【考点3】善意取得制度（★★★）（P56）（2013年案例分析题、2014年案例分析题、2015年案例分析题、2019年案例分析题）

1.《物权法》第106条

无处分权人将不动产或者动产转让给受让人的，除法律另有规定外，符合下列情形的，受让人取得该不动产或者动产的所有权：

（1）受让人受让该不动产或者动产时是善意的；

（2）以合理的价格转让；

（3）转让的不动产或者动产依照法律规定应当登记的已经登记，不需要登记的已经交付给受让人。

2. 有权处分还是无权处分？

（1）如果转让人对于所转让的标的物享有处分权，则适用正常的物权变动规则（不动产自登记之日起转移所有权、动产自交付之日起转移所有权）。

（2）善意取得制度必须以转让人无处分权为前提。

3. 是否合法占有？

基于真实权利人的意思而合法占有之物，称为委托物（如承租人基于租赁合同而合法占有租赁物）。非基于真实权利人的意思而占有之物称为脱手物（如遗失物、盗窃物）。善意取得制度适用于委托物，不适用于脱手物。

【解释】转让人取得对委托物的占有毕竟是基于真实权利人的真实意思，正是真实权利人的这一行为，为事后的无权处分提供了机会，真实权利人毕竟“参与”了无权处分局面的形成，与完全无辜的善意受让人相比，自然是后者更值得保护。而脱手物则恰恰相反，因为物的遗失或者被盗并非基于真实权利人的本意，此时，真实权利人与善意第三人均处于无辜地位，如允许适用善意取得制度，可能在客观上会为销赃行为提供合法支持。

4. 是否基于法律行为？

善意取得只能在交易中发生，该交易所借助的手段是法律行为（如买卖合同）。基于非法律行为而发生的物权变动，无论是基于事实行为、公法行为还是直接基于法律规定而变动，均不存在善意取得的问题。

5. 转让合同是否有效？

具有下列情形之一，受让人主张善意取得所有权的，人民法院不予支持：

（1）转让合同因违反《合同法》第52条规定被认定无效；

（2）转让合同因受让人存在欺诈、胁迫或者乘人之危等法定事由被撤销。

6. 转让价格是否合理？

（1）判断是否构成“合理的价格”，应当根据转让标的物的性质、数量以及付款方式等具体情况，参考转让时交易地市场价格以及交易习惯等因素综合认定。

（2）受让人无偿或者以明显不合理的价格取得财产时，不适用善意取得制度。

7. 受让人是否善意？

（1）是否善意的判断时点，以受让时（依法完成不动产物权转移登记或者动产交付之时）为准。如果受让人事后得知转让人无处分权的，不影响受让人的善意取得。

（2）受让人受让不动产或者动产时，不知道转让人无处分权，且无重大过失的，应当推定受让人为善意。

（3）受让人受让动产时，交易的对象、场所或者时机等不符合交易习惯的，应当认定受让人具有重大过失。

（4）真实权利人主张受让人不构成善意

的，应当承担举证证明责任。

（5）对于“简易交付”，转让动产法律行为生效时为动产交付之时；对于“指示交付”，转让人与受让人之间有关转让返还原物请求权的协议生效时为动产交付之时。

（6）具有下列情形之一的，应当认定不动产受让人知道转让人无处分权：

①登记簿上存在有效的异议登记；

②预告登记有效期内，未经预告登记的权利人同意；

③登记簿上已经记载司法机关或者行政机关依法裁定、决定查封或者以其他形式限制不动产权利的有关事项；

④受让人知道登记簿上记载的权利主体错误；

⑤受让人知道他人已经依法享有不动产物权。

（7）真实权利人有证据证明不动产受让人应当知道转让人无处分权的，应当认定受让人具有重大过失。

8. 是否完成了交付或者登记?

（1）动产的善意取得以交付为要件，不动产则以登记为要件。如果当事人之间仅仅签订了买卖合同，但动产尚未交付或者不动产尚未办理产权转移登记，则受让人不能善意取得标的物的所有权。

（2）转让人将《物权法》第 24 条规定的船舶、航空器和机动车等特殊动产交付给受让人的（无论是否登记），应当认定符合善意取得的条件。

（3）“占有改定”不能满足善意取得制度意义上的“交付”要求。

9. 善意取得的法律效果

（1）所有权发生转移

善意受让人取得标的物的所有权，真实权利人的所有权随之丧失。

（2）赔偿请求权

真实权利人有权向无权处分的转让人请求损害赔偿。

【案例 1】 4 月 1 日，甲将其手机出租给乙，租期 1 年。7 月 1 日，乙将该手机以市价 3000 元卖给不知情的第三人丙，乙向丙交付了手机，但丙尚未支付价款。在本案中：（1）乙基于租赁合同对该手机合法占有（该手机为委托物）；（2）乙的行为构成无权处分；（3）乙、丙之间的买卖合同有效；（4）丙基于善意取得制度依法取得了该手机的所有权（与是否已经付款无关）；（5）由于甲已经丧失了该手机的所有权，甲无权请求丙返还手机；但甲有权要求乙承担损害赔偿责任。

【案例 2】 甲、乙外出游玩，向丙借相机一部，用毕甲将相机带回家。丁到甲家见此相机，执意要以市价 3000 元买下，甲便隐瞒实情表示同意并将相机交付与丁。不久，丁因手头拮据又向乙以 100 元兜售该相机。乙见此相机眼熟，便向丁询问，丁如实相告，乙遂将之买下。在本案中：（1）甲将相机卖给丁时，甲的行为构成无权处分，但丁基于善意取得制度依法取得了该相机的所有权；（2）丁作为所有权人将该相机卖给乙时，属于有权处分（这是问题的关键），乙自交付之日起取得该相机的所有权（无须考虑乙是否善意、是否支付对价的问题）。考生应清楚的是，只有在无权处分的情况下，才需考虑能否善意取得的问题。

10. 善意取得制度的适用范围

（1）动产、不动产均可适用善意取得制度。

（2）赃物、遗失物不适用善意取得制度。

（3）善意取得制度不仅适用于所有权，建设用地使用权、抵押权、质权、留置权等他物权也可以善意取得。

【考点 4】 拾得遗失物（★★★）（P58）

1. 拾得遗失物后，拾得人应当及时通知权利人领取，或者送交公安等有关部门。有关部门收到遗失物，知道权利人的，应当及时通知其领取；不知道的，应当及时发布招领公告。遗失物自发布招领公告之日起 6 个月内无人认领的，归国家所有。

2. 拾得人享有费用偿还请求权。在遗失人发出悬赏广告时，归还遗失物的拾得人还享有悬赏广告所允诺的报酬请求权。

3. 遗失物的转让

（1）如果遗失物通过转让为他人所占有时，权利人有权向无处分权人请求损害赔偿，或者自知道或者应当知道受让人之日起2年内向受让人请求返还原物。

（2）如果受让人通过拍卖或者向具有经营资格的经营者购得该遗失物的，权利人请求返还原物时应当支付受让人所付的费用。权利人向受让人支付所付费用后，有权向无处分权人追偿。

【解释】对于发现“埋藏物”并实施占有的，参照适用拾得遗失物的有关规定。

【案例】甲的钻石手表不慎丢失，被乙拾得。乙的朋友丙表示十分喜欢该手表，乙遂以5000元售之。在本案中：（1）即使丙善意、支付了合理对价而且手表已经交付，丙也不能取得该手表的所有权，因为赃物、遗失物不适用善意取得制度；（2）甲并未丧失对该手表的所有权，因此，甲有权要求乙赔偿损失，或者自知道受让人丙之日起2年内要求丙返还该手表；（3）甲是基于其所有权要求丙返还原物的，一般情况下，丙应当向甲无偿返还原物，但丙可以向乙追偿5000元的手表价款；（4）如果丙是通过拍卖或者向具有经营资格的经营者购得该手表的（丙通过正规渠道购得，根本不会想到自己买到了遗失物），丙也不能取得该手表的所有权，但甲要求丙返还手表时，甲应当先向倒霉的丙支付5000元，然后再向乙追偿。

经典题解

【真题1·单选题】甲在上班途中遗失手机一部，被乙拾得。甲发布悬赏广告称，愿向归还手机者支付现金1000元作为酬谢。根据物权法律制度的规定，下列表述中，正确的是（　　）。（2012年）

A. 返还手机是乙的法定义务，故甲虽承诺向归还手机的拾得人支付1000元酬金，乙仍无权请求甲支付该酬金，仅有权要求甲支付因返还手机而发生的必要费用

B. 若乙将手机以3000元的市场价格卖给不知情的丙，则甲除非向丙支付3000元，否则无权请求丙返还手机

C. 若乙将手机送交公安机关，而甲未于公安机关发出招领公告之日起6个月内认领，则乙取得该手机的所有权

D. 若乙将手机送交公安机关，而甲未于公安机关发出招领公告之日起6个月内认领，则该手机归国家所有

【解析】（1）选项A：在遗失人发出悬赏广告时，归还遗失物的拾得人享有悬赏广告所允诺的报酬请求权；（2）选项B：丙直接从乙手中购得手机（而非通过拍卖或者向具有经营资格的经营者购得），无权要求甲支付购买手机的费用；（3）选项CD：遗失物自发布招领公告之日起6个月内无人认领的，归国家所有。

【答案】D

【真题2·多选题】乙拾得甲丢失的手机，以市场价500元出让给不知情的旧手机经销商丙。根据物权法律制度的规定，下列表述中，正确的有（　　）。（2019年）

A. 乙拾得手机后，甲即丧失了手机的所有权

B. 甲有权请求丙返还手机，但应向丙支付500元

C. 乙将手机出让给丙的行为属于无权处分

D. 甲有权请求乙给予损害赔偿

【解析】（1）选项AC：拾得人乙不能取得遗失物的所有权，乙将手机出让给丙的行为属于无权处分；（2）选项BD：如果遗失物通过转让为他人所占有时，权利人有权向无处分权人请求损害赔偿，或者自知道或者应当知道受让人之日起2年内向受让人请求返还原物。如果受让人通过拍卖或者向具有经营资格的经营者购得该遗失物的，权利人请求返还原物时应当支付受让人所付的费用。

【答案】CD

第五单元 共 有

扫码听名师课 291865

【考点 1】 按份共有还是共同共有?（★★）（P53）

1. 法定的共同共有

家庭关系中的共有为共同共有，包括《婚姻法》规定的夫妻共同财产、《继承法》上的遗产等。

2. 共有类型

共有人对共有的不动产或者动产没有约定为按份共有或者共同共有，或者约定不明确的，除共有人具有家庭关系等外，视为按份共有。

3. 共有份额

按份共有人对共有的不动产或者动产享有的份额，可以约定；没有约定或者约定不明确的，按照出资额确定；不能确定出资额的，视为等额享有。

【考点 2】 共有物的管理（★）（P54）

1. 共有人按照约定管理共有的不动产或者动产；没有约定或者约定不明确的，各共有人都有管理的权利和义务。

2. 对共有物的管理费用以及其他负担，有约定的，按照约定；没有约定或者约定不明确的，按份共有人按照其份额负担，共同共有人共同负担。（2019 年案例分析题）

【考点 3】 对外关系（★★）（P54）

1. 按份共有

（1）对外

因共有的不动产或者动产产生的债权债务，在对外关系上，共有人享有连带债权、承担连带债务，但法律另有规定或者第三人知道共有人不具有连带债权债务关系的除外。（2019 年案例分析题）

（2）内部

除共有人另有约定外，按份共有人按照份额享有债权、承担债务。因此，当对外承担债务的共有人所承担的债务超出其应当承担的份额时，有权向其他共有人追偿。

【解释】按份共有人对外承担连带责任、内部承担按份责任。

2. 共同共有

（1）对外

因共有的不动产或者动产产生的债权债务，在对外关系上，共有人享有连带债权、承担连带债务，但法律另有规定或者第三人知道共有人不具有连带债权债务关系的除外。

（2）内部

除共有人另有约定外，共同共有人共同享有债权、承担债务。

【解释】共同共有人对外承担连带责任、内部不分你我。

【考点 4】 按份共有人转让自己的个人份额（★★★）（P54）（2019 年案例分析题）

1. 对外转让

根据《物权法》第 101 条的规定，按份共有人可以转让其享有的共有的不动产或者动产份额，其他共有人在同等条件下享有优先购买的权利。

2. 内部转让

按份共有人之间转让共有份额，其他按份共有人主张优先购买的，人民法院不予支持，但按份共有人之间另有约定的除外。

3. 继承或者遗赠

共有份额的权利主体因继承、遗赠等原因发生变化时，其他按份共有人主张优先购买的，人民法院不予支持，但按份共有人之间另有约定的除外。

4. 同等条件

《物权法》第 101 条所称的“同等条件”，应当综合共有份额的转让价格、价款履行方式及期限等因素确定。

5. 优先购买权的行使期间

按份共有人之间有约定的，按照约定处

理。没有约定或者约定不明的，按照下列情形确定：

（1）转让人向其他按份共有人发出的包含同等条件内容的通知中载明行使期间的，以该期间为准；通知中未载明行使期间，或者载明的期间短于通知送达之日起15日的，为15日。

（2）转让人未通知的，为其他按份共有人知道或者应当知道最终确定的同等条件之日起15日。

（3）转让人未通知，且无法确定其他按份共有人知道或者应当知道最终确定的同等条件的，为共有份额权属转移之日起6个月。

表3-3　优先购买权的行使期间

按份共有人之间有约定				按照约定处理
没有约定或者约定不明	有通知	载明了行使期间	≥15日	按通知载明的期间
			<15日	15日
		未载明行使期间		
	未通知	其他按份共有人知道或者应当知道最终确定的同等条件		知道或者应当知道最终确定的同等条件之日起15日
		无法确定其他按份共有人知道或者应当知道最终确定的同等条件		共有份额权属转移之日起6个月

6. 数人主张优先购买的处理

两个以上按份共有人主张优先购买且协商不成时，请求按照转让时各自份额比例行使优先购买权的，人民法院应予支持。

7. 优先购买权的不当行使

按份共有人向共有人之外的人转让其份额，其他按份共有人的请求具有下列情形之一的，人民法院不予支持：

（1）未在规定的期间内主张优先购买，或者虽主张优先购买，但提出减少转让价款、增加转让人负担等实质性变更要求；

（2）以其优先购买权受到侵害为由，仅请求撤销共有份额转让合同或者认定该合同无效。

【考点5】共有物的处分（★★★）（P55）

1. 共同共有

处分共有的不动产或者动产，或者对共有的不动产或者动产进行重大修缮的，应当经全体共同共有人同意，但共有人之间另有约定的除外。

2. 按份共有（2019年案例分析题）

处分共有的不动产或者动产，或者对共有的不动产或者动产进行重大修缮的，应当经占份额2/3以上（≥2/3）的按份共有人同意，但共有人之间另有约定的除外。

【解释】对按份共有物进行处分（如转让、抵押）或者进行重大修缮，首先应按共有人之间的约定；共有人之间没有约定的，应当经占份额2/3以上的按份共有人同意。

【案例】 甲在未征得其妻子乙同意的情况下，擅自将家中的电视机作价2500元卖给丙。在本案中：（1）电视机由甲乙共同共有，甲擅自处分共有物的行为构成无权处分；（2）无论乙是否追认，甲丙之间买卖电视机的合同均属于有效合同；（3）如果甲的行为事后得到了乙的追认，则甲的行为转化为有权处分，无论丙是否善意、是否支付了对价，丙均自交付之日起取得该电视机的所有权；（4）如果甲的行为未得到乙的追认，考生应区分两种情况：①如果符合善意取得的条件（丙善意且无重大过失、合理对价、已经交付），则丙基于善意取得制度依法取得该电视机的所有权（至于乙在家中怎么制裁甲，与丙无关）；②如果不符合善意取得的条件（如电视机尚未交付），丙不能取得该电视机的所有权。但是，甲丙之间的买卖合同有效，丙有权基于有效合同要求甲承担违约责任。

经典题解

【真题1·多选题】 甲、乙、丙、丁、戊、庚六人对一台挖掘机按份共有，甲的份额是2/3，其余五人的份额各为1/15。根据物权法律制度的规定，没有特别约定时，下列转让挖掘机的行为中，有效的有（　　）。（2015年）

A. 甲将挖掘机转让给辛，乙、丙、丁、戊、庚均表示反对

B. 甲、乙将挖掘机转让给辛，丙、丁、戊、庚均表示反对

C. 乙、丙、丁、戊、庚将挖掘机转让给辛，甲表示反对

D. 丙、丁、戊、庚将挖掘机转让给辛，甲、乙均表示反对

【答案】 AB

【真题2·单选题】 朋友6人共同出资购买一辆小汽车，未约定共有形式，且每人的出资额也不能确定。部分共有人欲对外转让该车。为避免该转让成为无权处分，在没有其他约定的情况下，根据物权法律制度的规定，同意转让的共有人至少应当达到的人数是（　　）。（2017年）

A. 4人　　B. 3人

C. 6人　　D. 5人

【答案】 A

【真题3·单选题】 甲、乙系多年同窗，二人共同购买了一套住房。甲出资90万元，乙出资60万元，双方未约定共有类型。一年后，甲利用乙出差之机，请丙装修公司对房屋重新装修，并告知丙，该房屋由自己与乙共有，但装修费用由乙一人承担。乙获悉装修事宜后，表示反对，并拒绝向丙付款。后乙欲将整个房屋所有权全部转让给丁。根据物权法律制度的规定，下列表述中，正确的是（　　）。（2012年）

A. 甲、乙对该套房屋形成共同共有关系

B. 甲对房屋重新装修，不必征得乙的同意

C. 对于丙公司的付款请求，乙无权拒绝

D. 乙转让房屋所有权时，须征得甲的同意

【解析】（1）选项A：共有人对共有的不动产没有约定为按份共有或者共同共有，除共有人具有家庭关系等外，视为按份共有；（2）选项BC：对共有的不动产作重大修缮的，应当经占份额2/3以上的按份共有人同意，但共有人之间另有约定的除外。在本题中，甲、乙按份共有该房屋，但未约定各自享有的份额，应按照各自的出资额确定，即甲享有60%（90÷150）的份额。因此，甲重新装修房屋应当取得乙的同意，甲未取得乙的同意且乙事后未追认的，甲、丙之间的装修合同对乙不具有约束力，对于丙公司的付款请求，乙有权予以拒绝；（3）选项D：按份共有人处分共有物的，应当经占份额2/3以上的按份共有人同意，但共有人之间另有约定的除外。

【答案】 D

【真题4·单选题】 甲、乙、丙三兄弟共同继承一幅古董字画，由甲保管。甲擅自将该画以市场价出卖给丁并已交付，丁对该画的共有权属关系并不知情。根据物权法律制度的规定，下列表述中，正确的是（　　）。（2016年）

A. 丁取得该画的所有权，但须以乙和丙均追认为前提

B. 无论乙和丙追认与否，丁均不能取得该画的所有权

C. 无论乙和丙追认与否，丁均可取得该画的所有权

D. 经乙和丙中一人追认，丁即可取得该画的所有权

【解析】（1）如果乙、丙不追认，则甲的行为构成无权处分，但丁基于善意取得制度（善意且无重大过失、合理对价并完成交付）依法取得该画的所有权；（2）如果乙、丙追认，则甲的行为转为有权处分，则丁基于交付取得该画的所有权。因此，无论乙和丙追认与否，丁均可取得该画的所有权。

【答案】 C

第六单元　建设用地使用权

扫码听名师课

【考点 1】 无偿划拨（★★★）（P62）

1. 用于商业开发的建设用地，不得以划拨方式取得建设用地使用权。

2. 使用期限

以无偿划拨方式取得的建设用地使用权，除法律、行政法规另有规定外，没有使用期限的限制。

3. 无偿划拨+转让

以划拨方式取得土地使用权的，转让房地产时，应当按照国务院规定，报有批准权的人民政府审批。有批准权的人民政府准予转让的，应当由受让方办理土地使用权出让手续，并依照国家有关规定缴纳土地使用权出让金。

4. 无偿划拨+抵押

当事人以无偿划拨的国有土地使用权设定抵押，抵押权实现时，对于拍卖所得，在依法缴纳土地出让金后，抵押权人才享有优先受偿权。

【考点 2】 有偿出让（★★★）（P62）

1. 城市规划区内的集体所有的土地，经依法征收转为国有土地后，该幅国有土地的使用权方可有偿出让。

2. 建设用地使用权出让，可以采取拍卖、招标或者双方协议的方式。其中，工业、商业、旅游、娱乐和商品住宅等经营性用地以及同一土地有两个以上意向用地者的，应当采取招标、拍卖等公开竞价的方式出让；没有条件，不能采取拍卖、招标方式的，可以采取双方协议的方式。

3. 出让最高年限

（1）居住用地 70 年；

（2）工业用地 50 年；

（3）教育、科技、文化、卫生、体育用地 50 年；

（4）商业、旅游、娱乐用地 40 年；

（5）综合或者其他用地 50 年。

4. 住宅建设用地使用权期间届满的，自动续期。

5. 出让+转让

以出让方式取得土地使用权的，转让房地产时，应当符合下列条件：

（1）按照出让合同约定已经支付全部土地使用权出让金，并取得土地使用权证书；

（2）按照出让合同约定进行投资开发，属于房屋建设工程的，完成开发投资总额的 25%以上，属于成片开发土地的，形成工业用地或者其他建设用地条件；

（3）转让房地产时房屋已经建成的，还应当持有房屋所有权证书。

经典题解

【真题 1 · 单选题】 根据物权法律制度的规定，下列关于住宅建设用地使用权期间届满后续期问题的表述中，正确的是（　　）。（2009 年）

A. 自动续期

B. 建设用地使用权收归国有，不得续期

C. 经县级以上人民政府批准，可以续期

D. 经不动产登记机构批准，可以续期

【答案】 A

【真题 2 · 单选题】 根据物权法律制度的规定，以有偿出让方式取得居住用地的建设用地使用权，出让的最高年限是（　　）。（2013 年）

A. 50 年　　B. 60 年

C. 30 年　　D. 70 年

【答案】 D

【真题 3 · 单选题】 下列关于以无偿划拨方式取得的建设用地使用权期限的表述中，符合物权法律制度规定的是（　　）。（2014 年）

A. 最长期限为 50 年

B. 最长期限为 70 年

C. 最长期限为 30 年

D. 一般无使用期限的限制

【答案】 D

第三章

【真题4·多选题】根据物权法律制度的规定，以出让方式取得土地使用权的，转让房地产时，应当符合的条件有（ ）。（2016年）

A. 按照出让合同约定已经支付全部土地使用权出让金，并取得土地使用权证书

B. 按照出让合同约定投资开发，属于成片开发土地的，形成工业用地或者其他建设用地条件

C. 转让房地产时房屋已经建成的，应当持有房屋所有权证书

D. 按照出让合同约定投资开发，属于房屋建设工程的，完成开发投资总额的20%以上的

【答案】ABC

【真题5·多选题】根据物权法律制度的规定，下列关于建设用地使用权的表述中，正确的有（ ）。（2017年）

A. 城市规划区内的集体所有的土地，经依法征收转为国有土地后，该幅国有土地的使用权方可有偿出让

B. 住宅建设用地使用权期间届满的，自动续期

C. 建设用地使用权出让，优先考虑双方协议的方式，协议不成，则采取拍卖、招标方式

D. 用于商业开发的建设用地，不得以划拨方式取得建设用地使用权

【解析】选项C：工业、商业、旅游、娱乐和商品住宅等经营性用地以及同一土地有两个以上意向用地者的，应当采取招标、拍卖等公开竞价的方式出让；没有条件，不能采取拍卖、招标方式的，才可以采取双方协议的方式。

【答案】ABD

【真题6·单选题】根据物权法律制度的规定，下列关于建设用地使用权的表述中，正确的是（ ）。（2019年）

A. 建设用地使用权自登记时设立

B. 以划拨方式取得的建设用地使用权，最高使用年限为70年

C. 以划拨方式取得的建设用地使用权，非经国务院审批不得转让

D. 建设用地使用权期间届满自动续期

【解析】（1）选项B：以无偿划拨方式取得的建设用地使用权，除法律、行政法规另有规定外，没有使用期限的限制；（2）选项C：以划拨方式取得土地使用权的，转让房地产时，应当按照国务院规定，报有批准权的人民政府审批；（3）选项D：住宅建设用地使用权（并非所有的建设用地使用权）期间届满的，自动续期。

【答案】A

第七单元 抵押权

扫码听名师课

【解释】所谓抵押权，是指为担保债务的履行，债务人或者第三人不转移对财产的占有（动产、不动产均可抵押），将该财产抵押给债权人，债务人不履行到期债务或者发生当事人约定的实现抵押权的情形时，债权人有权就该财产优先受偿。其中，债务人或者第三人为抵押人，债权人为抵押权人，提供担保的财产为抵押财产（抵押物）。

【考点1】抵押合同（★★★）（P66）

1. 设立抵押权，当事人应当采取书面形式订立抵押合同。

2. 禁止流押

抵押权人在债务履行期届满前，不得与抵押人约定债务人不履行到期债务时抵押财产归债权人所有。（2013年案例分析题、2019年案例分析题）

【案例】甲向乙借款，将自己的房屋抵押给乙。如果甲、乙在抵押合同中约定，甲到期不返还借款本息时，该房屋的所有权直接归乙，则该约定无效，但不影响抵押合同中其他内容的效力。

【相关链接】质权人在债务履行期届满前，不得与出质人约定债务人不履行到期债务时质押财产归债权人所有。

【考点2】 抵押物（★★★）（P65）

1. 可以抵押的财产

（1）建筑物和其他土地附着物；

（2）建设用地使用权；

（3）以招标、拍卖、公开协商等方式取得的荒地等土地承包经营权；

（4）生产设备、原材料、半成品、产品；

（5）正在建造的建筑物、船舶、航空器；

（6）交通运输工具；

（7）法律、行政法规未禁止抵押的其他财产。

2. 禁止抵押的财产

（1）土地所有权；

（2）耕地、宅基地、自留地、自留山等集体所有的土地使用权，但法律规定可以抵押的除外；

（3）学校、幼儿园、医院等以公益为目的的事业单位、社会团体的教育设施、医疗卫生设施和其他社会公益设施；

（4）所有权、使用权不明或者有争议的财产；

（5）依法被查封、扣押、监管的财产；

（6）法律、行政法规规定不得抵押的其他财产。

3. 房地一体原则

（1）城市房地产

以建筑物抵押的，该建筑物占用范围内的建设用地使用权一并抵押；以建设用地使用权抵押的，该土地上的建筑物一并抵押。

（2）农村集体土地

乡镇、村企业的建设用地使用权不得单独抵押；以乡镇、村企业的厂房等建筑物抵押的，其占用范围内的建设用地使用权一并抵押。

【解释】（1）城市房地产："房随地走、地随房走"；（2）农村集体土地：只能"地随房走"、不能"房随地走"。

经典题解

【真题1·单选题】 根据物权法律制度的规定，下列财产中，不可以作为抵押权客体的是（　　）。（2009年）

A. 工厂的半成品

B. 正在建造的船舶

C. 以招标方式取得的荒地的土地承包经营权

D. 土地所有权

【答案】 D

【真题2·多选题】 根据物权法律制度的规定，下列财产中，可以作为抵押物的有（　　）。（2009年）

A. 机动车

B. 建筑物

C. 正在制造的生产设备

D. 通过招标方式取得的荒地的土地承包经营权

【答案】 ABCD

【考点3】抵押权的设立（★★★）（P66）

1. 登记生效

（1）建筑物和其他土地附着物；

（2）建设用地使用权；

（3）以招标、拍卖、公开协商等方式取得的荒地等土地承包经营权；

（4）正在建造的建筑物。

【解释】不动产的抵押必须办理抵押登记，抵押权自登记之日起设立。如果当事人未办理抵押登记，只是抵押权未设立，但不影响抵押合同的生效。（2016年案例分析题）

2. 登记对抗

当事人以生产设备、原材料、半成品、产品，正在建造的船舶、航空器，交通运输工具设定抵押，抵押权自抵押合同生效时设立。但未经登记，不得对抗善意第三人。（2010年案例分析题、2013年案例分析题、2015年案例分析题、2019年案例分析题）

【解释】以动产设定抵押时，无论是否办理了抵押登记，抵押权均自抵押合同生效之日起设立。只是未登记的，不能对抗善意第三人。

【案例】 甲公司以生产设备作为抵押向乙银行贷款1000万元，双方4月1日签订了书面抵押合同，但未办理抵押登记。4月5日，甲公司在未通知乙银行的情况下，将该设备按照市场价格卖给了不知情的丙公司，并完成交付。在本案中：（1）抵押合同的生效日期为4月1日，抵押权的设立日期为4月1日；（2）抵押权设立后，甲公司转让抵押物的行为构成无权处分，但甲公司与丙公司之间的买卖合同原则上为有效合同；（3）丙公司基于善意取得制度（善意、对价、交付）依法取得了该设备的所有权；（4）由于甲公司以该设备向乙银行设定抵押时未办理抵押登记，虽然乙银行的抵押权已经设立，但乙银行不能以其抵押权对抗善意第三人，即乙银行无权对丙公司手中的生产设备行使抵押权。

3. 动产的浮动抵押

（1）经当事人书面协议，企业、个体工商户、农业生产经营者可以将现有的以及将有的生产设备、原材料、半成品、产品抵押，债务人不履行到期债务或者发生当事人约定的实现抵押权的情形，债权人有权就实现抵押权时的动产优先受偿。

（2）浮动抵押的抵押权自抵押合同生效时设立，未经登记，不得对抗善意第三人。

（3）浮动抵押即使已经登记，也不得对抗正常经营活动中已支付合理价款并取得抵押财产的买受人。

【解释】（1）浮动抵押仅限于特定的主体，即企业、个体工商户、农业生产经营者；（2）浮动抵押仅限于动产。

【案例】 2020年4月1日，刚刚投产的甲汽车制造公司向乙银行贷款1亿元，期限6个月，甲公司以其将有的汽车抵押给乙银行，双方当日签订了书面抵押合同，并于4月10日办理了抵押登记。6月1日，甲公司将其生产的一辆汽车按照市场价格卖给丙公司，丙公司已经付款并完成交付。10月1日，甲公司未按期偿还借款。在本案中：（1）浮动抵押的抵押权自抵押合同生效时（2020年4月1日）设立；（2）浮动抵押权在设立时，抵押财产尚未特定化，乙银行不能在某一辆汽车上直接主张抵押权来限制甲公司的处分，因此，浮动抵押即使已经登记，乙银行也不能对丙公司购买的那辆汽车行使抵押权（无论丙公司是否善意）；（3）当甲公司到期不能清偿债务时，抵押财产就应当特定化了，乙银行对甲公司尚未出售的汽车可以行使抵押权。

经典题解

【真题·多选题】 甲公司向乙银行借款，同意以自己现有以及将有的全部生产设备、原材料、产品、半成品进行抵押。根据担保法律制度的规定，下列关于该抵押的表述中，正确的有（　　）。（2010年）

A. 甲公司与乙银行协商一致时，抵押权设立

B. 甲公司与乙银行协商一致，并达成书面协议时，抵押权设立

C. 该抵押权非经登记不得对抗善意第三人

D. 如第三人已向甲公司支付了合理价款并取得抵押财产的，则抵押权不得对抗该第三人

【解析】（1）选项AB：设定浮动抵押时，当事人必须达成书面协议；（2）选项C：浮动抵押的抵押权自抵押合同生效时设立，未经登记的，不得对抗善意第三人；（3）选项D：浮动抵押即使已经登记，也不得对抗正常经营活动中已支付合理价款并取得抵押财产的买受人。

【答案】 BCD

【考点4】抵押担保的范围（★★★）（P67）

1. 担保的债权范围

担保物权的担保范围包括主债权及其利息、违约金、损害赔偿金、保管担保财产和实现担保物权的费用。当事人另有约定的，按照约定。

【解释1】（1）因抵押不转移占有，不涉及“保管费用”的问题；（2）质押、留置的担保范围均涉及“保管费用”。

【解释2】（1）因抵押权、质权属于约定

第三章

的担保物权，当事人在订立抵押合同、质押合同时，可以事先约定抵押、质押的担保范围；（2）由于留置权属于法定的担保物权，谈不上“留置合同”，因此，留置权的担保范围是法定的，谈不上事先约定的问题。

2. 以登记为准

抵押物登记记载的内容与抵押合同约定的内容不一致的，以登记记载的内容为准。

3. 新增的不动产

（1）城市房地产抵押合同签订后，土地上新增的房屋不属于抵押财产。需要拍卖该抵押的房地产时，可以依法将该土地上新增的房屋与抵押物一同拍卖，但对拍卖新增房屋所得，抵押权人无权优先受偿。

（2）建设用地使用权抵押后，该土地上新增的建筑物不属于抵押财产。对该建设用地使用权实现抵押权时，应当将该土地上新增的建筑物与建设用地使用权一并处分，但新增建筑物所得的价款，抵押权人无权优先受偿。(2008 年案例分析题、2013 年案例分析题)

4. 物上代位性

担保期间（抵押、质押期间），担保财产毁损、灭失或者被征收等，担保物权人可以就获得的保险金、赔偿金或者补偿金等优先受偿。被担保债权的履行期未届满的，也可以提存该保险金、赔偿金或者补偿金等。(2008 年案例分析题、2014 年案例分析题)

经典题解

【真题·单选题】 甲向乙借款，并以本人所有的一件古董花瓶设定质押担保，甲为此就该花瓶购买了一份财产意外损失险。在乙保管花瓶期间，花瓶毁于泥石流。如果甲没有按时还款，根据物权法律制度的规定，下列表述中，正确的是(　　)。(2009 年)

A. 乙可以就保险金优先受偿

B. 乙可以要求以保险金受偿，但是并不优先于甲的其他债权人

C. 泥石流属于不可抗力事件，甲可以不偿还乙的借款

D. 乙应当赔偿甲花瓶灭失的损失

【答案】 A

5. 孳息

债务人不履行到期债务或者发生当事人约定的实现抵押权的情形，致使抵押财产被人民法院依法扣押的，自扣押之日起抵押权人有权收取该抵押财产的天然孳息或者法定孳息，但抵押权人未通知应当清偿法定孳息的义务人的除外。抵押权人所收取的孳息应当首先充抵收取孳息的费用。

【相关链接 1】 质权人有权收取质押财产的孳息，但合同另有约定的除外。所收取的孳息应当首先充抵收取孳息的费用。

【相关链接 2】 留置权人有权收取留置财产的孳息，所收取的孳息应当首先充抵收取孳息的费用。

【解释】（1）抵押物被扣押之前的孳息归抵押人，与抵押权人没有任何关系；（2）抵押物被扣押之后，抵押权人有权收取该抵押物的天然孳息（不用通知），但并非取得该孳息的所有权，而是将孳息一并计入抵押财产；（3）如果收取法定孳息（如房租），则应通知义务人（承租人）。

【案例】 2020 年 4 月 1 日，甲向乙借款 2000 元，期限 3 个月，甲以自己的一头母牛设定抵押。4 月 10 日，该母牛产下一头小牛，该小牛不属于抵押财产。到了 7 月 1 日，甲拒绝偿还借款，母牛被人民法院依法扣押，因受到惊吓，该母牛于 7 月 10 日产下一只小羊，该小羊应计入抵押财产（其所有权仍属于甲）。考生应注意的是，如果母牛（1800 元）和小羊（700 元）共卖了 2500 元，剩余的 500 元仍属于抵押人甲。

6. 添附

（1）抵押物所有人为附合物、混合物或者加工物的所有人的，抵押权的效力及于附合物、混合物或者加工物。

（2）第三人与抵押物所有人为附合物、混合物或者加工物的共有人的，抵押权的效力及于抵押人对共有物享有的份额。

（3）抵押物因附合、混合或者加工使抵押物的所有权为第三人所有的，抵押权的效力及于补偿金。

【案例】甲以其刚刚冲好的咖啡设定抵押向乙借款10元。几分钟后，同事丙不慎将其牛奶倒入甲的咖啡中（丙的眼神不太好）。在本案中：(1) 如果咖啡的价值远大于牛奶，双方商定这杯牛奶咖啡（混合物）归甲所有，则乙的抵押权及于这杯牛奶咖啡；(2) 如果咖啡与牛奶的价值相当，双方商定按份共有这杯牛奶咖啡，每人各占50%的份额，则乙的抵押权及于这杯牛奶咖啡的50%；(3) 如果咖啡的价值远小于牛奶，双方商定这杯牛奶咖啡归丙所有，同时丙向甲补偿10元，则乙的抵押权及于这10元的补偿金。

【考点5】抵押物的转让（★）(P68)

1. 抵押期间，抵押人经抵押权人同意转让抵押财产的，应当将转让所得的价款向抵押权人提前清偿债务或者提存。转让的价款超过债权数额的部分归抵押人所有，不足部分由债务人清偿。

2. 抵押期间，抵押人未经抵押权人同意，不得转让抵押财产，但受让人代为清偿债务消灭抵押权的除外。

【解释】以动产设定抵押时，抵押权自抵押合同生效时设立，与登记与否无关。因此，在未办理抵押登记的情况下，抵押人有可能不告知抵押权人，偷偷将抵押物转让给善意第三人。此时，由于抵押未经登记，抵押权人不得对抗善意第三人。

【案例】甲公司以其办公楼设定抵押向乙银行贷款1000万元，双方4月1日签订了抵押合同，4月10日办理了抵押登记。在本案中：(1) 抵押合同的生效日期为4月1日，抵押权的设立日期为4月10日；(2) 4月20日，经乙银行同意，甲公司将该办公楼作价1800万元卖给丙公司，此时，甲公司应当将转让所得价款向乙银行提前清偿债务或者提存（如果不愿提前清偿）；(3) 如果未经乙银行同意，甲公司不得转让该办公楼（由于办理了抵押登记，在未解除抵押的情况下不可能办理过户登记手续）；但是，如果受让人丙公司代甲公司向乙银行清偿了1000万元（不考虑利息等因素），则主债权消灭，乙银行的抵押权随之消灭，该办公楼和乙银行就没有任何瓜葛了，甲公司当然可以将其转让给丙公司。受让人以清偿债务的方式消灭抵押权、以获得抵押物所有权的权利，称为涤除权。

【考点6】抵押物的出租（★★★）(P69)

1. 先出租后抵押

订立抵押合同前抵押财产已出租的，原租赁关系不受该抵押权的影响，抵押权实现后，租赁合同在有效期内对抵押物的受让人继续有效。

2. 先抵押后出租

(1) 抵押权设定之后，由于抵押物仍归抵押人占有，因此抵押人有权将抵押物出租。(2010年案例分析题)

(2) 抵押权设立后抵押财产出租的，该租赁关系不得对抗已登记的抵押权，抵押权实现后，租赁合同对受让人不具有约束力。抵押人将已抵押的财产出租时，如果抵押人未书面告知承租人该财产已抵押的，抵押人对出租抵押物造成承租人的损失承担赔偿责任；如果抵押人已书面告知承租人该财产已抵押的，抵押权实现造成承租人的损失，由承租人自己承担。(2014年案例分析题)

【解释】(1)先抵押后出租的，抵押权优先；(2)先出租后抵押的，租赁合同优先。

【相关链接1】出租人出卖租赁房屋的，应当在出卖之前的合理期限内通知承租人，承租人享有以同等条件优先购买的权利。只有在房屋租赁中承租人才享有优先购买权，对于其他标的的租赁，并不适用优先购买权。

【相关链接2】出租人出卖租赁房屋未在合理期限内通知承租人或者存在其他侵害承租人优先购买权的情形，承租人请求出租人承担赔偿责任的，人民法院应予支持；但请求确认出租人与第三人签订的房屋买卖合同无效的，人民法院不予支持。

【案例1】（先出租后抵押）2020年1月1日，甲将其房屋出租给乙，租期为1年。

第三章

2020 年 4 月 1 日，甲以该房屋设定抵押向丙借款 100 万元，借款期限 3 个月，当日双方办理了抵押登记手续。2020 年 7 月 1 日，甲到期不能还本付息。经丙同意，甲将该房屋作价 200 万元出售给丁，并于 2020 年 7 月 10 日办理了房屋产权过户登记手续，但甲未将此事告知乙。在本案中：（1）甲先将房屋出租给乙，事后再转让给丁时，承租人乙享有同等条件下的优先购买权；（2）由于出租人甲侵害了承租人乙的优先购买权，承租人乙请求出租人甲承担赔偿责任的，人民法院应予支持；但请求确认出租人甲与第三人丁签订的房屋买卖合同无效的，人民法院不予支持；（3）由于出租在先，抵押权设定在后，租赁合同在有效期内对抵押物的受让人丁继续有效，在 2021 年 1 月 1 日之前，丁无权要求乙搬出房屋。

【案例 2】（先抵押后出租）2020 年 1 月 1 日，甲以其房屋设定抵押向乙借款 100 万元，借款期限为 6 个月，当日双方办理了抵押登记手续。2020 年 4 月 1 日，甲又将该房屋出租给丙，租期为 1 年，但甲未将该房屋已经设定抵押的事实书面告知丙。2020 年 7 月 1 日，甲到期不能清偿债务，经乙同意，甲将该房屋作价 200 万元出售给丁，并于 2020 年 7 月 10 日办理了房屋产权过户登记手续，但甲未将此事告知丙。在本案中：（1）甲先将房屋出租给丙，事后再转让给丁时，承租人丙享有同等条件下的优先购买权；（2）由于出租人甲侵害了承租人丙的优先购买权，承租人丙请求出租人甲承担赔偿责任的，人民法院应予支持；但请求确认出租人甲与第三人丁签订的房屋买卖合同无效的，人民法院不予支持；（3）由于抵押权设定在先，出租在后，因此租赁合同对受让人丁不具有约束力，丁有权要求丙搬出该房屋；（4）因甲未书面告知承租人丙该房屋已经抵押的事实，甲应当赔偿因此给丙造成的损失；如果甲已书面告知承租人丙该房屋已经抵押的事实，该损失由承租人丙自己承担。

【考点 7】抵押权的实现（★★）（P69）

1. 抵押物拍卖价款的清偿顺序

（1）实现抵押权的费用；

（2）主债权的利息；

（3）主债权。

【案例】 甲以其设备设定抵押向乙借款 100 万元，甲到期未还本付息，该设备的拍卖价款为 80 万元，其清偿顺序为：（1）支付拍卖费用 8 万元；（2）清偿 100 万元债权的利息 7 万元；（3）清偿主债权 65 万元，不足的 35 万元继续还本付息。

2. 土地出让金优先于抵押权

拍卖划拨的国有土地使用权所得的价款，应当首先依法缴纳相当于应缴纳的土地使用权出让金的款额，抵押权人可主张剩余价款的优先受偿权。（2013 年案例分析题）

3. 不可分性

（1）主债权未受全部清偿的，抵押权人可以就抵押物的全部行使其抵押权，即债权部分清偿，不产生抵押权部分消灭的效力。

【案例】 甲公司以其机器设备设定抵押向乙银行贷款 100 万元，甲公司只向乙银行清偿了 40 万元的债务（均不考虑利息等因素）。乙银行在行使抵押权时，该设备的拍卖价款为 80 万元。甲公司提出，由于自己已经清偿了 40% 的债务，乙银行的抵押权也随之消灭了 40%，因此乙银行只能就该设备拍卖价款的 60% 享有优先受偿的权利。在本案中，甲公司的主张不成立。根据规定，主债权未受全部清偿的，抵押权人可以就抵押物的全部行使其抵押权。

（2）主债权被分割或者部分转让的，各债权人可以就其享有的债权份额行使抵押权。

（3）主债务被分割或者部分转让的，抵押人仍以其抵押物担保数个债务人履行债务。但是，第三人提供抵押的，债权人许可主债务人转让债务未经抵押人书面同意时，抵押人对未经其同意转让的债务，不再承担担保责任。

（4）抵押物部分灭失，残存部分仍担保债权之全部。

【案例】 甲公司以一堆土豆设定抵押向乙银行贷款100万元，一阵狂风之后，只有10%的大土豆留在了地面上，其余土豆不翼而飞，至今下落不明。甲公司到期拒绝清偿乙银行的债务，乙银行在行使抵押权时，土豆的拍卖价款为120万元（厉害了我的土豆）。甲公司提出，乙银行只能就土豆拍卖价款的10%享有优先受偿的权利。在本案中，甲公司的主张不成立。根据规定，抵押物部分灭失，残存部分仍担保债权之全部。

【考点8】 物权重合（★★★）（P70）

1. 同一财产向两个以上债权人设定抵押时的清偿顺序（2018年案例分析题）

（1）不动产

按照登记的先后顺序清偿；顺序相同的，按照债权比例清偿。

（2）动产

①抵押权已登记的，按照登记的先后顺序清偿；顺序相同的，按照债权比例清偿；

②抵押权已登记的先于未登记的受偿；

③抵押权均未登记的，按照债权比例清偿。

【解释1】抵押权均未登记的，无论是设立在先的抵押权，还是先到期的债权，均不得主张优先权，必须按照债权比例清偿。

【解释2】顺位在后的抵押权所担保的债权先到期的，抵押权人只能就抵押物价值超出顺位在先的抵押担保债权的部分受偿。（2018年案例分析题）

【解释3】顺位在先的抵押权所担保的债权先到期的，抵押权实现后的剩余价款应予提存，留待清偿顺位在后的抵押担保债权。如果抵押物的变价所得不足以清偿顺位在先的抵押权，则顺位在后的抵押权消灭，其所担保的债权转化为普通债权。

2. 抵押权顺位的变更

抵押权人与抵押人可以协议变更抵押权顺位以及被担保的债权数额等内容，但抵押权顺位的变更，未经其他抵押权人书面同意，不得对其他抵押权人产生不利影响。

【相关链接】 抵押担保的范围、主债权数额、债务履行期限、抵押权顺位发生变化的，不动产权利人可以向不动产登记机构申请变更登记。

经典题解

【例题·单选题】 黄河公司以其房屋作抵押，先后向甲银行借款100万元，乙银行借款300万元，丙银行借款500万元，并依次办理了抵押登记。后丙银行与甲银行商定交换各自抵押权的顺位，并办理了变更登记，但乙银行并不知情。因黄河公司无力偿还三家银行的到期债务，银行拍卖其房屋，仅得价款600万元。根据物权法律制度的规定，关于三家银行对该价款的分配，下列表述中，正确的是（　　）。

A. 甲银行100万元、乙银行300万元、丙银行200万元

B. 甲银行得不到清偿、乙银行100万元、丙银行500万元

C. 甲银行得不到清偿、乙银行300万元、丙银行300万元

D. 甲银行100万元、乙银行200万元、丙银行300万元

【解析】（1）如果不变更抵押权的顺序，乙银行作为第二顺位的抵押权人，可以得到清偿的数额为300万元；（2）甲银行和丙银行交换抵押权的顺位时，未经乙银行的书面同意，不得对乙银行产生不利影响。因此，乙银行可以得到清偿的数额仍为300万元，剩下的300万元给丙银行（丙银行通过交换，其抵押权的顺位已经优先于甲银行）。

【答案】 C

【考点9】 最高额抵押（★）（P70）

1. 最高额抵押的概念

为担保债务的履行，债务人或者第三人对一定期间内将要连续发生的债权提供担保财产的，债务人不履行到期债务或者发生当事人约定的实现抵押权的情形，抵押权人有权在最高债权额限度内就该担保财产优先受偿。

第三章

【解释】浮动抵押是抵押权设立时抵押财产尚未确定，最高额抵押则是抵押权设立时所担保的债权额尚未确定。

2. 债权的确定

有下列情形之一的，抵押权人的债权确定：

（1）约定的债权确定期间届满；

（2）没有约定债权确定期间或者约定不明确，抵押权人或者抵押人自最高额抵押权设立之日起满2年后请求确定债权；

（3）新的债权不可能发生；

（4）抵押财产被查封、扣押；

（5）债务人、抵押人被宣告破产或者被撤销；

（6）法律规定债权确定的其他情形。

3. 最高额抵押担保的债权确定前，抵押权人与抵押人可以通过协议变更债权确定的期间、债权范围以及最高债权额，但变更的内容不得对其他抵押权人产生不利影响。

【案例】 甲公司计划在2019年多次从乙银行贷款，甲公司以其厂房设定1000万元的最高额抵押，抵押期间为2019年1月1日~2019年12月31日，并于2019年1月1日办理了抵押登记。2019年7月1日，甲公司从丙银行贷款300万元，期限6个月。甲公司以该厂房再次设定抵押，并于2019年7月5日办理了抵押登记。2019年甲公司从乙银行累计借款1300万元。已知，厂房的拍卖价款为1300万元（不考虑拍卖费用和借款利息等因素）。在本案中：（1）同一不动产向两个以上债权人设定抵押时，按照登记的先后顺序清偿：首先清偿乙银行1000万元（最高额抵押为1000万元），再清偿丙银行300万元；（2）如果乙银行和甲公司协商，将最高抵押额变更为1300万元，即1300万元的拍卖价款全部清偿乙银行，让后面的丙银行干着急，这肯定不行。如果后面没有丙银行，双方经协商可以变更最高额，但如果后面有丙银行，则不能以其变更对抗顺序在后的丙银行。

第八单元　质权和留置权

扫码听名师课

【考点1】 动产质押（★★★）（P72）

【解释1】质押包括动产质押与权利质押。不动产、建设用地使用权可以抵押，但不能质押。股权、应收账款等权利可以质押，但不能抵押。

【解释2】所谓动产质押，是指为担保债务的履行，债务人或者第三人将其动产出质给债权人占有，债务人不履行到期债务或者发生当事人约定的实现质权的情形，债权人有权就该动产优先受偿。其中，债务人或者第三人为出质人，债权人为质权人，交付的动产为质押财产。

1. 动产质权的设立

质权自出质人交付质押财产时设立。（2010年案例分析题）

【案例】 甲向乙借款100万元，甲以其小汽车设定质押。双方于4月1日订立了质押合同，甲于4月10日将该车交付给乙。在本案中：（1）质押合同于4月1日生效；（2）质权于4月10日设立。

【相关链接】 当事人以动产设定抵押的，抵押权自抵押合同生效时设立。但未经登记，不得对抗善意第三人。

2. 质权人妥善保管质物的义务

（1）已经发生毁损、灭失

质权人负有妥善保管质押财产的义务，因保管不善致使质押财产毁损、灭失的，应当承担赔偿责任。

（2）可能发生毁损、灭失

质权人的行为可能致使质押财产毁损、灭失的，出质人可以要求质权人将质押财产提存，或者要求提前清偿债务并返还质押财产。

经典题解

【真题·单选题】甲向乙借款，为担保债务履行，将一辆汽车出质给乙。乙不慎将汽车损坏。根据物权法律制度的规定，下列表述中，正确的是（ ）。(2013 年)

A. 甲有权拒绝归还借款并要求乙赔偿损失

B. 甲有权要求解除质押合同

C. 甲有权要求乙立即赔偿损失，或者在借款到期时在损失赔偿范围内相应抵销其对乙所负的债务

D. 甲有权要求延期还款

【答案】C

3. 质物处分的限制

（1）质权人在质权存续期间，未经出质人同意，擅自使用、处分质押财产，给出质人造成损害的，应当承担赔偿责任。

（2）质权人在质权存续期间，未经出质人同意转质，造成质押财产毁损、灭失的，应当向出质人承担赔偿责任。

4. 质权的放弃

债务人以自己的财产出质，质权人放弃该质权的，其他担保人在质权人丧失优先受偿权益的范围内免除担保责任，但其他担保人承诺仍然提供担保的除外。

5. 及时行使质权请求权

（1）出质人可以请求质权人在债务履行期届满后及时行使质权；质权人不行使的，出质人可以请求人民法院拍卖、变卖质押财产。

（2）出质人请求质权人及时行使质权，因质权人怠于行使权利造成损害的，由质权人承担赔偿责任。

【考点2】权利质押（★★★）（P72）

1. 可以出质的权利范围

债务人或者第三人有权处分的下列权利可以出质：

（1）汇票、支票、本票；

（2）债券、存款单；

（3）仓单、提单；

（4）可以转让的基金份额、股权；

（5）可以转让的注册商标专用权、专利权、著作权等知识产权中的财产权；

（6）应收账款；

（7）法律、行政法规规定可以出质的其他财产权利。

2. 质权的设立

（1）以汇票、支票、本票、债券、存款单、仓单、提单出质的，质权自权利凭证交付质权人时设立；没有权利凭证的，质权自有关部门办理出质登记时设立。

（2）以基金份额、证券登记结算机构登记的股权出质的，质权自证券登记结算机构办理出质登记时设立；以其他股权出质的，质权自市场监督管理部门办理出质登记时设立。

【解释】基金份额、股权出质后，不得转让，但经出质人与质权人协商同意的除外。出质人转让基金份额、股权所得的价款，应当向质权人提前清偿债务或者提存。

（3）以注册商标专用权、专利权、著作权等知识产权中的财产权出质的，质权自有关主管部门办理出质登记时设立。

【解释】知识产权中的财产权出质后，出质人不得转让或者许可他人使用，但经出质人与质权人协商同意的除外。出质人转让或者许可他人使用出质的知识产权中的财产权所得的价款，应当向质权人提前清偿债务或者提存。

（4）以应收账款出质的，质权自信贷征信机构办理出质登记时设立。中国人民银行征信中心是应收账款质押的登记机构。

【解释1】应收账款出质后，不得转让，但经出质人与质权人协商同意的除外。出质人转让应收账款所得的价款，应当向质权人提前清偿债务或者提存。

【解释2】所谓应收账款，具体包括下列权利：（1）销售产生的债权，包括销售货物，供应水、电、气、暖，知识产权的许可使用等；（2）出租产生的债权，包括出租动产或者不动产；（3）提供服务产生的债权；（4）公路、桥梁、隧道、渡口等不动产的收费权；（5）提供贷款或者其他信用产生的债权。

表3-4　登记在物权变动中的地位

动产	一般动产的所有权	交付生效
	船舶、航空器、机动车的所有权	交付生效、登记对抗
	动产的抵押权	登记对抗
	动产的质权	交付生效
不动产	房屋的所有权	登记生效
	房屋的抵押权	
	建设用地使用权的取得	
	建设用地使用权的抵押	
	土地承包经营权	登记对抗
	地役权	
权利质押	基金份额、股权	登记生效
	知识产权	
	应收账款	
	票据、债券、存款单、仓单、提单	交付（登记）生效

经典题解

【真题1·单选题】 根据物权法律制度的规定，以下列权利出质时，质权自权利凭证交付时设立的是（　　）。（2014年）

A. 仓单

B. 基金份额

C. 应收账款

D. 股票

【答案】 A

【真题2·多选题】 根据物权法律制度的规定，下列各项中，可以出质的有（　　）。（2018年）

A. 支票　　B. 存款单

C. 仓单　　D. 股权

【答案】 ABCD

【真题3·多选题】 根据物权法律制度的规定，下列物权变动中，以登记为变动要件的有（　　）。（2009年）

A. 甲公司将一幅土地的建设用地使用权转让给乙公司

B. 甲公司与乙公司之间订立合同，在甲的土地上设定地役权

C. 甲公司将一架飞机的所有权转让给乙公司

D. 自然人丙将其继承的房屋转让给丁，该房屋尚登记在其去世的父亲名下

【解析】（1）选项A：建设用地使用权的设立必须向登记机构办理登记，登记是建设用地使用权的生效条件；（2）选项B：地役权自地役权合同生效时设立，未经登记的，不得对抗善意第三人；（3）选项C：对于船舶、航空器和机动车等动产，其所有权的移转仍以交付为生效要件，而不以登记为生效要件；（4）选项D：因继承或者受遗赠取得物权的，自继承或者受遗赠开始时发生效力，物权变动不以登记为生效要件，但事后处分时仍要登记。

【答案】 AD

【真题4·多选题】 根据物权法律制度的规定，下列情形中，不发生标的物所有权转移的有（　　）。（2009年）

A. 甲委托乙保管名贵字画一幅，已交付

B. 甲借给乙现金100元，已交付

C. 甲赠送乙手机一部，已交付

D. 甲将自己的汽车出租给乙，已交付

【解析】选项 B：乙自交付之日起取得该货币的所有权，甲仅对乙享有债权。

【答案】AD

【考点3】留置权（★★★）（P74）

1. 留置权的概念

（1）债务人不履行到期债务，债权人可以留置已经合法占有的债务人的动产，并有权就该动产优先受偿。其中，债权人为留置权人，占有的动产为留置财产。

（2）留置权人与债务人应当约定留置财产后的债务履行期间；没有约定或者约定不明确的，留置权人应当给债务人2个月以上履行债务的期间，但鲜活易腐等不易保管的动产除外。债务人逾期未履行的，留置权人可以与债务人协议以留置财产折价，也可以就拍卖、变卖留置财产所得的价款优先受偿。

（3）留置财产折价或者拍卖、变卖后，其价款超过债权数额的部分归债务人所有，不足部分由债务人清偿。

【解释1】法律规定或者当事人约定不得留置的动产，不得留置。留置权属于法定的担保物权，只要具备法定要件，债权人就可以依法行使留置权。但是，当事人可以通过合同约定事先排除留置权的适用。例如，甲、乙公司订立保管合同，双方事先约定，即使债务人甲公司不能按期支付保管费，债权人乙公司也不得行使留置权，该约定有效。

【解释2】抵押权、质权属于约定的担保物权，债务人或者第三人以小汽车设定质押，还是设定抵押，必须与债权人订立书面质押合同或者抵押合同，但留置权谈不上“留置合同”的问题。

【解释3】留置权的行使对象仅限于动产，而且必须是债权人已经合法占有的动产。如果因侵权行为非法占有的，不能行使留置权。

【解释4】留置财产为可分物的，留置财产的价值应当相当于债务的金额。

【解释5】债权人的债权未届清偿期，其交付或者返还所占有的标的物的义务已届履行期的，不能行使留置权。但是，债权人能够证明债务人无支付能力的除外。

【案例】甲、乙签订保管合同，双方约定，甲将1000万元的钢材交由乙保管，保管期间为4月1日~7月1日，甲应当于7月10日向乙支付100万元的保管费。在本案中：（1）如果债权人乙有确切证据能够证明债务人甲已经丧失支付能力，尽管乙的债权7月10日才到期，但乙仍可以在7月1日提前行使留置权；（2）如果乙不能证明甲已经丧失支付能力，7月1日当甲前来提取保管物时，乙只能将全部钢材交付给甲，不能预先行使留置权。

2. 债权人留置的动产，应当与债权属于同一法律关系。但是，企业之间留置的除外。

【解释】所谓“同一法律关系”，是指占有人交付或者返还占有物的义务与留置所担保的债权属于同一法律关系。

【案例】甲企业向乙企业购买100万元的建筑材料，甲企业已经支付了60万元，约定其余的40万元在3个月内付清。后甲企业将一台价值30万元的施工设备交由乙企业代为保管。3个月后，几经催告，甲企业仍未支付乙企业40万元货款，当甲企业要求提取该施工设备时，乙企业可以将该设备留置以担保货款债权的实现。在本案中，尽管买卖建筑材料和保管施工设备属于两个不同的法律关系，但由于甲、乙均为企业，乙企业可以依法行使留置权。

3. 同一动产上已设立抵押权或者质权，该动产又被留置的，留置权人优先受偿。

经典题解

【真题1·多选题】根据物权法律制度的规定，下列权利中，可以设定在动产之上的有（　　）。（2019年）

A. 抵押权

B. 所有权

C. 质押权

D. 留置权

【答案】ABCD

【真题2·单选题】根据物权法律制度的规定，下列情形中，甲享有留置权的是（　　）。(2011年)

A. 甲为乙修理汽车，乙拒付修理费，待乙前来提车时，甲将该汽车扣留

B. 甲为了迫使丙偿还欠款，强行将丙的一辆汽车拉走

C. 甲为丁有偿保管某物，保管期满，丁取走保管物却未付保管费。于是，甲谎称丁取走的保管物有误，要求丁送回调换。待丁送回该物，甲即予以扣留，要求丁支付保管费

D. 甲为了确保对戊的一项未到期债权能够顺利实现，扣留戊交其保管的某物不还

【解析】(1) 选项BC：不属于合法占有的动产，不能行使留置权；(2) 选项D：债权未到期，不能行使留置权。

【答案】A

扫一扫　“码”上做题

本书中各部分试题均配备二维码，下载安装东奥“会计云课堂”APP，扫一扫左侧二维码，即可在线做题，并获得详尽的答案解析、解题思路等超值服务，解决您做题时的一切疑惑。

【“会计云课堂”APP安装二维码详见封底】

同步强化练习题

一、单项选择题

1. 根据物权法律制度的规定，下列关于物的种类的表述中，不正确的是（　　）。

A. 海域属于不动产

B. 牛属于不可分物

C. 黄金属于禁止流通物

D. 文物属于限制流通物

2. 根据物权法律制度的规定，下列各项中，属于从物权的是（　　）。

A. 建设用地使用权

B. 土地承包经营权

C. 宅基地使用权

D. 地役权

3. 根据物权法律制度的规定，下列表述中，不正确的是（　　）。

A. 所有权属于自物权

B. 地役权属于担保物权

C. 建设用地使用权属于独立物权

D. 抵押权属于从物权

4. 甲向乙购买房屋一套，已支付一半价款，剩余价款双方约定在过户登记手续办理完毕后10日内付清。乙在办理房屋过户登记手续前反悔，要求解除合同。甲诉至法院，要求乙继续履行合同。根据物权法律制度的规定，下列表述中，正确的是（　　）。

A. 房屋产权未过户，合同尚未成立

B. 房屋产权未过户，合同尚未生效

C. 合同已经生效，但法院应当判决解除合同，乙赔偿甲的损失

D. 合同已经生效，乙应当继续履行合同

5. 根据物权法律制度的规定，下列情形中，不动产权利人可以向不动产登记机构申请转移登记的是（　　）。

A. 共有性质发生变更的

B. 同一权利人分割或者合并不动产的

C. 因需役地不动产权利转移引起地役权转移的

D. 地役权的利用目的、方法等发生变化的

6. 根据物权法律制度的规定，下列关于物权变动的表述中，不正确的是（　　）。

A. 甲将其房屋转让给乙，乙自转移登记

之日起取得该房屋的所有权

B. 甲将其房屋作为抵押向丙借款，丙的抵押权自抵押登记之日起设立

C. 甲继承其父母作为遗产的房屋，甲自继承之日起取得该房屋的所有权

D. 甲自建两间房屋，甲自办理首次登记之日起取得该房屋的所有权

7. 甲有件玉器欲转让，与乙签订合同，约好10日后交货付款。第二天，丙见该玉器，愿以更高的价格购买，甲遂与丙签订合同，丙当即支付了80%的价款，约好10天后交货。第三天，甲又与丁订立合同，将该玉器卖给丁，并当场交付，但丁仅支付了20%的价款。后乙、丙均要求甲履行合同，诉至人民法院。根据合同法律制度的规定，下列表述中，正确的是(　　)。

A. 人民法院应认定丁取得了玉器的所有权

B. 人民法院应支持丙要求甲交付玉器的请求

C. 人民法院应支持乙要求甲交付玉器的请求

D. 第一份买卖合同有效，第二份、第三份买卖合同均无效

8. 王某在吃饭时丢失手表一块，餐厅人员拾得后交给公安机关。公安机关发布招领公告后，王某未在规定期限内前去认领，公安机关按照有关规定交寄售商店出售。孙某从该商店买得此手表，将其送给女友林某作为生日礼物。林某第二天乘坐公共汽车时，手表被偷走，小偷下车后即以500元的市场价格卖给不知情的郑某。根据物权法律制度的规定，该手表的所有权属于(　　)。

A. 王某　　B. 孙某

C. 林某　　D. 郑某

9. 甲、乙、丙、丁按份共有一栋房屋，份额相同。为提高该房屋使用价值，甲向乙、丙、丁提议拆旧翻新。在共有人之间未就该事项做出明确约定的情况下，下列表述中，符合物权法律制度规定的是(　　)。

A. 即使乙、丙、丁不同意，甲仍可以拆旧翻新

B. 只要乙、丙、丁中有一人同意，甲就可以拆旧翻新

C. 只要乙、丙、丁中有二人同意，甲就可以拆旧翻新

D. 只有乙、丙、丁均同意，甲才可以拆旧翻新

10. 根据物权法律制度的规定，下列关于建设用地使用权的表述中，不正确的是(　　)。

A. 用于商业开发的建设用地，不得以划拨方式取得建设用地使用权

B. 以无偿划拨方式取得的建设用地使用权，除法律、行政法规另有规定外，没有使用期限的限制

C. 商业、旅游、娱乐用地，出让最高年限为50年

D. 教育、科技、文化、卫生、体育用地，出让最高年限为50年

11. 根据物权法律制度的规定，下列财产中，禁止抵押的是(　　)。

A. 正在建造的建筑物

B. 正在建造的船舶

C. 以招标方式取得的荒地的土地承包经营权

D. 公立医院的医疗卫生设施

12. 甲向乙借款500万元，约定以甲的A幢房屋抵押给乙，双方签订了书面抵押合同，但在办理抵押登记时，登记为以甲的B幢房屋抵押给乙。后甲未能按时还款，乙欲行使抵押权。根据物权法律制度的规定，下列关于乙行使抵押权的表述中，正确的是(　　)。

A. 乙只能对甲的A幢房屋行使抵押权

B. 乙只能对甲的B幢房屋行使抵押权

C. 乙可以选择对甲的A幢房屋或者B幢房屋行使抵押权

D. 乙不能行使抵押权，因抵押登记记载的抵押物与抵押合同约定的抵押物不一致，抵押无效

13. 陈某向贺某借款100万元，期限1年。

张某为该笔借款提供保证担保，陈某同时以其房屋提供抵押担保并办理了抵押登记。陈某未按期还款，贺某拟放弃对陈某房屋的抵押权，张某对此表示反对。根据物权法律制度的规定，下列表述中，正确的是(　　)。

A. 因张某表示反对，贺某不得放弃抵押权

B. 若贺某放弃抵押权，张某仍应对全部债务承担保证责任

C. 若贺某放弃抵押权，则张某对全部债务免除保证责任

D. 若贺某放弃抵押权，则张某在贺某丧失优先受偿权益的范围内免除保证责任

14. 甲企业将其现有的以及将有的生产设备、原材料、半成品、产品一并抵押给乙银行，但未办理抵押登记。抵押期间，甲企业未经乙银行同意以合理价格将一批产品出售给知情的丙公司，并已交付。后甲企业不能向乙银行履行到期债务，乙银行拟行使抵押权。根据物权法律制度的规定，下列关于该抵押权效力的表述中，正确的是(　　)。

A. 该抵押权因抵押物不特定而不能成立

B. 该抵押权因未办理抵押登记而不能成立

C. 该抵押权已成立且可以对抗知情的丙公司

D. 该抵押权已成立但不得对抗丙公司

15. 同一动产向两个以上债权人抵押时，下列关于拍卖、变卖抵押财产所得价款清偿顺序的表述中，不符合物权法律制度规定的是(　　)。

A. 抵押权均已登记的，按照登记的先后顺序清偿

B. 抵押权均已登记且登记顺序相同的，按照债权比例清偿

C. 抵押权已登记的先于未登记的受偿

D. 抵押权均未登记的，按照抵押合同生效时间的先后顺序清偿

16. 乙向甲借款10万元，双方约定乙将其钻戒质押给甲。后来乙未将该钻戒如约交付给甲，而是把该钻戒卖给了丙。丙取得钻戒后，与甲因该钻戒的权利归属发生纠纷。根据物权法律制度的规定，下列表述中，正确的是(　　)。

A. 丙不能取得该钻戒的所有权，因为该钻戒已质押给甲

B. 丙取得了该钻戒的所有权，但甲可依其质权向丙追偿

C. 丙取得了该钻戒的所有权，甲无权要求丙返还该钻戒

D. 丙能否取得该钻戒的所有权，取决于甲同意与否

17. 甲向乙借款1000元，4月1日双方签订了书面质押合同，约定甲于4月5日将一头母牛作为质物交付给乙，甲如期交付。6月1日，母牛生下小牛一头。根据物权法律制度的规定，下列表述中，不正确的是(　　)。

A. 质押合同的生效时间为4月1日

B. 质权的设立时间为4月5日

C. 小牛应归乙所有

D. 小牛应归甲所有，但乙对小牛享有质权

18. 根据物权法律制度的规定，下列权利中，不能设定权利质权的是(　　)。

A. 专利权

B. 应收账款

C. 可以转让的股权

D. 建设用地使用权

19. 根据物权法律制度的规定，以下列权利出质时，质权自权利凭证交付时设立的是(　　)。

A. 债券

B. 基金份额

C. 应收账款

D. 专利权

20. 根据物权法律制度的规定，以专利权设定质押的，质权设立的时间是(　　)。

A. 质押合同签订之日

B. 交付专利权权属证明之日

C. 市场监督管理部门办理出质登记之日

D. 有关主管部门办理出质登记之日

21. 根据物权法律制度的规定，以应收账款设定质押的，质权设立的时间是(　　)。
A. 质押合同签订之日
B. 质押合同生效之日
C. 市场监督管理部门办理出质登记之日
D. 信贷征信机构办理出质登记之日

22. 王某向赵某借款10万元，以其卡车设定了抵押。后因发生交通事故，王某将该卡车送到甲修理厂修理。因王某无法支付10万元的维修费，该卡车被甲修理厂留置。后王某欠赵某的借款到期，赵某要求对该卡车行使抵押权，甲修理厂以王某欠修理费为由拒绝，双方发生争议。根据物权法律制度的规定，下列表述中，正确的是(　　)。
A. 甲修理厂应同意赵某对该卡车行使抵押权，所欠修理费只能向王某要求清偿
B. 赵某应向甲修理厂支付修理费，之后甲修理厂向赵某交付该卡车
C. 如果经甲修理厂催告，王某两个月后仍不支付修理费，甲修理厂有权变卖该卡车，所得价款偿付修理费后，剩余部分赵某享有优先受偿权
D. 甲修理厂应将该卡车交给赵某先行使抵押权，所得价款偿付借款后，剩余部分甲修理厂享有优先受偿权

二、多项选择题

1. 根据物权法律制度的规定，下列各项中，属于不动产的有(　　)。
A. 海域　　B. 船舶
C. 林木　　D. 飞机

2. 根据物权法律制度的规定，下列关于物权的表述中，正确的有(　　)。
A. 物权属于请求权
B. 物权属于绝对权
C. 物权属于对人权
D. 物权具有排他性

3. 根据物权法律制度的规定，下列各项中，属于他物权的有(　　)。
A. 地役权
B. 建设用地使用权
C. 质权
D. 抵押权

4. 根据物权法律制度的规定，下列各项中，属于独立物权的有(　　)。
A. 建设用地使用权
B. 土地承包经营权
C. 地役权
D. 抵押权

5. 根据物权法律制度的规定，下列情形中，不动产权利人可以向不动产登记机构申请变更登记的有(　　)。
A. 抵押担保的范围发生变化的
B. 抵押担保的主债权数额发生变化的
C. 抵押担保的债务履行期限发生变化的
D. 抵押担保的抵押权顺位发生变化的

6. 根据物权法律制度的规定，下列情形中，不动产权利人可以向不动产登记机构申请变更登记的有(　　)。
A. 共有性质发生变更的
B. 共有人增加或者减少以及共有不动产份额变化的
C. 因需役地不动产权利转移引起地役权转移的
D. 地役权的利用目的、方法等发生变化的

7. 根据物权法律制度的规定，下列情形中，当事人可以向不动产登记机构申请转移登记的有(　　)。
A. 因主债权转移引起不动产抵押权转移的
B. 因人民法院、仲裁委员会的生效法律文书导致不动产权利发生转移的
C. 继承、受遗赠导致权利发生转移的
D. 同一权利人分割不动产的

8. 根据物权法律制度的规定，下列情形中，当事人可以申请预告登记的有(　　)。
A. 预购商品房
B. 以预购商品房设定抵押
C. 房屋所有权转让
D. 房屋所有权抵押

9. 根据物权法律制度的规定，未经预告登记的权利人同意，下列行为中，应当认定其

第三章

不发生物权效力的有(　　)。

A. 转移不动产所有权

B. 设定建设用地使用权

C. 设定地役权

D. 设定抵押权

10. 根据物权法律制度的规定，下列情形中，预告登记失效的有(　　)。

A. 买卖不动产物权的协议被认定无效

B. 买卖不动产物权的协议被撤销

C. 预告登记的权利人放弃债权

D. 自能够进行不动产登记之日起 1 个月内未申请登记

11. 根据物权法律制度的规定，下列情形中，应当认定不动产受让人知道转让人无处分权的有(　　)。

A. 登记簿上存在有效的异议登记

B. 预告登记有效期内，未经预告登记的权利人同意

C. 受让人知道登记簿上记载的权利主体错误

D. 受让人知道他人已经依法享有不动产物权

12. 某房屋登记的所有权人为甲，乙认为自己是共有人，遂向登记机构申请更正登记。甲不同意，乙于 2020 年 3 月 15 日申请了异议登记。3 月 20 日，丙打算购买甲的房屋，但是到登记机构查询时发现甲的房屋存在异议登记，遂放弃购买。乙申请异议登记后，发现自己的证据不足，遂对此事置之不理。根据物权法律制度的规定，下列表述中，正确的有(　　)。

A. 异议登记于 3 月 31 日失效

B. 异议登记于 4 月 16 日失效

C. 甲有权向乙请求损害赔偿

D. 甲有权向登记机构请求损害赔偿

13. 吴某和李某共同共有一套房屋，所有权登记在吴某的名下。后二人离婚，人民法院判决房屋归李某所有，该判决的生效时间为 2020 年 2 月 1 日，但双方并未办理房屋所有权的转移登记。3 月 1 日，李某将该房屋出卖给张某，张某基于对判决书的信赖向李某支付了 500 万元价款，并入住了该房屋。4 月 1 日，吴某又将该房屋卖给王某，双方当日签订了房屋买卖合同。王某在产权登记机构查阅了房屋登记簿确认该房屋归吴某所有后，向吴某支付了 500 万元价款，并于 5 月 10 日办理了房屋所有权的转移登记手续。根据物权法律制度的规定，下列表述中，正确的有(　　)。

A. 2020 年 5 月 10 日前，吴某是房屋所有权人

B. 2020 年 2 月 1 日至 5 月 10 日，李某是房屋所有权人

C. 2020 年 3 月 1 日至 5 月 10 日，张某是房屋所有权人

D. 2020 年 5 月 10 日后，王某是房屋所有权人

14. 2020 年 4 月 1 日，甲将其自行车借给乙使用，期限 3 个月。4 月 10 日，双方达成转让协议，乙以 80 元的价格买下该自行车，6 月 10 日付款。4 月 20 日，乙将该自行车以 90 元的价格转卖给丙，双方同时约定由乙继续使用 1 个月。关于该自行车的归属，根据物权法律制度的规定，下列表述中，正确的有(　　)。

A. 乙自 4 月 1 日起取得该自行车的所有权

B. 乙自 4 月 10 日起取得该自行车的所有权

C. 丙自 4 月 20 日起取得该自行车的所有权

D. 丙自 5 月 20 日起取得该自行车的所有权

15. 甲、乙、丙、丁按份共有一艘货船，份额分别为 10%、20%、30%、40%。甲欲将其共有份额对外转让，戊愿意以 500 万元的价格购买，价款一次付清。根据物权法律制度的规定，下列表述中，错误的有(　　)。

A. 甲向戊转让其共有份额时，须经乙、丙、丁同意

B. 如果乙、丙、丁均以同等条件主张优

先购买权，则丁的主张应得到人民法院的支持

C. 如果丙以 500 万元分期付款的方式要求购买该份额，人民法院应予支持

D. 如果甲改由向乙转让其共有份额，丙、丁在同等条件下享有优先购买权

16. 甲、乙、丙、丁按份共有某商铺，各自份额均为 25%。因经营理念发生分歧，甲与丙商定将其份额以 100 万元转让给丙，并通知了乙、丁。乙与戊约定将其份额以 120 万元转让给戊，但未通知甲、丙、丁。根据物权法律制度的规定，下列表述中，正确的有（　　）。

A. 乙、丁对甲的份额享有优先购买权

B. 甲、丙、丁在同等条件下对乙的份额享有优先购买权

C. 如果甲、丙、丁均对乙的份额主张优先购买权，三人可协商确定各自购买的份额

D. 甲、丙、丁可以其优先购买权受到侵害为由，仅请求人民法院认定乙与戊之间的份额转让合同无效

17. 甲向乙借款 10 万元，欲以轿车作担保。根据物权法律制度的规定，下列表述中，正确的有（　　）。

A. 甲可将该轿车设定抵押

B. 甲可将该轿车设定质押

C. 甲以该轿车设定抵押的，乙的抵押权自登记时设立

D. 甲以该轿车设定质押的，乙的质权自登记时设立

18. 陈某以其轿车作为抵押向甲银行借款 40 万元，双方签订了书面抵押合同，并办理了抵押登记。之后，陈某驾驶该车出行时，不慎发生交通事故。经鉴定，该车的价值损失了 30%，保险公司赔偿了 10 万元。根据物权法律制度的规定，下列表述中，正确的有（　　）。

A. 甲银行的抵押权自登记之日起设立

B. 甲银行的抵押权自抵押合同生效之日起设立

C. 该汽车不再属于抵押物

D. 甲银行对 10 万元的保险赔款享有优先受偿的权利

19. 根据物权法律制度的规定，下列应收账款中，可以质押的有（　　）。

A. 出租动产产生的债权

B. 出租不动产产生的债权

C. 提供服务产生的债权

D. 隧道收费权

20. 根据物权法律制度的规定，债务人有权处分的下列权利中，可以抵押的有（　　）。

A. 应收账款

B. 以招标方式取得的荒地的土地承包经营权

C. 依法可以转让的股权

D. 建设用地使用权

21. 根据物权法律制度的规定，债务人有权处分的下列权利中，可以出质的有（　　）。

A. 注册商标专用权

B. 以招标方式取得的荒地的土地承包经营权

C. 可以转让的基金份额

D. 应收账款

22. 根据物权法律制度的规定，以下列权利出质时，质权自权利凭证交付之日起设立的有（　　）。

A. 基金份额

B. 注册商标专用权

C. 仓单

D. 提单

23. 根据物权法律制度的规定，下列情形中，担保物权已经设立的有（　　）。

A. 甲和乙签订以某房屋为抵押物的抵押合同，但未办理抵押登记

B. 甲和乙签订以某机器设备为抵押物的抵押合同，但未办理抵押登记

C. 甲和乙签订以某机器设备为质物的质押合同，该设备已交付，但未办理质押登记

D. 甲和乙签订以甲持有的丙有限责任公司的股权为质押标的的质押合同，但未办理质押登记

24. 2018 年 4 月 1 日，甲向乙借款 10 万元，约定还款日期为 2019 年 4 月 1 日。借款当日，甲将自己价值 5 万元的名贵宠物鹦鹉交付给乙作为质押担保。另外，第三人丙提供了连带责任保证。根据物权法律制度的规定，下列表述中，正确的有(　　)。

A. 2018 年 5 月 5 日，鹦鹉产蛋一枚，市值 2000 元，应当交由甲处置

B. 如果因乙照管不善致使鹦鹉死亡，乙应当承担赔偿责任

C. 2019 年 4 月 1 日，甲未偿还借款，如果乙未及时行使质权，甲可以请求乙及时行使质权

D. 如果乙放弃该质权，丙可在乙丧失优先受偿权益的范围内免除相应的保证责任

25. 根据物权法律制度的规定，下列表述中，正确的有(　　)。

A. 张某为王某送货，约定货物送到后一周内支付运费，张某在货物运到后要求王某立刻支付运费被拒绝，张某可留置部分货物

B. 刘某将房屋出租给方某，方某退租搬离时尚有部分租金未付，刘某可留置其借用方某的笔记本电脑

C. 丁某将行李存放在火车站小件寄存处，后丁某取行李时拒绝支付寄存费，寄存处可留置该行李

D. 甲公司承揽加工乙公司的一批机器零件，由于乙公司尚欠甲公司借款 100 万元，甲公司可留置部分机器零件

同步强化练习题参考答案及解析

“扫码看解析”　使用“微信”或“会计云课堂”APP 扫右方二维码，对答案、看解析、听名师讲难题，开启轻松过关之旅。

一、单项选择题

1. 【答案】C

解析：选项 C：黄金属于限制流通物。

2. 【答案】D

解析：(1) 选项 ABC：属于独立物权；(2) 选项 D：属于从物权。

3. 【答案】B

解析：选项 B：地役权属于用益物权（他物权）、从物权。

4. 【答案】D

解析：当事人之间订立有关设立、变更、转让和消灭不动产物权的合同，除法律另有规定或者合同另有约定外，自合同成立时生效；未办理物权登记的，不影响合同的效力。

5. 【答案】C

解析：选项 ABD：不动产权利人可以向不动产登记机构申请变更登记（而非转移登记）。

6. 【答案】D

解析：选项 D：因合法建造、拆除房屋等事实行为设立和消灭物权的，自事实行为成就时发生效力。

7. 【答案】A

解析：(1) 三个买卖合同均有效；(2) 先交付>先付款>先订合同。

8. 【答案】C

解析：(1) 自有关部门发出招领公告之日起 6 个月内无人认领的，遗失物归国家所有，王某已经丧失了所有权；(2) 林某基于赠与自交付之日起取得该手表的所有权；(3) 赃物不能适用善意取得制度，郑某不能取得所有权。

9.【答案】C

解析：处分共有的不动产或者动产，或者对共有的不动产或者动产进行重大修缮的，应当经占份额 2/3 以上的按份共有人同意，但共有人之间另有约定的除外。

10.【答案】C

解析：选项 C：商业、旅游、娱乐用地，出让最高年限为 40 年。

11.【答案】D

解析：选项 D：学校、幼儿园、医院等以公益为目的的事业单位、社会团体的教育设施、医疗卫生设施和其他社会公益设施，禁止抵押。

12.【答案】B

解析：抵押登记记载的内容与抵押合同约定的内容不一致的，以登记记载的内容为准。

13.【答案】D

解析：主债务人以自己的财产设定抵押，抵押权人放弃该抵押权的，其他担保人在抵押权人丧失优先受偿权益的范围内免除担保责任，但其他担保人承诺仍然提供担保的除外。

14.【答案】D

解析：（1）在浮动抵押中，抵押权自抵押合同生效时设立；（2）在浮动抵押中，无论是否办理了抵押登记，均不得对抗正常经营活动中已支付合理对价并取得抵押财产的买受人（无论丙公司是否知情）。

15.【答案】D

解析：选项 D：抵押权均未登记的，按照债权比例清偿。

16.【答案】C

解析：（1）乙未向甲交付钻戒，甲的质权并未设立；（2）丙自交付之日起依法取得了该钻戒的所有权，甲无权要求丙返还该钻戒。

17.【答案】C

解析：（1）选项 AB：质押合同自成立时生效，质权自出质人交付质押财产时设立；（2）选项 CD：除质押合同另有约定的外，质权人有权收取质押财产的孳息，但并非取得孳息的所有权，而是将孳息作为质押标的。

18.【答案】D

解析：选项 D：建设用地使用权可以抵押，但不能设定权利质押。

19.【答案】A

20.【答案】D

21.【答案】D

22.【答案】C

解析：同一动产上已设立抵押权或者质权，该动产又被留置的，留置权人优先受偿。

二、多项选择题

1.【答案】AC

解析：不动产包括土地、海域以及房屋、林木等地上定着物。

2.【答案】BD

解析：（1）物权属于支配权、绝对权、对世权，具有排他性；（2）债权属于请求权、相对权、对人权，具有兼容性。

3.【答案】ABCD

解析：用益物权（包括建设用地使用权、土地承包经营权、宅基地使用权和地役权）和担保物权（包括抵押权、质权和留置权）均属于他物权。

4.【答案】AB

解析：（1）选项 AB：所有权和用益物权（不包括地役权）属于独立物权；（2）选项 CD：担保物权（包括抵押权、质权和留置权）和地役权属于从物权。

5.【答案】ABCD

解析：抵押担保的范围、主债权数额、债务履行期限、抵押权顺位发生变化的，不动产权利人可以向不动产登记机构申请变更登记。

6.【答案】AD

解析：选项 BC：不动产权利人可以向不动产登记机构申请转移登记（而非变更登记）。

7.【答案】ABC

解析：选项D：不动产权利人可以向不动产登记机构申请变更登记。

8.【答案】ABCD

9.【答案】ABCD

解析：未经预告登记的权利人同意，转移不动产所有权，或者设定建设用地使用权、地役权、抵押权等其他物权的，应当认定其不发生物权效力。

10.【答案】ABC

解析：预告登记后，债权消灭（买卖不动产物权的协议被认定无效、被撤销、被解除，或者预告登记的权利人放弃债权）或者自能够进行不动产登记之日起3个月内未申请登记的，预告登记失效。

11.【答案】ABCD

12.【答案】AC

解析：(1) 选项AB：申请人自异议登记之日起15日内不起诉的，异议登记失效；(2) 选项CD：异议登记不当，造成权利人损害的，权利人可以向申请人（而非登记机构）请求损害赔偿。

13.【答案】BD

解析：(1) 选项AB：因人民法院的法律文书，导致物权设立、变更、转让或者消灭的，自法律文书生效时发生效力，李某基于人民法院的判决自2月1日起取得该房屋的所有权；(2) 选项C：张某未经登记，不能取得该房屋的所有权；(3) 选项D：吴某将该房屋卖给王某时，吴某的行为构成无权处分，但王某基于善意取得制度依法取得了该房屋的所有权，李某则丧失了所有权。

14.【答案】BC

解析：(1) 选项AB：动产物权设立和转让前，权利人已经先行占有该动产的，物权在法律行为生效时（4月10日）发生变动效力；(2) 选项CD：动产物权转让时，双方又约定由出让人继续占有该动产的，物权转移自该约定生效时（4月20日）发生效力。

15.【答案】ABCD

解析：(1) 选项A：按份共有人可以转让其享有的共有的不动产或者动产份额，无须经其他按份共有人同意；(2) 选项B：两个以上按份共有人主张优先购买且协商不成时，应按转让时各自的份额比例行使优先购买权；(3) 选项C：戊采取一次付清的方式，而丙采取分期付款的方式，并非同等条件，丙无权主张优先购买权；(4) 选项D：按份共有人之间转让共有份额，其他按份共有人主张优先购买的，人民法院不予支持，但按份共有人之间另有约定的除外。

16.【答案】BC

解析：(1) 选项A：按份共有人之间转让共有份额，其他按份共有人主张优先购买的，人民法院不予支持，但按份共有人之间另有约定的除外。在本题中，既然按份共有人之间没有约定，乙、丁对甲的份额不享有优先购买权；(2) 选项B：按份共有人可以对外转让其享有的共有的不动产或者动产份额，其他共有人在同等条件下享有优先购买的权利；(3) 选项C：两个以上按份共有人主张优先购买且协商不成时，请求按照转让时各自份额比例行使优先购买权的，人民法院应予支持；(4) 选项D：按份共有人向共有人之外的人转让其份额，其他按份共有人以其优先购买权受到侵害为由，仅请求撤销共有份额转让合同或者认定该合同无效的，人民法院不予支持。

17.【答案】AB

解析：(1) 选项AB：动产可以抵押、质押；(2) 选项C：以动产设定抵押的，抵押权自抵押合同生效时设立；(3) 选项D：动产质权自出质人交付质押财产时设立。

18.【答案】BD

解析：(1) 选项AB：当事人以交通运输工具设定抵押的，抵押权自抵押合同生效时设立；(2) 选项C：抵押物部分灭失，残存部分仍担保债权之全部；(3) 选项D：担保期间，抵押物毁损、

第三章

灭失或者被征收等，抵押权人可以就获得的保险金、赔偿金或者补偿金等优先受偿。

19.【答案】ABCD

20.【答案】BD

解析：（1）选项AC：可以设定权利质押，但不能设定抵押；（2）选项BD：可以设定抵押，但不能设定权利质押。

21.【答案】ACD

解析：选项B：可以设定抵押，但不能设定权利质押。

22.【答案】CD

23.【答案】BC

解析：（1）选项A：以不动产抵押的，抵押权自登记时设立；（2）选项B：以动产抵押的，抵押权自抵押合同生效时设立；（3）选项C：动产质权自质物移交质权人占有时设立；（4）选项D：以有限责任公司的股权出质的，质权自市场监督管理部门办理出质登记时设立。

24.【答案】BCD

解析：（1）选项A：质权人乙有权收取质押财产的孳息，但合同另有约定的除外；（2）选项B：质权人负有妥善保管质押财产的义务，因保管不善致使质押财产毁损、灭失的，应当承担赔偿责任；（3）选项C：出质人可以请求质权人在债务履行期届满后及时行使质权，质权人不行使的，出质人可以请求人民法院拍卖、变卖质押财产；（4）选项D：债务人以自己的财产出质，质权人放弃该质权的，其他担保人在质权人丧失优先受偿权益的范围内免除担保责任，但其他担保人承诺仍然提供担保的除外。

25.【答案】CD

解析：（1）选项A：张某的债权未到期，不能行使留置权，除非债权人张某能够证明债务人王某无支付能力；（2）选项B：刘某的债权产生于房屋租赁合同，与留置的笔记本电脑并非同一法律关系，而刘某和方某均为自然人，刘某不能行使留置权；（3）选项D：虽然留置的机器零件与借款合同不属于同一法律关系，但甲公司和乙公司均为企业，甲公司可以行使留置权。

第四章 合同法律制度

本章考情分析

在最近3年的考试中，本章的平均分值为11分，2019年试卷一的分值为12.5分，试卷二的分值为1分（没错儿）。在四个案例分析题中，肯定有一个题目来自物权法律制度和合同法律制度的结合，希望考生高度重视。

本章分为三个单元，共计37个考点。大多数考点需要准确理解，需要死记硬背的考点不多，复习难度并不大。复习本章需要10个小时左右。

2020年教材对“建设工程合同承包人的优先受偿权”的内容进行了调整。

最近3年题型、题量分析表

题型	2017年	2018年试卷一	2018年试卷二	2019年试卷一	2019年试卷二
单选题	2题2分	1题1分	1题1分	1题1分	1题1分
多选题	1题1.5分			1题1.5分	
案例分析题	12分	12分	14分	10分	
合计	15.5分	13分	15分	12.5分	1分

历年试题涉及本章的主要考点

考点	年份/题型
承诺的生效	2007年单选题
承诺的迟延与迟到	2012年单选题、2016年单选题
免责条款的无效	2014年多选题
缔约过失责任	2016年单选题、2018年单选题
附生效条件的合同	2016年案例分析题
约定不明的处理	2014年单选题
同时履行抗辩权	2016年案例分析题
先履行抗辩权	2011年案例分析题、2015年单选题、2017年单选题
不安抗辩权	2006年案例分析题、2012年单选题、2017年案例分析题
代位权	2015年单选题
债权转让	2016年案例分析题、2019年多选题
合同的解除	2009年案例分析题、2014年多选题、2015年案例分析题、2017年案例分析题

续表

考点	年份/题型
抵销	2017年单选题
提存	2009年多选题、2009年案例分析题、2012年多选题、2014年单选题、2015年单选题
违约责任	2009年案例分析题、2010年案例分析题、2012年多选题、2016年案例分析题、2017年案例分析题
合同的相对性原理	2010年单选题、2011年单选题、2014年案例分析题、2015年案例分析题、2016年单选题
保证合同	2012年单选题、2014年案例分析题、2017年多选题
保证人	2005年案例分析题
连带保证	2006年案例分析题、2009年案例分析题、2012年单选题、2014年案例分析题、2015年案例分析题、2017年案例分析题
保证责任	2012年单选题、2017年案例分析题、2019年单选题
保证期间	2006年案例分析题
定金	2012年单选题、2015年单选题、2017年案例分析题
人保与物保的并存	2006年案例分析题、2013年案例分析题、2015年案例分析题、2017年案例分析题
交付的法律效力	2009年多选题、2011年案例分析题
标的物的风险负担	2006年案例分析题、2011年案例分析题、2013年多选题、2017年案例分析题
标的物的检验	2015年案例分析题、2017年案例分析题
买卖合同的特别解除规则	2014年案例分析题
商品房买卖合同	2010年多选题
不定期租赁	2013年案例分析题、2019年案例分析题
租金的支付期限	2016年案例分析题
租赁物的维修义务	2014年案例分析题、2016年案例分析题、2018年案例分析题、2019年案例分析题
租赁物风险的承担	2010年案例分析题
转租	2014年案例分析题、2016年单选题、2016年案例分析题
买卖不破租赁	2010年案例分析题、2013年案例分析题、2016年案例分析题、2018年案例分析题
房屋租赁合同	2011年多选题、2011年案例分析题、2014年案例分析题、2016年案例分析题、2018年案例分析题
融资租赁合同	2011年多选题、2014年案例分析题、2018年案例分析题
金融机构的贷款合同	2017年案例分析题
民间借贷合同	2016年单选题、2018年案例分析题、2019年案例分析题

续表

考点	年份/题型
赠与合同	2010 年单选题、2012 年单选题、2014 年案例分析题、2016 年多选题、2017 年多选题
承揽合同	2013 年单选题
建设工程合同	2012 年多选题、2013 年单选题、2014 年单选题、2016 年单选题、2018 年案例分析题
货运合同	2006 年案例分析题
委托合同	2015 年单选题、2018 年案例分析题

本章思维导图

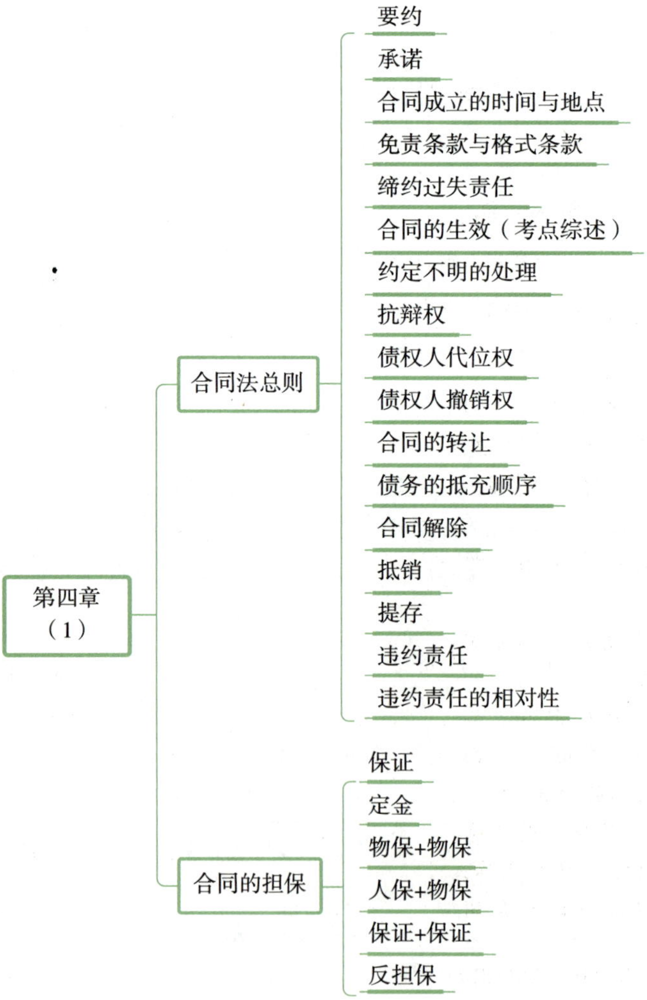

- 第四章（2）
  - 具体合同
    - 买卖合同
    - 商品房买卖合同
    - 租赁合同
    - 房屋租赁合同
    - 融资租赁合同
    - 金融机构的贷款合同
    - 民间借贷合同
    - 赠与合同
    - 承揽合同
    - 建设工程合同
    - 货运合同
    - 委托合同
    - 行纪合同
    - 技术合同

本章核心考点解读

第一单元　合同法总则

扫码听名师课

【考点1】要约（★★）（P80、108）①

1. 要约和要约邀请

要约是指希望和他人订立合同的意思表示，要约邀请是希望他人向自己发出要约的意思表示。要约应当符合下列规定：

（1）内容具体确定；

（2）表明经受要约人承诺，要约人即受该意思表示的约束。

【解释1】要约具有法律约束力，而要约邀请没有法律约束力。

【解释2】所谓要约的内容"具体确定"，是指该意思表示已经具备了未来合同的必要内容，并不要求必须具备合同的所有条款。

【解释3】当事人对合同是否成立存在争议，人民法院能够确定当事人名称或者姓名、标的和数量的，一般应当认定合同成立。但法律另有规定或者当事人另有约定的除外。

【解释4】寄送的价目表、拍卖公告、招标公告、招股说明书、商业广告等，性质均为要约邀请。如果商业广告的内容符合要约的规定，视为要约。

【解释5】（1）招标公告属于要约邀请；（2）投标人投标属于要约；（3）招标人定标属于承诺；（4）中标人在接到中标通知后，在指定的期间、地点与招标人签订书面合同，买卖合同正式成立。

2. 要约到达受要约人时生效。

【解释】要约和承诺均采用到达生效的原则。

经典题解

【真题·单选题】 2007年4月30日，甲以手机短信形式向乙发出购买一台笔记本电脑

① 为方便您在学习中可以快速了解知识点的重要程度，本书中将知识点进行分类。★★★代表重要知识点，★★代表次重要知识点，★代表非重要知识点。

的要约，乙于当日回短信同意要约。但由于“五一”期间短信系统繁忙，甲于5月3日才收到乙的短信，并因个人原因于5月8日才阅读乙的短信，后于9日回复乙“短信收到”。根据合同法律制度的规定，甲乙之间买卖合同的成立时间是（　　）。（2007年）

A. 2007年4月30日

B. 2007年5月3日

C. 2007年5月8日

D. 2007年5月9日

【解析】（1）承诺于5月3日到达对方时生效；（2）承诺生效，合同成立。

【答案】 B

3. 要约的撤回

（1）要约在发出后、生效前，要约人可以撤回要约。

（2）撤回要约的通知应当在要约到达受要约人之前或者与要约同时到达受要约人。

4. 要约的撤销

在要约生效后、受要约人承诺前，要约人可以撤销要约。有下列情形之一的，要约不得撤销：

（1）要约人确定了承诺期限；

（2）要约人以其他形式明示要约不可撤销；

（3）受要约人有理由认为要约是不可撤销的，并已经为履行合同作了准备工作。

【解释】（1）在要约生效之前可以依法撤回，因此撤回要约的通知应当在要约到达受要约人之前或者与要约同时到达受要约人；（2）要约的撤销，是指让已经生效的要约归于失效；（3）要约可以依法撤回和撤销，承诺可以依法撤回但不能撤销（由于承诺生效时合同已经成立）。

经典题解

【例题·单选题】 甲公司于6月10日向乙公司发出要约订购一批红木，要求乙公司于6月15日前答复。6月12日，甲公司欲改向丙公司订购红木，遂向乙公司发出撤销要约的信件，该信件于6月14日到达乙公司。而6月13日，甲公司收到乙公司的回复，乙公司表示红木缺货，问甲公司能否用杉木代替。根据合同法律制度的规定，甲公司的要约失效的时间为（　　）。

A. 6月12日

B. 6月13日

C. 6月14日

D. 6月15日

【解析】（1）甲公司在要约中确定了承诺期限，甲公司不得撤销要约；（2）乙公司对要约内容作了实质性变更，原要约失效。

【答案】 B

5. 要约的失效

（1）拒绝要约的通知到达要约人；

（2）要约人依法撤销要约；

（3）承诺期限届满受要约人未作出承诺；

（4）受要约人对要约的内容作出实质性变更。

【解释】对合同标的、数量、质量、价款或者报酬、履行期限、履行地点和方式、违约责任和解决争议方法等内容的变更，是对要约内容的实质性变更。

【考点2】 承诺（★★★）（P81）

1. 承诺期限的起算

（1）要约以信件作出的，承诺期限自信件载明的日期开始计算；信件未载明日期的，自投寄该信件的邮戳日期开始计算。

（2）要约以电话、传真作出的，承诺期限自要约到达受要约人时开始计算。

2. 承诺的迟延与迟到

（1）承诺的迟延

受要约人超过承诺期限发出承诺的，为迟延承诺，除要约人及时通知受要约人该承诺有效以外，迟延承诺应视为新要约。

（2）承诺的迟到

受要约人在承诺期限内发出承诺，按照通常情况能够及时到达要约人，但因其他原因致使承诺到达要约人时超过承诺期限的，为迟到承诺，除要约人及时通知受要约人因承诺超过期限不接受该承诺以外，迟到承诺为有效承诺。

第四章

经典题解

【真题·单选题】2011年4月24日，甲向乙发出函件称：“本人欲以每吨5000元的价格出售螺纹钢100吨。如欲购买，请于5月10日前让本人知悉。”乙于4月27日收到甲的函件，并于次日回函表示愿意购买。但由于投递错误，乙的回函于5月11日方到达甲处。因已超过5月10日的最后期限，甲未再理会乙，而将钢材售与他人。乙要求甲履行钢材买卖合同。根据合同法律制度的规定，下列表述中，正确的是（　　）。（2012年）

A. 甲、乙之间的合同未成立，甲对乙不承担任何责任

B. 甲、乙之间的合同未成立，但乙有权要求甲赔偿信赖利益损失

C. 甲、乙之间的合同成立但未生效，甲有权以承诺超过期限为由撤销要约

D. 甲、乙之间的合同成立且已生效，乙有权要求甲履行合同

【解析】由于甲未及时通知乙“承诺已经超过期限且不接受”，因此，该承诺于5月11日已经生效，甲、乙之间的合同已经成立且生效，乙有权要求甲履行合同。

【答案】D

3. 承诺内容

（1）受要约人对要约的内容作出实质性变更的，视为新要约。

（2）受要约人对要约的内容作出非实质性变更的（除要约人及时表示反对或者要约表明承诺不得对要约的内容作出任何变更外），该承诺有效，合同的内容以承诺的内容为准。

经典题解

【真题·单选题】根据合同法律制度的规定，下列情形中，构成有效承诺的是（　　）。（2016年）

A. 受要约人向要约人发出承诺函后，随即又发出一份函件表示收回承诺，两封函件同时到达要约人

B. 受要约人在承诺期内发出承诺，正常情形下可如期到达要约人，但因连日暴雨致道路冲毁，承诺通知到达要约人时已超过承诺期限，要约人收到承诺通知后未作任何表示

C. 受要约人发出表示承诺的函件时已超过要约人规定的承诺期限，要约人收到后未作任何表示

D. 受要约人向要约人回函表示：“若价格下调5%，我司即与贵司订立合同”

【解析】（1）选项A：受要约人依法撤回了承诺，该承诺并未生效；（2）选项B：受要约人在承诺期限内发出承诺，按照通常情况能够及时到达要约人，但因其他原因致使承诺到达要约人时超过承诺期限的，为迟到承诺，除要约人及时通知受要约人因承诺超过期限不接受该承诺以外，迟到承诺为有效承诺；（3）选项C：受要约人超过承诺期限发出承诺的，为迟延承诺，除要约人及时通知受要约人该承诺有效以外，迟延承诺应视为新要约；（4）选项D：受要约人对要约的内容作出实质性变更的，视为新要约。

【答案】B

【考点3】合同成立的时间与地点（★）（P82）

1. 实际履行原则

（1）合同当事人约定采用书面形式订立合同，当事人未采用书面形式但一方已经履行主要义务并且对方接受的，该合同成立。

（2）合同当事人约定采用合同书形式订立合同，在签字或者盖章之前，当事人一方已经履行主要义务并且对方接受的，该合同成立。

【解释】“对方是否接受”是判定合同是否处于实际履行状态的关键。

2. 当事人采用合同书形式订立合同的，应当签字或者盖章。当事人在合同书上摁手印的，人民法院应当认定其具有与签字或者盖章同等的法律效力。

3. 合同成立的地点

（1）一般情况下，承诺生效的地点为合同成立的地点。

（2）当事人采用合同书形式订立合同的，双方当事人签字或者盖章的地点为合同成立的地点。双方当事人签字或者盖章不在同一地点的，人民法院应当认定最后签字或者盖章的地点为合同成立的地点。

（3）采用书面形式订立合同，合同约定的签订地与实际签字或者盖章地点不符的，人民法院应当认定约定的签订地为合同签订地；合同没有约定签订地，双方当事人签字或者盖章不在同一地点的，人民法院应当认定最后签字或者盖章的地点为合同签订地。

【考点4】免责条款与格式条款（★★★）（P83）

1. 免责条款

合同中的下列免责条款无效：

（1）造成对方人身伤害的；

（2）因故意或者重大过失造成对方财产损失的。

经典题解

【真题·多选题】 根据合同法律制度的规定，合同中的下列免责条款中，无效的有（　　）。（2014年）

A. 排除因故意造成对方人身伤害的责任

B. 排除因故意造成对方财产损失的责任

C. 排除因重大过失造成对方财产损失的责任

D. 排除因重大过失造成对方人身伤害的责任

【答案】 ABCD

2. 格式条款

（1）格式条款具有《合同法》规定的合同无效和免责条款无效的情形（造成对方人身伤害的、因故意或者重大过失造成对方财产损失的）时，该条款无效。

（2）提供格式条款的一方免除其责任、加重对方责任、排除对方主要权利的，该格式条款无效。

（3）对格式条款的理解发生争议的，应当按照通常理解予以解释。

（4）对格式条款有两种以上解释的，应当作出不利于提供格式条款一方的解释。

（5）格式条款与非格式条款不一致的，应当采用非格式条款。

【案例】 甲提供了格式条款，乙签字同意。内容如下：“乙还欠款10万元”。如何理解？（1）乙还（hái）欠款10万元；（2）乙还（huán）欠款10万元。既然对格式条款有两种以上解释，应当作出不利于甲（提供格式条款的一方）的解释。

【考点5】缔约过失责任（★★★）（P84）

1. 当事人在订立合同过程中，有下列情形之一，给对方造成损失的，应当承担损害赔偿责任

（1）假借订立合同，恶意进行磋商；

（2）故意隐瞒与订立合同有关的重要事实或者提供虚假情况；

（3）当事人在订立合同过程中知悉的商业秘密，无论合同是否成立，泄露或者不正当地使用。

2. 缔约过失责任与违约责任的区别

（1）缔约过失责任发生在合同成立之前，违约责任产生于合同生效之后。

（2）缔约过失责任适用于合同未成立、合同未生效或者合同无效等情形；违约责任适用于生效合同。

（3）缔约过失责任赔偿的是信赖利益的损失；而违约责任赔偿的是可期待利益的损失。可期待利益的损失要大于或者等于信赖利益的损失。

经典题解

【真题1·单选题】 根据合同法律制度的规定，下列关于缔约过失责任的表述中，正确的是（　　）。（2016年）

A. 一方当事人假借订立合同恶意进行磋商，给他人造成损失的，可成立缔约过失责任

B. 缔约过失责任仅在合同成立时适用

C. 缔约过失责任赔偿的是可期待利益损失

D. 缔约过失责任的赔偿额通常大于违约责任

【解析】（1）选项B：缔约过失责任适用于合同未成立、合同未生效、合同无效等情形；（2）选项CD：缔约过失责任赔偿的是信赖利益的损失，而违约责任赔偿的是可期待利益的损失，可期待利益损失要大于或者等于信赖利益的损失。

【答案】A

【真题2·单选题】根据合同法律制度的规定，下列各项中，应当承担缔约过失责任的是（　　）。（2018年）

A. 甲假借订立合同，恶意与乙进行磋商

B. 丙未按时履行支付租金的义务

C. 丁驾驶机动车违反交通规则撞伤行人

D. 戊辞职后违反竞业禁止约定从事同业竞争

【解析】（1）选项BD：应承担违约责任；（2）选项C：应承担侵权责任。

【答案】A

【考点6】合同的生效（考点综述）（★★★）（P84）

1. 诺成合同

保证合同、抵押合同、质押合同、赠与合同、金融机构贷款的借款合同等均属于诺成合同，当事人意思表示一致时，合同成立。依法成立的合同，原则上自成立时生效。

2. 实践合同

（1）定金合同从实际交付定金之日起生效。

（2）自然人之间的借款合同为实践合同，自贷款人提供借款时生效。

【解释】保管合同属于实践合同，保管合同自保管物交付时成立，但当事人另有约定的除外。

3. 附条件、附期限的合同（2016年案例分析题）

（1）附生效条件的合同，自条件成就时生效。

（2）附生效期限的合同，自期限届至时生效。

4. 应当登记备案，但登记备案并非合同的生效要件

（1）当事人之间订立有关设立、变更、转让和消灭不动产物权的合同，除法律另有规定或者合同另有约定外，自合同成立时生效；未办理物权登记的，不影响合同效力。

（2）商品房预售合同应当办理登记备案手续，但该登记备案手续并非合同生效条件，当事人另有约定的除外。

（3）当事人以房屋租赁合同未按照法律、行政法规规定办理登记备案手续为由，请求确认合同无效的，人民法院不予支持。

（4）对自由进出口的技术，实行合同登记制度。但是，该技术进出口合同自依法成立时生效，不以登记作为合同生效的条件。（第12章）

5. 经许可合同才生效

对限制进出口的技术，实行许可证管理，该技术进出口合同自许可证颁发之日起生效。（第12章）

6. 多重买卖合同

出卖人就同一标的物订立多重买卖合同，如合同均不具有《合同法》第52条规定的无效情形，买受人因不能按照合同约定取得标的物的所有权，请求追究出卖人违约责任的，人民法院应予支持。

【考点7】约定不明的处理（★★★）（P85）

合同生效后，当事人就质量、价款等内容没有约定或者约定不明确的，可以协议补充；不能达成补充协议的，按照合同有关条款或者交易习惯确定。仍不能确定的，依照下列规则确定：

1. 质量要求不明确的，按照国家标准、行业标准履行；没有国家标准、行业标准的，按照通常标准或者符合合同目的的特定标准履行。

2. 价款或者报酬不明确，按照订立合同时履行地的市场价格履行。

3. 履行地点不明确的，给付货币的，在接受货币一方所在地履行；交付不动产的，在不动产所在地履行；其他标的，在履行义务一方所在地履行。

4. 履行期限不明确的，债务人可以随时

履行，债权人也可以随时要求履行，但应当给对方必要的准备时间。

【解释】无论是债务人主动履行还是债权人要求履行，都应当给对方必要的准备时间。

5. 履行方式不明确的，按照有利于实现合同目的的方式履行。

6. 履行费用的负担不明确的，由履行义务一方负担。

【案例】 甲、乙两个企业签订买卖合同，根据合同约定，甲企业先发货，乙企业收到货物后10日内付款。如果双方对运费的负担约定不明确且无法达成补充协议，按照合同有关条款仍不能确定的，则运费由甲企业负担。买卖合同属于双务合同，在发货环节，甲企业属于履行义务一方。

经典题解

【真题·单选题】 甲、乙两公司的住所地分别位于北京和海口，甲公司向乙公司购买一批海南产香蕉，3个月后交货，但合同对于履行地点以及价款均无明确约定，双方也未能就有关内容达成补充协议，依照合同其他条款及交易习惯也无法确定。根据合同法律制度的规定，下列关于合同履行价格的表述中，正确的是（　　）。(2014年)

A. 按合同订立时海口的市场价格履行

B. 按合同履行时海口的市场价格履行

C. 按合同履行时北京的市场价格履行

D. 按合同订立时北京的市场价格履行

【解析】（1）履行地点约定不明确的，交货地和付款地均为出卖人所在地（海口）；（2）价款约定不明确的，按照订立合同时履行地（海口）的市场价格履行。

【答案】 A

【考点8】 抗辩权（★★★）(P86)

1. 同时履行抗辩权（2016年案例分析题）

双务合同的当事人互负债务，没有先后履行顺序的，应当同时履行。一方在对方履行之前有权拒绝其履行要求；一方在对方履行债务不符合约定时，有权拒绝其相应的履行要求。

2. 先履行抗辩权（2011年案例分析题）

双务合同的当事人互负债务，有先后履行顺序，先履行一方未履行的，后履行一方有权行使先履行抗辩权，拒绝其履行要求。先履行一方履行债务不符合约定的，后履行一方有权拒绝其相应的履行要求。

3. 不安抗辩权（2006年案例分析题、2017年案例分析题）

（1）中止履行

双务合同中应当先履行债务的当事人，有确切证据证明对方有下列情况之一的，可以行使不安抗辩权，中止合同履行：

①经营状况严重恶化；

②转移财产、抽逃资金，以逃避债务；

③丧失商业信誉；

④有丧失或者可能丧失履行债务能力的其他情形。

（2）解除合同

当事人行使不安抗辩权中止履行的，应当及时通知对方。对方提供适当担保的，应当恢复履行。对方在合理期限内未恢复履行能力并且未提供适当担保的，中止履行的一方可以解除合同。

【解释1】先履行抗辩权由后履行一方行使，不安抗辩权由先履行一方行使。

【解释2】行使同时履行抗辩权、先履行抗辩权和不安抗辩权的条件：当事人基于同一双务合同。

【解释3】债权人留置的动产，应当与债权属于同一法律关系。但是，企业之间留置的除外。

经典题解

【真题1·单选题】 甲、乙在买卖合同中约定：甲先付款，乙再发货。后甲未付款却要求乙发货，乙予以拒绝。根据合同法律制度的规定，乙可以行使（　　）。(2015年)

A. 同时履行抗辩权

B. 先履行抗辩权

C. 先诉抗辩权

D. 不安抗辩权

【答案】 B

【真题2·单选题】 甲、乙双方签订买卖合同，约定甲支付货款一周后乙交付货物。甲未在约定日期付款，却请求乙交货。根据合同法律制度的规定，对于甲的请求，乙可行使的抗辩权是（　　）。（2017年）

A. 不安抗辩权

B. 先诉抗辩权

C. 不履行抗辩权

D. 先履行抗辩权

【答案】 D

【真题3·单选题】 甲、乙双方签订一份煤炭买卖合同，约定甲向乙购买煤炭1000吨，甲于4月1日向乙支付全部煤款，乙于收到煤款半个月后装车发煤。3月31日，甲调查发现，乙的煤炭经营许可证将于4月15日到期，目前煤炭库存仅剩700余吨，且正加紧将库存煤炭发往别处。甲遂决定暂不向乙付款，并于4月1日将暂不付款的决定及理由通知了乙。根据合同法律制度的规定，下列表述中，正确的是（　　）。（2012年）

A. 甲无权暂不付款，因为在乙的履行期届至之前，无法确知乙将来是否会违约

B. 甲无权暂不付款，因为甲若怀疑乙届时不能履行合同义务，应先通知乙提供担保，只有在乙不能提供担保时，甲方可中止履行合同

C. 甲有权暂不付款，因为甲享有先履行抗辩权

D. 甲有权暂不付款，因为甲享有不安抗辩权

【答案】 D

【真题4·单选题】 2010年3月8日，自然人甲向自然人乙借用电脑一台。3月15日，乙向甲借用名牌手表一块。5月10日，甲要求乙返还手表，乙以甲尚未归还电脑为由，拒绝返还手表。根据合同法律制度和物权法律制度的规定，下列表述中，正确的是（　　）。（2010年）

A. 乙是在行使同时履行抗辩权，可以暂不返还手表

B. 乙是在行使不安抗辩权，可以暂不返还手表

C. 乙是在行使留置权，可以暂不返还手表

D. 乙应当返还手表

【解析】（1）选项AB：抗辩权的行使限于同一双务合同，甲向乙借用电脑和乙向甲借用名牌手表属于两个合同；（2）选项C：债权人留置的动产与债权应当属于同一法律关系，企业之间留置的除外。在本题中，甲向乙借用电脑和乙向甲借用手表属于两个法律关系，甲、乙均为自然人，乙不能行使留置权。

【答案】 D

【考点9】债权人代位权（★★★）（P86）

1. 债权人代位权是指债务人怠于行使其对第三人（次债务人）享有的到期债权，危及债权人债权实现时，债权人为保障自己的债权，可以自己的名义代位行使债务人对次债务人的债权。

2. 代位权行使的条件

（1）债权人对债务人的债权合法，债务人对第三人的债权合法；

（2）债权人对债务人的债权已到期，债务人对第三人的债权已到期；

（3）债务人怠于行使其到期债权，对债权人造成损害；

（4）债务人的债权不是专属于债务人自身的债权。

【解释1】债务人的懈怠行为必须是债务人不以诉讼方式或者仲裁方式向次债务人主张其享有的具有金钱给付内容的到期债权。如果债务人以书面或者口头方式催促次债务人履行债务，但没有就此提起诉讼或者申请仲裁，仍然构成懈怠。

【解释2】所谓“专属于债务人自身的债权”，是指基于扶养关系、抚养关系、赡养关系、继承关系产生的给付请求权和劳动报酬、退休金、养老金、抚恤金、安置费、人寿保险、人身伤害赔偿请求权等权利。

【解释3】债权人的债权不受是否专属于债权人自身的限制。

【案例】2019年4月1日，甲在一次交通事故中将乙撞伤，因事故中的人身伤害乙对甲享有10万元的债权，但债务人甲不履行

到期债务。债权人乙经调查发现：（1）丙欠甲10万元的货款已经到期，虽然甲多次以书面或者口头方式催促丙履行债务，但甲一直未对丙提起诉讼或者申请仲裁；（2）2018年4月1日，甲在一次交通事故中被丁撞伤，因事故中的人身伤害对丁享有2万元债权，但甲一直未对丁提起诉讼。在本案中：（1）债权人乙对债务人甲享有的10万元人身伤害赔偿请求权，为专属于债权人自身的债权，债权人乙能否对次债务人丙行使代位权？可以。因为债权人的债权不受是否专属于债权人自身的限制，而且债务人甲虽然多次以书面或者口头方式催促次债务人丙履行债务，但甲一直未对丙提起诉讼或者申请仲裁，仍然构成懈怠；（2）债务人甲对次债务人丁享有的2万元人身伤害赔偿请求权，为专属于债务人自身的债权。债权人乙能否对次债务人丁行使代位权？不能。因为，对专属于债务人自身的债权，不能行使代位权。

经典题解

【真题1·单选题】 甲对乙的债务清偿期已届满却未履行，乙欲就甲对他人享有的债权提起代位权诉讼。根据合同法律制度的规定，甲享有的下列债权中，乙可代位行使的是（ ）。（2015年）

A. 抚恤金请求权

B. 劳动报酬请求权

C. 人身伤害赔偿请求权

D. 财产损害赔偿请求权

【答案】 D

【例题2·多选题】 甲对乙享有50000元债权，已到清偿期限，但乙一直宣称无能力清偿欠款。甲经调查发现，乙对丁享有3个月后到期的7000元债权，戊因赌博欠乙8000元；另外，乙在半年前发生交通事故，因事故中的人身伤害对丙享有10000元债权，因事故中的财产损失对丙享有5000元债权。乙无其他可供执行的财产，乙对其享有的债权都怠于行使。根据合同法律制度的规定，下列各项中，甲不可以代位行使的债权有（ ）。

A. 乙对丁的7000元债权

B. 乙对戊的8000元债权

C. 乙对丙的10000元债权

D. 乙对丙的5000元债权

【解析】（1）选项A：债务人对第三人的债权未到期的，债权人不能行使代位权；（2）选项B：债务人对第三人享有合法债权，债权人才能行使代位权，赌债不属于合法债权；（3）选项C：专属于债务人自身的债权（如人身伤害赔偿请求权），债权人不得行使代位权。

【答案】 ABC

3. 代位权诉讼

（1）代位权诉讼由被告（次债务人）住所地人民法院管辖。

（2）债权人是原告，次债务人是被告，债务人为诉讼上的第三人。

（3）如果债权人胜诉的，诉讼费用由次债务人承担，从实现的债权中优先支付；代位权诉讼的其他必要费用则由债务人承担。

4. 代位权行使的法律效果

（1）经人民法院审理后认定代位权成立的，由次债务人向债权人履行清偿义务，债权人与债务人、债务人与次债务人之间相应的债权债务关系即予消灭。

（2）债权人的债权就代位权行使的结果享有优先受偿的权利。

（3）在代位权诉讼中，次债务人对债务人的抗辩，可以向债权人主张。

（4）债权人提起代位权诉讼的，应当认定对债权人的债权和债务人的债权均发生诉讼时效中断的效力。

【案例】 甲公司向乙银行贷款100万元，到期不能还本付息，同时甲公司又怠于行使自己对丙公司的到期债权100万元。此时，债权人乙银行作为原告，可以对次债务人丙公司（被告）提起代位权诉讼。如果人民法院经审理后认定乙银行的代位权成立，判决由次债务人丙公司直接向债权人乙银行履行清偿义务。乙银行胜诉，诉讼费用1万元由次债务人丙公司负担。

【考点 10】 债权人撤销权（★★★）（P87）

1. 债权人撤销权是指债务人实施了减少财产行为，危及债权人的债权实现时，债权人为保障自己的债权请求人民法院撤销债务人处分行为的权利。

2. 可撤销的行为

（1）债务人放弃到期或者未到期债权、放弃债权担保或者恶意延长到期债权的履行期限，对债权人造成损害。

（2）债务人无偿转让财产，对债权人造成损害。

（3）债务人以明显不合理的低价转让财产或者以明显不合理的高价收购他人财产，对债权人造成损害，并且受让人知道该情形。

【解释 1】（1）债务人的无偿行为（放弃债权、无偿转让财产），不论第三人善意还是恶意，均可撤销；（2）债务人的有偿行为（以明显不合理的低价转让财产、以明显不合理的高价收购他人财产），第三人恶意时才可以撤销。

【解释 2】转让价格达不到交易时交易地的指导价或市场交易价70%的，一般可视为“明显不合理的低价”；转让价格高于交易时交易地的指导价或市场交易价30%的，一般可视为“明显不合理的高价”。

【解释 3】债权人对债务人的债权可以到期，也可以未到期。债务人放弃对第三人的债权，不管放弃的是到期债权还是未到期债权，只要对债权人造成损害的，债权人均可主张撤销。

3. 撤销权的行使范围以债权人的债权为限。

4. 撤销权行使的期限

撤销权应当自债权人知道或者应当知道撤销事由之日起 1 年内行使；自债务人的行为发生之日起 5 年内没有行使撤销权的，该撤销权消灭。

【解释】5 年期间为除斥期间（不变期间），不适用诉讼时效中止、中断或者延长的规定。

【案例】 甲企业不能清偿乙银行贷款，经查，甲企业于 2012 年 4 月 1 日放弃对丙企业 100 万元的债权。如果乙银行于 2019 年 4 月 1 日向人民法院申请撤销该行为，则人民法院不予支持。理由：自债务人的行为实际发生之日起 5 年内没有行使撤销权的，该撤销权消灭。

5. 撤销权诉讼

（1）债权人为原告，债务人为被告，受益人或者受让人为诉讼上的第三人。

（2）债权人行使撤销权所支付的律师代理费、差旅费等必要费用，由债务人负担；第三人有过错的，应当适当分担。

（3）撤销权诉讼由被告（债务人）住所地人民法院管辖。

6. 行使撤销权的法律效果

（1）一旦人民法院确认债权人的撤销权成立，债务人的处分行为即归于无效。

（2）撤销权行使的目的是恢复债务人的财产，债权人就撤销权行使的结果并无优先受偿的权利。

表 4-1 代位权 VS 撤销权

	代位权	撤销权
适用条件	怠于行使到期债权	（1）放弃到期或者未到期债权、放弃债权担保或者恶意延长到期债权的履行期限 （2）无偿转让财产 （3）以明显不合理的低价转让财产或者以明显不合理的高价收购他人财产而且第三人知道
债权人的债权是否到期	已经到期	是否到期均可

续表

	代位权	撤销权
被告	次债务人	债务人
诉讼中的第三人	债务人	受益人或者受让人
债权人是否享有优先受偿的权利	有优先权	无优先权
费用承担	债权人胜诉的，诉讼费用由次债务人负担，其他必要费用则由债务人承担	债权人行使撤销权所支付的律师代理费、差旅费等必要费用，由债务人负担；第三人有过错的，应当适当分担

【考点11】合同的转让（★★★）（P96）

1. 债权转让（2016年案例分析题）

（1）债权人转让权利，不需要经债务人同意，但应当通知债务人。未经通知，该转让对债务人不发生效力。债权人转让权利的通知不得撤销，但经受让人同意的除外。

【解释】债权转让不以债务人的同意为生效条件，但是要对债务人发生效力，则必须通知债务人。例如，甲公司向乙银行贷款100万元，债权人乙银行与丙银行于4月1日签订债权转让协议，于4月10日通知了债务人甲公司。在本案中：（1）乙银行与丙银行的债权转让协议于4月1日生效；（2）该转让于4月10日对甲公司发生效力。

（2）债权人转让权利的，受让人同时取得与主债权有关的从权利（如抵押权、质权），但该从权利专属于债权人自身的除外。

【案例】 甲公司以其机器设备设定抵押向乙银行贷款100万元，债权人乙银行将主债权转让给丙银行时，抵押权也随之转让。受让人丙银行（新债权人）在取得对甲公司主债权的同时，也取得了对该机器设备的抵押权。

（3）债务人接到债权转让通知后，债务人对让与人的抗辩（如提出债权无效抗辩、诉讼时效抗辩），可以向受让人主张。

（4）债务人对让与人享有债权，并且其债权先于转让的债权到期或者同时到期的，债务人可以向受让人主张抵销。

（5）基于当事人特定身份而订立的合同（如出版合同、赠与合同、委托合同等），因合同性质不得转让。

经典题解

【真题·多选题】 根据合同法律制度的规定，下列关于债权转让的表述中，正确的有（　　）。（2019年）

A. 债权转让无须债务人同意

B. 债务人可与债权人约定债权不得转让

C. 债权转让应当通知债务人

D. 债权转让后，受让人不能取得债权的从权利

【解析】（1）选项AC：债权人转让权利，不需要经债务人同意，但应当通知债务人；（2）选项D：债权人转让权利的，受让人同时取得与主债权有关的从权利（如抵押权、质权），但该从权利专属于债权人自身的除外。

【答案】 ABC

2. 债务承担

（1）债务人将合同的义务全部或者部分转移给第三人的，应当经债权人同意。

（2）债务人转移义务的，新债务人可以主张原债务人对债权人的抗辩。

3. 债权债务的概括转移

（1）意定的概括转移

当事人一方经他方当事人同意，可以将自己在合同中的权利义务一并转让给第三人。

（2）法定的概括转移

①当事人订立合同后合并的，由合并后

的法人或其他组织行使合同权利，履行合同义务。

②当事人订立合同后分立的，除债权人和债务人另有约定的以外，由分立的法人或其他组织对合同的权利和义务享有连带债权，承担连带债务。

经典题解

【例题·单选题】 A公司分立为B公司和C公司，分立时B公司和C公司明确约定A公司以前的债务由B公司承担。A公司原欠李某货款5万元，现李某要求偿还。根据合同法律制度的规定，下列表述中，正确的是(　　)。

A. 由B公司承担

B. 由C公司承担

C. 由B公司、C公司平均承担

D. 由B公司、C公司承担连带责任

【解析】 “A公司以前的债务由B公司承担”，并不是“债权人与债务人的约定”，而是“债务人之间的内部约定”，该约定对债权人没有约束力，应当由B公司、C公司承担连带责任。

【答案】 D

【考点12】债务的抵充顺序（★）（P98）

1. 债务人的给付不足以清偿其对同一债权人所负的数笔相同种类的全部债务时，除债权人与债务人对清偿的债务或者清偿抵充顺序另有约定的以外，应当优先抵充已到期的债务；几项债务均到期的，优先抵充对债权人缺乏担保或者担保数额最少的债务；担保数额相同的，优先抵充债务负担较重的债务；负担相同的，按照债务到期的先后顺序抵充；到期时间相同的，按比例抵充。

2. 主债务、利息、费用的抵充顺序

债务人除主债务之外还应当支付利息和费用，当其给付不足以清偿全部债务时，并且当事人没有约定的，人民法院应当按照下列顺序抵充：

（1）实现债权的有关费用；

（2）利息；

（3）主债务。

【相关链接】 抵押物拍卖价款的清偿顺序：（1）实现抵押权的费用；（2）主债权的利息；（3）主债权。

【考点13】合同解除（★★★）（P98）

1. 合意解除

（1）在订立合同时，如果当事人事先约定了解除合同的条件，一旦该条件成就，当事人就可以通过行使解除权而解除合同。

（2）合同订立后，经当事人协商一致，可以解除合同。

2. 法定解除（2015年案例分析题、2017年案例分析题）

（1）因不可抗力致使不能实现合同目的。

（2）在履行期限届满之前，当事人一方明确表示或者以自己的行为表明不履行主要债务。

（3）当事人一方迟延履行主要债务，经催告后在合理期限内仍未履行。

（4）当事人一方迟延履行债务或者有其他违约行为致使不能实现合同目的。

（5）不安抗辩权

中止履行后，如果对方在合理期限内未恢复履行能力并且未提供适当担保的，中止履行的一方可以解除合同。

【相关链接】 当事人不得因姓名、名称的变更或者法定代表人、负责人、承办人的变动而不履行合同义务。

经典题解

【真题·多选题】 根据合同法律制度的规定，下列情形中，买受人可以取得合同解除权的有(　　)。(2014年)

A. 因出卖人过错导致标的物在交付前灭失

B. 因不可抗力导致标的物在交付前灭失

C. 出卖人在履行期限届满前明确表示拒绝交付标的物

D. 出卖人在履行期限届满后明确表示拒绝交付标的物

【解析】 （1）选项 AB：如果标的物为可替代物，可以同类物替代履行，买受人不能解除合同；如果标的物为不可替代物，因买受人的合同目的已经不能实现，买受人可以解除合同（选项 AB 是否正确，值得商榷，考生不必死缠烂打）；（2）选项 C：在履行期限届满之前，出卖人明确表示或者以自己的行为表明不履行主要债务的，买受人可以解除合同；（3）选项 D：出卖人迟延履行债务或者有其他违约行为致使买受人不能实现合同目的，买受人可以解除合同。

【答案】 ABCD

3. 随时解除

（1）在承揽合同中，定作人可以随时解除承揽合同，造成承揽人损失的，应当赔偿损失。

（2）在货运合同中，在承运人将货物交付收货人之前，托运人可以要求承运人中止运输、返还货物、变更到达地或者将货物交给其他收货人，但应当赔偿承运人因此所受的损失。

（3）在委托合同中，委托人或者受托人均可以随时解除委托合同，因解除合同给对方造成损失的，除不可归责于该当事人的事由以外，应当赔偿损失。

（4）在不定期租赁合同中，出租人或者承租人均可以随时解除合同，但出租人解除合同应当在合理期限之前通知承租人。

（5）租赁物危及承租人的安全或者健康的，即使承租人订立合同时明知该租赁物质量不合格，承租人仍然可以随时解除合同。

4. 情势变更

合同成立以后，如果客观情况发生了当事人在订立合同时无法预见的、非不可抗力造成的不属于商业风险的重大变化，继续履行合同对于一方当事人明显不公平或者不能实现合同目的，当事人请求法院变更或者解除的，人民法院应根据公平原则，并结合案件的实际情况确定是否变更或者解除。

5. 合同解除的程序

当事人一方主张解除合同时，应当通知对方，合同自通知到达对方时解除。对方有异议的，可以请求人民法院或者仲裁机构确认解除合同的效力。

（1）在约定的异议期限届满后才提出异议并向人民法院起诉的，人民法院不予支持。

（2）如果没有约定异议期间，在解除合同通知到达之日起3 个月以后才向人民法院起诉的，人民法院不予支持。

6. 合同解除的效力（2009 年案例分析题）

（1）尚未履行的，终止履行。

（2）已经履行的，根据履行情况和合同性质，当事人可以要求恢复原状、采取其他补救措施，并有权要求赔偿损失。

（3）合同的解除不影响合同中结算条款、清理条款以及解决争议方法条款的效力。

【考点 14】 抵销（★★★）（P99）

1. 约定抵销

当事人互负债务，标的物种类、品质不相同的，经双方协商一致，可以抵销。

【解释】合同标的物一般分为四类：（1）有形财产；（2）无形财产；（3）劳务（如运输合同中的运输行为）；（4）工作成果（如建设工程合同中由承包人完成的建设项目）。

2. 法定抵销

（1）当事人互负到期债务，债务标的物种类、品质相同的，任何一方均可主张抵销，但依照法律规定或者按照合同性质不得抵销的除外。

（2）不得抵销的债务

①法律规定不得抵销的债务（如因故意侵权产生的债务）；

②根据合同性质不能抵销的债务（如提供劳务的债务、不作为的债务）；

③当事人约定不得抵销的债务。

（3）一方债务已经到期，另一方债务尚未到期，则未到期的债务人可以主张抵销。

（4）效力不完全的债权不能作为主动债权而主张抵销，如诉讼时效届满后的债权，该债权人不得主张抵销；但作为被动债权，对方以其债权主张抵销的，应当允许。

（5）法定抵销中的抵销权在性质上属于形成权，当事人主张抵销的，应当通知对方。抵销不得附条件或者附期限。通知为非要式（可以是口头形式），通知自到达对方时生效。抵销的意思表示溯及于得为抵销之时。

【案例】甲公司欠乙公司100万元的货款，乙公司欠甲公司100万元的货款，于2019年4月1日同时到期。2019年7月1日，甲公司书面通知乙公司主张抵销。该抵销的意思表示往前追溯于2019年4月1日得为抵销之时（满足法定抵销的条件之时），即自2019年4月1日起双方的债权债务关系归于消灭。

经典题解

【真题1·单选题】根据合同法律制度的规定，下列关于法定抵销权性质的表述中，正确的是（　　）。（2017年）

A. 支配权

B. 请求权

C. 抗辩权

D. 形成权

【答案】D

【真题2·单选题】根据合同法律制度的规定，下列关于法定抵销的表述中，正确的是（　　）。（2017年）

A. 抵销通知为要式

B. 抵销的意思表示溯及于得为抵销之时

C. 抵销的通知自发出时生效

D. 抵销可以附条件或者附期限

【答案】B

【例题3·单选题】陈某租住王某的房屋，租期至2019年8月。王某欠陈某10万元货款，应于2019年7月偿付。至2019年8月，王某尚未清偿货款，但要求收回房屋并请求陈某支付1万元租金。根据合同法律制度的规定，下列表述中，正确的是（　　）。

A. 陈某可以留置该房屋作为担保

B. 陈某可以出售房屋并优先受偿

C. 陈某可以应付租金抵销1万元货款

D. 陈某可以行使同时履行抗辩权而不交还房屋

【解析】（1）选项A：留置权的行使对象仅限于动产；（2）选项B：在陈某与王某的货款债务中，王某并未将其房屋设定抵押，陈某不享有优先受偿权；（3）选项C：房屋租赁和买卖货物两个合同的标的物均为“有形财产”，任何一方均可主张抵销；（4）选项D：同时履行抗辩权的行使限于同一双务合同，而房屋租赁和买卖货物对应两个不同的合同，陈某不能行使同时履行抗辩权。

【答案】C

【考点15】提存（★★★）（P100）

1. 债务人可以将标的物提存的情形（2009年案例分析题）

（1）债权人没有正当理由拒绝受领；

（2）债权人下落不明；

（3）债权人死亡未确定继承人或者丧失民事行为能力未确定监护人；

（4）法律规定的其他情形。

【相关链接】抵押期间，抵押人经抵押权人同意转让抵押财产的，应当将转让所得的价款向抵押权人提前清偿债务或者提存。

2. 通知义务

除债权人下落不明的以外，债务人应当及时通知债权人或者债权人的继承人、监护人。

3. 提存的法律效力

（1）毁损、灭失的风险由债权人承担；

（2）标的物的孳息归债权人所有；

（3）提存费用由债权人负担。

【解释】债务人依法将标的物提存后，合同终止，债务人就彻底解放了，风险、费用、孳息等均归债权人。

4. 债权人领取提存物的权利，自提存之日起5年内不行使而消灭，提存物扣除提存费用后归国家所有。

【解释】5年期间为不变期间，不适用诉讼时效中止、中断或者延长的规定。

【相关链接】遗失物自发布招领公告之日起6个月内无人认领的，归国家所有。

经典题解

【真题1·多选题】债务人甲因债权人乙下落不明，遂将作为合同标的物的名贵西服一套交当地公证机关提存。根据合同法律制度的规定，下列关于提存期间当事人之间权利义务的表述中，正确的有（　）。（2009年）

A. 西服提存后，甲负有通知义务

B. 保管西服产生的保管费由乙承担

C. 如果西服因为地震灭失，损失由乙承担

D. 如果自提存之日起5年后，乙仍没有领取西服，甲可以在交付保管费后取回西服

【答案】BC

【真题2·多选题】甲、乙双方签订一份合同，约定甲向乙购买水泥10吨。乙按约定日期向甲交货，但甲因躲避他人债务不知去向。乙无奈，将水泥提存。提存当晚，突降特大暴雨，库房坍塌，水泥被水浸泡，全部毁损。1个月后，甲躲债归来，请求乙交付水泥。乙拒绝，并要求甲支付水泥价款和提存费用。根据合同法律制度的规定，下列表述中，正确的有（　）。（2012年）

A. 乙的合同义务已履行完毕，有权拒绝甲交付水泥的请求

B. 水泥毁损的损失应由甲承担

C. 乙有权要求甲支付水泥价款

D. 乙无权要求甲支付提存费用

【答案】ABC

【真题3·单选题】根据合同法律制度的规定，下列关于提存的表述中，正确的是（　）。（2014年）

A. 标的物提存后，毁损、灭失的风险由债务人承担

B. 提存费用由债权人负担

C. 债权人提取提存物的权利，自提存之日起2年内不行使则消灭

D. 提存期间，标的物的孳息归债务人所有

【答案】B

【真题4·单选题】债权人甲下落不明，为履行到期债务，债务人乙将标的物提存。根据合同法律制度的规定，下列表述中，正确的是（　）。（2015年）

A. 提存费用由乙负担

B. 标的物提存后，毁损、灭失的风险由乙承担

C. 甲领取提存物的权利，自提存之日起5年内不行使则消灭

D. 若甲自提存之日起5年内不领取提存物，提存物归乙所有

【答案】C

【考点16】违约责任（★★★）（P102）

1. 继续履行

（1）金钱债务

当事人一方未支付价款或者报酬的，对方可以要求其支付价款或者报酬。

（2）非金钱债务

当事人一方不履行非金钱债务或者履行非金钱债务不符合约定的，对方可以要求继续履行，但有下列情形之一的除外：

①法律上或者事实上不能履行；

②债务的标的不适于强制履行或者履行费用过高；

③债权人在合理期限内未要求履行。

2. 补救措施（2017年案例分析题）

当事人履行合同义务，质量不符合约定的，应当按照当事人的约定承担违约责任。对违约责任没有约定或者约定不明确的，受损害方根据标的性质以及损失的大小，可以合理选择要求对方承担修理、更换、重作、退货、减少价款或者报酬等违约责任。

3. 损害赔偿（2009年案例分析题、2010年案例分析题、2016年案例分析题）

（1）当事人一方不履行合同义务或者履行合同义务不符合约定的，在履行义务或者采取补救措施后，对方还有其他损失的，应当赔偿损失。

（2）损失赔偿额应当相当于因违约造成的损失，包括合同履行后可以获得的利益，但不得超过违反合同一方订立合同时预见到或者应当预见到的因违反合同可能造成的损失。

（3）当事人一方违约后，对方应当采取适当措施防止损失的扩大；没有采取适当措施致使损失扩大的，不得就扩大的损失要求赔偿。当事人因防止损失扩大而支出的合理费用由违约方承担。

（4）混合过错

买卖合同当事人一方违约造成对方损失，对方对损失的发生也有过错，违约方主张扣减相应的损失赔偿额的，人民法院应予支持。

【案例】 张某与甲公司订立汽车买卖合同，后张某驾驶该汽车超载行驶，由于汽车钢圈（质量不合格）破碎导致翻车，给张某造成损失。人民法院经审理认为，甲公司（产品质量不合格）应承担主要责任，张某（超载）也应承担一定责任。

（5）损益相抵

买卖合同当事人一方因对方违约而获有利益，违约方主张从损失赔偿额中扣除该部分利益的，人民法院应予支持。

【案例】 甲公司和乙公司签订买卖合同，甲公司将其设备作价 100 万元卖给乙公司。之后，乙公司将该设备作价 180 万元转卖给丙公司（双方约定了 30 万元的违约金，此外由乙公司承担 10 万元的运费）。因甲公司违约，致使乙公司不能向丙公司交付设备。在甲乙之间的买卖合同中：（1）因甲公司违约，给乙公司造成的直接损失为 30 万元（乙公司需要向丙公司支付 30 万元的违约金），合同履行后可以获得的利益为 80 万元（转手买卖的价差）；（2）因甲公司违约，乙公司获有利益 10 万元（省下了 10 万元的运费）；（3）违约方甲公司主张从损失赔偿额（直接损失 30 万元 + 可获利益 80 万元 = 110 万元）中扣除该部分利益（10 万元）的，人民法院应予支持。

（6）经营者提供商品或者服务有欺诈行为的，应当按照消费者的要求增加赔偿其受到的损失，增加赔偿的金额为消费者购买商品的价款或者接受服务的费用的 3 倍；增加赔偿的金额不足 500 元的，为 500 元。法律另有规定的，依照其规定。（2020 年调整）

4. 支付违约金

（1）约定的违约金低于造成的损失的，当事人可以请求人民法院或者仲裁机构予以增加；约定的违约金过分高于造成的损失的，当事人可以请求人民法院或者仲裁机构予以适当减少。

【解释】（1）当事人以约定的违约金过高为由请求减少的，应当以违约金超过造成的损失的 30% 为标准适当减少；（2）当事人以约定的违约金低于造成的损失为由请求增加的，应当以违约造成的损失确定违约金数额。

（2）当事人就迟延履行约定违约金的，违约方支付违约金后，还应当继续履行债务。

经典题解

【例题·单选题】 甲、乙签订一份买卖合同，约定违约方应向对方支付 18 万元的违约金。后甲违约，给乙造成实际损失 15 万元。根据合同法律制度的规定，下列表述中，正确的是（　　）。

A. 甲应向乙支付违约金 18 万元，无须再赔偿 15 万元的损失

B. 甲应向乙赔偿损失 15 万元，无须再支付 18 万元的违约金

C. 甲应向乙赔偿损失 15 万元并支付违约金 18 万元，共计 33 万元

D. 甲无须向乙赔偿损失 15 万元，也无须支付 18 万元的违约金

【解析】 尽管约定的违约金（18 万元）高于实际损失（15 万元），但并未超过实际损失的 30%，甲不能请求人民法院或者仲裁机构予以减少，甲应当按照合同约定向乙支付 18 万元的违约金。甲向乙支付 18 万元的违约金之后（已经覆盖了 15 万元的损失），无须再赔偿 15 万元的损失。

【答案】 A

5. 适用定金罚则

（1）当事人既约定违约金，又约定定金的，一方违约时，对方可以选择适用违约金或者定金条款，二者不能并用。

（2）买卖合同约定的定金不足以弥补一

方违约造成的损失，对方请求赔偿超过定金部分的损失的，人民法院可以并处，但定金和损失赔偿的数额总和不应高于因违约造成的损失。（2017年案例分析题）

【案例】 甲、乙订立买卖合同，双方约定：甲向乙交付200吨铜材，货款为200万元；乙向甲支付定金20万元（已经交付）；如任何一方不履行合同应支付违约金30万元。甲因将铜材卖给丙而无法向乙交货，给乙造成50万元的实际损失。在本案中：（1）20万元的定金本来就是乙的，现在甲违约，暂时不用考虑怎么惩罚甲，首先甲应当将20万元的定金返还给乙；（2）定金、违约金不能并用，二者只能选其一；（3）如果乙选择了违约金罚则，由于合同约定的违约金（30万元）低于造成的损失（50万元），乙可以请求人民法院或者仲裁机构予以增加，增加后的违约金数额（30+20=50万元）以不超过实际损失为限。增加违约金以后，当事人又请求对方赔偿损失的，人民法院不予支持；（4）如果乙选择了定金罚则（20万元），由于合同约定的定金不足以弥补一方违约造成的损失（50万元），乙可以请求甲再赔偿30万元，但定金和损失赔偿的数额总和（20+30=50万元）不应高于因违约造成的损失。

6. 违约责任与侵权责任的竞合

因合同当事人一方的违约行为，侵害对方人身、财产权益的，受损害方有权选择依据《合同法》的规定要求其承担违约责任或者依照其他法律要求其承担侵权责任，二者不能并用。

经典题解

【例题·单选题】 甲公司从乙农场购入10头种牛，乙农场违约，将部分带有传染病的种牛交付给甲公司，致使甲公司所饲养的其他奶牛大量患病造成财产损失。根据合同法律制度的规定，甲公司要求乙农场承担责任的方式是（　　）。

A. 只能要求乙农场承担违约责任

B. 只能要求乙农场承担侵权责任

C. 要求乙农场既承担违约责任又承担侵权责任

D. 在违约责任或者侵权责任中选择其一要求乙农场承担

【答案】 D

7. 不可抗力

（1）因不可抗力不能履行合同的，根据不可抗力的影响，部分或者全部免除责任（金钱之债不适用该规则）。

（2）当事人迟延履行后发生不可抗力的，不能免除责任。

【解释】 不可抗力是指不能预见、不能避免并不能克服的客观情况，包括但不限于：（1）自然灾害（如地震、台风、洪水、海啸等）；（2）政府行为；（3）社会异常现象（如罢工、骚乱等）。

经典题解

【真题·多选题】 根据合同法律制度的规定，下列各项中，属于不可抗力的有（　　）。（2012年）

A. 台风　　B. 地震

C. 洪水　　D. 海啸

【答案】 ABCD

【考点17】违约责任的相对性（★★★）（P85、101）

1. 由于合同关系具有相对性，因此，违约责任也具有相对性，即违约责任只能在特定的具有合同关系的当事人之间发生。（2014年案例分析题、2015年案例分析题）

2. 涉及第三人的合同

（1）向第三人履行

当事人约定由债务人向第三人履行债务的，债务人未向第三人履行债务或者履行债务不符合约定，应当由债务人向债权人承担违约责任。

（2）由第三人履行

当事人约定由第三人向债权人履行债务的，第三人不履行债务或者履行债务不符合约定，应当由债务人向债权人承担违约责任。

第四章

【解释】第三人并非合同的当事人，根据合同的相对性原理，应当“由债务人向债权人”承担违约责任。

3. 当事人一方因第三人的原因造成违约的，应当向对方承担违约责任；当事人一方和第三人之间的纠纷，依照法律规定或者按照约定解决。

【案例】 甲、乙公司签订一份100万元的买卖合同，根据合同约定，甲公司应当在4月1日前交货，乙公司在收到货物后10日内付款。甲公司和丙运输公司签订了一份运输合同，由丙公司负责运输。丙公司在运输途中因装卸不慎造成货物毁损。在本案中，违约责任只能在特定的当事人之间（具有合同关系的当事人之间）发生：（1）在买卖合同中，不管是甲公司自己的原因，还是第三人丙公司的原因，应当由甲公司向乙公司承担违约责任；（2）在运输合同中，甲公司有权要求丙公司赔偿损失。

4. 转租

承租人经出租人同意，可以将租赁物转租给第三人，承租人与出租人的租赁合同继续有效，第三人对租赁物造成损失的，承租人应当向出租人赔偿损失。

【案例】 甲将房屋出租给乙，承租人乙经出租人甲同意，可以将该房屋转租给第三人丙。在本案中：（1）乙、丙之间的转租合同有效；（2）甲、乙之间的原租赁合同继续有效；（3）如果丙将房屋损坏，由乙向甲赔偿损失（甲和乙之间有直接的合同关系）；（4）由于甲和丙之间并无直接的合同关系，甲无权要求丙承担违约责任。

5. 承揽合同

承揽人经定作人同意，将其承揽的主要工作交由第三人完成的，承揽人应当就该第三人完成的工作成果向定作人负责。

6. 合同相对性的例外

（1）代位权

在代位权中，突破了合同的相对性，使得债权人可以向合同关系以外的第三人提起诉讼，主张权利。

（2）买卖不破租赁

租赁物在租赁期间发生所有权变动的，不影响租赁合同的效力。即租赁合同在有效期限内对承租人和新的所有权人继续有效，突破了合同关系的相对性。

（3）建设工程合同

经发包人同意，总承包人可以将自己承包的部分工作交由第三人完成。第三人就其完成的工作成果与总承包人向发包人承担连带责任。

经典题解

【真题1·单选题】 甲将一台电脑无偿借给乙使用，期限为3个月。在借用期内，甲和丙订立了买卖该电脑的合同，但未对电脑的交付问题进行约定。下列有关该电脑交付的表述中，正确的是（　　）。（2010年）

A. 丙有权请求甲立即交付电脑

B. 丙有权随时请求甲交付电脑，但应当给甲必要的准备时间

C. 丙有权请求乙立即交付电脑

D. 丙有权随时请求乙交付电脑，但应当给乙必要的准备时间

【解析】（1）选项AB：履行期限不明确的，债务人可以随时履行，债权人也可以随时要求履行，但应当给对方必要的准备时间；（2）选项CD：买卖合同在甲丙之间成立，根据合同的相对性原理，丙只能要求合同相对人甲交付电脑，无权请求第三人乙交付电脑。

【答案】 B

【真题2·单选题】 甲公司向乙公司订购一台生产设备，乙公司委托其控股的丙公司生产该设备并交付给甲公司。甲公司在使用该设备时发现存在严重的质量问题。根据合同法律制度的规定，下列关于甲公司权利的表述中，正确的是（　　）。（2010年）

A. 甲公司有权请求乙公司承担违约责任

B. 甲公司有权请求丙公司承担违约责任

C. 甲公司有权请求乙、丙公司连带承担违约责任

D. 甲公司有权请求乙、丙公司按照责任大小按份承担违约责任

【解析】第三人（丙公司）并非合同的当事人，根据合同的相对性原理，应当由债务人（乙公司）向债权人（甲公司）承担违约责任。

【答案】A

【真题3·单选题】甲公司与乙公司订立货物买卖合同，约定出卖人甲公司将货物送至丙公司，经丙公司验收合格后，乙公司应付清货款。甲公司在送货前发现丙公司已濒于破产，遂未按时送货。根据合同法律制度的规定，下列各项中，正确的是（　　）。（2011年）

A. 甲公司应向乙公司承担违约责任

B. 甲公司应向丙公司承担违约责任

C. 甲公司应向乙公司、丙公司分别承担违约责任

D. 甲公司不承担违约责任

【解析】（1）濒于破产的是丙公司，而不是乙公司，甲公司不能行使不安抗辩权；（2）当事人约定由债务人向第三人履行债务的，债务人未向第三人履行债务或者履行债务不符合约定，债务人（甲公司）应当向债权人（乙公司）承担违约责任。

【答案】A

第二单元　合同的担保

扫码听名师课

【考点1】保证（★★★）（P90）

1. 保证合同

（1）保证是保证人与债权人之间的合同关系。

（2）保证合同为单务合同、无偿合同、诺成合同、要式合同。

（3）第三人单方以书面形式向债权人出具担保书，债权人接受且未提出异议的，保证合同成立。

（4）保证人在债权人与被保证人签订的订有保证条款的主合同上，以保证人的身份签字或者盖章的，保证合同成立。

（5）主合同中虽然没有保证条款，但是，保证人在主合同上以保证人的身份签字或者盖章的，保证合同成立。（2014年案例分析题）

【解释】当事人在借据、收据、欠条等债权凭证或者借款合同上签字或者盖章，但未表明其保证人身份或者承担保证责任，或者通过其他事实不能推定其为保证人的，出借人不能要求当事人承担保证责任。

经典题解

【真题·多选题】根据合同法律制度的规定，下列关于保证合同性质的表述中，正确的有（　　）。（2017年）

A. 单务合同　　B. 要式合同

C. 有偿合同　　D. 诺成合同

【答案】ABD

2. 保证人

（1）除经国务院批准为使用外国政府或者国际经济组织贷款进行转贷的情况下，国家机关不得作保证人。

（2）学校、医院、幼儿园等以公益为目的的事业单位、社会团体，不得作为保证人；但从事经营活动的事业单位、社会团体，可以担任保证人。

（3）企业法人的分支机构有法人书面授权的，可以在授权范围内提供保证。

（4）企业法人的职能部门不得担任保证人。

（5）不具有完全代偿能力的法人、其他组织或者自然人，以保证人身份订立保证合同后，又以自己没有代偿能力要求免除保证责任的，人民法院不予支持。

3. 保证方式

（1）一般保证

一般保证人享有先诉抗辩权，即在主合同纠纷未经审判或者仲裁，并就债务人财产依法强制执行用于清偿债务前，对债权人可以拒绝承担保证责任。

【解释 1】一般保证的债权人向债务人和保证人一并提起诉讼的，人民法院可以将债务人和保证人列为共同被告参加诉讼。但是，应当在判决书中明确在对债务人财产依法强制执行后仍不能履行债务时，才由保证人承担保证责任。

【解释 2】在民间借贷纠纷中，保证人为借款人（债务人）提供一般保证，出借人（债权人）仅起诉保证人的，人民法院应当追加借款人为共同被告；出借人仅起诉借款人的，人民法院可以不追加保证人为共同被告。

（2）连带责任保证

当事人对保证方式没有约定或者约定不明确的，按照连带责任保证承担保证责任。（2006 年案例分析题、2009 年案例分析题、2014 年案例分析题、2015 年案例分析题、2017 年案例分析题）

【解释 1】连带责任保证的债权人可以将债务人或者保证人作为被告提起诉讼，也可以将债务人和保证人作为共同被告提起诉讼。

【解释 2】在民间借贷纠纷中，保证人为借款人（债务人）提供连带责任保证，出借人（债权人）仅起诉借款人的，人民法院可以不追加保证人为共同被告；出借人仅起诉保证人的，人民法院可以追加借款人为共同被告。

4. 保证责任

（1）保证担保的范围

当事人对保证担保的范围可以进行约定；没有约定或者约定不明确的，保证人应当对全部债务（主债权及利息、违约金、损害赔偿金和实现债权的费用）承担责任。

（2）债权人转让债权

保证期间，债权人依法将主债权转让给第三人的，保证债权同时转让，保证人在原保证担保的范围内对受让人承担保证责任。但是，保证人与债权人事先约定仅对特定的债权人承担保证责任或者禁止债权转让的，保证人不再承担保证责任。

【案例】 甲公司向乙银行贷款 100 万元，丙公司为保证人。债权人乙银行将其 100 万元的主债权转让给丁银行，丙公司在原保证担保的范围内继续承担保证责任，除非在签订保证合同时双方明确约定丙公司仅对乙银行承担保证责任或禁止债权转让。

（3）债务人转让债务

保证期间，债权人许可主债务人转让债务的，应当取得保证人书面同意。保证人对未经其同意转让的债务，不再承担保证责任。

【相关链接 1】 债务人将合同的义务全部或者部分转移给第三人，应当经债权人同意。

【相关链接 2】 第三人提供抵押的，债权人许可主债务人转让债务未经抵押人书面同意时，抵押人对未经其同意转让的债务，不再承担担保责任。

【案例】 甲公司向乙银行贷款 100 万元，丙公司为保证人：（1）如果债务人甲公司将 100 万元的债务全部转让给丁公司，首先应经债权人乙银行的同意，还须经保证人丙公司的书面同意，未经保证人书面同意的，保证人不再承担保证责任；（2）如果债务人甲公司将 40 万元的债务转让给丁公司时，未经保证人丙公司的书面同意，保证人对这 40 万元的债务不再承担保证责任，但对尚未转让的 60 万元仍应承担保证责任。

（4）主合同的变更（2017 年案例分析题）

未经保证人同意的主合同变更，保证人的保证责任并不能解除：

①如果减轻债务人的债务的，保证人仍应当对变更后的合同承担保证责任；

②如果加重债务人的债务的，保证人对加重的部分不承担保证责任；

③变更主合同履行期限的，保证期间为原合同约定的或者法律规定的期间。

【解释】（1）经保证人书面同意的，保证人按照变更后的合同内容承担保证责任；（2）未经保证人书面同意的，避重就轻，不加重保证人的责任：100 万元变更为 80 万元的，按照 80 万元承担保证责任；100 万元变更为 180 万元的，按照 100 万元承担保证责任。

5. 保证期间（2006年案例分析题）

（1）根本未约定：保证期间为主债务履行期届满之日起6个月。

（2）约定不明：保证期间为主债务履行期届满之日起2年。

【解释1】保证合同约定“保证人承担保证责任直至主债务本息还清时为止”等类似内容的，视为约定不明。

【解释2】保证合同约定的保证期间早于或者等于主债务履行期限的，视为未约定，即保证期间为主债务履行期届满之日起6个月。

【解释3】如果主债务履行期限没有约定或者约定不明时，保证期间自债权人要求债务人履行债务的宽限期届满之次日计算。

经典题解

【真题1·单选题】 甲向乙借款200万元，期限自2017年1月1日起至2018年12月31日止。丙为保证人，乙和丙在保证合同中未约定保证期间。2018年6月5日，甲向乙追加借款100万元，双方约定全部借款于2019年3月31日清偿。丙对甲向乙追加借款与首期借款期限延长之事并不知情。根据合同法律制度的规定，下列关于丙的保证责任的表述中，正确的是（　　）。（2019年）

A. 保证责任范围是200万元，期限至2019年6月30日

B. 保证责任范围是200万元，期限至2019年9月30日

C. 保证责任范围是300万元，期限至2019年6月30日

D. 保证责任范围是300万元，期限至2019年9月30日

【解析】（1）未经保证人同意变更主合同的，如果加重债务人的债务，保证人对加重的部分不承担保证责任，因此丙的保证责任范围还是原来的200万元；（2）未经保证人同意变更主合同履行期限的，保证期间为原合同约定的或者法律规定的期间（期限至2019年6月30日）。

【答案】 A

【真题2·单选题】 甲公司和乙公司签订一份买卖合同，约定甲公司向乙公司购买机床一台，价格为300万元。同时，丙公司向乙公司出具一份内容为“丙公司愿为甲公司应付乙公司300万元机床货款承担保证责任”的保函，并加盖了丙公司公章。之后，由于市场变化，甲公司、乙公司协商一致同意将机床价格变更为350万元，但未通知丙公司。乙公司向甲公司交付机床后，甲公司无力按期支付货款，乙公司遂要求丙公司代为清偿。根据合同法律制度的规定，下列表述中，正确的是（　　）。（2012年）

A. 丙公司出具保函是其单方行为，因此保证不成立

B. 丙公司应在300万元范围内承担保证责任

C. 在乙公司未就甲公司财产依法强制执行用于清偿债务之前，丙公司有权拒绝乙公司代为清偿的要求

D. 丙公司应承担保证责任，保证期间为2年，自主债务履行期限届满之日起计算

【解析】（1）选项A：第三人单方以书面形式向债权人出具担保书，债权人接受且未提出异议的，保证合同成立；（2）选项B：未经保证人同意的主合同的变更，如果加重债务人的债务的，保证人对加重的部分不承担保证责任；（3）选项C：乙公司和丙公司未对保证方式进行约定，丙公司应当承担连带保证责任，不享有先诉抗辩权；（4）选项D：在保函中未约定保证期间，保证期间为主债务履行期限届满之日起6个月。

【答案】 B

【考点2】定金（★★★）（P95）（2017年案例分析题）

1. 定金数额不得超过主合同标的额的20%。超过20%的，超过部分无效。

2. 定金合同从实际交付定金之日起生效。

【解释】保证合同、抵押合同、质押合同均为诺成合同，原则上自成立之日起生效；定金合同属于实践合同，从实际交付定金之日起生效。

3. 给付定金的一方不履行合同的，无权要求返还定金；接受定金的一方不履行合同的，应当双倍返还定金。

4. 定金罚则的适用

（1）因不可抗力、意外事件致使主合同不能履行的，不适用定金罚则。

（2）因合同关系以外的第三人的过错，致使主合同不能履行时，适用定金罚则。

（3）在迟延履行或者有其他违约行为时，并不能当然适用定金罚则。只有因当事人一方迟延履行或者有其他违约行为致使合同目的不能实现，才可以适用定金罚则，法律另有规定或者当事人另有约定的除外。

（4）当事人一方不完全履行合同的，应当按照未履行部分所占合同约定内容的比例，适用定金罚则。

（5）当事人既约定违约金，又约定定金的，一方违约时，对方只能选择适用违约金或者定金条款，二者不能并用。

经典题解

【真题1·单选题】根据合同法律制度的规定，下列关于定金的表述中，正确的是（　　）。（2015年）

A. 收受定金一方不履行合同义务时，应当3倍返还定金

B. 收受定金一方履行合同义务时，定金所有权发生移转

C. 定金数额不得超过主合同标的额的20%

D. 既约定定金又约定违约金的，一方违约时，当事人有权要求同时适用

【解析】选项B：定金一旦交付，其所有权即发生转移。

【答案】C

【真题2·单选题】甲餐厅承接乙的婚宴。双方约定：婚宴共办酒席20桌，每桌2000元；乙先行向甲餐厅支付定金1万元；任何一方违约，均应向对方支付违约金5000元。合同订立后，乙未依约向甲支付定金。婚宴前一天，乙因故通知甲取消婚宴。甲要求乙依约支付1万元定金与5000元违约金。根据合同法律制度的规定，下列表述中，正确的是（　　）。（2012年）

A. 甲餐厅应在1万元定金与5000元违约金之间择一向乙主张，因为定金与违约金不能同时适用

B. 甲餐厅仅有权请求乙支付8000元定金，因为定金不得超过合同标的额的20%

C. 因为乙未实际交付定金，定金条款尚未生效

D. 甲餐厅无权请求乙支付定金，因为定金数额超过合同标的额的20%，定金条款无效

【解析】（1）选项AC：定金合同从实际交付定金之日起生效，乙未向甲餐厅支付定金，定金合同未生效，甲餐厅无权要求乙承担定金责任；（2）选项BD：定金数额超过合同标的额20%的，只是超过部分无效，而非整个定金条款无效。

【答案】C

【考点3】物保+物保（★）（P70、74）

1. 主债务人以自己的财产设定抵押，抵押权人放弃该抵押权的，其他担保人在抵押权人丧失优先受偿权益的范围内免除担保责任，但其他担保人承诺仍然提供担保的除外。

2. 主债务人以自己的财产出质，质权人放弃该质权的，其他担保人在质权人丧失优先受偿权益的范围内免除担保责任，但其他担保人承诺仍然提供担保的除外。

【案例】A公司向B银行贷款100万元，A公司以其机器设备设定抵押，同时C公司以其厂房设定抵押，A公司到期未还本付息。在本案中：（1）应首先执行主债务人提供的担保，如果A公司的机器设备变卖价款为80万元，则不足的20万元，B银行有权再要求C公司承担；（2）如果B银行放弃了主债务人A公司提供的抵押，则C公司在其放弃权利的范围内（80万元）免除担保责任，C公司只承担20万元的担保责任，除非C公司傻乎乎地主动承诺仍承担100万元的担保责任。

【考点4】人保+物保（★★★）（P93）（2006年案例分析题、2013年案例分析题、2015年案例分析题、2017年案例分析题）

1. 物保由主债务人提供：先主后次

被担保的债权既有物的担保又有人的担保的，债务人不履行到期债务或者发生当事人约定的实现担保物权的情形，债权人应当按照约定实现债权；没有约定或者约定不明确，债务人自己提供物的担保的，债权人应当首先就该物的担保实现债权。

【案例】 甲公司向乙银行贷款100万元，甲公司（主债务人）以其机器设备设定抵押（物保），丙公司为保证人（次债务人）。当甲公司到期不能清偿债务时：(1) 如果当事人对担保责任的承担顺序事先有明确约定的，按照约定执行；(2) 当事人没有约定的，先主后次，即首先执行主债务人的抵押财产，如果抵押物的拍卖价款只有80万元，则保证人丙公司仅对不足的20万元承担保证责任。

2. 物保由第三人提供：没有先后顺序

被担保的债权既有物的担保又有人的担保的，债务人不履行到期债务或者发生当事人约定的实现担保物权的情形，债权人应当按照约定实现债权；没有约定或者约定不明确，第三人提供物的担保的，债权人可以就物的担保实现债权，也可以要求保证人承担保证责任。提供担保的第三人承担担保责任后，有权向债务人追偿。

【解释1】在保证与第三人提供的物保并存的情况下，如果其中一人承担了担保责任，则只能向主债务人追偿，不能向另外一个担保人追偿。

【解释2】第三人提供抵押的，债权人许可主债务人转让债务未经抵押人书面同意时，抵押人对未经其同意转让的债务，不再承担担保责任。

【解释3】保证期间，债权人许可主债务人转让债务的，应当取得保证人书面同意。保证人对未经其同意转让的债务部分，不再承担保证责任。

【案例】 甲公司向乙银行贷款100万元，丙公司（次债务人）以其机器设备设定抵押（物保），丁公司为保证人（次债务人）。在本案中，人保、物保均由"次债务人"提供，当甲公司到期不能清偿债务时：(1) 如果当事人对担保责任的承担顺序事先有明确约定的，按照约定执行；(2) 当事人没有约定的，在执行顺序上没有先后之分，债权人可以首先要求丁公司承担保证责任，也可以首先要求丙公司承担担保责任；(3) 如果保证人丁公司应乙银行的要求承担了100万元的保证责任后，只能向主债务人甲公司追偿，而不能向丙公司追偿。

【考点5】保证+保证（★）（P91）

1. 按份共同保证

按份共同保证的保证人按照保证合同约定的保证份额承担保证责任后，在其履行保证责任的范围内对债务人行使追偿权。

【解释】按份共同保证中的"按份"是指"保证人与债权人"在保证合同中约定的份额，该约定对债权人有约束力。

【案例】 甲公司向乙银行贷款100万元，丙公司、丁公司为共同保证人。丙公司、丁公司在与债权人乙银行签订保证合同时，约定保证方式为连带责任保证，丙公司承担90%的保证责任，丁公司承担10%的保证责任（该约定对债权人有约束力）。在本案中：(1) 既然保证方式为连带责任保证，当主债务人甲公司到期不履行债务时，乙银行可以直接要求丙公司、丁公司承担保证责任；(2) 乙银行只能要求丙公司承担90万元的保证责任；(3) 丙公司承担90万元的保证责任后，可以对甲公司行使追偿权，不能向丁公司行使追偿权。

2. 连带共同保证

(1) 连带共同保证是各保证人约定均对全部主债务承担担保义务或者保证人与债权人之间没有约定所承担保证份额的共同保证。

(2) 连带共同保证的债务人在主合同规定的债务履行期届满没有履行债务的，债权人可以要求债务人履行债务，也可以要求任

第四章

何一个保证人承担全部保证责任。连带共同保证的保证人承担保证责任后，向债务人不能追偿的部分，由各连带保证人按其内部约定的比例分担。没有约定的，平均分担。

【解释 1】保证方式包括一般保证和连带责任保证，界定的是“保证人与债务人”之间的关系。

【解释 2】共同保证包括按份共同保证和连带共同保证，界定的是“保证人与保证人”之间的关系。

【解释 3】连带责任保证是保证的一种方式，是“保证人与债务人”之间的连带；而连带共同保证是共同保证的一种形式，是“保证人之间”的连带。

【解释 4】如果共同保证人承担的是一般保证，共同保证人同样享有先诉抗辩权；如果共同保证人承担的是连带责任保证，当主债务人到期不履行债务时，债权人可以直接要求共同保证人承担连带责任。

【案例】 甲公司向乙银行贷款 100 万元，丙公司、丁公司为共同保证人。丙公司、丁公司在与债权人乙银行签订保证合同时，约定保证方式为一般保证，但未约定各自的保证份额。丙公司、丁公司之间内部约定：丙公司承担 60% 的保证责任，丁公司承担 40% 的保证责任（该约定对债权人没有约束力，但对丙公司和丁公司有约束力）。在本案中：（1）两个保证人享有先诉抗辩权，在主合同纠纷未经审判或者仲裁，并就债务人财产依法强制执行仍不能履行债务前，丙公司和丁公司对乙银行可以拒绝承担保证责任；（2）如果经强制执行，甲公司的全部财产只有 20 万元，对于不足的 80 万元（不考虑利息等因素），乙银行可以要求丙公司或者丁公司承担全部 80 万元的保证责任（而非全部债权 100 万元），丙公司或者丁公司不能以其内部约定对抗乙银行；（3）丙公司承担了 80 万元的保证责任之后，有权向主债务人甲公司追偿 80 万元，如果遭到甲公司的拒绝，丙公司有权按其内部约定的分担比例，向丁公司追偿 32 万元（80×40% = 32 万元）。

【考点 6】 反担保（★）（P89）

1. 担保人可以要求债务人为担保人的担保提供担保，这种由债务人或者第三人向该担保人提供的担保，相对于原担保而言被称为反担保。

2. 反担保方式可以是债务人提供的抵押或者质押，也可以是其他人提供的保证、抵押、质押。

3. 留置和定金不能作为反担保方式。

【案例】 甲（债务人）向乙银行（债权人）借款 100 万元，丙（担保人）以其办公楼设定抵押。丙担心自己承担了担保责任之后，再向甲追偿时，甲无力清偿，于是丙要求甲提供反担保。在本案中：（1）甲可以自己提供反担保（以其生产设备向丙提供抵押或者质押），此时，当甲不能清偿乙银行的借款时，乙银行可以对丙的办公楼行使抵押权，丙承担担保责任后，可以向甲追偿，甲不能清偿时，丙可以对甲的生产设备行使抵押权或者质权；（2）甲也可以请求丁为其提供反担保，丁可以是保证人，也可以以其小汽车向丙提供抵押或者质押。

第三单元　具体合同

扫码听名师课

【考点 1】买卖合同（★★★）（P104）

1. 交付的法律效力

（1）所有权

不动产的买卖，所有权自登记时转移。动产的买卖，所有权自交付时转移，但当事人约定了所有权保留条款的除外。

【案例】 甲、乙于 4 月 1 日订立设备买卖合同，双方约定出卖人甲于 4 月 10 日交付设备，买受人乙于 4 月 20 日付款。在本案中：（1）如果双方未约定所有权保留条款，则乙自交付之日起（4 月 10 日）取得该设备的所有权，与付款日期无关；（2）如果双方约定了所有权保留条款（在买受人付清全部价款之前标的物的所有权归出卖人），则乙在 4 月 20 日付清全部价款后才能取得该设备的所有权。

（2）孳息

标的物在交付之前产生的孳息归出卖人所有，交付之后产生的孳息归买受人所有。

（3）风险

标的物毁损、灭失的风险，在标的物交付之前由出卖人承担，交付之后由买受人承担，但法律另有规定或者当事人另有约定的除外。

【解释】除法律另有规定或者当事人另有约定以外，无论不动产还是动产，均自交付时转移风险。所有权转移与否不是确定风险负担转移的标准，交付才是风险负担转移的标准。

（4）先占有后订立买卖合同

标的物在订立合同之前已为买受人占有的，合同生效的时间为交付时间。

【相关链接】简易交付是指动产物权设立和转让前，权利人已经先行占有该动产的，无须现实交付，物权在法律行为生效时发生变动效力。

【解释】动产所有权、风险和孳息的转移均与“交付时间”有关，考生应区分两种情况：（1）先订立买卖合同后交付设备的，直接找到交付时间；（2）先占有设备后订立买卖合同，不用再交付了，以合同生效的时间为交付时间。

经典题解

【真题·多选题】2009 年 5 月 12 日，甲因农忙借用邻居乙的一头耕牛耕地三天。5 月 14 日，甲、乙两人又以 2500 元的价格达成购买该耕牛的买卖合同，双方约定甲应在 5 月 31 日前付清价款。5 月 14 日晚，当地爆发泥石流，导致耕牛灭失。根据合同法律制度的规定，下列表述中，正确的有（　　）。（2009 年）

A. 甲在 5 月 12 日取得耕牛的所有权

B. 甲在 5 月 14 日取得耕牛的所有权

C. 耕牛灭失的损失由甲承担

D. 耕牛灭失的损失由乙承担

【解析】标的物在订立合同之前已为买受人占有的，合同生效的时间（5 月 14 日）为交付时间，耕牛的所有权、孳息以及毁损、灭失的风险均自 5 月 14 日转移。

【答案】BC

2. 标的物的风险负担

【解释】标的物的风险负担，是指由于不可归责于双方当事人的事由（如不可抗力）导致标的物发生毁损、灭失，应当由谁承担“不幸”。可归责于一方当事人的事由（如一方当事人的过错）导致标的物毁损、灭失，不属于风险负担，应当按照违约责任或者侵权责任处理。

（1）标的物毁损、灭失的风险，在标的物交付之前由出卖人承担，交付之后由买受人承担，但法律另有规定或者当事人另有约定的除外。（2011 年案例分析题、2017 年案例分析题）

（2）因买受人的原因致使标的物不能按照约定的期限交付的，买受人应当自违反约定之日起承担标的物毁损、灭失的风险。

（3）出卖人按照约定将标的物置于交付地点，买受人违反约定没有收取的，标的物毁损、灭失的风险自违反约定之日起由买受人承担。

（4）出卖人将标的物提存后，毁损、灭失的风险由买受人承担。

（5）因标的物不符合质量要求，致使不能实现合同目的的，买受人可以拒绝接受标的物或者解除合同。买受人拒绝接受标的物或者解除合同的，标的物毁损、灭失的风险由出卖人承担。

（6）出卖人按照约定未交付有关标的物的单证和资料的，不影响标的物毁损、灭失风险的转移。

（7）违约责任与风险的独立性

标的物毁损、灭失的风险由买受人承担的，不影响因出卖人履行债务不符合约定，买受人要求其承担违约责任的权利。

【案例】甲、乙公司签订100万元的买卖合同，双方约定交货日期为4月1日。出卖人甲公司违反合同约定，于4月10日才交货。在本案中：(1)如果因甲公司的迟延履行致使乙公司的合同目的不能实现，乙公司可以主张解除合同；(2)如果乙公司接受了该货物，则标的物交付后毁损、灭失的风险由买受人乙公司承担，但乙公司有权要求甲公司承担延期交货的违约责任。

(8) 在途标的物

出卖人出卖交由承运人运输的在途标的物，除当事人另有约定的以外，毁损、灭失的风险自合同成立时起由买受人承担。但是，如果出卖人出卖交由承运人运输的在途标的物，在合同成立时知道或者应当知道标的物已经毁损、灭失却没有告知买受人，买受人主张出卖人负担标的物毁损、灭失风险的，人民法院应予支持。

【案例】4月1日，甲公司和乙公司订立买卖合同，根据合同约定，出卖人甲公司将一台正在运输途中的设备卖给乙公司。在本案中：(1)如果该设备于4月2日因不可抗力灭失，除当事人另有约定的以外，其风险由买受人乙公司承担；(2)如果出卖人甲公司在订立合同时已经知道该设备于3月31日晚间因不可抗力灭失却没有告知乙公司(太缺德了)，当乙公司主张由出卖人甲公司承担标的物毁损、灭失的风险的，人民法院应予支持。

(9) 未约定交付地点、出卖人不得不托运

当事人没有约定交付地点或者约定不明确，标的物需要运输的，出卖人将标的物交付给第一承运人后，标的物毁损、灭失的风险由买受人承担。(2006年案例分析题)

【解释】买卖合同的当事人未约定交付地点或者约定不明确，双方可以协议补充，不能协议补充的，按照合同的有关条款或者交易习惯确定，仍不能确定的，标的物需要运输的，出卖人应当将标的物交付给第一承运人以运交给买受人。出卖人将标的物交付给第一承运人后(视为完成交付)，标的物毁损、灭失的风险由买受人承担。

【案例】2019年6月5日，北京的甲公司和上海的乙公司签订一份100万元的买卖合同。根据合同约定，出卖人甲公司应于2019年7月1日之前交货。甲公司将货物备好之后，发现双方并未约定交货地点。双方当事人未能达成补充协议，按照合同的有关条款或者交易习惯仍不能确定交货地点，因标的物需要运输，出卖人甲公司应当将标的物交付给第一承运人(如丁运输公司)以运交给买受人乙公司(这并非甲公司的合同义务，甲公司已经做到仁至义尽了)。出卖人甲公司将标的物交付给第一承运人后(视为完成交付)，标的物毁损、灭失的风险由买受人乙公司承担。

(10) 出卖人依照约定代办托运

出卖人根据合同约定将标的物运送至买受人指定地点并交付给承运人后，标的物毁损、灭失的风险由买受人承担，但当事人另有约定的除外。

【案例】2019年6月5日，北京的甲公司和上海的乙公司签订一份100万元的买卖合同。根据合同约定，由出卖人甲公司代办托运，承运人为丙运输公司，10万元的运费由乙公司承担。2019年6月10日，甲公司依约将该批货物交付给承运人丙公司。2019年6月11日，货物在运输途中被龙卷风吹走，全部灭失。在本案中，出卖人甲公司根据合同约定将标的物交付给承运人之后(视为完成交付)，标的物毁损、灭失的风险由买受人乙公司负担，但当事人另有约定的除外。

经典题解

【真题·多选题】根据合同法律制度的规定，下列情形中，买受人应当承担标的物灭失风险的有( )。(2013年)

A. 买卖双方未约定交付地点，出卖人将标的物交由承运人运输，货物在运输途中意外灭失

B. 约定在出卖人营业地交货，买受人未按约定时间前往提货，后货物在地震中灭失

C. 出卖人依约为买受人代办托运，货交第一承运人后意外灭失

D. 买受人下落不明，出卖人将标的物提存后意外灭失

【答案】 ABCD

3. 标的物的检验

（1）当事人约定检验期间的

买受人应当在检验期间内将标的物的数量或者质量不符合约定的情形通知出卖人；买受人怠于通知的，视为标的物的数量或者质量符合约定。（2015年案例分析题、2017年案例分析题）

（2）当事人未约定检验期间的

买受人在合理期间内未通知或者自标的物收到之日起2年内未通知出卖人的，视为标的物的数量或者质量符合约定；但对标的物有质量保证期的，适用质量保证期，不适用2年的规定。

【解释1】2年的期间为不变期间，不适用诉讼时效中止、中断或者延长的规定。在超过合理期间或者2年期间后，出卖人自愿承担违约责任后，又以上述期间经过为由反悔的，人民法院不予支持。

【解释2】出卖人知道或者应当知道提供的标的物不符合约定的，不受上述时间的限制。

4. 买卖合同的特别解除规则

（1）因标的物的主物不符合约定而解除合同的，解除合同的效力及于从物；标的物的从物因不符合约定被解除的，解除的效力不及于主物。

（2）标的物为数物，其中一物不符合约定的，买受人可以就该物解除合同，但该物与他物分离使标的物的价值明显受损害的，当事人可以就数物解除合同。

（3）分期付款的买受人未支付到期价款的金额达到全部价款20%的，出卖人可以要求买受人一并支付到期与未到期的全部价款或者解除合同。出卖人解除合同的，双方应当互相返还财产，出卖人可以向买受人要求支付该标的物的使用费。（2014年案例分析题）

【案例】5月1日，甲到某商场购买一台价值为20000元的冰箱，双方约定采取分期付款的方式；5月1日由甲先支付6000元并提货，6月1日再付6000元，其余8000元在7月10日前付清。6月1日，甲未按期支付6000元价款。在本案中，甲未支付到期价款的金额（6000元）达到全部价款（20000元）的30%，该商场有权要求解除合同，并可以要求甲支付使用费。

【考点2】商品房买卖合同（★★★）（P108）

1. 销售广告的性质认定

商品房的销售广告和宣传资料为要约邀请；但是，出卖人就商品房开发规划范围内的房屋及相关设施所作的说明和允诺具体确定，并对合同的订立以及房屋价格的确定有重大影响的，视为要约；该说明和允诺即使未载入商品房买卖合同，仍属于合同的组成部分，当事人违反这些内容的，应当承担违约责任。

2. 商品房预售合同的效力

（1）出卖人未取得预售许可而与买受人订立预售合同的，合同无效，但是在起诉前取得预售许可的，合同有效。

（2）商品房预售合同应当办理登记备案手续，但该登记备案手续并非合同的生效条件，当事人另有约定的除外。

3. 法定解除条件

（1）因房屋主体结构质量不合格不能交付使用，或者房屋交付使用后，房屋主体结构质量经核验确属不合格；

（2）因房屋质量问题严重影响正常居住使用；

（3）房屋套内建筑面积或者建筑面积与合同约定的面积误差比绝对值超过3%的；

（4）出卖人迟延交付房屋或者买受人迟延支付购房款，经催告后在3个月的合理期限内仍未履行；

（5）约定或者法定的办理房屋所有权登记的期限届满后超过1年，因出卖人的原因导致买受人无法办理房屋所有权登记的。

4. 可以适用惩罚性赔偿金的情形

（1）具有下列情形之一，导致商品房买

卖合同目的不能实现的，无法取得房屋的买受人可以请求解除合同、返还已付购房款及利息、赔偿损失，并可以请求出卖人承担不超过已付购房款一倍的赔偿责任：

①商品房买卖合同订立后，出卖人未告知买受人又将该房屋抵押给第三人；

②商品房买卖合同订立后，出卖人又将该房屋出卖给第三人。

（2）出卖人订立商品房买卖合同时，具有下列情形之一，导致合同无效或者被撤销、解除的，买受人可以请求返还已付购房款及利息、赔偿损失，并可以请求出卖人承担不超过已付购房款一倍的赔偿责任：

①故意隐瞒没有取得商品房预售许可证明的事实或者提供虚假商品房预售许可证明；

②故意隐瞒所售房屋已经抵押的事实；

③故意隐瞒所售房屋已经出卖给第三人或者为拆迁补偿安置房屋的事实。

经典题解

【真题·多选题】 甲房地产开发公司在预售某住宅小区的广告中，宣称其“容积率不高于1.2”、“绿地面积超过50%”，引起购房者的热烈关注，所预售的商品房一售而空，价格也比周边小区高出20%。但是，该小区商品房的预售合同中未对容积率和公共绿地面积问题作约定。甲公司交房时，购房者乙却发现小区的容积率超过2.0，绿地面积只有20%，并且在调查后得知，甲公司报经批准的规划就是如此。根据合同法律制度的规定，下列关于甲公司和乙之间的房屋预售合同的表述中，正确的有（　　）。（2010年）

A. 合同无效

B. 乙有权请求人民法院或仲裁机构撤销合同并请求甲公司赔偿损失

C. 乙有权请求甲公司承担违约责任

D. 乙有权请求甲公司支付不超过已付房款一倍的惩罚性赔偿金

【解析】（1）选项AB：开发商的行为构成欺诈，该合同属于可撤销的合同；（2）选项C：出卖人就商品房开发规划范围内的房屋及相关设施所作的说明和允诺具体确定，并对合同的订立以及房屋价格的确定有重大影响的，视为要约，该内容即使未订入合同，仍属于合同的组成部分，当事人违反这些内容的，应当承担违约责任；（3）选项D：甲公司的行为不属于“买受人可以要求出卖人承担不超过已付房款1倍的惩罚性赔偿金”的法定情形。

【答案】 BC

【考点3】租赁合同（★★★）（P114）

1. 租赁合同的期限

租赁合同的期限超过20年的，超过部分无效。租赁期间届满，当事人可以续订租赁合同，但约定的租赁期限自续订之日起仍不得超过20年。

【相关链接】 定金数额不得超过主合同标的额的20%，超过主合同标的额20%的部分，人民法院不予支持。

2. 不定期租赁

（1）租赁期限6个月以上的，合同应当采用书面形式。当事人未采用书面形式的，视为不定期租赁。

（2）当事人对租赁期限没有约定或者约定不明确，依照《合同法》有关规定仍不能确定的，视为不定期租赁。

（3）租赁期届满，承租人继续使用租赁物，出租人没有提出异议的，原租赁合同继续有效，但租赁期限为不定期。

【解释1】对于不定期租赁，出租人或者承租人均可以随时解除合同，但出租人解除合同应当在合理期限之前通知承租人。（2013年案例分析题、2019年案例分析题）

【解释2】租赁物危及承租人的安全或者健康的，即使承租人订立合同时明知该租赁物质量不合格，承租人仍然可以随时解除合同。

3. 租金的支付期限（2016年案例分析题）

对租金的支付期限没有约定或约定不明确，当事人可以协议补充，不能达成补充协议的，可以根据合同的有关条款或者交易习惯确定。仍不能确定的，适用以下规则：

（1）租赁期限不满1年的，应当在租赁期限届满时支付；

（2）租赁期限1年以上的，应当在每届满1年时支付，剩余期间不满1年的，应当在租赁期限届满时支付。

4. 维修义务（2014年案例分析题、2018年案例分析题、2019年案例分析题）

（1）出租人应当履行租赁物的维修义务，但当事人另有约定的除外。

（2）承租人在租赁物需要维修时可以要求出租人在合理期限内维修。出租人未履行维修义务的，承租人可以自行维修，维修费用由出租人负担。因维修租赁物影响承租人使用的，应当相应减少租金或者延长租期。

5. 增设他物

承租人经出租人同意，可以对租赁物进行改善或者增设他物，如未经出租人同意，出租人可以要求承租人恢复原状或者赔偿损失。（2016年案例分析题）

6. 租赁物受损

承租人未按照约定的方法或者租赁物的性质使用租赁物，致使租赁物受到损失的，出租人可以解除合同并要求赔偿损失。（2014年案例分析题）

7. 风险的承担

因不可归责于承租人的事由，致使租赁物部分或者全部毁损、灭失的，承租人可以要求减少租金或者不支付租金；因租赁物部分或者全部毁损、灭失，致使不能实现合同目的的，承租人可以解除合同。（2010年案例分析题）

【案例】 甲将其机器设备出租给乙使用，在租赁期间，该机器设备因遭遇泥石流全部毁损，致使承租人乙的合同目的不能实现，乙可以解除合同。

8. 转租

（1）承租人经出租人同意，可以将租赁物转租给第三人，承租人与出租人的租赁合同继续有效，第三人对租赁物造成损失的，承租人应当向出租人赔偿损失。（2014年案例分析题、2016年案例分析题）

（2）承租人未经出租人同意转租的，出租人可以解除合同。

经典题解

【真题·单选题】 乙承租甲的房屋，约定租赁期间为2015年1月1日至2016年12月31日。经甲同意，乙将该房屋转租给丙，租赁期间为2015年6月1日至2016年5月31日。根据合同法律制度的规定，下列表述中，正确的是（　　）。（2016年）

A. 甲有权直接向丙收取租金

B. 甲和乙之间的租赁合同在转租期内失效

C. 甲有权解除乙和丙之间的转租合同

D. 若丙对房屋造成损害，甲有权向乙主张赔偿

【解析】（1）选项AC：转租合同在乙、丙之间发生效力，根据合同的相对性原理，甲无权解除乙、丙之间的租赁合同，也无权直接向丙收取租金；如果承租人（乙）未经出租人（甲）同意转租的，甲可以解除甲、乙之间的租赁合同，而非乙、丙之间的租赁合同；（2）选项BD：承租人经出租人同意，可以将租赁物转租给第三人，承租人与出租人之间的原租赁合同继续有效；第三人丙对租赁物造成损失的，承租人乙应当向甲赔偿损失。

【答案】 D

9. 买卖不破租赁

租赁物在租赁期间发生所有权变动的，不影响租赁合同的效力，即“买卖不破租赁”。（2013年案例分析题、2016年案例分析题、2018年案例分析题）

【解释】所有的所有权让与均不破租赁，并非局限于买卖。

【考点4】房屋租赁合同（★★★）（P115）

1. 登记备案

当事人以房屋租赁合同未按照法律、行政法规规定办理登记备案手续为由，请求确认合同无效的，人民法院不予支持。（2011年案例分析题）

第四章

【相关链接】商品房预售合同应当办理登记备案手续，但该登记备案手续并非合同生效条件，当事人另有约定的除外。

2. 承租人的优先购买权

（1）出租人出卖租赁房屋的，应当在出卖之前的合理期限内通知承租人，承租人享有以同等条件优先购买的权利。

（2）只有在房屋租赁中承租人才享有优先购买权，对于其他标的物的租赁，并不适用优先购买权。（2010 年案例分析题、2013 年案例分析题）

（3）出租人出卖租赁房屋未在合理期限内通知承租人或者存在其他侵害承租人优先购买权的情形，承租人请求出租人承担赔偿责任的，人民法院应予支持；但请求确认出租人与第三人签订的房屋买卖合同无效的，人民法院不予支持。（2014 年案例分析题、2018 年案例分析题）

（4）出租人委托拍卖人拍卖租赁房屋，应当在拍卖 5 日前通知承租人。承租人未参加拍卖的，人民法院应当认定承租人放弃优先购买权。

3. 承租人不享有优先购买权的情形

具有下列情形之一，承租人主张优先购买房屋的，人民法院不予支持：

（1）房屋共有人行使优先购买权的；

（2）出租人将房屋出卖给近亲属的；

（3）出租人履行通知义务后，承租人在 15 日内未明确表示购买的；

（4）第三人善意购买租赁房屋并已经办理登记手续的。

【解释】考生应高度关注“近亲属”的范围：配偶、父母、子女、兄弟姐妹、祖父母、外祖父母、孙子女、外孙子女。（2016 年案例分析题）

经典题解

【真题·多选题】甲承租乙的住房，租期未满，乙有意将该住房出售。根据合同法律制度的规定，下列表述中，正确的有（　　）。（2011 年）

A. 乙应在出售之前的合理期限内通知甲，甲在同等条件下享有优先购买权

B. 如果乙对甲隐瞒情况，将房屋出售给丙，甲可以主张乙、丙之间的房屋买卖合同无效

C. 如果甲放弃优先购买权，当丙购得该住房成为新所有人后，即使租期未满，也有权要求甲立即迁出该住房

D. 如果乙的哥哥丁想要购买该住房，则甲不得主张优先购买权

【解析】（1）选项 B：出租人出卖租赁房屋未在合理期限内通知承租人，承租人请求确认出租人与第三人签订的房屋买卖合同无效的，人民法院不予支持；（2）选项 C：租赁物在租赁期间发生所有权变动的，不影响租赁合同的效力；（3）选项 D：出租人将房屋出卖给其近亲属（包括但不限于兄弟姐妹），承租人主张优先购买房屋的，人民法院不予支持。

【答案】AD

4. 房屋租赁中同住人的权利

承租人在房屋租赁期间死亡的，与其生前共同居住的人可以按照原租赁合同租赁该房屋。

【考点 5】融资租赁合同（★★★）（P116）

1. 融资租赁合同的概念

融资租赁合同是出租人根据承租人对出卖人、租赁物的选择，向出卖人购买租赁物，提供给承租人使用，承租人支付租金的合同。

【解释】融资租赁关系：（1）三方当事人：出租人、承租人、出卖人；（2）两个合同：融资租赁合同、买卖合同。

2. 售后回租

承租人将其自有物出卖给出租人，再通过融资租赁合同将租赁物从出租人处租回的，人民法院不应仅以“承租人和出卖人系同一人”为由认定不构成融资租赁法律关系。

【案例】甲上市公司为盘活自己的资产，首先将其机器设备作价 8000 万元出售给乙融资租赁公司（乙公司取得该设备的所有权），然后甲公司再将该设备从乙公司回租。根据双方签订的融资租赁合同，租期为 5 年，甲公司（承租人）每年向乙公司（出租

人）支付2000万元的租金；租期届满之后，该设备的所有权归甲公司所有。在本案中：人民法院不应仅以“承租人和出卖人均为甲公司”为由认定不构成融资租赁法律关系。

3. 合同当事人的权利和义务

（1）维修义务（2018年案例分析题）

承租人应当履行占有租赁物期间的维修义务。

【解释】在租赁合同中，由出租人承担租赁物的维修义务，但当事人另有约定的除外。

（2）风险承担

承租人占有租赁物期间，租赁物毁损、灭失的风险由承租人承担；出租人要求承租人继续支付租金的，人民法院应予支持。但当事人另有约定或者法律另有规定的除外。

【解释】在租赁合同中，租赁物毁损、灭失的风险由出租人承担。

（3）承租人占有租赁物期间，租赁物造成第三人的人身伤害或者财产损害的，出租人不承担责任。

（4）租赁物不符合约定或者不符合使用目的的，出租人不承担责任，但承租人依赖出租人的技能确定租赁物或者出租人干预选择租赁物的除外。

（5）索赔权

出租人、出卖人、承租人可以约定，出卖人不履行买卖合同义务的，由承租人行使索赔的权利。承租人对出卖人行使索赔权，不影响其履行融资租赁合同项下支付租金的义务；但承租人以依赖出租人的技能确定租赁物或者出租人干预选择租赁物为由，主张减轻或者免除相应租金支付义务的除外。

【解释】租赁物不符合约定，如果出租人未干预、未参与租赁物的选择：（1）出租人对承租人不承担违约责任；（2）承租人应按照合同约定支付租金；（3）由承租人对出卖人行使索赔权。

经典题解

【真题·多选题】 甲公司欲购买乙公司生产的塔吊，因缺乏资金，遂由丙公司提供融资租赁。由于塔吊存在质量问题，吊装的物品坠落并砸伤行人丁，甲公司被迫停产修理。根据合同法律制度的规定，下列表述中，正确的有(　　)。(2011年)

A. 甲公司无权请求丙公司赔偿修理塔吊的费用

B. 甲公司不得以塔吊存在质量问题并发生事故为由，延付或者拒付租金

C. 丙公司应当对甲公司承担违约责任

D. 丁可以请求丙公司赔偿损失

【解析】（1）选项A：融资租赁期间，维修义务由承租人（甲公司）承担；（2）选项BC：租赁物不符合租赁合同约定或者不符合使用目的的，出租人（丙公司）不承担责任，但承租人依赖出租人的技能确定租赁物或者出租人干预选择租赁物的除外；（3）选项D：承租人占有租赁物期间，租赁物造成第三人的人身伤害或者财产损害的，出租人（丙公司）不承担责任。

【答案】 AB

4. 租赁物的权属

（1）在融资租赁期间，出租人享有租赁物的所有权。

（2）出租人和承租人可以约定租赁期间届满租赁物的归属。对租赁物的归属没有约定或者约定不明确，依照《合同法》有关规定仍不能确定的，租赁物的所有权归出租人。（2014年案例分析题、2018年案例分析题）

5. 无权处分与善意取得

承租人或者租赁物的实际使用人，未经出租人同意转让租赁物或者在租赁物上设立其他物权，第三人依据《物权法》第106条的规定（善意取得制度）取得租赁物的所有权或者其他物权，出租人主张第三人物权权利不成立的，人民法院不予支持，但有下列情形之一的除外：

（1）出租人已在租赁物的显著位置作出标识，第三人在与承租人交易时知道或者应当知道该物为租赁物的；

（2）出租人授权承租人将租赁物抵押给出租人并在登记机关依法办理抵押权登记的；

（3）第三人与承租人交易时，未按照法

律、行政法规、行业或者地区主管部门的规定在相应机构进行融资租赁交易查询的；

（4）出租人有证据证明第三人知道或者应当知道交易标的物为租赁物的其他情形。

【解释1】在融资租赁期间，出租人享有租赁物的所有权，但租赁物为承租人占有，因此，承租人对外转让租赁物的风险始终存在。在实践中，出租人不得不采取各种各样的措施来保护其对租赁物的所有权。例如，有的出租人在租赁物的显著位置作出标识（如在作为租赁物的汽车上标注“融资租赁”字样），有的出租人在租赁物有明确的抵押登记机关（如飞机、轮船）的前提下，通过授权承租人将租赁物抵押给出租人并在登记机关办理抵押登记，以避免租赁物被承租人对外转让的风险。

【解释2】目前，商务部已经建立了全国融资租赁企业管理信息系统，要求商务部所监管的融资租赁公司，在交易时应进行相应的登记。

6. 承租人未按期支付租金

承租人应当按照约定支付租金，承租人经催告后在合理期限内仍不支付租金的，出租人可以要求支付全部租金，也可以解除合同，收回租赁物。（2018年案例分析题）

【相关链接】 分期付款的买受人未支付到期价款的金额达到全部价款20%的，出卖人可以要求买受人一并支付到期与未到期的全部价款或者解除合同。

7. 有下列情形之一，出租人请求解除融资租赁合同的，人民法院应予支持：

（1）承租人未经出租人同意，将租赁物转让、转租、抵押、质押、投资入股或者以其他方式处分租赁物的；

（2）承租人未按照合同约定的期限和数额支付租金，符合合同约定的解除条件，经出租人催告后在合理期限内仍不支付的；

（3）合同对于欠付租金解除合同的情形没有明确约定，但承租人欠付租金达到2期以上或者数额达到全部租金15%以上，经出租人催告后在合理期限内仍不支付的；

（4）承租人违反合同约定，致使合同目的不能实现的其他情形。

【考点6】金融机构的贷款合同（★★★）（P111）

1. 利息

（1）自2013年7月20日起，我国全面放开金融机构贷款利率管制，除个人住房贷款利率浮动区间暂不调整外，金融机构其他贷款利率不再设上下限。（2017年案例分析题）

（2）在借款合同中，借款的利息不得预先在本金中扣除。利息预先在本金中扣除的，应当按照实际借款数额返还借款并计算利息。（2017年案例分析题）

（3）对支付利息的期限没有约定或者约定不明确，依照《合同法》的有关规定仍不能确定的，借款期限不满1年的，应当在返还借款时一并支付；借款期限1年以上的，应当在每届满1年时支付，剩余期间不满1年的，应当在返还借款时一并支付。

（4）借款人提前偿还借款的，除当事人另有约定的以外，应当按照实际借款的期间计算利息。

2. 擅自改变借款用途

借款人未按照约定的借款用途使用借款的，贷款人可以：

（1）停止发放借款；

（2）提前收回借款；

（3）解除合同。

【考点7】民间借贷合同（★★★）（P111）

1. 民间借贷的范围

民间借贷是指自然人、法人、其他组织之间及其相互之间进行资金融通的行为。

2. 是否支付借期内的利息？

（1）根本未约定

借贷双方没有约定利息，出借人不得主张支付借期内的利息。

（2）约定不明

除自然人之间借贷外，借贷双方对借贷利息约定不明，出借人主张利息的，应当结合民间借贷合同的内容，并根据当地或者当事人的交易方式、交易习惯、市场利率等因素确定利息。

【解释】自然人之间的借款合同对支付利息“没有约定或者约定不明确”的，视为不支付利息。但是，自然人之间的借款合同有约定偿还期限而借款人不按期偿还，或者未约定偿还期限但经出借人催告后，借款人仍不偿还的，出借人可以要求借款人偿付逾期利息。

3. 民间借贷的利率（2018年案例分析题、2019年案例分析题）

（1）借贷双方约定的利率未超过年利率24%，出借人请求借款人按照约定的利率支付利息的，人民法院应予支持。

（2）借贷双方约定的利率超过年利率36%，超过部分的利息约定无效。借款人请求出借人返还已支付的超过年利率36%部分的利息的，人民法院应予支持。

【解释】（1）借贷双方约定的年利率≤24%的，合法有效；（2）借贷双方约定的年利率>36%的，超过36%的部分肯定无效，即使借款人已经按照约定支付了利息，对于超过36%的部分，仍然可以请求出借人返还；（3）借贷双方约定的年利率在24%～36%之间的，人民法院采取“不反对、不支持”的原则：借款人按照约定自愿支付利息的，没问题；借款人自愿支付利息后，如果借款人请求出借人返还超过年利率24%的那部分利息，人民法院不予支持。

【案例1】 甲公司向乙公司借款100万元，期限1年，约定的年利率为24%（该约定合法有效）。如果甲公司到期拒绝还本付息，乙公司提起诉讼，要求甲公司按照约定的利率支付利息的，人民法院应予支持。

【案例2】 甲公司向乙公司借款100万元，期限1年，约定的年利率为40%（超过36%的部分肯定无效）。借款到期，甲公司按照约定向乙公司支付了40万元的利息。之后，甲公司提起诉讼，要求乙公司返还4万元的利息（40－100×36%＝4万元），对于甲公司的诉讼请求，人民法院应予支持。

【案例3】 甲公司向乙公司借款100万元，期限1年，约定的年利率为30%。借款到期后，甲公司拒绝还本付息，乙公司向人民法院提起诉讼，要求甲公司按照约定的利率支付30万元的利息。根据规定，年利率未超过24%的部分，才合法有效，因此，人民法院应判决甲公司向乙公司支付24万元的利息。

【案例4】 甲公司向乙公司借款100万元，期限1年，约定的年利率为30%。借款到期后，甲公司高高兴兴地向乙公司支付了30万元的利息（既然双方你情我愿，法律并不干涉）。几天后，甲公司突然不高兴了，向人民法院提起诉讼，要求乙公司返还6万元的利息（30－100×24%＝6万元）。对于甲公司的诉讼请求，人民法院不予支持。

4. 逾期利率

（1）借贷双方对逾期利率有约定的，从其约定，但以不超过年利率24%为限。

（2）借贷双方未约定逾期利率或者约定不明的，区分不同情况处理：

①既未约定借期内的利率，也未约定逾期利率，出借人主张借款人自逾期还款之日起按照年利率6%支付资金占用期间利息的，人民法院应予支持。

②约定了借期内的利率但未约定逾期利率，出借人主张借款人自逾期还款之日起按照借期内的利率支付资金占用期间利息的，人民法院应予支持。

（3）逾期利率与其他违约责任

出借人与借款人既约定了逾期利率，又约定了违约金或者其他费用，出借人可以选择主张逾期利息、违约金或者其他费用，也可以一并主张，但总计超过年利率24%的部分，人民法院不予支持。

【相关链接】 在同一合同中，当事人既约定违约金，又约定定金的，一方违约时，对方可以选择适用违约金或者定金条款，二者不能并用。

【案例】 2018年1月1日，甲公司向乙公司借款1000万元，期限1年，借期内的年利率为10%，逾期年利率为20%。双方同时约定，如果甲公司不能按期还款，应向乙公司支付80万元的违约金。甲公司逾期1年才偿还。在本案中：（1）出借人乙公司可以选择主张逾期利息或者违约金，也可以一并主张；（2）如果乙公司同时主张200万元的逾期利息和80万元的违约金，对于超过年利率24%的部分（200+80−1000×24%=40万元），人民法院不予支持。

5. 利滚利

（1）借贷双方对前期借款本息结算后将利息计入后期借款本金并重新出具债权凭证，如果前期利率没有超过年利率24%，重新出具的债权凭证载明的金额可认定为后期借款本金；超过部分的利息不能计入后期借款本金。约定的利率超过年利率24%，当事人主张超过部分的利息不能计入后期借款本金的，人民法院应予支持。

（2）借款人在借款期间届满后应当支付的本息之和，不能超过最初借款本金与以最初借款本金为基数，以年利率24%计算的整个借款期间的利息之和。出借人请求借款人支付超过部分的，人民法院不予支持。

【案例】 2018年1月1日，甲公司向乙公司借款1000万元，借款期限1年，双方约定的年利率为22%。2019年1月1日，借款期限届满后，甲公司不能清偿到期债务，双方约定将220万元的利息计入后期借款本金（1000+220），借款期限仍为1年，年利率仍为22%。2020年1月1日，乙公司要求甲公司清偿本息合计1488.4万元（1220+1220×22%）。在本案中，甲公司最初借款本金为1000万元，借款期间为2年，以年利率24%计算的整个借款期间的利息之和为480万元（1000×24%×2）。因此，甲公司只需向乙公司支付本息1480万元。对超过的8.4万元，乙公司请求甲公司支付的，人民法院不予支持。

6. 民间借贷与买卖合同混合时的处理规则

（1）当事人以签订买卖合同作为民间借贷合同的担保，借款到期后借款人不能还款，出借人请求履行买卖合同的，人民法院应当按照“民间借贷”法律关系审理，并向当事人释明变更诉讼请求。当事人拒绝变更的，人民法院裁定驳回起诉。

（2）按照民间借贷法律关系审理作出的判决生效后，借款人不履行生效判决确定的金钱债务，出借人可以申请拍卖买卖合同标的物，以偿还债务。就拍卖所得的价款与应偿还借款本息之间的差额，借款人或者出借人有权主张返还或者补偿。

【案例】 2018年4月1日，甲公司向乙公司借款1000万元，期限1年，年利率为20%。双方同时签订一份买卖合同作为该借款合同的担保，根据合同约定，如果甲公司不能按期还款，甲公司将自己的一台生产设备卖给乙公司。借款到期后，甲公司不能偿还借款本息，乙公司遂起诉甲公司，要求甲公司履行买卖合同。在本案中：（1）人民法院应当按照“民间借贷”法律关系审理，并向当事人释明变更诉讼请求；（2）按照民间借贷法律关系审理作出的判决生效后，如果甲公司履行了人民法院的判决，向乙公司清偿了借款本息，大家相安无事；如果甲公司不履行人民法院的判决，乙公司可以申请拍卖该生产设备，以偿还债务。对于拍卖所得价款（假设为1500万元）与应偿还借款本息（假设为1200万元）之间的差额，甲公司有权主张返还。

7. 民间借贷合同的效力

法人之间、其他组织之间以及它们相互之间为生产、经营需要订立的民间借贷合同，原则上有效，除非存在如下情形之一：

（1）存在《合同法》第52条规定的无效情形；

（2）套取金融机构信贷资金又高利转贷给借款人，且借款人事先知道或者应当知道的；

（3）以向其他企业借贷或者向本单位职工集资取得的资金又转贷给借款人牟利，且借款人事先知道或者应当知道的；

（4）出借人事先知道或者应当知道借款人借款用于违法犯罪活动仍然提供借款的；

（5）违背社会公序良俗的；

（6）其他违反法律、行政法规效力性强制性规定的。

8. 法定代表人在民间借贷合同中的责任

（1）企业法定代表人（或者负责人）以企业名义与出借人签订民间借贷合同，出借人、企业或者其股东能够证明所借款项用于企业法定代表人（或者负责人）个人使用，出借人可以要求将企业法定代表人（或者负责人）列为共同被告或者第三人。

（2）企业法定代表人（或者负责人）以个人名义与出借人签订民间借贷合同，所借款项用于企业生产经营，出借人可以请求企业与个人共同承担责任。

9. 互联网借贷平台的法律责任

（1）借贷双方通过网络贷款平台形成借贷关系，网络贷款平台的提供者仅提供媒介服务，不承担担保责任。

（2）网络贷款平台的提供者通过网页、广告或者其他媒介明示或者有其他证据证明其为借贷提供担保的，网络贷款平台的提供者应当承担担保责任。

经典题解

【真题·单选题】 甲公司通过乙互联网借贷平台向丙公司借款30万元，用于生产经营，年利率28%。乙互联网借贷平台在主页上标明“通过本平台签订的借款合同，本公司保障出借人的本金安全”字样。根据合同法律制度的规定，下列表述中，正确的是（　　）。（2016年）

A. 甲、丙公司属法人间借贷，借款合同无效

B. 借款利率高于法定最高利率，借款合同无效

C. 借款利率高于24%的法定最高利率，超出部分利息约定无效

D. 乙互联网借贷平台应当对借款本金承担担保责任

【解析】（1）选项A：法人之间为生产经营需要订立的民间借贷合同，原则上有效；（2）选项BC：即使借贷双方约定的利率超过年利率36%，只是超过部分的利息约定无效，但并不导致借款合同无效；（3）选项D：网络贷款平台的提供者通过网页、广告或者其他媒介明示或者有其他证据证明其为借贷提供担保的，网络贷款平台的提供者应当承担担保责任。

【答案】 D

10. 民间借贷案件的管辖

（1）民间借贷属于合同纠纷，由被告住所地或者合同履行地人民法院管辖。

（2）如果借贷双方就合同履行地未约定或者约定不明确，事后未达成补充协议，按照合同有关条款或者交易习惯仍不能确定的，以接受货币一方所在地为合同履行地。

11. 自然人之间的借款合同

自然人之间的借款合同为实践合同，自出借人提供借款时生效。一般认为，具有下列情形之一的，可以认为满足了“出借人提供借款”的要件，合同生效：

（1）以现金支付的，自借款人收到借款时；

（2）以银行转账、网上电子汇款或者通过网络贷款平台等形式支付的，自资金到达借款人账户时；

（3）以票据交付的，自借款人依法取得票据权利时；

（4）出借人将特定资金账户支配权授权给借款人的，自借款人取得对该账户实际支配权时；

（5）出借人以与借款人约定的其他方式提供借款并实际履行完成时。

【解释】自然人之间的借款合同属于实践合同，除此之外的其他民间借贷合同均属于诺成合同。

【考点8】 赠与合同（★★★）（P110）

1. 赠与合同的性质

赠与合同是诺成合同、单务合同，但订立赠与合同属于双方民事法律行为。

2. 赠与人的义务

（1）因赠与人故意或者重大过失，致使赠与的财产毁损、灭失的，赠与人应承担损害赔偿责任。

（2）赠与人故意不告知赠与的财产有瑕疵或者保证赠与的财产无瑕疵，造成受赠人损失的，赠与人应承担损害赔偿责任。

（3）赠与人的经济状况显著恶化，严重影响其生产经营或者家庭生活的，可以不再履行赠与义务。

3. 赠与合同的任意撤销

赠与人在赠与财产的权利转移之前可以撤销赠与，但具有救灾、扶贫等社会公益、道德义务性质的赠与合同或者经过公证的赠与合同，不得撤销。（2014 年案例分析题）

4. 赠与合同的法定撤销

受赠人有忘恩行为时，无论赠与财产的权利是否转移，赠与是否具有救灾、扶贫等社会公益、道德义务性质或者经过公证，赠与人或者赠与人的继承人、法定代理人可以撤销该赠与。

（1）赠与人的撤销权

受赠人有下列情形之一的，赠与人可以行使撤销权：

①严重侵害赠与人或其近亲属；

②对赠与人有扶养义务而不履行；

③不履行赠与合同约定的义务。

【解释 1】扶养义务主要是指平辈之间的相互扶养，例如夫妻之间、兄弟姐妹之间。

【解释 2】近亲属包括配偶、父母、子女、兄弟姐妹、祖父母、外祖父母、孙子女和外孙子女。

【解释 3】赠与人本人的撤销权，自知道或者应当知道撤销原因之日起1 年内行使。

（2）赠与人的继承人、法定代理人的撤销权

因受赠人的违法行为致使赠与人死亡或者丧失民事行为能力的，赠与人的继承人或者法定代理人可以撤销赠与。

【解释】赠与人的继承人或者法定代理人的撤销权，应当自知道或者应当知道撤销原因之日起6 个月内行使。

经典题解

【真题 1 · 单选题】 甲曾经搭救过乙的性命，乙遂将一枚祖传宝珠装在一个精美木匣中，前往甲家相赠，以示感谢。甲同意留下木匣，但请乙将宝珠带回。甲后来有些后悔，又向乙表示愿意接受宝珠。下列表述中，正确的是（　　）。（2010 年）

A. 甲已经取得宝珠的所有权，有权请求乙返还宝珠

B. 甲尚未取得宝珠的所有权，但有权请求乙转移宝珠的所有权

C. 甲、乙之间的赠与合同成立，但乙有权撤销该合同并拒绝交付

D. 甲无权请求乙转移宝珠的所有权

【解析】（1）选项 A：宝珠并未完成交付，其所有权未发生转移；（2）选项 BCD：赠与合同是诺成合同，双方意思表示达成一致时合同成立。甲当时并未同意受赠宝珠，赠与合同仅在木匣上成立，甲无权要求乙转移宝珠的所有权。

【答案】 D

【真题 2 · 单选题】 2011 年 10 月 8 日，甲提出将其正在使用的轿车赠送给乙，乙欣然接受。10 月 21 日，甲将车交付给乙，但未办理过户登记。交车时，乙向甲询问车况，甲称“一切正常，放心使用”。事实上，该车三天前曾出现刹车失灵，故障原因尚未查明。乙驾车回家途中，刹车再度失灵，车毁人伤。根据合同法律制度的规定，下列表述中，正确的是（　　）。（2012 年）

A. 该赠与合同的成立时间是 2011 年 10 月 8 日

B. 该赠与合同的成立时间是 2011 年 10 月 21 日

C. 双方没有办理过户登记，因此轿车的所有权尚未转移

D. 乙无权就车毁人伤的损失要求甲赔偿

【解析】（1）选项 AB：赠与合同是诺成合同，当事人双方达成意思表示一致时（2011 年 10 月 8 日）合同成立；（2）选项 C：对于船舶、航空器和机动车等特殊动产，其所有权的移转仍以交付为生效要件，而不以登记为生效要件；（3）选项 D：赠与人故意不告知赠与财产有瑕疵或者保证无瑕疵，造成受赠人损失的，应当承担损害赔偿责任。

【答案】 A

【真题 3 · 多选题】 甲为庆祝好友乙 60 岁生日，拟赠与其古董瓷瓶一只，乙欣然同意。但双方约定，瓷瓶交付乙后，甲可以随时借用该瓷瓶。根据合同法律制度的规定，下列表述中，正确的有（　　）。（2016 年）

A. 瓷瓶交付乙前，如果甲故意将瓷瓶摔碎，甲应当向乙承担损害赔偿责任

B. 瓷瓶交付乙前，如果甲因重大过失致使瓷瓶摔碎，甲应当向乙承担损害赔偿责任

C. 瓷瓶交付乙前，如果甲的经济状况显著恶化，严重影响其家庭生活的，可不再履行赠与义务

D. 瓷瓶交付乙后，如果甲请求借用时被乙拒绝，甲可以撤销赠与

【解析】（1）选项 AB：因赠与人故意或者重大过失，致使赠与的财产毁损、灭失的，赠与人应承担损害赔偿责任；（2）选项 C：赠与人的经济状况显著恶化，严重影响其生产经营或者家庭生活的，可以不再履行赠与义务；（3）选项 D：受赠人不履行赠与合同约定的义务时，无论赠与财产的权利是否转移，赠与是否具有救灾、扶贫等社会公益、道德义务性质或者经过公证，赠与人均可以撤销该赠与。

【答案】 ABCD

【真题 4 · 多选题】 赠与合同履行后，受赠人有特定忘恩行为时，赠与人有权撤销赠与合同。根据合同法律制度的规定，下列各项中，属于此类忘恩行为的有（　　）。（2017 年）

A. 受赠人严重侵害赠与人的近亲属

B. 受赠人严重侵害赠与人

C. 受赠人不履行赠与合同约定的义务

D. 受赠人对赠与人有扶养义务而不履行

【答案】 ABCD

【考点 9】 承揽合同（★）（P118）

1. 第三人

（1）承揽人将其承揽的主要工作交由第三人完成的，应当就该第三人完成的工作成果向定作人负责；未经定作人同意的，定作人可以解除合同。

（2）承揽人可以将其承揽的辅助工作交由第三人完成，并就该第三人完成的工作成果向定作人负责。

【解释】（1）主要工作：同意；（2）辅助工作：可以不经同意。

2. 随时解除

定作人可以随时解除承揽合同，但定作人因此造成承揽人损失的，应当赔偿损失。

经典题解

【真题 · 单选题】 甲、乙订立承揽合同，甲提供木料，乙为其加工家具。在乙已完成加工工作的 50% 时，甲通知乙解除合同。根据合同法律制度的规定，下列表述中，正确的是（　　）。（2013 年）

A. 甲有权解除合同，但应按约定金额向乙支付报酬

B. 甲有权解除合同，且无须赔偿乙的损失

C. 甲有权解除合同，但应赔偿乙的损失

D. 甲无权解除合同，并应依约向乙支付报酬

【答案】 C

【考点 10】建设工程合同（★★★）（P119）

1. 当事人就同一建设工程另行订立的建设工程施工合同与经过备案的中标合同实质性内容不一致的，应当以备案的中标合同作为结算工程价款的依据。

2. 建设工程合同的无效

（1）承包人未取得建筑施工企业资质或者超越资质等级的；

（2）没有资质的实际施工人借用有资质的建筑施工企业名义的；

（3）建设工程必须进行招标而未招标或者中标无效的。

【解释 1】承包人超越资质等级许可的业务范围签订建设工程施工合同，在建设工程竣工前取得相应资质等级的，不按无效合同处理。（2018 年案例分析题）

【解释 2】合同无效，但建设工程经竣工验收合格的，承包人可以请求“参照”合同约定支付工程价款。

3. 分包、转包

（1）经发包人同意，总承包人可以将自己承包的部分工作交由第三人完成；第三人就其完成的工作成果与总承包人向发包人承担连带责任。

(2) 建设工程主体结构的施工必须由总承包人自行完成。

(3) 总承包人不得将其承包的建设工程全部转包给第三人或者将其承包的全部建设工程肢解后以分包的名义分别转包给第三人。

(4) 禁止分包人将其承包的工程再分包。

4. 承包人垫资

(1) 当事人对垫资没有约定的，按照工程欠款处理；当事人对垫资利息没有约定的，承包人无权请求支付利息。

(2) 当事人对垫资和垫资利息有约定，承包人可以请求按照约定返还垫资及利息，但是约定的利息计算标准高于同期同类贷款利率的部分除外。

【相关链接】 工程欠款的利息，当事人有约定的，按照约定处理；没有约定的，按照同期同类贷款利率计息。

表 4-2 垫资 VS 工程欠款

	垫资	工程欠款
未约定利息	不支付利息	按照同期同类贷款利率计息
约定利息	按照约定，但是约定的利息计算标准高于同期同类贷款利率的部分除外	按照约定

5. 竣工日期

当事人对建设工程实际竣工日期有争议的，按照以下情形分别处理：

(1) 建设工程经竣工验收合格的，以竣工验收合格之日为竣工日期；

(2) 承包人已经提交竣工验收报告，发包人拖延验收的，以承包人提交验收报告之日为竣工日期；

(3) 建设工程未经竣工验收，发包人擅自使用的，以转移占有建设工程之日为竣工日期。

6. 承包人的优先受偿权（2018 年案例分析题）

(1) 发包人未按照约定支付工程价款的，承包人可以催告发包人在合理期限内支付价款。发包人逾期不支付的，除按照建设工程的性质不宜折价、拍卖的以外，承包人可以与发包人协议将工程折价，也可以申请人民法院将该工程依法拍卖，建设工程的价款就该工程折价或者拍卖的价款优先受偿。

(2) 建筑工程价款包括承包人为建筑工程应当支付的工作人员报酬、材料款等实际支出的费用，不包括承包人因发包人违约所造成的损失。

(3) 承包人的优先受偿权优于抵押权和其他债权。

(4) 建设工程承包人行使优先权的期限为6 个月，自发包人应当给付建设工程价款之日起计算。(2020 年重大调整)

(5) 发包人与承包人约定放弃或者限制建设工程价款优先受偿权，损害建筑工人利益，发包人根据该约定主张承包人不享有建设工程价款优先受偿权的，人民法院不予支持。(2020 年新增)

(6) 消费者支付购买商品房的全部或者大部分款项后，承包人就该商品房享有的工程价款优先受偿权不得对抗买受人。

【案例】 甲公司和乙公司于 2019 年 4 月 1 日签订一份建筑工程承包合同，合同约定：建筑工程竣工时间为 2020 年 1 月 1 日，发包人甲公司应当在 2020 年 2 月 1 日前向承包人乙公司支付全部工程款 8000 万元。2019 年 7 月 1 日，甲公司以该在建工程作抵押向丙银行贷款 8000 万元，并办理了抵押登记手续。建筑工程如期竣工并办理验收，但发包人甲公司未按期付款，经乙公司催告后，甲公司在合理期限内仍未支付。乙公司于 2020 年 4 月 1 日向人民法院申请将该工程依法拍卖，拍卖所得价款 6000 万元。在本案中：(1) 乙公司的优先受偿权优于丙银行的抵押权；(2) 优先受偿权的范围仅限于乙公司为该建

第四章

筑工程应当支付的工作人员报酬、材料款等实际支出的费用，不包括因发包人违约造成的间接损失；（3）乙公司行使优先权的期限为6个月，自发包人甲公司应当给付建设工程价款之日（2020年2月1日）起计算。

经典题解

【真题1·多选题】 下列关于建设工程施工合同上的竣工与验收的表述中，符合合同法律制度规定的有(　　)。(2012年)

A. 建设工程未经竣工验收合格，不得交付使用

B. 建设工程经竣工验收合格的，以建设工程转移占有之日为竣工日期

C. 建设工程未经竣工验收，发包人即擅自使用的，以发包人开始使用之日为竣工日期

D. 承包人已提交竣工验收报告，发包人拖延验收的，以提交验收报告之日为竣工日期

【答案】 AD

【真题2·单选题】 根据合同法律制度的规定，建设工程合同当事人对工程实际竣工日期有争议时，下列处理规则中，正确的是(　　)。(2016年)

A. 工程竣工验收合格的，以工程转移占有之日为竣工日期

B. 工程未经竣工验收，发包人擅自使用的，以开始使用之日为竣工日期

C. 工程未经竣工验收，发包人擅自使用的，以工程封顶之日为竣工日期

D. 承包人已提交竣工验收报告，发包人拖延验收的，以承包人提交验收报告之日为竣工日期

【答案】 D

【真题3·单选题】 甲公司与乙公司签订建设工程施工合同，由乙公司承建甲公司的办公楼，但乙公司并无相应的建筑施工企业资质。工程竣工后，经验收合格。根据合同法律制度的规定，下列表述中，正确的是(　　)。(2013年)

A. 合同无效，但乙公司有权请求甲公司参照合同约定的工程价款数额付款

B. 合同无效，乙公司有权请求甲公司按照合同约定的数额支付工程价款

C. 合同无效，乙公司无权请求甲公司付款

D. 合同有效，但甲公司有权撤销合同并拒付工程价款

【答案】 A

【真题4·单选题】 建设工程监理是指工程监理人代表发包人对承包人的工程建设情况进行监督，发包人与监理人之间的权利、义务以及法律责任应当依照特定类型的有名合同处理，该有名合同是(　　)。(2014年)

A. 技术服务合同

B. 建设工程合同

C. 委托合同

D. 承揽合同

【答案】 C

【考点11】 货运合同（★★）(P125)

1. 承运人对运输过程中货物的毁损、灭失承担损害赔偿责任。但是，承运人证明货物的毁损、灭失是因不可抗力、货物本身的自然性质或者合理损耗以及托运人、收货人的过错造成的，不承担损害赔偿责任。

2. 货物在运输过程中因不可抗力灭失，未收取运费的，承运人不得要求支付运费；已经收取运费的，托运人可以要求返还。(2006年案例分析题)

【考点12】 委托合同（★★★）(P122)

1. 费用与报酬

（1）受托人为处理委托事务垫付的必要费用，委托人应当偿还该费用及其利息。

（2）委托合同可以是有偿合同，也可以是无偿合同。

（3）因不可归责于受托人的事由，委托合同解除或者委托事务不能完成的，委托人应当向受托人支付相应的报酬。当事人另有约定的，从其约定。

2. 损失赔偿

（1）有偿的委托合同，因受托人的过错

给委托人造成损失的，委托人可以要求赔偿损失。

（2）无偿的委托合同，因受托人的故意或重大过失给委托人造成损失的，委托人可以要求赔偿损失。

3. 随时解除

委托人或者受托人可以随时解除委托合同，因解除合同给对方造成损失的，除不可归责于该当事人的事由以外，应当赔偿损失。

4. 转委托

（1）经委托人同意，受托人可以转委托。转委托经同意的，委托人可以就委托事务直接指示第三人，受托人仅就第三人的选任及其对第三人的指示承担责任。

（2）转委托未经同意的，受托人应当对第三人的行为承担责任，但在紧急情况下受托人为维护委托人的利益需要转委托的除外。

5. 两个以上的受托人共同处理委托事务的，对委托人承担连带责任。

6. 隐名代理

受托人以自己的名义，在委托人的授权范围内与第三人订立的合同：

（1）第三人在订立合同时知道受托人与委托人之间的代理关系的：该合同直接约束委托人和第三人，但有确切证据证明该合同只约束受托人和第三人的除外。

（2）第三人在订立合同时不知道受托人与委托人之间的代理关系的：

①受托人因第三人的原因对委托人不履行义务，受托人应当向委托人披露第三人，委托人因此可以行使受托人对第三人的权利，但第三人如果知道该委托人存在，就不会与受托人订立合同的除外。

②受托人因委托人的原因对第三人不履行义务，受托人应当向第三人披露委托人，第三人因此可以选择受托人或者委托人作为相对人主张其权利，但第三人不得变更选定的相对人。

经典题解

【例题1·单选题】 甲委托乙销售一批首饰并交付，乙经甲同意转委托给丙。丙以其名义与丁签订买卖合同，丙依约向丁交付首饰，但丁拒绝向丙支付首饰款。根据合同法律制度的规定，下列表述中，正确的是（　　）。

A. 乙的转委托行为无效

B. 丙与丁签订的买卖合同直接约束甲和丁

C. 丙应向甲披露丁，甲可以行使丙对丁的权利

D. 丙应向丁披露甲，丁可以行使丙对甲的权利

【解析】（1）选项A：经委托人同意，受托人可以转委托；（2）选项B：受托人以自己的名义，在委托人的授权范围内与第三人订立的合同，只有在“第三人在订立合同时知道受托人与委托人之间的代理关系”的情况下，该合同才直接约束委托人和第三人，本题并没有指明“第三人当时知道”；（3）选项CD：受托人（丙）因第三人（丁）的原因对委托人（甲）不履行义务（因丁拒绝向丙支付首饰款，导致丙不能向甲付款），受托人（丙）应当向委托人（甲）披露第三人（丁），委托人（甲）因此可以行使受托人（丙）对第三人（丁）的权利。

【答案】 C

【真题2·单选题】 根据合同法律制度的规定，下列关于委托合同的表述中，正确的是（　　）。（2015年）

A. 无偿的委托合同，因受托人的一般过失给委托人造成损失的，委托人可以要求赔偿损失

B. 原则上受托人有权转委托，不必征得委托人的同意

C. 有偿的委托合同，因不可归责于受托人的事由，委托事务不能完成的，委托人有权拒绝支付报酬

D. 两个以上的受托人共同处理委托事务的，对委托人承担连带责任

【答案】 D

【考点13】行纪合同(★)(P125)

1. 行纪合同是行纪人以自己的名义为委托人从事贸易活动，委托人支付报酬的合同。拍卖公司与委托人之间的合同是一种较为典型的行纪合同。

【解释1】(1)行纪合同中的行纪人必须以自己的名义与第三人订立合同；(2)委托合同中的受托人可以委托人的名义，也可以自己的名义与第三人订立合同。

【解释2】行纪合同限于贸易活动，而委托合同中可以委托的事项则非常宽泛。

【解释3】委托合同可以是有偿合同，也可以是无偿合同；而行纪合同均为有偿合同。

【解释4】(1)在委托合同中，受托人处理委托事务的费用由委托人承担；(2)在行纪合同中，行纪人处理委托事务支出的费用，一般由行纪人自行承担。

2. 行纪人以低于委托人指定的价格卖出或者高于委托人指定的价格买入的，应当经委托人同意。未经委托人同意，行纪人补偿其差额的，该买卖对委托人发生效力。此时，行纪人仍然可以要求委托人支付报酬。

3. 行纪人以高于委托人指定的价格卖出或者低于委托人指定的价格买入的，可以按照约定增加报酬。如果在行纪合同中没有约定或者约定不明确，依照《合同法》仍不能确定的，该利益属于委托人。

4. 行纪人卖出或者买入具有市场定价的商品，除委托人有相反的意思表示外，行纪人自己可以作为买受人或者出卖人。

5. 行纪人与第三人订立合同的，行纪人对该合同直接享有权利、承担义务。第三人不履行义务致使委托人受到损害的，行纪人应当承担损害赔偿责任，但行纪人与委托人另有约定的除外。

经典题解

【例题·多选题】甲公司将10吨大米委托乙商行出售，双方约定，乙商行以自己名义对外销售，每公斤售价2元，乙商行的报酬为价款的5%。根据合同法律制度的规定，下列表述中，正确的有(　　)。

A. 甲公司与乙商行之间成立的是行纪合同关系

B. 乙商行为销售大米支出的费用应由自己负担

C. 如乙商行以每公斤2.5元的价格将大米售出，双方对多出价款的分配无法达成补充协议时，则应平均分配

D. 如乙商行与丙食品厂订立买卖大米的合同，则乙商行对该合同直接享有权利、承担义务

【解析】选项C：行纪人以高于委托人指定的价格卖出的，如果在行纪合同中没有约定或者约定不明确，依照《合同法》仍不能确定的，该利益属于委托人(甲公司)。

【答案】ABD

【考点14】技术合同(★)(P128)

1. 委托开发

(1)委托开发完成的发明创造，除当事人另有约定的外，申请专利的权利属于研究开发人。

(2)研究开发人取得专利权的，委托人可以免费实施该专利。

(3)研究开发人转让专利申请权的，委托人在同等条件下有优先受让权。

2. 合作开发

(1)合作开发完成的发明创造，除当事人另有约定的外，申请专利的权利属于合作开发的当事人共有。

(2)当事人一方转让其共有的专利申请权的，其他各方享有以同等条件优先受让的权利。

(3)当事人一方不同意申请专利的，另一方不得申请专利。

(4)当事人一方放弃其共有的专利申请权的，另一方可以申请专利；申请人取得专利权的，放弃专利申请权的一方可以免费实施该专利。

经典题解

【例题·多选题】 甲、乙、丙三人合作开发一项技术，合同中未约定权利归属。该项技术开发完成后，甲、丙想要申请专利，而乙主张通过商业秘密来保护。根据合同法律制度的规定，下列各项中，错误的有（ ）。

A. 甲、丙不得申请专利

B. 甲、丙可申请专利，申请批准后专利权归甲、乙、丙共有

C. 甲、丙可申请专利，申请批准后专利权归甲、丙所有，乙有免费实施的权利

D. 甲、丙不得申请专利，但乙应向甲、丙支付补偿费

【解析】 合作开发的当事人一方不同意申请专利的，另一方不得申请专利。

【答案】 BCD

案例分析题专项演练

【案例1】（2006年）

2006年3月20日，上海的甲公司与北京的乙公司签订了一份买卖合同，约定：甲公司向乙公司购买1000吨化工原料，总价款为200万元；乙公司在合同签订后1个月内交货，甲公司在验货后7日内付款。双方没有明确约定履行地点。

合同签订后，甲公司以其办公用房作抵押向丙银行借款200万元，并办理了抵押登记手续。由于办公用房的价值仅为100万元，甲公司又请求丁公司为该笔借款提供了保证担保。丙银行与丁公司的保证合同没有约定保证方式及保证范围，但约定保证人承担保证责任的期限至借款本息还清时为止。

4月10日，乙公司准备通过铁路运输部门发货时，甲公司的竞争对手告知乙公司，甲公司经营状况不佳，将要破产。乙公司随即暂停了货物发运，并电告甲公司暂停发货的原因，要求甲公司提供担保。甲公司告知乙公司：本公司经营正常，货款已经备齐，乙公司应尽快履行合同，否则将追究违约责任。但乙公司坚持要求甲公司提供担保。甲公司急需这批货物，只好按照乙公司的要求，提供了银行保函。5月25日，乙公司收到银行保函，当日向铁路运输部门支付了运费并发货。货物在运输途中，遇泥石流灾害全部灭失。

借款合同到期后，甲公司没有偿还丙银行的借款本息。

要求：

根据上述内容，分别回答下列问题：

（1）乙公司暂停发货是否有法律依据？并说明理由。

（2）在买卖合同履行地点约定不明确的情况下，应当如何交付标的物？

（3）货物灭失的损失应当由谁承担？并说明理由。

（4）铁路运输部门是否应当依据运输合同承担违约责任？乙公司可否要求铁路运输部门返还运费？并分别说明理由。

（5）丁公司应当承担连带保证责任还是一般保证责任？并说明理由。

（6）丁公司的保证期间为多长？并说明理由。

（7）如果当事人对承担担保责任的顺序未进行约定，丙银行可否直接要求丁公司承担200万元的保证责任？并说明理由。

【案例1答案】

（1）乙公司暂停发货没有法律依据。根据规定，应当先履行债务的当事人，有确切证据证明对方经营状况严重恶化的，可以行使不安抗辩权，中止合同履行。在本题中，乙公司并没有确切证据证明甲公司经营状况严重恶化，乙公司不能行使不安抗辩权。

（2）合同当事人对履行地点约定不明确，依照《合同法》有关规定仍不能确定，标的物需要运输的，出卖人应当将标的物交付给第一承运人以运交给买受人。

（3）货物灭失的损失应当由甲公司承担。根据规定，在买卖合同中，当事人没有约定交付地点或者约定不明确，依照《合同法》有关规定仍不能确定，标的物需要运输的，出卖人将标的物交付给第一承运人后，标的物毁损、灭失的风险由买受人（甲公司）承担。

（4）①铁路运输部门不承担违约责任。根据规定，承运人对运输过程中货物的毁损、灭失承担损害赔偿责任；但承运人能够证明货物的毁损、灭失是因不可抗力造成的，不承担损害赔偿责任。②乙公司可以要求铁路运输部门返还运费。根据规定，货物在运输途中因不可抗力灭失，已收取运费的，托运人可以要求返还。

（5）丁公司应当承担连带保证责任。根据规定，当事人对保证方式没有约定或者约定不明确的，按照连带责任保证承担保证责任。

（6）丁公司的保证期间为 2 年。根据规定，保证合同约定“保证人承担保证责任直至主债务本息还清时为止”等类似内容的，视为约定不明，保证期间为主债务履行期届满之日起 2 年。

（7）丙银行不能直接要求丁公司承担保证责任。根据规定，被担保的债权既有物的担保又有人的担保的，债务人不履行到期债务时，债权人应当按照约定实现债权；没有约定或者约定不明确，债务人自己提供物的担保的，债权人应当先就该物的担保实现债权。在本题中，丙银行应当首先执行主债务人甲公司的抵押物，不能直接要求丁公司承担保证责任。

【案例 2】（2008 年）

【解释】本题根据 2020 年教材进行了删减。

甲公司于 2007 年 10 月 10 日通过拍卖方式拍得位于北京郊区的一块工业建设用地；同年 10 月 15 日，甲公司与北京市土地管理部门签订《建设用地使用权出让合同》；同年 10 月 21 日，甲公司缴纳全部土地出让金；同年 11 月 5 日，甲公司办理完毕建设用地使用权登记，并获得建设用地使用权证。

2007 年 11 月 21 日，甲公司与相邻土地的建设用地使用权人乙公司签订书面合同，该合同约定：甲公司在乙公司的土地上修筑一条机动车道，以利于交通方便；使用期限为 20 年；甲公司每年向乙公司支付 8 万元费用。该合同所设立的权利没有办理登记手续。

2008 年 1 月 28 日，甲公司以取得的上述建设用地使用权作抵押，向丙银行借款 5000 万元，借款期限 3 年。该抵押权办理了登记手续。此后，甲公司依法办理了各项立项、规划、建筑许可、施工许可等手续之后开工建设厂房。

2008 年 5 月，因城市修改道路规划，政府提前收回甲公司取得的尚未建设厂房的部分土地，用于市政公路建设。甲公司因该原因办理建设用地使用权变更登记手续时，发现登记机构登记簿上记载的建设用地使用权面积与土地使用权证上的记载不尽一致。

要求：

根据上述内容，分别回答下列问题：

（1）甲公司于何时取得建设用地使用权？并说明理由。

（2）甲公司与乙公司订立合同拟设立的是何种物权？该物权是否已经设立？并说明理由。

（3）甲公司在建造的厂房已经完工，未办理房屋所有权证的情况下，是否取得该房屋所有权？并说明理由。

（4）甲公司建造的厂房是否属于丙银行抵押权涉及的抵押物范围？并说明理由。丙银行如何实现自己的抵押权？

（5）在政府提前收回甲公司部分建设用

第四章

地使用权的情况下，丙银行能否就甲公司获得的补偿金主张权利？并说明理由。

【案例 2 答案】

(1) 甲公司于 2007 年 11 月 5 日取得建设用地使用权。根据规定，建设用地使用权自登记时设立。

(2) 甲、乙公司设立的是地役权，地役权已经设立。根据规定，地役权自地役权合同生效时（2007 年 11 月 21 日）设立，未经登记的，不得对抗善意第三人。

(3) 甲公司已经取得该房屋的所有权。根据规定，因合法建造等事实行为设立物权的，自事实行为成就时发生效力。

(4) ①厂房不属于抵押物的范围。根据规定，建设用地使用权抵押后，该土地上新增的建筑物不属于抵押财产；②丙银行在实现自己的抵押权时，可以依法将该土地上新增的房屋与抵押物一同变价，但对新增房屋的变价所得，丙银行无权优先受偿。

(5) 丙银行可以就甲公司获得的补偿金主张权利。根据规定，抵押期间，抵押物毁损、灭失或者被征收时，抵押权人可以就获得的保险金、赔偿金或者补偿金等优先受偿。

【案例 3】（2009 年）

甲研究所与乙公司订立的买卖合同约定：乙公司向甲研究所购买一台具有特定性能的石墨卷材生产设备，总价款 300 万元；乙公司应于合同签订之日起 3 日内向甲研究所支付 100 万元预付款；甲研究所应于 2008 年 11 月 1 日之前交付设备（乙公司自行提货）；乙公司验收设备合格后在 11 月 10 日之前付清余款 200 万元。为了担保乙公司履行付款义务，丙公司在买卖合同的最后一页承诺："本公司同意为乙公司承担保证责任。"并签字盖章。乙公司依约向甲研究所支付了 100 万元预付款。

甲研究所按时生产出了符合约定质量标准的设备，并于 2008 年 10 月 30 日通知乙公司提货。乙公司未按时提货，却于 11 月 12 日通知甲研究所：由于本公司产品结构调整，已不需要该设备，特提出解除买卖合同。甲研究所与乙公司协商未果后，遂向人民法院提起诉讼。

要求：

根据上述内容，分别回答下列问题：

(1) 甲研究所是否可以将买卖合同约定交付的设备提存？并说明理由。

(2) 甲研究所是否有权要求乙公司付清全部余款并赔偿损失？并说明理由。

(3) 如果甲研究所同意解除合同，是否可以不再向乙公司交付约定的设备？是否可以不向乙公司返还 100 万元预付款？并分别说明理由。

(4) 甲研究所是否可以直接要求丙公司承担保证责任？并说明理由。

【案例 3 答案】

(1) 甲研究所可以将该设备提存。根据规定，债权人无正当理由拒绝受领的，债务人可以将标的物提存。

(2) 甲研究所有权要求乙公司付清全部余款并赔偿损失。根据规定，当事人一方不履行合同义务或者履行合同义务不符合约定的，在履行义务或者采取补救措施后，对方还有其他损失的，应当赔偿损失。

(3) ①甲研究所可以不再向乙公司交付约定的设备。根据规定，合同解除后，尚未履行的，终止履行；②甲研究所应当向乙公司返还 100 万元的预付款。根据规定，预付款没有担保的性质，当事人解除合同后，甲研究所应当向乙公司返还预付款，但可以要求乙公司承担赔偿责任。

(4) 甲研究所可以直接要求丙公司承担保证责任。根据规定，当事人对保证方式没有约定或者约定不明确的，按照连带责任保证承担保证责任。

【案例 4】（2010 年）

2009 年 4 月，甲公司因欠乙公司货款 100 万元不能按时偿还，向乙公司请求延期至 2010 年 4 月 1 日还款，并愿意以本公司所有的 3 台大型设备进行抵押和 1 辆轿车进行质押，为其履行还款义务提供担保。乙公司同意了甲公司的请求，并与甲公司订立了书面抵押和质押合同。甲公司将用于质押的轿车的机动车登记证书交乙公司保管，但未就抵押和质押办理任何登记手续，也未向乙公司交付用于抵押的设备和质押的轿车。

2009 年 5 月，甲公司将用于抵押的 3 台设备出租给丙公司，将用于质押的轿车出租给丁公司，租期均为 1 年。

2009 年 8 月，甲公司隐瞒有关事实，与戊公司订立合同出售其用于抵押的 3 台设备。随后，甲公司通知丙公司：本公司已将出租的 3 台设备卖给戊公司，要求解除租赁合同，丙公司可不再支付剩余 9 个月的租金，并请其将这 3 台设备交付给戊公司。丙公司表示同意，且立即向戊公司交付了这 3 台设备。

2009 年 9 月 1 日，甲公司再次隐瞒了有关事实，与己公司订立合同出售其用于质押的轿车。双方办理了过户登记手续，并约定 9 月 15 日之前交付。甲公司在通知丁公司向己公司交付出租的轿车时，丁公司拒绝了甲公司的要求，并向甲公司主张同等条件下的优先购买权。9 月 30 日，丁公司工作人员在驾驶该轿车外出时，遭遇罕见泥石流，车毁人亡。

要求：

根据上述内容，分别回答下列问题：

(1) 甲公司是否有权将用于抵押的 3 台设备出租给丙公司？并说明理由。

(2) 乙公司是否有权就用于抵押的 3 台设备向戊公司行使抵押权？并说明理由。

(3) 乙公司是否对该轿车享有质权？并说明理由。

(4) 丁公司就轿车向甲公司主张同等条件下的优先购买权是否成立？并说明理由。

(5) 甲公司是否有权要求丁公司对轿车的灭失承担赔偿责任？并说明理由。

(6) 己公司是否有权要求甲公司对不能交付轿车承担赔偿责任？并说明理由。

【案例 4 答案】

(1) 甲公司有权将用于抵押的 3 台设备出租给丙公司。根据规定，抵押权设定后，抵押物仍然归抵押人占有，抵押人有权将抵押物出租。

(2) 乙公司无权向戊公司行使抵押权。根据规定，当事人以生产设备设定抵押的，抵押权自抵押合同生效时设立。但未经登记的，不得对抗善意第三人。在本题中，甲公司以生产设备向乙公司设定抵押时，未办理抵押登记手续，因此，乙公司的抵押权不得对抗善意的戊公司。

(3) 乙公司对该轿车不享有质权。根据规定，动产质权自质物移交给质权人占有时设立。在本题中，甲公司并未实际交付该轿车，乙公司的质权未设立。

(4) 丁公司不享有优先购买权。根据规定，只有房屋租赁中的承租人才享有优先购买权，对于其他标的物的租赁，并不适用优先购买权。

(5) 甲公司无权要求丁公司承担赔偿责任。根据规定，因不可归责于承租人的事由，致使租赁物部分或者全部毁损、灭失的，承租人可以要求减少租金或者不支付租金。在本题中，轿车的毁损是因不可抗力造成的，承租人并无过错，不承担赔偿责任。

(6) 己公司有权要求甲公司承担赔偿责任。根据规定，当事人一方不履行合同义务，在履行义务或者采取补救措施后，对方还有其他损失的，应当承担损害赔偿责任。

【案例 5】（2011 年）

【解释】本题根据 2020 年教材进行了修改。

2006 年 7 月 10 日，甲与乙订立买卖合同，以 500 万元的价格向乙购买一套精装修住房。当日，甲支付了 40 万元定金，乙将房屋交付给甲。双方约定：甲应于 8 月 1 日前付清余款；乙应在收到余款后两日内办理房屋过户手续。7 月

第四章

15日，当地突降特大暴雨，该房屋被淹没，损失额达60万元。甲认为该损失应当由乙承担。8月1日，甲向乙支付余款时直接扣除60万元，仅付400万元，同时要求乙办理房屋过户手续。乙收到上述款项后拒绝办理房屋过户手续。后经协商，甲于8月20日再向乙支付30万元，同日，乙将房屋过户至甲的名下。

2006年11月1日，甲将房屋出租给丙，约定租期1年，但双方未依法办理登记备案手续。租期届满后，丙将房屋交还甲，但以房屋租赁合同未登记备案因而无效为由，拒绝支付所欠剩余租金。

2008年4月1日，甲与丁订立房屋买卖合同，约定价款600万元。丁依约于4月5日付清了全部价款，甲将房屋钥匙交给丁。但甲与丁在办理过户登记时，登记机构因电脑系统发生故障停止办公，申请未被受理。因丁需紧急出差，双方遂约定待丁回来之后再办理房屋过户登记手续。

2008年4月10日，不知甲、丁之间已签订房屋买卖合同的戊向甲表示愿以650万元的价格购买其房屋。甲同意，即刻与戊订立了房屋买卖合同。戊于次日付清了全部房款。双方于4月15日办理完毕过户登记手续。

4月20日，丁出差归来，要求甲尽快办理房屋过户手续。甲告知丁已将房屋卖给他人，愿意退还丁600万元并要求解除合同。丁当即拒绝，坚持要甲办理过户手续。2008年5月10日，丁在确悉房屋已过户至戊名下时，以自己与甲订约在先，甲、戊之间的房屋买卖合同无效为由，要求甲、戊退还房屋。戊则认为，由于甲、丁未办理房屋过户手续，所以他们之间的房屋买卖合同尚未发生效力。

要求：

根据上述内容，分别回答下列问题：

(1) 甲提出的60万元房屋损失应由乙承担的主张是否成立？并说明理由。

(2) 甲于2006年8月1日向乙支付400万元房款后，乙是否有权拒绝为之办理房屋过户登记手续？并说明理由。

(3) 甲与丙之间的房屋租赁合同是否有效？并说明理由。

(4) 甲与丁之间的房屋买卖合同是否发生效力？并说明理由。

(5) 戊是否取得了房屋所有权？并说明理由。

(6) 丁若请求人民法院判决甲返还房屋，能否得到支持？并说明理由。

【案例5答案】

(1) 甲的主张不成立。根据规定，标的物毁损、灭失的风险，在标的物交付之前由出卖人承担，交付之后由买受人承担，但法律另有规定或者当事人另有约定的除外。在本题中，房屋损失的风险由甲承担。

(2) 乙有权拒绝。根据规定，双务合同的当事人互负债务，有先后履行顺序，先履行一方未履行的，后履行一方有权拒绝其履行要求。在本题中，当事人在买卖合同中事先约定"乙应在收到余款后2日内办理房屋过户手续"，由于甲在支付余款时直接扣除60万元不合法，应视为甲未按照合同约定付清余款，因此，乙有权拒绝为之办理房屋过户登记手续。

(3) 甲与丙之间的房屋租赁合同有效。根据规定，当事人以房屋租赁合同未按照法律、行政法规规定办理登记备案手续为由，请求确认合同无效的，人民法院不予支持。

(4) 甲与丁之间的房屋买卖合同生效。根据规定，当事人之间订立有关设立、变更、转让和消灭不动产物权的合同，除法律另有规定或者合同另有约定外，自合同成立时生效；未办理物权登记的，不影响合同效力。

(5) 戊取得了房屋所有权。根据规定，不动产物权的设立、变更、转让和消灭，经依法登记后发生效力。在本题中，甲和戊于4月15日办理了过户登记手续，戊自4月15日起依法取得了该房屋的所有权。

（6）丁的主张不能得到支持。根据规定，在出卖人就同一标的物订立多重买卖合同的情形，如果合同均不具有《合同法》第52条规定的无效情形，买受人因不能按照合同约定取得标的物的所有权，可以请求追究出卖人的违约责任。在本题中，由于戊已经依法取得该房屋的所有权，丁不能请求甲返还房屋，但有权要求甲承担违约责任。

【案例6】（2013年）

2011年9月8日，甲公司与乙公司订立合同，以每台30万元的价格购买20台货车。双方约定，甲公司应在乙公司交货后半年内付清全部货款，并以甲公司通过划拨方式取得的某国有建设用地使用权提供抵押担保。甲乙双方办理了抵押登记。10月12日，乙公司交付了20台货车，次日，甲乙双方办理了货车所有权登记。

2011年11月，甲公司在已设定抵押的土地上开始建造办公楼，2012年6月建成。2012年8月，甲公司以该办公楼作抵押，从丙银行贷款300万元，期限为6个月。甲丙双方办理了抵押登记。

2012年1月26日，甲公司将20台货车出租给丁公司，每台月租金1万元，租期3年，但甲丁双方未签订书面租赁合同。由于资金周转困难，甲公司于2012年10月10日以每台20万元的价格将20台货车卖给戊公司。

戊公司受让货车后，通知丁公司向自己缴纳租金，丁公司主张：戊公司并非出租人，无权向其收取租金；甲公司侵害了其优先购买权，应承担相应责任。戊公司催收租金无果，遂通知丁公司解除租赁合同，要求其立刻交回货车。

甲公司未按期向乙公司支付购车款，乙公司遂提起诉讼，并主张实现抵押权。在强制执行过程中，甲公司已设定抵押的建设用地使用权连同地上的办公楼共拍卖得款1200万元，其中办公楼的对应价款为350万元。土地管理部门提出，应从拍卖款中优先补缴650万元的土地出让金。丙银行则主张对拍卖款中办公楼的对应价款享有优先受偿权。

要求：

根据上述内容，分别回答下列问题：

（1）甲公司何时从乙公司处取得货车所有权？并说明理由。

（2）甲公司与丁公司的货车租赁合同是否因未采用书面形式而无效？并说明理由。

（3）戊公司是否有权要求丁公司支付租金？并说明理由。

（4）戊公司是否有权要求丁公司立刻交回货车？并说明理由。

（5）丁公司是否对货车享有优先购买权？并说明理由。

（6）土地管理部门是否有权要求从拍卖价款中优先补缴650万元土地出让金？并说明理由。

（7）乙公司在实现抵押权时享有优先受偿权的金额是多少？并说明理由。

【案例6答案】

（1）甲公司于2011年10月12日取得货车的所有权。根据规定，对于船舶、航空器和机动车等特殊动产，其所有权的移转仍以交付为要件，而不以登记为要件。

（2）甲公司与丁公司的货车租赁合同不因未采用书面形式而无效。根据规定，租赁期限6个月以上的，合同应当采用书面形式。当事人未采用书面形式的，视为不定期租赁。在本题中，甲公司与丁公司签订的3年期租赁合同未采用书面形式，该租赁合同仍然有效，但视为不定期租赁。

（3）戊公司有权要求丁公司支付租金。根据规定，租赁物在租赁期间发生所有权变动的，不影响租赁合同的效力，即“买卖不破租赁”。在本题中，原租赁合同对承租人丁公司和新出租人戊公司继续有效，戊公司有权要求丁公司支付租金。

（4）戊公司无权要求丁公司立刻交回货车。根据规定，对于不定期租赁，出租人或者承租人均可以随时解除合同，但出租人解除合同应当在合理期限之前通知承租人。

（5）丁公司对货车不享有优先购买权。根据规定，只有在房屋租赁中承租人才享有优先购买权，对于其他标的物的租赁，并不适用优先购买权。

（6）土地管理部门有权要求从拍卖价款中优先补缴650万元土地出让金。根据规定，拍卖划拨的国有土地使用权所得的价款，应当首先依法缴纳相当于应缴纳的土地使用权出让金的款额，抵押权人可主张剩余价款的优先受偿权。

（7）乙公司在实现抵押权时享有优先受偿权的金额是200万元。根据规定，建设用地使用权抵押后，该土地上新增的建筑物不属于抵押财产。对该建设用地使用权实现抵押权时，应当将该土地上新增的建筑物与建设用地使用权一并处分，但新增建筑物所得的价款，抵押权人无权优先受偿。在本题中，甲公司已设定抵押的建设用地使用权连同地上的办公楼共拍卖得款1200万元，扣掉办公楼的对应价款350万元后，余款850万元应当依法补缴650万元土地出让金，乙公司对剩余的200万元享有优先受偿权。

【案例7】（2013年）

2011年10月12日，甲公司与乙银行签订合同，借款3000万元用于技术改造，期限3年。甲公司以所属10台数控机床向乙银行提供抵押担保，但未办理抵押登记。同时，应乙银行的要求，丙公司为甲公司的前述债务向乙银行提供了连带责任保证，但未约定与抵押担保的责任承担顺序。

后因甲公司厂房坍塌，抵押的9台数控机床毁损，仅1台幸存。经乙银行请求，甲公司又将所属一幅建设用地的使用权抵押给乙银行，为所欠乙银行3000万元借款提供担保。为此，双方于2013年3月10日签订抵押合同，并约定，若甲公司到期不能还款，则该建设用地使用权归乙银行。双方办理了抵押登记。

甲公司为解决流动资金短缺，于2013年4月5日与不知情的丁公司签订买卖合同，将幸存的一台已为乙银行设定抵押的数控机床以500万元的价格出售给丁公司。丁公司依约于签订合同的次日向甲公司支付了全部价款，并拟于2013年4月12日提货。2013年4月10日，甲公司又将该机床以500万元的价格卖给了不知情的戊公司。戊公司依约于签订合同的当日提走了该数控机床，并拟于4月底之前将价款支付给甲公司。丁公司依约前来提货时，发现机床已被戊公司提走，遂以自己是机床所有权人为由要求戊公司返还，被戊公司拒绝。

要求：

根据上述内容，分别回答下列问题：

（1）甲公司与乙银行约定“如甲公司到期不能按时还款，则建设用地使用权归乙银行”是否有效？并说明理由。

（2）甲公司与丁公司之间买卖数控机床的合同是否有效？丁公司是否取得了该机床的所有权？并分别说明理由。

（3）甲公司与戊公司之间买卖数控机床的合同是否有效？戊公司是否取得了该机床的所有权？并分别说明理由。

（4）丁公司是否有权以自己是机床所有权人为由要求戊公司返还？并说明理由。

（5）乙银行能否对甲公司已售出的数控机床行使抵押权？并说明理由。

（6）乙银行可否选择不行使其在建设用地使用权上的抵押权，而首先要求丙公司就甲公司所负担的全部债务承担保证责任？并说明理由。

【案例7答案】

（1）该约定无效。根据规定，抵押权人在债务履行期届满前，不得与抵押人约定债务人不履行到期债务时抵押财产归债权人所有。

(2) ①甲公司与丁公司之间买卖数控机床的合同有效。根据规定，甲公司将该机床卖给丁公司的行为属于无权处分，但甲公司与丁公司之间买卖数控机床的合同原则上属于有效合同，当事人一方以出卖人在缔约时对标的物没有所有权或者处分权为由主张合同无效的，人民法院不予支持；②丁公司未取得该机床的所有权。根据规定，由于甲公司未向丁公司交付该机床，丁公司不能基于善意取得制度取得该机床的所有权。

(3) ①甲公司与戊公司之间买卖数控机床的合同有效。根据规定，甲公司将该机床卖给戊公司的行为属于无权处分，但甲公司与戊公司之间买卖数控机床的合同原则上属于有效合同，当事人一方以出卖人在缔约时对标的物没有所有权或者处分权为由主张合同无效的，人民法院不予支持；②戊公司取得了该机床的所有权。根据规定，戊公司基于善意取得制度依法取得了该机床的所有权(与是否已经支付价款没有关系)。

(4) 丁公司无权要求戊公司返还。根据规定，丁公司未取得该机床的所有权，而戊公司则基于善意取得制度依法取得了该机床的所有权，丁公司无权以自己是机床所有权人为由要求戊公司返还。

(5) 乙银行不能对甲公司已售出的数控机床行使抵押权。根据规定，当事人以生产设备等设定抵押，抵押权自抵押合同生效时设立。但未经登记，不得对抗善意第三人。在本题中，甲公司以其数控机床向乙银行提供抵押担保时，未办理抵押登记，因此，抵押权人乙银行不能对抗善意第三人。

(6) 乙银行不能首先要求丙公司承担保证责任。根据规定，被担保的债权既有物的担保又有人的担保的，债务人不履行到期债务时，债权人应当按照约定实现债权；没有约定或者约定不明确，债务人自己提供物的担保的，债权人应当先就该物的担保实现债权。在本题中，在未约定担保责任承担顺序的情况下，由于物的担保由主债务人甲公司提供，乙银行应当首先就甲公司提供的物保行使抵押权，而不能首先要求丙公司承担保证责任。

【案例 8】(2014 年)

2007 年 11 月，A 公司向 B 银行借款 2000 万元，期限 2 年。A 公司将其所属一栋房屋作为抵押并办理了抵押登记。

2008 年 1 月，A 公司与 C 公司签订书面合同，将该房屋出租给 C 公司，租期 5 年，月租金 5 万元，每年 1 月底前一次付清全年租金。2009 年 1 月，经 A 公司同意，C 公司与 D 公司订立书面合同，将该房屋转租给 D 公司，租期 4 年，月租金 8 万元。根据约定，D 公司的租金缴付方式为：每年 1 月底前向 C 公司缴付 3 万元，向 A 公司缴付 5 万元。但合同签订后，D 公司除向 C 公司缴付了 3 万元租金外，一直未向 A 公司缴付，C 公司也未向 A 公司缴付 2009 年租金。

后 A 公司无力清偿对 B 银行的借款，经 B 银行同意，A 公司于 2009 年年底与 E 公司签订买卖合同，以 2000 万元的市场价格将房屋售与 E 公司，并约定 2010 年 1 月初办理过户登记。

2010 年 1 月 1 日，D 公司因违反约定使用房屋引发火灾，造成房屋损失 100 万元。C 公司为此解除了与 D 公司的转租合同并收回房屋。1 月 5 日，C 公司对因火灾造成的房屋损失向 A 公司赔偿 100 万元。

A 公司与 E 公司于 2010 年 1 月 6 日依约办理了房屋过户手续。E 公司要求 C 公司腾退房屋，C 公司以“买卖不破租赁”为由予以拒绝。次日，C 公司进而向 A 公司主张，A 公司未告知其房屋出售之事，侵害了自己的优先购买权，A 公司和 E 公司之间的买卖合同因此无效，E 公司并未取得房屋所有权。

E 公司发现房屋受损，经与 A 公司协商，E 公司在应支付房屋价款中扣除 100 万元，只向 A 公司支付了 1900 万元。A 公司将此 1900 万元支付给 B 银行，B 银行则认为，其对于 A 公司因房屋受损而获得的 100 万元赔偿款也享有优先受偿权。此外，A 公司和 E 公司均认为，欠缴的 2009 年全年租金应由自己收取。

要求：

根据上述内容，分别回答下列问题：

（1）C 公司关于 A 公司和 E 公司之间的房屋买卖合同无效的主张是否成立？并说明理由。

（2）C 公司能否以“买卖不破租赁”为由拒绝 E 公司腾退房屋的要求？并说明理由。

（3）C 公司是否有权解除与 D 公司的租赁合同？并说明理由。

（4）C 公司是否有义务就房屋毁损向 A 公司赔偿 100 万元？并说明理由。

（5）B 银行关于其对 A 公司获得的 100 万元赔偿款享有优先受偿权的主张是否成立？并说明理由。

（6）是 A 公司还是 E 公司有权主张欠缴的 2009 年全年的房屋租金？应向 C 公司还是 D 公司主张该租金？并分别说明理由。

【案例 8 答案】

（1）C 公司的主张不成立。根据规定，出租人出卖租赁房屋未在合理期限内通知承租人或者存在其他侵害承租人优先购买权的情形，承租人请求出租人承担赔偿责任的，人民法院应予支持；但请求确认出租人与第三人签订的房屋买卖合同无效的，人民法院不予支持。

（2）C 公司不能拒绝 E 公司腾退房屋的要求。根据规定，抵押权设立后抵押财产出租的，该租赁关系不得对抗已登记的抵押权，抵押权实现后，租赁合同对受让人不具有约束力。

（3）C 公司有权解除与 D 公司的租赁合同。根据规定，承租人未按照约定的方法或者租赁物的性质使用租赁物，致使租赁物受到损失的，出租人可以解除合同并要求赔偿损失。

（4）C 公司有义务就房屋毁损向 A 公司赔偿 100 万元。根据规定，承租人经出租人同意，可以将租赁物转租给第三人，承租人与出租人的租赁合同继续有效，第三人对租赁物造成损失的，承租人应当赔偿损失。在本题中，对于 D 公司造成的房屋损失，承租人 C 公司应当向出租人 A 公司赔偿损失。

（5）B 银行的主张成立。根据规定，在抵押物灭失、毁损或者被征收的情况下，抵押权人可以就该抵押物的保险金、赔偿金或者补偿金优先受偿。

（6）①A 公司有权主张。根据规定，2009 年期间，E 公司尚未取得该房屋的所有权，租赁合同的出租人依然是 A 公司，故 A 公司有权主张在此期间内的租金；②应向 C 公司主张该租金。根据规定，与 A 公司订立房屋租赁合同的是 C 公司，D 公司不是该租赁合同的当事人，根据合同相对性原理，A 公司只能向 C 公司主张租金。

【案例 9】（2014 年）

2013 年 3 月 18 日，甲机械公司与乙融资租赁公司接洽融资租赁某型号数控机床事宜，同年 4 月 1 日，乙按照甲的要求与丙精密设备公司签订了购买 1 台某型号数控机床的买卖合同。丁以乙的保证人身份在该买卖合同上签字，但合同中并没有保证条款，丙和丁亦未另行签订保证合同。乙和丙之间签订的买卖合同约定，机床价格为 1200 万元，乙在缔约当日向丙支付首期价款 400 万元，丙在收到首期价款后 1 个月内将机床交付给甲，乙在机床交付之后的 8 个月内，每月向丙支付价款 100 万元。

乙与丙签订买卖合同的当日，与甲签订了融资租赁合同，但该合同未就租赁期届满后租赁物所有权的归属作出约定。2013 年 5 月 1 日，丙依约向甲交付了机床。

2013 年 8 月 8 日，甲在未告知乙的情况下，以所有权人身份将该机床以市场价格出售给戊，戊不知甲只是机床承租人，收到机床后即付清约定价款。乙知悉上述情况后，以甲不是机床所有权人为由，主张甲戊之间的买卖合同无效，并主张自己仍为机床所有权人，要求戊返还机床。

2013 年 11 月 2 日，由于乙连续 3 个月未支付机床价款 300 万元，丙要求乙一次性支付到期和未到期的全部价款共 500 万元，乙认为丙无权要求支付尚未到期的 200 万元价款，并拒绝支付任何款项。丙遂要求丁承担保证责任，丁予以拒绝，理由有二：第一，自己仅在买卖合同上以保证人身份签字，既无具体的保证条款，亦无单独的保证合同，因此保证关系不成立；第二，即使保证成立，因未约定连带责任保证，所成立的也只是一般保证，丙不应在人民法院执行乙的财产之前要求自己承担保证责任。

要求：

根据上述内容，分别回答下列问题：

(1) 乙关于甲与戊之间的机床买卖合同无效的理由是否成立？并说明理由。

(2) 乙关于自己仍为机床所有权人并要求戊返还机床的主张是否成立？并说明理由。

(3) 乙关于丙无权要求支付尚未到期的 200 万元价款的主张是否成立？并说明理由。

(4) 丁与丙之间的保证关系是否成立？并说明理由。

(5) 丁关于保证方式为一般保证的主张是否成立？并说明理由。

(6) 若机床未被甲出售给戊，甲和乙之间的融资租赁合同到期后，机床所有权归属于谁？并说明理由。

【案例 9 答案】

(1) 乙的理由不成立。根据规定，出卖人对标的物没有所有权或者处分权，并不影响买卖合同的效力。

(2) 乙的主张不成立。根据规定，尽管承租人甲的行为构成无权处分，但戊基于善意取得制度已经依法取得了该机床的所有权，乙已经丧失了对该机床的所有权，乙无权要求戊返还该机床。

(3) 乙的主张不成立。根据规定，分期付款的买受人未支付到期价款的金额达到全部价款 1/5 的，出卖人可以要求买受人一并支付到期与未到期的全部价款或者解除合同。在本题中，乙未支付的到期价款为 300 万元，已经超过了合同总价款（1200 万元）的 1/5，丙有权要求乙支付到期（300 万元）与未到期（200 万元）的全部价款。

(4) 保证关系成立。根据规定，主合同中虽然没有保证条款，但保证人在主合同上以保证人的身份签字或者盖章的，保证合同成立。

(5) 丁的主张不成立。根据规定，当事人对保证方式没有约定或者约定不明确的，按照连带责任保证承担保证责任。

(6) 机床的所有权归出租人乙。根据规定，在融资租赁合同中，对租赁物的归属没有约定或者约定不明确，依照《合同法》有关规定仍不能确定的，租赁物的所有权归出租人。

【案例 10】（2015 年）

甲曾任乙装修公司经理，2013 年 3 月辞职。5 月 8 日，为获得更多折扣，甲使用其留有的盖有乙公司公章的空白合同书，以乙公司名义与丙公司订立合同，购买总价 15 万元的地板，合同约定，6 月 7 日丙公司将地板送至指定地点，乙公司于收到地板后 3 日内验货，地板经验收合格后，乙公司一次性付清全部价款，对于甲离职一事，丙公司并不知情。丙公司于约定日期将地板送至指定地点，并要求乙公司付款，乙公司同意付款，并同意将地板以相同价格转卖给甲，但要求甲为该笔货款的支付提供担保。6 月 8 日，丁以其所有的一辆小汽车为甲提供抵押担保，但未办理抵押登记；戊也为甲提供了付款保证，但未约定是连带责任保证还是一般保证，当事人亦未约定丁和戊分别为甲提供担保的实现顺序。

乙公司在未检验地板的情况下，即于6月10日向丙公司付清了货款，但甲未向乙公司付款，乙公司要求戊承担保证责任，戊拒绝，理由有二：第一，乙公司必须先向丁实现抵押权；第二，戊承担一般保证责任，享有先诉抗辩权。

乙公司多次催告，甲仍不付款，8月25日，乙公司宣布解除与甲的地板转卖合同，将地板从甲处取回。次日，乙公司发现丙公司交付的地板约有1/3质量不符合合同约定，遂向丙公司要求退货。

要求：

根据上述内容，分别回答下列问题：

(1) 甲以乙公司名义与丙公司签订的地板买卖合同是否有效？并说明理由。

(2) 乙公司是否取得了对小汽车的抵押权？并说明理由。

(3) 戊关于乙公司必须先向丁实现抵押权的主张是否成立？并说明理由。

(4) 戊关于其承担的是一般保证责任，享有先诉抗辩权的说法是否成立？并说明理由。

(5) 乙公司是否有权解除其与甲的地板转卖合同？并说明理由。

(6) 乙公司发现地板质量不合格后，是否有权向丙公司要求退货？并说明理由。

【案例 10 答案】

(1) 买卖合同有效。根据规定，行为人没有代理权、超越代理权或者代理权终止后，仍然实施代理行为，相对人有理由相信行为人有代理权的，代理行为有效。

(2) 乙公司取得了小汽车的抵押权。根据规定，当事人以交通运输工具设定抵押，抵押权自抵押合同生效时设立；但未经登记的，不得对抗善意第三人。

(3) 戊的主张不成立。根据规定，被担保的债权既有第三人提供的物的担保又有人的担保，如果当事人对担保责任的承担顺序事先有明确约定的，按照约定执行；当事人对承担担保责任的顺序没有约定或者约定不明确的，债权人可以执行第三人的物保，也可以首先要求保证人承担保证责任。在本题中，当事人未约定担保责任的承担顺序，乙公司可以直接要求戊承担保证责任。

(4) 戊的说法不成立。根据规定，当事人对保证方式没有约定或者约定不明确的，按照连带责任保证承担保证责任。在本题中，戊承担的是连带责任保证，不享有先诉抗辩权。

(5) 乙公司有权解除合同。根据规定，当事人一方迟延履行主要债务，经催告后在合理期限内仍未履行的，对方当事人可以解除该合同。

(6) 乙公司无权要求丙公司退货。根据规定，买受人应当在检验期间内将标的物的数量或者质量不符合约定的情形通知出卖人；买受人怠于通知的，视为标的物的数量或者质量符合约定。在本题中，乙公司在未检验的情况下直接向丙公司结清了全部价款，属于怠于通知，视为标的物的质量符合约定，乙公司无权要求丙公司退货。

【案例 11】(2015 年)

2015年3月2日，甲将其生产的一批价值30万元的设备寄存于乙的仓库，寄存期限截至2015年4月30日。3月5日，甲将该批设备抵押给债权人A公司，双方签订了书面抵押合同，但未办理抵押登记。

3月9日，乙向丙谎称该批设备属于自己，以35万元的价格将该批设备卖给丙。事后，不知情的丙全额付款并取走设备。3月16日，丙将该批设备以40万元的价格卖给丁。3月20日，丙交付设备，丁向丙付款。

3月25日，A公司对甲的债权到期，甲无力偿还，A公司拟就该批设备行使抵押权。此时，甲才得知乙已将该批设备出卖给丙，甲要求乙承担违约责任并要求丙返还设备，丙告知甲已将设备转卖给丁。甲要求丁返还设备，A公司则向丁主张就该批设备行使抵押权，均遭丁的拒绝。

4月9日，丁发现该批设备存在严重质量瑕疵，无法投入使用，遂主张解除与丙之间的买卖合同，并要求丙赔偿损失，丙以该质量瑕疵在乙向其交付设备时已经存在，丁遂要求乙承担违约责任。

要求：

根据上述内容，分别回答下列问题：

(1) 丙是否取得了从乙处购买的设备的所有权？并说明理由。

(2) 甲是否有权要求丁返还设备？并说明理由。

(3) A公司能否就该批设备行使抵押权？并说明理由。

(4) 丁是否有权解除与丙之间的买卖合同？并说明理由。

(5) 丁是否有权要求乙承担违约责任？并说明理由。

(6) 对于甲的损失，谁是赔偿义务人？并说明理由。

【案例11答案】

(1) 丙取得了该设备的所有权。根据规定，乙的行为构成无权处分，但丙基于善意取得制度依法取得了该设备的所有权。

(2) 甲无权要求丁返还设备。根据规定，丙基于善意取得制度已经依法取得了该批设备的所有权，丙将该批设备再卖给丁时，丙的行为属于有权处分，且该批设备已经交付，故丁自交付之日起即取得该批设备的所有权，因此甲无权要求丁返还设备。

(3) A公司不能行使抵押权。根据规定，当事人以生产设备设定抵押的，抵押权自抵押合同生效时设立；但未经登记，不得对抗善意第三人。在本题中，A公司的抵押权虽已经设立，但未经登记，不能对抗善意第三人，因此A公司不能就该批设备行使抵押权。

(4) 丁有权解除与丙之间的买卖合同。根据规定，因当事人一方的违约行为致使不能实现合同目的的，对方当事人有权解除合同。

(5) 丁无权要求乙承担违约责任。根据合同的相对性原理，违约责任只能在特定的具有合同关系的当事人之间发生。在本题中，乙和丁之间并无合同关系，丁无权要求乙承担违约责任。

(6) 乙是赔偿义务人。根据规定，由于甲、乙之间存在保管合同关系，保管人乙违反保管合同的约定，构成违约，因此乙应当向甲承担赔偿责任。

【案例12】(2016年)

2014年3月5日，机床生产商甲公司向乙公司出售机床20台，每台20万元。乙公司因资金周转困难，欲向丙银行贷款400万元，并与甲公司约定："仅在乙公司的400万元银行借款于2014年6月2日前到账时，机床买卖合同始生效。"

2014年4月2日，乙公司与丙银行签订借款合同，并以其自有房屋一套为丙银行设定抵押。双方签订了书面抵押合同，但未办理抵押登记。直至6月16日，乙公司始获得丙银行发放的3个月短期贷款400万元。6月17日，乙公司请求甲公司履行机床买卖合同，甲公司以合同未生效为由拒绝。

2014年5月20日，甲公司与丁公司签订买卖合同。双方约定："甲公司向丁公司出售机床5台，每台21万元；甲公司应于2014年7月11日前交付机床，交付机床的同时，丁支付货款。"6月20日，丁公司与乙公司签订买卖合同，将拟从甲公司购入的5台机床以每台22万元的价格转售给乙公司。双方约定于7月12日交货付款。

6月5日，甲公司的债权人戊公司要求其清偿到期债务100万元。甲公司遂将对丁公司的合同债权让与戊公司用于抵债，并通知丁公司，丁公司表示反对。7月11日，甲公司欲向丁公司交付机床，同时要求丁公司将货款支付给戊公司。丁公司拒绝向戊公司付款，甲公司遂停止交付机床。

7月12日，乙公司请求丁公司交付机床，丁公司无货可交。7月20日，乙公司另行购得机床5台，共计花费120万元。7月28日，乙公司请求丁公司赔偿其另行购买机床多花费的10万元。

9月16日，乙公司无法偿还丙银行到期贷款，丙银行要求实现在乙公司房屋上设定的抵押权。

要求：

根据上述内容，分别回答下列问题：

(1) 甲公司是否有义务向乙公司交付机床？并说明理由。

(2) 乙公司与丙银行之间的抵押合同是否有效？并说明理由。

(3) 丁公司反对甲公司将债权转让给戊公司，该债权转让是否有效？并说明理由。

(4) 丁公司拒绝向戊公司付款，甲公司是否有权停止向丁公司交付机床？并说明理由。

(5) 乙公司是否有权请求丁公司赔偿其另行购买机床多花费的10万元？并说明理由。

(6) 丙银行要求实现抵押权的主张能否得到支持？并说明理由。

【案例12答案】

(1) 甲公司无义务向乙公司交付机床。根据规定，附生效条件的合同，自条件成就时生效。在本题中，甲乙双方约定合同生效的条件为“乙公司的银行借款于2014年6月2日前到账”，但乙公司的银行借款于6月16日才到账，不满足双方约定的条件，机床买卖合同未生效，甲公司无须交付机床。

(2) 乙公司与丙银行之间的抵押合同有效。根据规定，当事人之间订立有关设立、变更、转让和消灭不动产物权的合同，除法律另有规定或者合同另有约定外，自合同成立时生效；未办理物权登记的，不影响合同效力。

(3) 甲公司对戊公司的债权转让有效。根据规定，债权人转让权利的，无须债务人同意，但应当通知债务人，未经通知的，该转让行为对债务人不生效。在本题中，甲公司向戊公司转让债权无须取得债务人丁公司的同意，甲公司通知丁公司后，该债权转让即对丁公司产生法律效力。

(4) 甲公司有权停止向丁公司交付机床。根据规定，双务合同的当事人互负债务，没有先后履行顺序的，应当同时履行。一方在对方履行之前有权拒绝其履行要求。在本题中，双方约定甲公司交付机床的同时，丁公司支付货款。当丁公司拒绝支付货款时，甲公司可以行使同时履行抗辩权，停止交付机床。

(5) 乙公司有权请求丁公司赔偿其另行购买机床多花费的10万元。根据规定，损失赔偿额应当相当于因违约所造成的损失，包括合同履行后可以获得的利益，但不得超过违约方订立合同时预见到或者应当预见到的因违反合同可能造成的损失。在本题中，乙公司另行购买机床所花费的10万元属于因丁公司违约所遭受的实际损失，有权要求丁公司赔偿。

(6) 丙银行要求实现抵押权的主张不能得到支持。根据规定，以不动产设定抵押的，抵押权自登记时设立。在本题中，乙公司以房屋设定抵押时并未办理抵押登记，丙银行的抵押权未设立。

【案例13】(2016年)

甲将其位于某住宅楼顶层的一套住房出租给乙，租期2年，月租金9000元，但未约定租金支付方式。书面租赁合同签订当日，乙向甲支付了1年的租金。

租期第2个月，房屋天花板严重漏雨。乙通知甲维修，甲以合同未约定维修条款为由拒绝。乙只好自己找人维修，花去维修费8000元，维修期间房屋无法居住，乙全家住酒店10天，住宿费用3000元。

租期第5个月，乙全家出国半年。行前，乙经甲同意将房屋转租给丙，租期半年，丙租住期间，因使用不当，将甲的洗衣机损坏。乙回国后，甲要求乙赔偿洗衣机损坏的损失，乙提出洗衣机系由丙损坏，甲应向丙索赔。

租期第13个月，甲要求乙支付第二年租金，乙拒绝。同时，乙要求甲支付天花板维修费8000元，并减免维修期间相当于酒店住宿费用的租金3000元，甲拒绝。

租期第14个月，乙在未告知甲的情况下，在客厅造了一个壁炉。甲知悉后，要求乙拆除。

租期第16个月，甲在未通知乙的情况下，将房屋出卖给自己的姐姐丁并于3天后办理房屋转让登记。乙以优先购买权受到侵害为由，要求甲承担赔偿责任，丁则通知乙1个月内搬出。

要求：

根据上述内容，分别回答下列问题：

(1) 甲是否有义务维修房屋天花板？乙是否有权要求甲支付天花板维修费用并减免维修期间相当于酒店住宿费用的租金？并分别说明理由。

(2) 甲是否有权要求乙赔偿洗衣机损坏的损失？并说明理由。

(3) 租期第13个月时，乙是否有权拒绝甲关于支付第二年租金的要求？并说明理由。

(4) 甲是否有权要求乙拆除壁炉？并说明理由。

(5) 丁是否取得了房屋所有权？并说明理由。

(6) 乙关于其优先购买权受到侵害的主张是否成立？并说明理由。

(7) 丁是否有权要求乙1个月内搬出？并说明理由。

【案例13答案】

(1) ①甲有义务维修天花板。根据规定，出租人（甲）应当履行租赁物的维修义务，但当事人另有约定的除外；②乙有权要求甲支付天花板维修费用并减免维修期间相当于酒店住宿费用的租金。根据规定，出租人未履行维修义务的，承租人可以自行维修，维修费用由出租人负担。因维修租赁物影响承租人使用的，应当相应减少租金或者延长租期。

(2) 甲有权要求乙赔偿洗衣机损坏的损失。根据规定，承租人经出租人同意，可以将租赁物转租给第三人，承租人与出租人的租赁合同继续有效，第三人（丙）对租赁物造成损坏的，承租人（乙）应当承担赔偿责任。

(3) 乙有权拒绝甲关于支付第二年租金的要求。根据规定，对租金的支付期限未约定或者约定不明确的，当事人可以协议补充，不能达成补充协议的，可以根据合同的有关条款或者交易习惯确定；仍不能确定的，租赁期限1年以上的，应当在每届满1年时支付，剩余期间不满1年的，应当在租赁期限届满时支付。

(4) 甲有权要求乙拆除壁炉。根据规定，承租人未经出租人同意，对租赁物进行改善或者增设他物的，出租人可以要求承租人恢复原状或者赔偿损失。

(5) 丁取得了房屋所有权。根据规定，不动产物权的设立、变更、转让和消灭，经依法登记，发生效力。在本题中，甲与丁已经办理了房屋转移登记手续，丁依法取得了房屋所有权。

(6) 乙的主张不成立。根据规定，出租人将房屋出卖给其近亲属（包括配偶、父母、子女、兄弟姐妹、祖父母、外祖父母、孙子女、外孙子女），承租人主张优先购买房屋的，人民法院不予支持。

(7) 丁无权要求乙1个月内搬出。根据规定，租赁物在租赁期间发生所有权变动的，不影响租赁合同的效力。在本题中，甲与乙签订的租赁合同在房屋所有权转移至丁后继续有效，在原租赁合同有效期限内，丁无权要求乙搬出。

【案例 14】（2017 年）

【解释】本题根据 2020 年教材进行了修改。

2016 年 4 月 4 日，甲公司从乙银行借款 80 万元，用于购置 A 型号自行车 1000 辆，借款期限自 2016 年 4 月 4 日至 2016 年 6 月 4 日，并以价值 90 万元的自有房屋一套为乙银行设定抵押并办理了抵押登记。同时，乙银行与丙公司签订书面保证合同，约定丙公司为甲公司的借款承担连带保证责任。

因自行车价格上调，甲公司于 4 月 5 日，又向乙银行追加借款 20 万元，借款期限自 2016 年 4 月 5 日至 2016 年 6 月 4 日。

4 月 7 日，甲公司与自行车生产商丁公司正式签署买卖合同。合同约定：丁公司为甲公司提供 A 型号自行车 1000 辆，总价 100 万元，甲公司应于 4 月 9 日、4 月 20 日分别支付价款 50 万元，丁公司应于 4 月 16 日、4 月 27 日分别交付 A 型号自行车 500 辆。双方未就自行车质量问题作出约定。

4 月 9 日，甲公司向丁公司支付第一期自行车价款 50 万元。4 月 16 日，丁公司交付 A 型号自行车 500 辆。甲公司在验货时发现该批自行车存在严重质量瑕疵，非经维修无法符合使用要求。4 月 18 日，甲公司表示同意收货，但要求丁公司减少价款，被丁公司拒绝。理由是：第一，双方未就自行车的质量要求作出约定；第二，即使自行车存在质量问题，甲公司也只能就质量问题导致的损失要求赔偿。

4 月 20 日，丁公司请求甲公司支付第二期自行车价款 50 万元，甲公司调查发现，丁公司经营状况严重恶化，可能没有能力履行合同，遂告知丁公司暂不履行合同并要求丁公司在 15 天内提供具有足够履约能力的保证，丁公司未予理会。

5 月 6 日，丁公司发函告知甲公司：如果再不付款，将向人民法院起诉甲公司违约。甲公司收到函件后，了解到丁公司经营状况继续恶化，便通知丁公司解除未交付的 500 辆自行车买卖合同。

5 月 20 日，甲公司隐瞒已受领的 500 辆自行车的质量瑕疵，将该批自行车以 30 万元卖与戊公司，约定 6 月 30 日付款交货。5 月 25 日，庚公司告知甲公司，愿以 35 万元购买上述 500 辆自行车。5 月 30 日，甲公司以自己隐瞒质量瑕疵为由，主张撤销与戊公司之间的买卖合同。

6 月 4 日，甲公司无力偿还乙银行两笔贷款，乙银行考虑到拍卖抵押房屋比较繁琐，遂直接要求丙公司还贷，被丙公司拒绝。

要求：

根据上述内容，分别回答下列问题：

（1）甲公司是否取得已受领自行车的所有权？并说明理由。

（2）甲公司是否有权要求减少价款？并说明理由。

（3）甲公司中止履行向丁公司支付第二期自行车价款的义务，是否构成违约？并说明理由。

（4）甲公司是否有权就未交付的自行车解除合同？并说明理由。

（5）甲公司是否有权请求人民法院撤销与戊公司的买卖合同？并说明理由。

（6）乙银行是否有权要求丙公司偿还第一笔贷款？并说明理由。

（7）乙银行是否有权要求丙公司偿还第二笔贷款？并说明理由。

【案例 14 答案】

（1）甲公司已经取得已受领自行车的所有权。根据规定，动产物权的设立和转让，自交付时发生效力，但法律另有规定的除外。

（2）甲公司有权要求减少价款。根据规定，当事人履行合同义务，质量不符合约定的，应当按照当事人的约定承担违约责任。对违约责任没有约定或者约定不明确，受损害方根据标的的性质以及损失的大小，可以合理选择要求对方承担修理、更换、重作、退货、减少价款或者报酬等违约责任。

（3）不构成违约。根据规定，双务合同中应当先履行义务的一方当事人，有确切证据证明相对人经营状况严重恶化的，可以行使不安抗辩权，中止合同履行。

（4）甲公司有权就未交付的自行车解除合同。根据规定，当事人行使不安抗辩权中止履行后，对方在合理期限内未恢复履行能力并且未提供适当担保的，中止履行的一方可以解除合同。

（5）甲公司无权请求人民法院撤销与戊公司的买卖合同。根据规定，一方以欺诈手段，使对方在违背真实意思的情况下实施的民事法律行为，受欺诈方有权请求人民法院或者仲裁机构予以撤销。在本题中，只有受欺诈方戊公司有撤销权，甲公司无权请求人民法院撤销与戊公司的买卖合同。

（6）乙银行无权要求丙公司偿还第一笔贷款。根据规定，被担保的债权既有物的担保又有人的担保的，债务人不履行到期债务或者发生当事人约定的实现担保物权的情形，债权人应当按照约定实现债权；没有约定或者约定不明确的，债务人自己提供物的担保的，债权人应当先就该物的担保实现债权。

（7）乙银行无权要求丙公司偿还第二笔贷款。根据规定，主合同变更未经保证人同意，如果加重债务人的债务的，保证人对加重的部分不承担保证责任。

【案例15】（2017年）

2016年3月，甲公司因业务需要分别向乙公司和丙公司购买绒布面料和丝质面料。为筹措面料采购资金，甲公司与丁银行签订借款合同，约定借款50万元，借期为自放款日起1个月，月利率为4%。借款合同签订当日，丁银行预先扣除相应利息后发放贷款48万元。戊公司为甲公司借款提供保证，双方未约定保证方式属于一般保证还是连带责任保证。

甲公司和乙公司在绒布面料买卖合同中约定：面料总价40万元，乙公司交付绒布面料3日内一次付清；合同签订次日，甲公司给付定金10万元。合同签订后，甲公司如数给付定金，后因绒布面料价格上涨，乙公司要求加价，被甲公司拒绝，最终，乙公司比约定交货日期迟延10日才向甲公司交货。此时，甲公司因无原料投产，不能向买方按时交货，订单已被原买方取消。甲公司为此遭受损失19万元。鉴于乙公司的履行已无意义，甲公司拒绝接受乙公司履行，通知乙公司解除合同，要求适用定金罚则由乙公司双倍返还定金共20万元，并赔偿全部损失19万元。乙公司不同意解除合同，拒绝赔偿19万元损失，要求甲公司收货并支付货款。

甲公司和丙公司在丝质面料买卖合同中约定：甲公司向丙公司购买丝质面料100匹；甲公司应在收货后10日内检验面料质量并通知丙公司；甲公司于质量检验后3日内支付价款。甲公司收货后，由于业务繁忙，至收货后的第12日才开箱验货，发现面料质量存在问题，不能正常使用，遂通知丙公司解除合同，丙公司拒绝。验货次日，甲公司所在地山洪暴发，丝质面料全部毁损。

甲公司未能按期偿还丁银行借款。丁银行要求戊公司承担保证责任，为甲公司还本付息。戊公司拒绝，理由是：（1）4%的月利率不合法；（2）丁银行应先就甲公司财产强制执行。

要求：

根据上述内容，分别回答下列问题：

（1）甲公司是否有权解除与乙公司的绒布面料买卖合同？并说明理由。

（2）根据定金罚则，甲公司能否要求乙公司返还20万元？并说明理由。

（3）适用定金罚则后，甲公司能否要求乙公司赔偿全部损失19万元？并说明理由。

(4) 甲公司是否有权解除与丙公司的丝质面料买卖合同？并说明理由。

(5) 丝质面料遭山洪毁损的损失由谁承担？并说明理由。

(6) 甲公司与丁银行借款合同约定的4%月利率是否合法？借款到期后，甲公司应向丁银行支付多少利息？并分别说明理由。

(7) 戊公司关于“丁银行应先就甲公司财产强制执行”的理由是否成立？并说明理由。

【案例 15 答案】

(1) 甲公司有权解除与乙公司的绒布面料买卖合同。根据规定，当事人一方迟延履行债务或者有其他违约行为致使不能实现合同目的的，对方当事人可以解除合同。

(2) 甲公司不能要求乙公司返还 20 万元。根据规定，定金数额不得超过主合同标的额的 20%；如果超过 20%的，超过部分无效。在本题中，甲公司向乙公司给付的 10 万元中，8 万元属于定金，2 万元相当于预付款，甲公司只能要求乙公司返还 18 万元（退 10 万元+定金惩罚 8 万元）。

(3) 甲公司不能要求乙公司赔偿全部损失 19 万元。根据规定，买卖合同约定的定金不足以弥补一方违约造成的损失，对方请求赔偿超过定金部分的损失的，人民法院可以并处，但定金和损失赔偿的数额总和不应高于因违约造成的损失。在本题中，甲公司要求乙公司返还 18 万元（其中对乙公司的定金惩罚为 8 万元）之后，只能再要求乙公司赔偿损失 11 万元（19−8=11 万元）。

(4) 甲公司无权解除与丙公司的合同。根据规定，当事人约定检验期间的，买受人应当在检验期间内将标的物的数量或者质量不符合约定的情形通知出卖人。买受人怠于通知的，视为标的物的数量或者质量符合约定。

(5) 损失由甲公司承担。根据规定，标的物毁损、灭失的风险，在标的物交付之前由出卖人承担，交付之后由买受人承担，但法律另有规定或者当事人另有约定的除外。在本题中，由于标的物质量被视为符合约定，应认定丙公司已经成功完成交付，风险应由甲公司承担。

(6) ①甲公司与丁银行借款合同约定的 4%月利率合法。自 2013 年 7 月 20 日起，我国全面放开金融机构贷款利率管制，除个人住房贷款利率浮动区间暂不调整外，金融机构其他贷款利率不再设上下限；②借款到期后，甲公司应向丁银行支付借期内的利息为 1.92 万元（48×4% = 1.92 万元）。根据规定，在借款合同中，借款的利息不得预先在本金中扣除。利息预先在本金中扣除的，应当按照实际借款数额返还借款并计算利息。

(7) 戊公司的理由不成立。根据规定，当事人对保证方式没有约定或者约定不明确的，按照连带责任保证承担保证责任。

【案例 16】（2018 年）

2016 年 6 月 6 日，甲与乙签订委托合同，委托乙出租自有房屋一套并代收租金，委托期间为 2016 年 6 月 6 日至 2018 年 7 月 31 日。2016 年 7 月 4 日，甲向乙出具了授权委托书，载明乙有权代理甲处理房屋出租及租金收取事宜，代理权期间为 2016 年 7 月 4 日至 2018 年 7 月 31 日。2016 年 8 月 1 日，乙以甲的名义与丙签订书面房屋租赁合同，租期为 2016 年 8 月 1 日至 2018 年 7 月 31 日，租金每月 2 万元。2017 年 6 月，该房屋卫生间管道严重漏水，丙请求甲维修，甲以租赁合同中未约定由其承担维修义务为由拒绝，丙自行维修，花费 2000 元。

2018 年 2 月，甲欲出售该房屋，遂通知丙解除租赁合同，丙以甲无权任意解除合同为由拒绝。2018 年 3 月 5 日，甲在未告知丙的情况下，与丁签订买卖合同，以 800 万元的价格将房屋出售给丁。为支付房款，2018 年 3 月 11 日，丁与戊、庚签订借款合同，分别向戊、庚借款 500 万元和 300 万元，借款期限均为 3 个月。同时，丁还分别与戊、庚约定以房屋作为借款抵押。次日，丁向甲支付了房款。2018 年 3 月 20 日，甲和丁办理了房屋过户登记。随后，丁为戊、庚办理了顺位相同的房屋抵押登记。

2018 年 4 月 2 日，丁以其为房屋所有权人为由，要求丙搬离，丙拒绝，并以承租人享有优先购买权为由，主张甲与丁的买卖合同无效。

因丁无力偿还戊、庚的借款，2018 年 7 月 12 日，戊、庚主张实现抵押权。房屋拍卖所得价款为 720 万元，戊、庚均要求就拍卖所得价款全额实现自己的债权。

要求：

根据上述内容，分别回答下列问题：

(1) 甲与乙的委托合同何时生效？乙何时取得代理权？并分别说明理由。

(2) 卫生间管道严重漏水的维修费用 2000 元应当由谁承担？并说明理由。

(3) 甲是否有权解除与丙的租赁合同？并说明理由。

(4) 丁是否有权要求丙搬离？并说明理由。

(5) 丙是否有权主张甲与丁的买卖合同无效？并说明理由。

(6) 戊和庚应如何就房屋拍卖所得价款实现各自的抵押权？并说明理由。

【案例 16 答案】

(1) ①委托合同于 2016 年 6 月 6 日生效。根据规定，委托合同属于诺成合同，自双方当事人意思表示一致时成立并生效；②乙于 2016 年 7 月 4 日取得代理权。根据规定，授权行为属于单方民事法律行为，自授权人甲完成授权意思表示时成立并生效。

(2) 维修费用应当由甲承担。根据规定，出租人应当履行租赁物的维修义务，但当事人另有约定的除外。承租人在租赁物需要维修时可以要求出租人在合理期限内维修。出租人未履行维修义务的，承租人可以自行维修，维修费用由出租人（甲）负担。

(3) 甲无权解除合同。根据规定，依法成立的合同，对双方当事人均具有法律约束力，一方当事人不得擅自变更或者解除合同。

(4) 丁无权要求丙搬离。根据规定，租赁物在租赁期间发生所有权变动的，不影响租赁合同的效力。

(5) 丙无权主张甲与丁的买卖合同无效。根据规定，出租人出卖租赁房屋未在合理期限内通知承租人，承租人请求确认出租人与第三人签订的房屋买卖合同无效的，人民法院不予支持。

(6) 按债权比例清偿。根据规定，抵押权已登记的，按照登记的先后顺序清偿；顺序相同的，按照债权比例清偿。

【案例 17】(2018 年)

2015 年 4 月，甲公司与乙建筑公司签订写字楼建筑工程总承包合同。双方约定：工程造价 4000 万元，工期一年。合同签订后，甲公司依约先行支付 2000 万元工程款，剩余 2000 万元在工程竣工合格后一次付清。

2015 年 5 月，乙公司从丙融资租赁公司租赁塔吊一台。双方约定：租金共计 48 万元，从当年 6 月开始，按月分 12 期支付，每期 4 万元。双方未就乙公司拖欠租金时如何处理以及塔吊在租赁期满后的归属作出约定。

2015 年 8 月，因遭受强台风袭击，塔吊损坏。乙公司为修复塔吊花去维修费 3 万元。乙公司要求丙公司承担维修费，丙公司拒绝。为此，乙公司从 2015 年 9 月开始停止支付租金。

经多次催告，乙公司仍未在合理期限内支付到期租金。2016 年 1 月，丙公司通知乙公司：由于欠交 4 个月租金，乙公司须在 2016 年 2 月的租金支付日支付全部剩余租金，否则解除合同。乙公司无

第四章

奈，在2016年2月将剩余租金一次性全部交清。

租赁期满后，丙公司要求乙公司返还塔吊，乙公司拒绝。

2015年10月，甲公司以在建写字楼作为抵押向A银行借款3亿元，借期1年。双方办理了抵押登记。2016年4月，甲公司从丁公司借款5000万元，借期1个月，月利率3%，甲公司仍以在建写字楼作为抵押，并为丁公司办理了第二顺位抵押登记。

2016年4月，乙公司如期完成工程建设，要求甲公司验收，并要求支付剩余2000万元工程款。甲公司验收合格，但拒绝支付剩余工程款，理由是：根据相关规定，承包该工程需具备一级承包资质，但乙公司在签订建设工程总承包合同时仅有二级资质，一级资质直到2016年1月才取得，故合同无效。

2016年6月，甲公司无力偿还丁公司借款，丁公司诉至人民法院，请求拍卖甲公司写字楼，偿还所欠其借款本金5000万元及利息150万元。2016年6月，写字楼拍卖价款3.5亿元。乙公司要求首先清偿其工程款债权2000万元。A银行要求提存3亿元及利息以确保其债权到期后能获清偿。

要求：

根据上述内容，分别回答下列问题：

（1）甲公司关于乙公司签订建设工程总承包合同时仅有二级资质，合同因此无效的主张是否成立？并说明理由。

（2）丙公司是否有权拒绝承担塔吊的维修费用？并说明理由。

（3）丙公司是否有权要求乙公司在2016年2月支付全部剩余租金？并说明理由。

（4）租赁到期后，塔吊应归属于谁？并说明理由。

（5）对于丁公司向甲公司主张的150万元利息，人民法院应支持多少金额？并说明理由。

（6）乙公司关于写字楼拍得价款首先清偿其工程款债权的主张是否成立？并说明理由。

（7）A银行要求提存3亿元及利息，以确保债权到期后能获清偿是否成立？并说明理由。

【案例17答案】

（1）甲公司的主张不成立。根据规定，承包人超越资质等级许可的业务范围签订建设工程施工合同，在建设工程竣工前取得相应资质等级的，不按无效合同处理。

（2）丙公司有权拒绝承担塔吊的维修费用。根据规定，在融资租赁合同中，承租人（乙公司）应当履行占有租赁物期间的维修义务。

（3）丙公司有权要求乙公司在2016年2月支付全部剩余租金。根据规定，在融资租赁合同中，承租人经催告后在合理期限内仍不支付租金的，出租人可以要求支付全部租金，也可以解除合同、收回租赁物。

（4）塔吊归丙公司。根据规定，出租人和承租人可以约定租赁期间届满租赁物的归属，对租赁物的归属没有约定或者约定不明确，依照《合同法》有关规定仍不能确定的，租赁物的所有权归出租人（丙公司）。

（5）人民法院应支持100万元。根据规定，民间借贷双方约定的利率未超过年利率24%，出借人请求借款人按照约定的利率支付利息的，人民法院应予支持。在本题中，月利率为3%，年利率为36%，超过了24%，故应按24%计算利息，应支付的利息＝5000×（24%÷12）＝100（万元）。

（6）乙公司的主张成立。根据规定，承包人的优先受偿权优于抵押权和其他债权。

（7）A银行的要求成立。根据规定，顺位在后的抵押权所担保的债权先到期的，抵押权人只能就抵押物价值超出顺位在先的抵押担保债权的部分受偿。在本题中，写字楼的拍卖价款，应首先清偿乙公司工程价款2000万元，然后将应支付A银行的3亿元及其利息提存，剩余部分再向丁公司清偿。

【案例18】（2019年）

2018年6月18日，甲向乙借款70万元，借期一年，约定到期本息一并偿还100万元。同时，甲以其市价100万元的挖掘机作抵押，并约定：借款到期，若甲不能偿还，挖掘机归乙所有。双方签订抵押合同，但未作登记。

7月17日，甲、丙口头约定，甲将挖掘机出租于丙，租期7个月。双方对租赁物的维修义务未作约定。

9月20日，挖掘机出现故障，无法正常工作。丙要求甲维修，甲拒绝。丙遂自行维修，花去维修费3万元。丙要求甲支付该笔维修费，未果。

11月2日，甲电话通知丙解除租赁合同，要求丙在15日内返还挖掘机，但未给出任何理由。丙表示拒绝。

11月5日，丙将挖掘机出售于丁，丁不知道丙并非挖掘机的所有权人。同日，丁向丙支付100万元，双方约定11月16日交付挖掘机。

11月15日，丁得知挖掘机的所有权人是甲而不是丙，并且甲不知晓自己与丙的交易。当晚，丁在未通知甲、丙的情况下，自行将挖掘机开走。

11月16日，丁将挖掘机以110万元出售于戊。当日，戊依约付款，丁亦依约交付挖掘机。戊不了解挖掘机之前的交易情况，亦不知道丁并非挖掘机的所有权人。

11月17日，甲要求丙返还挖掘机，发现挖掘机已辗转至戊手。甲遂请求戊返还挖掘机。

甲向乙的借款到期后，甲不能偿还借款本息，乙诉至法院，请求判令甲按双方合同约定偿还借款本息100万元。甲辩称，该借款合同约定的利率超过法律规定的最高利率，故该合同无效。

要求：

根据上述内容，分别回答下列问题：

（1）甲与乙借款合同约定的100万元本息中，多少金额的约定是无效的？并说明理由。

（2）乙向甲主张还款的100万本息中，法院应支持多少金额？并说明理由。

（3）乙对挖掘机的抵押权是否已有效设立？并说明理由。

（4）甲和乙之间“借款到期，若甲不能偿还，挖掘机归乙所有”的约定是否有效？并说明理由。

（5）丙是否有权要求甲支付维修费？并说明理由。

（6）甲与丙之间的租赁合同是否因甲的解约通知而解除？并说明理由。

（7）甲是否有权要求戊返还挖掘机？并说明理由。

【案例18答案】

（1）4.8万元的约定无效。根据规定，借贷双方约定的利率超过年利率36%，超过部分的利息约定无效。

（2）法院应支持86.8万元。根据规定，借贷双方约定的利率未超过年利率24%，出借人请求借款人按照约定的利率支付利息的，人民法院应予支持。

（3）乙的抵押权已经设立。根据规定，以生产设备、原材料、半成品、产品、交通运输工具或者正在建造的船舶、航空器抵押的，抵押权自抵押合同生效时设立，未经登记的，不得对抗善意第三人。

（4）该约定无效。根据规定，抵押权人在债务履行期届满前，不得与抵押人约定债务人不履行到期债务时抵押财产归债权人所有。

（5）丙有权要求甲支付维修费。根据规定，承租人在租赁物需要维修时可以要求出租人在合理期限内维修。出租人未履行维修义务的，承租人可以自行维修，维修费用由出租人负担。

（6）甲与丙之间的租赁合同因甲的解约通知而解除。根据规定，租赁期限6个月以上的，合同应当采用书面形式。当事人未采用书面形式的，视为不定期租赁。对于不定期租赁，出租人或者承租人均可以随时解除合同，但出租人解除合同应当在合理期限之前通知承租人。

（7）甲有权要求戊返还挖掘机。根据规定，丁在未通知甲、丙的情况下自行将挖掘机开走，该挖掘机属于甲的“脱手物”，不适用善意取得制度，丁和戊均不能善意取得该挖掘机的所有权，该挖掘机的所有权仍属于甲，甲有权要求戊返还挖掘机。

【案例 19】（2019 年）

甲、乙二人是在某技校结识的朋友。2017 年 10 月 12 日，两人共同出资购买一台价格为 50 万元的挖掘机，甲出资 10 万元，乙出资 40 万元，双方约定按出资比例共有。

2018 年 7 月 9 日，挖掘机出现故障，无法正常工作。乙在未征得甲同意的情况下请丙维修，维修费 3 万元。乙要求甲分担 20% 的维修费用，甲以维修未征得自己同意为由拒绝。丙要求乙支付全部维修费，乙拒绝。

乙不想再与甲合作，欲将其份额对外转让。2018 年 8 月 2 日，乙发函征询丁的购买意向，同时告知甲：正在寻找份额买主，甲须在接到通知之日起 15 日内决定是否行使优先购买权。甲认为，份额转让须经其同意，况且乙尚在寻找份额买主，在未告知任何交易条件的情况下，要求自己在接到通知之日起 15 日内决定是否行使优先购买权，不符合法律规定，故对乙的通知置之不理。

2018 年 8 月 3 日，甲在未告知乙的情况下，将挖掘机以市价卖给不知情的戊，约定 3 日后交付。

2018 年 8 月 4 日，丁向乙回函称，对乙所占挖掘机份额不感兴趣，想要整台挖掘机。由于甲对乙之前的通知置之不理，乙也不再告知甲，于 8 月 4 日当天将挖掘机转让给丁，并同时交付。

2018 年 8 月 6 日，戊要求甲交付挖掘机时，发现挖掘机已被乙交付给了丁，遂要求丁交出挖掘机，丁拒绝。

要求：

根据上述内容，分别回答下列问题：

（1）挖掘机维修是否需要征得甲的同意？乙是否有权要求甲分担 20% 的维修费用？并分别说明理由。

（2）乙是否有权拒绝向丙支付全部维修费用？并说明理由。

（3）乙的份额转让是否需要征得甲的同意？并说明理由。

（4）乙在寻找份额买主时要求甲在接到通知之日起 15 日内决定是否行使优先购买权，是否符合法律规定？并说明理由。

（5）丁是否取得了挖掘机的所有权？并说明理由。

（6）甲与戊之间买卖挖掘机的行为是否有效？并说明理由。

（7）丁是否有权拒绝戊交出挖掘机的请求？并说明理由。

【案例 19 答案】

（1）①挖掘机维修不需要征得甲的同意。根据规定，按份共有人对共有的不动产或者动产作重大修缮的，应当经占份额 2/3 以上的按份共有人同意，但共有人之间另有约定的除外；②乙有权要求甲分担 20% 的维修费用。根据规定，对共有物的管理费用以及其他负担，有约定的，按照约定；没有约定或者约定不明确的，按份共有人按照其份额负担。

（2）乙无权拒绝向丙支付全部维修费用。根据规定，因共有的不动产或者动产产生的债权债务，在对外关系上，共有人享有连带债权、承担连带债务，但法律另有规定或者第三人知道共有人不具有连带债权债务关系的除外。

（3）乙的份额转让不需要征得甲的同意。根据规定，按份共有人对其享有的份额有权自由处分，无须征得其他按份共有人的同意。

（4）不符合法律规定。根据规定，优先

购买权的行使期间，按份共有人之间有约定的，按照约定处理。没有约定或者约定不明的，转让人向其他按份共有人发出的包含同等条件内容的通知中载明行使期间的，以该期间为准；通知中未载明行使期间，或者载明的期间短于通知送达之日起15日的，为15日。在本题中，通知中未包含载明同等条件的内容，乙要求甲在接到通知之日起15日内决定是否行使优先购买权，不符合法律规定。

(5) 丁取得了挖掘机的所有权。根据规定，动产物权的设立和转让，自交付时发生效力，但法律另有规定的除外。

(6) 甲与戊之间买卖挖掘机的行为有效。根据规定，当事人一方以出卖人在缔约时对标的物没有处分权为由主张合同无效的，人民法院不予支持。

(7) 丁有权拒绝戊交出挖掘机的请求。根据规定，出卖人因未取得所有权或者处分权致使标的物所有权不能转移，买受人要求出卖人承担违约责任或者要求解除合同并主张损害赔偿的，人民法院应予支持。在本题中，丁依法取得了挖掘机的所有权，戊有权要求甲承担违约责任或者要求解除合同并主张损害赔偿，但无权要求丁交出挖掘机。

扫一扫　“码”上做题

303723

本书中各部分试题均配备二维码，下载安装东奥“会计云课堂”APP，扫一扫左侧二维码，即可在线做题，并获得详尽的答案解析、解题思路等超值服务，解决您做题时的一切疑惑。

【“会计云课堂”APP 安装二维码详见封底】

同步强化练习题

一、单项选择题

1. 根据合同法律制度的规定，下列各项中，属于实践合同的是(　　)。

A. 质押合同　　B. 定金合同

C. 抵押合同　　D. 保证合同

2. 2020年3月1日，甲公司经理赵某在产品洽谈会上遇见钱某，钱某告知赵某其所在公司欲出售一批钢材，赵某要求钱某给甲公司发一份要约。3月2日，钱某用快递给甲公司发出要约，收件人为赵某。3月3日，快递被送往甲公司传达室。3月5日，赵某出差归来，传达室将快递送给赵某。3月6日，赵某拆阅快递内容。根据合同法律制度的规定，该要约生效的时间是(　　)。

A. 3月2日　　B. 3月3日

C. 3月5日　　D. 3月6日

3. 甲商场向乙企业发出采购100台电冰箱的要约，乙企业于2020年5月1日寄出承诺信件，5月8日信件寄至甲商场，时逢其总经理外出，5月9日总经理知悉了该信内容，遂于5月10日电话告知乙企业收到承诺。根据合同法律制度的规定，该承诺的生效时间是(　　)。

A. 5月1日　　B. 5月8日

C. 5月9日　　D. 5月10日

4. 陈某以信件发出要约，信件未载明承诺开始日期，仅规定承诺期限为10天。5月8日，陈某将信件投入邮箱；邮局将信件加盖5月9日邮戳发出；5月11日，信件送达受要约人李某的办公室；李某因外出，直至5月15日才知悉信件内容。根据合同法律制度的规定，该承诺期限的起算日为(　　)。

A. 5月8日　　B. 5月9日
C. 5月11日　　D. 5月15日

5. 甲公司于2020年7月1日向乙公司发出要约，出售一批原材料，要求乙公司在1个月内作出答复，该要约于7月2日到达乙公司。当月，因市场行情变化，该种原材料市场价格大幅上升，甲公司拟撤销该要约。根据合同法律制度的规定，下列关于甲公司能否撤销要约的表述中，正确的是(　　)。
A. 不可以撤销该要约，因该要约确定了承诺期限
B. 可以撤销该要约，撤销通知在乙公司发出承诺通知之前到达乙公司即可
C. 可以撤销该要约，撤销通知在承诺期限届满前到达乙公司即可
D. 可以撤销该要约，撤销通知在乙公司发出承诺通知之前发出即可

6. 甲公司于4月1日向乙公司发出订购一批实木沙发的要约，要求乙公司于4月8日前答复。4月2日，乙公司收到该要约。4月3日，甲公司欲改向丙公司订购实木沙发，遂向乙公司发出撤销要约的信件，该信件于4月4日到达乙公司。4月5日，甲公司收到乙公司的回复，乙公司表示暂无实木沙发，问甲公司是否愿意选购布艺沙发。根据合同法律制度的规定，甲公司要约失效的时间是(　　)。
A. 4月3日　　B. 4月4日
C. 4月5日　　D. 4月8日

7. 2019年10月8日，甲厂向乙厂发函称其可提供X型号设备，请乙厂报价。10月10日，乙厂复函表示愿以5万元购买一台。甲厂10月12日复函称每台价格6万元，10月30日前回复有效。乙厂于10月19日复函称愿以5.5万元购买一台，甲厂收到后未作回复。后乙厂反悔，于10月26日发函称同意甲厂当初6万元的报价。根据合同法律制度的规定，下列关于双方往来函件法律性质的表述中，不正确的是(　　)。
A. 甲厂10月8日的发函为要约邀请
B. 乙厂10月10日的复函为要约
C. 甲厂10月12日的复函为新要约
D. 乙厂10月26日的发函为承诺

8. 2020年4月24日，甲向乙发出函件称："本人欲以每吨5000元的价格出售螺纹钢100吨。如欲购买，请于5月10日前让本人知悉。"乙于4月27日收到甲的函件，并于5月12日回函表示愿意购买。乙的回函于5月15日到达甲处。因已超过5月10日的最后期限，甲未理会乙，而将钢材售与他人。乙要求甲履行钢材买卖合同。根据合同法律制度的规定，下列表述中，正确的是(　　)。
A. 甲、乙之间的合同未成立，甲对乙不承担任何责任
B. 甲、乙之间的合同未成立，但乙有权要求甲赔偿信赖利益损失
C. 甲、乙之间的合同已经成立但未生效，甲有权撤销要约
D. 甲、乙之间的合同已经成立且已生效，乙有权要求甲履行合同

9. 广州的甲公司与深圳的乙公司在北京协商订立一份书面合同，双方约定合同成立地点为上海。后甲公司在广州签字盖章后将合同邮寄到深圳给乙公司签字盖章。根据合同法律制度的规定，该合同的成立地点是(　　)。
A. 北京　　B. 广州
C. 深圳　　D. 上海

10. 根据合同法律制度的规定，下列关于缔约过失责任与违约责任的表述中，不正确的是(　　)。
A. 缔约过失责任发生在合同成立之前
B. 缔约过失责任赔偿的是信赖利益的损失
C. 违约责任赔偿的是可期待利益的损失
D. 信赖利益的损失要大于或者等于可期待利益的损失

11. 地处江南甲地的陈某向地处江北乙地的王某购买5吨苹果，约定江边交货，后双方就交货地点应在甲地的江边还是乙地的江边发生了争议，无法达成一致意

见，且按合同有关条款或者交易习惯无法确定。根据合同法律制度的规定，苹果的交付地点应是（　　）。

A. 甲地的江边

B. 乙地的江边

C. 由陈某选择甲地或者乙地的江边

D. 由王某选择甲地或者乙地的江边

12. 甲、乙签订了一份买卖合同，约定由丙向甲履行债务，但丙履行债务时不符合合同约定。根据合同法律制度的规定，下列表述中，正确的是（　　）。

A. 甲有权请求丙承担违约责任

B. 甲有权请求乙承担违约责任

C. 甲有权请求乙或丙承担违约责任

D. 甲有权请求乙和丙承担违约责任

13. 甲、乙订立一份100万元的图书买卖合同，约定甲先支付全部书款，乙3个月后交付全部图书。后来甲由于资金周转困难只向乙交付了60万元的书款。3个月后甲要求乙交付全部图书，遭乙拒绝。根据合同法律制度的规定，下列各项中，正确的是（　　）。

A. 乙对甲享有同时履行抗辩权

B. 乙对甲享有不安抗辩权

C. 乙有权拒绝交付全部图书

D. 乙有权拒绝交付与40万元书款价值相当的部分图书

14. 甲公司向乙银行借款20万元，借款期满后，甲公司无力偿还借款本息。乙银行经调查发现，甲公司怠于行使其对丙公司享有的到期债权100万元。根据合同法律制度的规定，下列关于乙银行行使代位权的表述中，正确的是（　　）。

A. 乙银行可以直接以甲公司的名义行使对丙公司的债权

B. 如果乙银行提起代位权诉讼，应当以甲公司为被告

C. 如果乙银行提起代位权诉讼，丙公司对甲公司的抗辩，可以向乙银行主张

D. 如果乙银行提起代位权诉讼，乙银行的债权就代位权行使的结果并无优先受偿的权利

15. 甲公司欠乙公司100万元到期货款无力偿还。乙公司经过调查后发现：丙公司与甲公司之间存在买卖合同，甲公司已经付款，但丙公司未按期交货；甲公司与丁公司之间存在大型机器设备买卖合同，丁公司分期付款，但丁公司已有两笔到期货款尚未支付，甲公司未采取任何措施。乙公司拟采取的下列措施中，符合合同法律制度规定的是（　　）。

A. 以自己的名义请求丙公司向自己交货

B. 以甲公司的名义请求丙公司向自己交货

C. 以自己的名义请求丁公司向自己返还机器设备

D. 以自己的名义请求丁公司向自己支付到期货款

16. 甲公司欠乙公司30万元，一直无力偿付。丙公司欠甲公司100万元，已经到期，甲公司明确表示放弃对丙公司的债权。乙公司拟行使撤销权。根据合同法律制度的规定，下列表述中，正确的是（　　）。

A. 乙公司有权请求人民法院撤销甲公司放弃100万元债权的行为

B. 乙公司应当自知道或者应当知道甲公司放弃债权之日起2年内行使撤销权

C. 自甲公司放弃债权的行为发生之日起5年内，乙公司没有行使撤销权的，该撤销权消灭

D. 乙公司对于撤销权行使的结果享有优先受偿的权利

17. 甲公司向乙公司购买一台设备，价款100万元。乙公司依约发货后，乙公司与丙公司约定，乙公司将其对甲公司100万元的货款债权转让给丙公司。随后，乙公司将该事项书面通知了甲公司。甲公司与乙公司未约定合同权利不得转让。根据合同法律制度的规定，下列表述中，正确的是（　　）。

A. 乙公司的转让行为无效，甲公司仍应向乙公司支付货款

B. 乙公司的转让行为有效，但甲公司仍应向乙公司支付货款

C. 乙公司的转让行为有效，甲公司应向丙公司支付货款

D. 乙公司的转让行为效力待定，取决于甲公司是否表示同意

18. 甲公司向乙公司购买一台设备，价款100万元。乙公司依约发货后，甲公司与丙公司约定，由丙公司承担甲公司对乙公司的100万元债务，乙公司表示同意，后丙公司未向乙公司清偿100万元的债务。根据合同法律制度的规定，下列表述中，正确的是(　　)。

A. 乙公司应当要求甲公司清偿100万元的债务

B. 乙公司应当要求丙公司清偿100万元的债务

C. 乙公司可以要求甲公司或者丙公司清偿100万元的债务

D. 乙公司可以要求甲公司和丙公司共同清偿100万元的债务

19. 甲公司欠乙公司300万元货款。后甲公司将部分优良资产分立出去另成立丙公司，甲公司和丙公司在分立协议中约定，该笔债务由甲公司和丙公司平均分担，但甲公司和丙公司未与乙公司达成债务清偿协议。债务到期后，乙公司要求甲公司清偿300万元，遭到拒绝。根据合同法律制度的规定，下列表述中，正确的是(　　)。

A. 乙公司只能向甲公司主张清偿

B. 乙公司只能向丙公司主张清偿

C. 应当由甲公司和丙公司按连带责任方式向乙公司清偿

D. 应当由甲公司和丙公司按分立协议约定的比例向乙公司清偿

20. 甲与乙签订了一份买卖合同，约定甲将其收藏的一幅名画作价100万元卖给乙。其后，甲将其对乙的100万元债权转让给丙并通知了乙。甲将该画交付给乙之前，该画因不可抗力灭失。根据合同法律制度的规定，下列表述中，正确的是(　　)。

A. 乙有权向甲主张解除合同，并拒绝丙的给付请求

B. 乙有权向甲主张解除合同，但不得拒绝丙的给付请求

C. 乙不得对甲主张解除合同，但可以拒绝丙的给付请求

D. 乙不得对甲主张解除合同，也不得拒绝丙的给付请求

21. 甲公司与乙公司签订服装买卖合同，约定甲公司于3月10日交付服装1000套，乙公司于3月15日支付货款10万元。3月10日，甲公司仅交付服装900套，乙公司此时因濒临破产致函甲公司表示无力履行合同。根据合同法律制度的规定，下列表述中，正确的是(　　)。

A. 甲公司无权中止履行合同

B. 因乙公司丧失履行能力，甲公司可行使先履行抗辩权

C. 乙公司有权以甲公司仅交付900套服装为由，拒绝支付全部货款

D. 甲公司有权以乙公司已不能履行合同为由，请求乙公司承担违约责任

22. 张某从华丰商场购买了一台热水器，该热水器因质量问题给张某造成了人身伤害。张某向华丰商场提出交涉，双方协商未果，张某拟向人民法院提起诉讼。根据合同法律制度的规定，下列表述中，正确的是(　　)。

A. 张某只能请求华丰商场承担侵权责任

B. 张某只能请求华丰商场承担违约责任

C. 张某有权请求华丰商场承担侵权责任和违约责任

D. 张某可以请求华丰商场承担侵权责任或违约责任

23. 根据合同法律制度的规定，下列关于民间借贷纠纷诉讼当事人的表述中，不正确的是(　　)。

A. 保证人为借款人提供一般保证，出借人仅起诉保证人的，人民法院应当追加借款人为共同被告

B. 保证人为借款人提供一般保证，出借人仅起诉借款人的，人民法院应当追加保证人为共同被告

C. 保证人为借款人提供连带责任保证，出借人仅起诉借款人的，人民法院可以不追加保证人为共同被告

D. 保证人为借款人提供连带责任保证，出借人仅起诉保证人的，人民法院可以追加借款人为共同被告

24. 2020年4月1日，甲企业与乙银行签订借款合同，借款金额100万元，借款期限1年，由丙企业作为保证人。2020年7月1日，甲企业因扩大生产规模，遂与乙银行协商，将贷款金额增加到250万元，甲企业和乙银行通知了丙企业，但丙企业未予答复。后甲企业到期不能偿还借款。根据合同法律制度的规定，下列表述中，正确的是(　　)。

A. 丙企业不再承担保证责任，因为甲企业和乙银行变更借款合同未得到丙企业的同意

B. 丙企业对原来的100万元应承担保证责任，对增加的150万元不承担保证责任

C. 丙企业应承担250万元的保证责任，因为丙企业对于甲企业和乙银行的通知未予答复，视为同意

D. 丙企业不再承担保证责任，因为保证合同因甲企业和乙银行变更了合同金额而无效

25. 甲公司向乙银行借款1000万元，还款日期为2018年12月31日。丙公司为该债务提供保证担保，但在保证合同中未约定保证方式和保证期间。后经甲公司与乙银行协商一致，将还款期限延至2019年12月31日，但未征得丙公司的书面同意。展期到期，甲公司仍无力还款。2020年4月1日，乙银行要求丙公司承担保证责任。根据合同法律制度的规定，下列关于丙公司是否应承担保证责任的表述中，正确的是(　　)。

A. 不承担，因为保证期间已过

B. 不承担，因为丙公司的保证责任因还款期限的变更而消灭

C. 应承担，因为保证合同有效

D. 应承担，因为丙公司为连带责任保证人

26. 陈某向王某购买货物，价款为100万元，合同签订后，陈某向王某支付了20万元作为定金。交货期限届满后，因为第三方供货迟延，致使王某只向陈某交付了一半的货物，陈某因此主张适用定金罚则，要求王某承担定金责任，王某不同意。下列关于是否适用定金罚则的表述中，符合担保法律制度规定的是(　　)。

A. 不适用定金罚则，因为是第三人的原因致使合同不能完全履行

B. 不适用定金罚则，因为王某已经履行了部分债务

C. 适用定金罚则，王某应双倍返还定金40万元

D. 因为王某未完全履行合同，应当按照未履行部分占合同约定内容的比例，适用定金罚则

27. 甲公司与乙公司签订买卖合同，合同约定，甲公司须在1个月内向乙公司提供200台电视机，总价款100万元。合同签订后，乙公司按约定向甲公司交付了定金20万元。甲公司依约分两批发运电视机，不料，第一批100台电视机在运输过程中遭遇泥石流，致使电视机全部毁损；第二批100台电视机在运输过程中被甲公司的债权人丙公司强行扣押、变卖，最终，乙公司未能收到电视机，欲向甲公司主张定金责任。根据担保法律制度的规定，下列关于甲公司定金责任承担的表述中，正确的是(　　)。

A. 甲公司无须承担定金责任，因为没有交付电视机是不可抗力和第三人原因导致的，甲公司没有过错

B. 甲公司须承担全部定金责任，因为甲公司违反合同约定，未将电视机交付给乙公司

C. 甲公司只需承担一半定金责任，因为不可抗力导致的第一批100台电视机未能交付，不适用定金罚则

D. 甲公司只需承担一半定金责任，因为第三人原因造成的第二批 100 台电视机未能交付，不适用定金罚则

28. 根据合同法律制度的规定，下列情形中，出卖人应承担标的物损毁、灭失风险的是(　　)。

A. 买受人下落不明，出卖人将标的物提存

B. 标的物已经交付给买受人，但出卖人按照约定未交付标的物的单证

C. 出卖人按照约定将标的物置于交付地点，约定时间已过，买受人未前往提货

D. 标的物已运抵交付地点，买受人因标的物质量不合格而拒绝接受

29. 甲、乙签订一买卖合同，甲向乙购买机器 5 台及附带的维修工具，机器编号分别为 E、F、G、X、Y，拟分别用于不同厂区。乙向甲如期交付 5 台机器及附带的维修工具。经验收，E 机器存在重大质量瑕疵而无法使用，F 机器附带的维修工具亦属不合格品，其他机器及维修工具不存在质量问题。根据合同法律制度的规定，下列关于甲如何解除合同的表述中，正确的是(　　)。

A. 甲可以解除 5 台机器及维修工具的买卖合同

B. 甲只能就买卖合同中 E 机器的部分解除

C. 甲可以就买卖合同中 E 机器与 F 机器的部分解除

D. 甲可以就买卖合同中 F 机器的维修工具与 E 机器的部分解除

30. 李某向王某借款 100 万元，借款期限 1 年，但未约定借期内是否支付利息。1 年后，李某未如期归还借款，王某多次催要未果，遂向法院起诉要求李某还本付息。根据合同法律制度的规定，王某的下列主张中，能够得到法院支持的是(　　)。

A. 要求李某按年利率 6% 支付借期内的利息

B. 要求李某按同期银行贷款利率支付借期内的利息

C. 要求李某按年利率 24% 支付逾期还款期间的利息

D. 要求李某按年利率 6% 支付逾期还款期间的利息

31. 李某为资助 15 岁的王某上学，与王某订立赠与合同，赠与王某 10 万元，并就该赠与合同办理了公证。后李某无正当理由，在交付给王某 6 万元后就表示不再赠与了。根据合同法律制度的规定，下列表述中，正确的是(　　)。

A. 李某应当再给付王某 4 万元，因该赠与合同不可任意撤销

B. 李某可不再给付王某 4 万元，因王某属于限制民事行为能力人，该赠与合同效力未定

C. 李某可向王某要求返还 6 万元，因该赠与合同可任意撤销

D. 李某可不再给付王某 4 万元，因该赠与合同可任意撤销

32. 甲将 500 册藏书赠送给乙，并约定乙不得转让给第三人，否则甲有权收回藏书。其后甲向乙交付了 500 册藏书。根据合同法律制度的规定，下列表述中，正确的是(　　)。

A. 甲与乙的赠与合同无效，乙不能取得藏书的所有权

B. 甲与乙的赠与合同无效，乙取得了藏书的所有权

C. 甲与乙的赠与合同属于附条件的合同，乙不能取得藏书的所有权

D. 甲与乙的赠与合同有效，乙取得了藏书的所有权

33. 经发包人甲公司同意，总承包人乙公司将自己承包的部分建设工程分包给丙公司。因丙公司完成的工程质量出现问题，给甲公司造成 100 万元的经济损失。根据合同法律制度的规定，下列关于对甲公司损失承担责任的表述中，正确的是(　　)。

A. 由乙公司承担赔偿责任

B. 由丙公司承担赔偿责任

C. 先由丙公司承担赔偿责任，不足部分由乙公司承担

D. 由乙公司和丙公司承担连带赔偿责任

34. 甲委托乙购买一套机械设备，但要求以乙的名义签订合同，乙同意，遂与丙签订了设备购买合同。后由于甲的原因，乙不能按时向丙支付设备款项。在乙向丙说明了自己是受甲委托向丙购买机械设备后，关于丙的权利，根据合同法律制度的规定，下列选项中，正确的是(　　)。

A. 只能要求甲支付

B. 只能要求乙支付

C. 可选择要求甲或乙支付

D. 可要求甲和乙承担连带责任

35. 甲、乙、丙三方合作研发一项新技术，合作开发合同中未约定该技术成果的权利归属。新技术研发成功后，乙、丙提出申请专利，甲不同意。根据合同法律制度的规定，下列关于专利申请的表述中，正确的是(　　)。

A. 乙、丙不得去申请专利

B. 甲应当把专利申请权转让给乙、丙

C. 乙、丙可以去申请专利，取得专利权后，归乙、丙共同享有

D. 乙、丙可以去申请专利，取得专利权后，归甲、乙、丙共同享有

二、多项选择题

1. 根据合同法律制度的规定，下列各项中，属于诺成合同的有(　　)。

A. 质押合同　　B. 定金合同

C. 保管合同　　D. 赠与合同

2. 根据合同法律制度的规定，下列各项中，属于要约邀请的有(　　)。

A. 拍卖公告　　B. 招标公告

C. 招股说明书　　D. 寄送的价目表

3. 根据合同法律制度的规定，下列格式条款中，无效的有(　　)。

A. 有两种以上解释的格式条款

B. 就内容理解存在争议的格式条款

C. 因重大过失造成对方财产损失免责的格式条款

D. 造成对方人身伤害免责的格式条款

4. X市甲厂因购买Y市乙公司的一批木材与乙公司签订了一份买卖合同，但合同中未约定交货地与付款地，双方就此未达成补充协议，按照合同有关条款或者交易习惯也不能确定。根据合同法律制度的规定，下列关于交货地及付款地的表述中，正确的有(　　)。

A. X市为交货地

B. Y市为交货地

C. X市为付款地

D. Y市为付款地

5. 甲公司向乙银行借款100万元，借款期限2年。借款到期后，甲公司无力偿还借款本息。乙银行经调查发现，甲公司怠于行使其对丙公司的到期债权200万元，乙银行拟行使代位权。根据合同法律制度的规定，下列表述中，正确的有(　　)。

A. 乙银行必须通过诉讼方式行使代位权

B. 乙银行在行使代位权时应以自己的债权为限，对超出部分人民法院不予支持

C. 乙银行行使代位权的全部费用均由丙公司负担

D. 乙银行的债权就代位权行使的结果享有优先受偿的权利

6. 甲公司向乙银行借款100万元，借款到期后，甲公司无力偿还借款本息。2020年4月1日，乙银行在调查中发现，甲公司曾于2018年4月1日主动放弃其对丙公司的到期债权200万元，乙银行拟行使撤销权。根据合同法律制度的规定，下列表述中，正确的有(　　)。

A. 乙银行行使撤销权应当以自己的名义，向被告住所地人民法院提起诉讼

B. 乙银行在行使撤销权时应以自己的债权为限

C. 乙银行应当自知道撤销事由之日起1年内行使撤销权

D. 乙银行的债权就撤销权行使的结果享有优先受偿的权利

7. 根据合同法律制度的规定，债务人的下列行为中，债权人可以请求人民法院予以撤销的有（　　）。
A. 债务人放弃其到期的债权，对债权人造成损害
B. 债务人放弃其未到期的债权，对债权人造成损害
C. 债务人放弃其债权担保，对债权人造成损害
D. 债务人恶意延长到期债权的履行期限，对债权人造成损害

8. 根据合同法律制度的规定，下列合同中，债权人不得将合同的权利全部或者部分转让给第三人的有（　　）。
A. 借款合同
B. 赠与合同
C. 委托合同
D. 出版合同

9. 根据合同法律制度的规定，下列关于法定抵销的表述中，正确的有（　　）。
A. 因故意侵权行为而产生的债务，不得抵销
B. 提供劳务的债务，不得抵销
C. 不作为的债务，不得抵销
D. 一方债务已经到期，另一方债务尚未到期的，未到期的债务人可以主张抵销

10. 根据合同法律制度的规定，下列关于法定抵销的表述中，正确的有（　　）。
A. 法定抵销中的抵销权在性质上属于形成权
B. 当事人主张抵销的，应当通知对方，通知为要式
C. 抵销可以附条件或者附期限
D. 抵销的意思表示溯及于得为抵销之时

11. 甲与乙签订销售空调 100 台的合同，但当甲向乙交付空调时，乙以空调市场疲软为由，拒绝受领，要求甲返还货款。根据合同法律制度的规定，下列表述中，正确的有（　　）。
A. 甲可以向有关部门提存这批空调
B. 空调在向当地公证机关提存后，因遇火灾，烧毁 5 台，其损失应由甲承担
C. 提存费用应由乙承担
D. 若自提存之日起 5 年内乙不领取空调，则该批空调归甲所有

12. 某热电厂从某煤矿购煤 200 吨，约定交货日期为 9 月 30 日，付款日期为 10 月 30 日。9 月 30 日，煤矿交付 200 吨煤，热电厂经检验发现煤的含硫量远远超过约定标准，根据政府规定不能在该厂区燃烧。基于上述情况，热电厂的下列主张中，符合合同法律制度规定的有（　　）。
A. 行使先履行抗辩权
B. 要求煤矿承担违约责任
C. 行使不安抗辩权
D. 解除合同

13. 根据合同法律制度的规定，下列关于合同解除的表述中，正确的有（　　）。
A. 在租赁合同中，租赁物危及承租人的安全或者健康的，即使承租人订立合同时明知该租赁物质量不合格，承租人仍然可以随时解除合同
B. 承揽合同的承揽人可以随时解除承揽合同
C. 委托合同的委托人可以随时解除委托合同
D. 委托合同的受托人可以随时解除委托合同

14. 根据担保法律制度的规定，下列情形中，保证合同无效的有（　　）。
A. 甲公立大学与乙银行签订保证合同，为丙公司的银行贷款提供保证
B. 陈某与债权人李某签订的未约定保证担保范围的保证合同
C. 丁县政府与乙银行签订保证合同，为戊公司的银行贷款提供保证
D. 庚公司的部门经理以该部门的名义与乙银行签订保证合同，为辛公司的银行贷款提供保证

15. 陈某向李某借款 10 万元，并签订了借款合同。张某向李某单方面提交了签名的保证书，但未约定保证方式，李某对此未提出异议。借款到期后，陈某未清偿

借款本息，经查，张某并不具有代偿能力。根据合同法律制度的规定，下列表述中，不正确的有(　　)。

A. 张某可以以自己不具有代偿能力为由主张免除保证责任

B. 张某可以以自己未与李某签订保证合同为由主张保证合同不成立

C. 张某须向李某承担一般保证责任

D. 张某须向李某承担连带保证责任

16. 甲向乙借款300万元，于2020年7月1日到期。后乙从甲处购买价值100万元的货物，约定2020年9月1日付款。2020年6月1日，乙将其对甲300万元的债权转让给丙，并于6月5日通知甲。根据合同法律制度的规定，下列各项中，正确的有(　　)。

A. 2020年6月1日债权让与在乙、丙之间生效

B. 2020年6月1日债权让与对甲生效

C. 2020年6月5日债权让与对甲生效

D. 甲可以向丙主张抵销100万元

17. 曾某购买某汽车销售公司的轿车一辆，总价款20万元，约定分10次付清，每次2万元，每月的第一天支付。曾某按期支付六次共计12万元后，因该款汽车大幅降价，曾某遂停止付款。根据合同法律制度的规定，下列表述中，正确的有(　　)。

A. 汽车销售公司有权要求曾某一次性付清余下的8万元价款

B. 汽车销售公司有权通知曾某解除合同

C. 汽车销售公司有权收回轿车，并且收取曾某轿车使用费

D. 汽车销售公司有权收回轿车，但不退还曾某已经支付的12万元价款

18. 甲公司向乙公司订购了一套生产设备，双方签订的买卖合同中对设备的型号、规格、质量等作了明确约定，但未约定质量检验期间。甲公司收到设备后，因故一直未使用，亦未支付剩余货款。收到货物两年后，甲公司才开始使用该设备，却发现该设备的质量与合同约定不符。当乙公司要求甲公司支付剩余货款时，甲公司以设备质量不合格为由拒绝，并要求乙公司承担违约责任。根据合同法律制度的规定，下列表述中，正确的有(　　)。

A. 因未在法定期间内提出质量异议，甲公司应当向乙公司支付剩余货款

B. 虽未在法定期间提出质量异议，但因设备存在质量问题，甲公司有权拒付剩余货款

C. 因设备质量不合格，甲公司有权要求乙公司承担违约责任

D. 因未在法定期间内提出质量异议，甲公司无权要求乙公司承担违约责任

19. 根据合同法律制度的规定，下列情形中，商品房买卖合同的买受人可以要求解除合同的有(　　)。

A. 商品房买卖合同订立后，出卖人未告知买受人又将该房屋抵押给第三人

B. 出卖人故意隐瞒所售房屋已经抵押的事实

C. 出卖人迟延交付房屋，经催告后在3个月的合理期限内仍未履行

D. 约定或者法定的办理房屋所有权登记的期限届满后超过1年，因出卖人的原因导致买受人无法办理房屋所有权登记

20. 根据合同法律制度的规定，下列情形中，商品房买卖合同的买受人可以要求出卖人承担不超过已付购房款一倍的惩罚性赔偿金的有(　　)。

A. 商品房买卖合同订立后，出卖人未告知买受人又将该房屋抵押给第三人

B. 出卖人故意隐瞒所售房屋已经抵押的事实

C. 出卖人迟延交付房屋，经催告后在3个月的合理期限内仍未履行

D. 约定或者法定的办理房屋所有权登记的期限届满后超过1年，因出卖人的原因导致买受人无法办理房屋所有权登记

21. 根据合同法律制度的规定，下列合同中，属于不定期租赁合同的有(　　)。

A. 甲将其机器租赁给乙，双方签订了书

面租赁合同，租赁期限约定为 30 年

B. 甲、乙签订书面租赁合同，但未约定租赁期限，且不能通过补充协议或根据合同条款、交易习惯确定租赁期限

C. 甲、乙订立口头租赁合同，租赁期限为 1 年

D. 甲将其房屋出租给乙，租赁期限为 5 年，现租期届满，甲未收回房屋，乙继续居住并交纳房租

22. 2019 年 4 月 1 日，甲与乙书面约定，甲将一处门面房出租给乙，租期 2 年，月租金 5000 元。2020 年 4 月 1 日，乙向甲提出能否将该门面房转租给丙，甲表示同意。乙遂与丙达成租期 1 年、月租金 6000 元的口头协议。之后，丙擅自拆除了门面房隔墙。根据合同法律制度的规定，下列表述中，正确的有(　　)。

A. 乙与丙之间的租赁合同为不定期租赁

B. 乙将房屋转租后，甲有权按每月 6000 元向乙收取租金

C. 甲有权要求乙赔偿损失

D. 甲有权要求丙承担违约责任

23. 甲将自己的一套房屋出租给乙。经甲同意，乙将房屋转租给丙。丙是个飞镖爱好者，因练飞镖将房屋的墙面损坏。根据合同法律制度的规定，下列表述中，正确的有(　　)。

A. 甲乙之间的租赁合同继续有效

B. 甲有权要求乙赔偿墙面损坏造成的损失

C. 甲无权要求丙向其支付房屋的租金

D. 甲有权要求丙向其支付房屋的租金

24. 2020 年 4 月 1 日，甲将其房屋出租给乙，租期为 1 年。2020 年 7 月 1 日，甲在未通知乙的情况下将该房屋出售给丙，并办理了房屋产权转移登记。根据合同法律制度的规定，下列表述中，正确的有(　　)。

A. 乙请求甲承担赔偿责任的，人民法院不予支持

B. 乙请求甲承担赔偿责任的，人民法院应予支持

C. 乙请求确认甲与丙之间签订的房屋买卖合同无效的，人民法院不予支持

D. 乙请求确认甲与丙之间签订的房屋买卖合同无效的，人民法院应予支持

25. 甲承租乙的住房，租期未满，乙有意将该住房出售。根据合同法律制度的规定，下列表述中，正确的有(　　)。

A. 乙应在出售之前的合理期限内通知甲，甲在同等条件下享有优先购买权

B. 乙履行通知义务后，如果甲在 15 日内未明确表示购买的，则甲不得主张优先购买权

C. 如果乙的弟弟丁想要购买该住房，则甲不得主张优先购买权

D. 如果乙的表弟戊想要购买该住房，则甲不得主张优先购买权

26. 甲、乙签订融资租赁合同，出租人甲根据承租人乙的选择，向丙购买了一台大型设备，出租给乙使用。双方对租赁期间届满后租赁物的归属未作约定。乙在该设备安装完毕后，发现不能正常运行。根据合同法律制度的规定，下列表述中，正确的有(　　)。

A. 甲应当向乙承担违约责任

B. 甲不对乙承担违约责任

C. 乙应当按照约定向甲支付租金

D. 租赁期满后由乙取得该设备的所有权

27. 李某向王某借款 100 万元，借款期限 1 年，约定借期内年利率 20%，但未约定逾期利率。1 年后，李某未如期归还借款，王某多次催要未果，遂向法院起诉要求李某还本付息。根据合同法律制度的规定，王某的下列主张中，能够得到法院支持的有(　　)。

A. 要求李某按年利率 20% 支付借期内的利息

B. 要求李某按年利率 36% 支付逾期还款期间的利息

C. 要求李某按年利率 24% 支付逾期还款期间的利息

D. 要求李某按年利率 20% 支付逾期还款期间的利息

28. 甲表示将赠与乙5000元，乙欣然同意。甲已经交付给乙2000元，后乙在与甲的儿子丙的一次纠纷中，将丙打成重伤。根据合同法律制度的规定，下列表述中，正确的有(　　)。

A. 甲可以撤销对乙的赠与

B. 丙可以要求撤销其父对乙的赠与

C. 甲应当自知道丙被打伤之日起6个月内行使撤销权

D. 甲有权要求乙返还已赠与的2000元

29. 甲委托乙用货车将一批水果运往A地，不料途中遭遇山洪，水果全部毁损。甲委托乙运输时已向乙支付运费。根据合同法律制度的规定，下列表述中，正确的有(　　)。

A. 乙应当赔偿因水果毁损给甲造成的损失

B. 甲自行承担因水果毁损造成的损失

C. 甲有权要求乙返还运费

D. 甲无权要求乙返还运费

30. 甲工厂委托乙公司购买一批货物，乙公司不收取报酬。根据合同法律制度的规定，下列表述中，正确的有(　　)。

A. 乙公司有权请求甲工厂偿还为处理委托事务所支付的必要费用，但乙公司无权要求给付该必要费用的利息

B. 乙公司经甲工厂同意，转委托第三人处理委托事务的，乙公司仅就第三人的选任及其对第三人的指示承担责任

C. 乙公司因一般过失给甲工厂造成损失，甲工厂可以要求赔偿损失

D. 甲工厂、乙公司可以随时解除双方之间的委托合同

三、案例分析题

【案例1】

2016年4月1日，甲公司向乙公司借款3000万元，双方签订借款合同约定：借款期限1年；借款年利率10%；逾期年利率15%；借款方违约，须以借款本金为基数承担日0.2‰的违约金（按365天计，折算成年违约金为7.3%）。为担保借款，甲公司将其一处闲置厂房抵押给乙公司，并办理了抵押登记。甲公司另以其生产设备、原材料、半成品、产品为乙公司设定浮动抵押，并办理了抵押登记。此外，甲公司的董事长陈某为该借款提供保证担保，陈某与乙公司签订了保证合同，保证合同未约定保证方式。甲公司、陈某与乙公司未约定担保权利行使的顺序。

2016年6月1日，甲公司将抵押厂房出租给丙公司，租期3年。出租前，甲公司书面告知丙公司该厂房已为他人设定抵押。

借款期满，甲公司无力清偿到期债务。乙公司经调查发现，甲公司用以设定浮动抵押的两台生产设备，抵押之后，一台被丁修理厂依法留置，另一台被戊公司支付合理价款购买取得。

2017年8月1日，因债权实现纠纷，乙公司以甲公司、陈某、丁修理厂、戊公司为被告向人民法院起诉，主张如下：甲公司承担返还借款本息及违约金责任；就甲公司设定抵押的厂房、生产设备等抵押物行使抵押权，包括被丁修理厂留置及被戊公司购买的生产设备；陈某承担连带保证责任。

甲公司抗辩：乙公司不得同时主张逾期利息与违约金。

陈某抗辩如下：（1）乙公司应先行使抵押权；（2）自己只承担一般保证责任，享有先诉抗辩权，乙公司在就债务人甲公司财产依法强制执行仍不能实现债权之前，不能要求保证人承担保证责任。

丁修理厂主张，其留置权的行使应优先于乙公司抵押权的行使。

戊公司主张：乙公司无权在其购买的生产设备上行使抵押权。

2018年4月，乙公司依法拍卖了抵押厂房，丙公司被迫搬离，丙公司遂要求甲公司赔偿因此产生的损失。

要求：

根据上述内容，分别回答下列问题：

(1) 乙公司能否同时主张逾期利息和违约金？并说明理由。

(2) 陈某的抗辩（1）是否成立？并说明理由。

(3) 陈某是否享有先诉抗辩权？并说明理由。

(4) 丁修理厂的主张是否成立？并说明理由。

(5) 乙公司能否在戊公司购买的生产设备上行使抵押权？并说明理由。

(6) 丙公司能否要求甲公司赔偿损失？并说明理由。

【案例2】

2017年7月10日，甲公司与A银行签订借款合同，约定：借款金额550万，年利率6.5%；借款期限1年。同日，甲公司将其一宗土地的建设用地使用权抵押给A银行，双方签订了书面抵押合同，并于7月11日办理了抵押登记。A银行还要求甲公司提供其他担保，于是甲公司请求其关联企业乙公司为该笔借款提供保证担保。

2017年7月15日，A银行与乙公司签订了保证合同，约定乙公司对甲公司的借款债务承担连带责任。抵押合同和保证合同对于A银行实现担保权的顺序均未作约定。

2017年7月25日，A银行在向甲公司发放贷款时预扣了该笔贷款的利息35.75万元。

2017年8月，甲公司在已设立抵押权的建设用地上，开始建造建筑物M。

2018年7月，因甲公司无法归还到期借款的本息，A银行要求乙公司承担保证责任，但乙公司主张，A银行应先行使抵押权。

经评估，抵押的建设用地使用权连同建筑物M价值为800万元，其中建筑物M的价值为300万元。不考虑评估、拍卖的税费。

要求：

根据上述内容，分别回答下列问题：

(1) A银行的抵押权何时设立？并说明理由。

(2) 甲公司向A银行实际借款的本金是多少？并说明理由。

(3) 乙公司主张A银行应先行使抵押权是否合法？并说明理由。

(4) 建筑物M是否为抵押物？并说明理由。

(5) 乙公司是否需要承担保证责任？并说明理由。

同步强化练习题参考答案及解析

“扫码看解析”

使用“微信”或“会计云课堂”APP扫右方二维码，对答案、看解析、听名师讲难题，开启轻松过关之旅。

一、单项选择题

1.【答案】B

解析：选项ACD：属于诺成合同。

2.【答案】B

3.【答案】B

解析：承诺到达要约人时生效，不管其总经理是否知悉。

4.【答案】B

解析：要约以信件形式作出的，承诺期限自信件载明的日期开始计算；信件未载明日期的，自投寄该信件的邮戳日期开始计算。

5.【答案】A

解析：要约人（甲公司）确定了承诺期限，不得撤销要约。

6. 【答案】C

解析：（1）甲公司在要约中确定了承诺期限，该要约不可撤销，因此 4 月 4 日撤销要约的通知到达时，不产生撤销要约的效力；（2）受要约人对要约的内容作出实质性变更的（将实木沙发变更为布艺沙发），原要约失效。

7. 【答案】D

解析：（1）甲厂 10 月 8 日的函件中无价格，属于要约邀请；（2）乙厂 10 月 10 日的复函中明确了价格，使得内容具体、确定，构成要约；（3）甲厂 10 月 12 日的复函对乙厂 10 月 10 日的要约价格进行了修改（实质性变更），构成新要约；（4）乙厂 10 月 19 日的复函对甲厂 10 月 12 日的要约价格进行了修改，构成新要约；（5）由于甲厂 10 月 12 日的要约已经失效，乙厂 10 月 26 日的发函也就不能构成承诺；（6）乙厂 10 月 26 日的发函应视为新要约。

8. 【答案】A

解析：由于乙超过承诺期限发出回函，除非甲及时通知乙该承诺有效，否则该回函属于新要约。甲未理会乙的回函，说明甲对乙的新要约未作出承诺，合同未成立，甲对乙不承担任何责任。

9. 【答案】D

解析：采用书面形式订立合同，合同约定的成立地点与实际签字或者盖章地点不符的，应当认定约定的地点（上海）为合同成立地点。

10. 【答案】D

解析：可期待利益的损失要大于或者等于信赖利益的损失。

11. 【答案】B

解析：由王某向陈某交付苹果，应当在履行义务一方（王某）所在地（乙地）履行。

12. 【答案】B

解析：当事人约定由第三人（丙）向债权人履行债务的，第三人不履行债务或者履行债务不符合约定，债务人（乙）应当向债权人（甲）承担违约责任。

13. 【答案】D

解析：如果先履行的一方当事人部分履行的，后履行的当事人有权不履行相应的合同义务。因此，乙有权拒绝交付与甲未交付的 40 万元书款价值相当的部分图书，不能拒绝交付全部图书。

14. 【答案】C

解析：（1）选项 A：债权人应当以自己的名义通过诉讼方式行使代位权；（2）选项 B：在代位权诉讼中，次债务人是被告，债务人为诉讼上的第三人；（3）选项 C：在代位权诉讼中，次债务人（丙公司）对债务人（甲公司）的抗辩，可以向债权人（乙银行）主张；（4）选项 D：债权人的债权就代位权行使的结果享有优先受偿的权利。

15. 【答案】D

解析：债权人行使代位权的客体应为"具有金钱给付内容"的到期债权：（1）丙公司欠甲公司的是货物，而非金钱，乙公司不能行使代位权；（2）丁公司欠甲公司的是货款，乙公司可以行使代位权。

16. 【答案】C

解析：（1）选项 A：撤销权的行使范围以债权人的债权（30 万元）为限；（2）选项 B：自债权人知道或者应当知道撤销事由之日起 1 年内行使撤销权；（3）选项 D：债权人对于撤销权行使的结果并无优先受偿的权利。

17. 【答案】C

解析：债权人转让权利，不需要经债务人同意，但应当通知债务人。通知后，该转让对债务人发生效力。乙公司退出原合同关系，丙公司成为新的债权人，因此甲公司应向丙公司支付货款。

18. 【答案】B

解析：债务人（甲公司）将合同义务全

部或者部分转移给第三人，应当经债权人（乙公司）同意。合同义务转移后，新债务人（丙公司）成为合同一方当事人，原债务人（甲公司）已经退出合同关系。因此，乙公司只能要求丙公司清偿100万元的债务。

19.【答案】C

解析：当事人订立合同后分立的，除债权人和债务人另有约定的以外，由分立的法人对合同的权利和义务享有连带债权，承担连带债务。在本题中，由于甲公司和丙公司未与债权人乙公司达成债务清偿协议，因此甲公司和丙公司对该笔债务应当承担连带责任。

20.【答案】A

解析：（1）因不可抗力致使不能实现合同目的，乙有权主张解除合同；（2）债权人甲转让权利的，债务人乙对让与人甲的抗辩，可以向受让人丙主张。因此，乙有权拒绝丙的给付请求。

21.【答案】D

解析：（1）选项AB：应当先履行债务的当事人，有确切证据证明对方丧失履行债务的能力，可以行使不安抗辩权，中止合同履行；（2）选项C：债权人可以拒绝债务人部分履行债务，但部分履行不损害债权人利益的除外，在本题中，债务人甲公司部分履行并未损害债权人乙公司的利益，乙公司应支付相应货款；（3）选项D：乙公司在合同履行期限届满之前明确表示无力履行合同，属于预期违约，甲公司可以要求乙公司承担违约责任。

22.【答案】D

23.【答案】B

解析：选项B：保证人为借款人提供一般保证，出借人仅起诉借款人的，人民法院可以不追加保证人为共同被告。

24.【答案】B

解析：主合同的变更未经保证人书面同意，如果加重债务人的债务的，保证人对加重的部分不承担保证责任。

25.【答案】A

解析：（1）当事人未约定保证期间的，保证期间为主债务履行期届满之日起6个月（2019年1月1日~2019年6月30日）；（2）债权人与债务人对主合同履行期限作了变更，但未经保证人丙公司书面同意，因此丙公司的保证期间仍为原来的期间；（3）由于乙银行要求丙公司承担保证责任时已经超过了保证期间，丙公司不再承担保证责任。

26.【答案】D

解析：（1）因合同关系以外的第三人的过错，致使主合同不能履行时，适用定金罚则；（2）当事人一方不完全履行合同的，应当按照未履行部分所占合同约定内容的比例，适用定金罚则；（3）王某首先应向陈某返还20万元，再承担10万元的定金责任。

27.【答案】C

解析：（1）因不可抗力（泥石流）致使主合同不能履行的，不适用定金罚则；（2）因合同关系以外的第三人（丙公司）的过错，致使主合同不能履行的，适用定金罚则。

28.【答案】D

解析：（1）选项B：出卖人按照约定未交付有关标的物的单证和资料的，不影响标的物毁损、灭失风险的转移；（2）选项D：因标的物不符合质量要求，致使不能实现合同目的的，买受人可以拒绝接受标的物或者解除合同；买受人拒绝接受标的物或者解除合同的，标的物毁损、灭失的风险由出卖人承担。

29.【答案】D

解析：（1）E机器存在重大质量瑕疵不会导致F、G、X、Y机器无法使用或者价值明显受损害，买受人只能针对“E机器及其维修工具”解除合同，不能解除5台机器及维修工具的买卖合同；（2）标的物的从物（F机器的维修工具）因不符合约定被解除的，解除的效力不及于主物（F机器）。

30. 【答案】 D

解析：（1）选项AB：自然人之间的借贷对利息未约定或者约定不明，出借人主张支付利息的，人民法院不予支持；（2）选项CD：借贷双方既未约定借期内的利率，也未约定逾期利率，出借人主张借款人自逾期还款之日起按照年利率6%支付资金占用期间利息的，人民法院应予支持。

31. 【答案】 A

解析：（1）选项ACD：经过公证的赠与合同不得任意撤销；（2）选项B：限制民事行为能力人订立的纯获利益的合同，直接有效。

32. 【答案】 D

解析：（1）赠与可以附义务，甲与乙的赠与合同有效；（2）赠与附义务的，受赠人应当按照约定履行义务，受赠人不履行赠与合同约定的义务时，赠与人可以行使撤销权；（3）动产物权的设立和转让，自交付时发生效力，但法律另有规定的除外，在本题中，乙已经取得了藏书的所有权。

33. 【答案】 D

34. 【答案】 C

解析：受托人以自己的名义，在委托人的授权范围内与第三人订立的合同，受托人因委托人的原因对第三人不履行义务，受托人应当向第三人披露委托人，第三人因此可以选择“受托人或者委托人”作为相对人主张其权利，但第三人不得变更选定的相对人。

35. 【答案】 A

解析：合作开发的当事人一方不同意申请专利的，另一方不得申请专利。

二、多项选择题

1. 【答案】 AD

解析：选项BC：属于实践合同。

2. 【答案】 ABCD

3. 【答案】 CD

解析：（1）选项A：对格式条款有两种以上解释的，应当作出不利于提供格式条款一方的解释（该条款有效）；（2）选项B：对格式条款的理解发生争议的，应当按照通常理解予以解释（该条款有效）；（3）选项CD：合同中的下列免责条款无效：①造成对方人身伤害的；②因故意或者重大过失造成对方财产损失的。

4. 【答案】 BD

解析：履行地点不明确的，给付货币的，在接受货币的一方所在地履行（选项D正确）；其他标的（交付货物），在履行义务的一方所在地履行（选项B正确）。

5. 【答案】 ABD

解析：选项C：在代位权诉讼中，债权人胜诉的，诉讼费用由次债务人（丙公司）负担；债权人行使代位权的其他必要费用，由债务人（甲公司）负担。

6. 【答案】 ABC

解析：选项D：债权人就撤销权行使的结果并无优先受偿的权利。

7. 【答案】 ABCD

8. 【答案】 BCD

解析：基于当事人特定身份而订立的出版合同、赠与合同、委托合同，债权人不得将合同的权利全部或者部分转让给第三人。

9. 【答案】 ABCD

10. 【答案】 AD

解析：（1）选项B：通知为非要式；（2）选项C：抵销不得附条件或者附期限。

11. 【答案】 AC

解析：（1）选项B：标的物提存后，毁损、灭失的风险由债权人（乙）承担；（2）选项D：债权人领取提存物的权利，自提存之日起5年内不行使而消灭，提存物扣除提存费用后归国家所有。

12. 【答案】 ABD

解析：（1）选项AC：合同当事人互负债务，有先后履行顺序，先履行一方履行债务不符合约定的，后履行一方有权拒绝其相应的履行要求。在本题中，热

第四章

电厂作为后履行一方可以行使先履行抗辩权；（2）选项 B：当事人履行合同义务，质量不符合约定的，应当按照当事人的约定承担违约责任；（3）选项 D：对方当事人的违约行为（质量不符合约定）致使不能实现合同目的，当事人可以解除合同（法定解除）。

13. 【答案】 ACD

解析：选项 B：在承揽合同中，只有“定作人”可以随时解除合同。

14. 【答案】 ACD

解析：（1）选项 A：学校、幼儿园、医院等以公益为目的的事业单位、社会团体不得为保证人；（2）选项 B：当事人对保证担保的范围没有约定或者约定不明确的，保证人应当对全部债务承担保证责任，保证合同有效；（3）选项 C：除经国务院批准为使用外国政府或者国际经济组织贷款进行转贷的情况下，国家机关不得作保证人；（4）选项 D：企业法人的职能部门提供保证的，保证合同无效。

15. 【答案】 ABC

解析：（1）选项 A：不具有完全代偿能力的法人、其他组织或者自然人，以保证人身份订立保证合同后，又以自己没有代偿能力要求免除保证责任的，人民法院不予支持；（2）选项 B：第三人单方以书面形式向债权人出具担保书，债权人接受且未提出异议的，保证合同成立；（3）选项 CD：当事人对保证方式没有约定或者约定不明确的，按照连带责任保证承担保证责任。

16. 【答案】 AC

解析：（1）选项 BC：债权人转让权利，不需要经债务人同意，但应当通知债务人。未经通知，该转让对债务人不发生效力；（2）选项 D：债务人对让与人享有债权，并且其债权先于转让的债权到期或者同时到期的，债务人可以向受让人主张抵销。在本题中，由于乙转让给丙的债权于 2020 年 7 月 1 日到期，而甲的债权于 2020 年 9 月 1 日才到期，甲无权向丙主张抵销。

17. 【答案】 ABC

解析：分期付款的买受人未支付到期价款的金额达到全部价款的 20% 的，出卖人可以要求买受人一并支付到期与未到期的全部价款（选项 A 正确）或者解除合同（选项 B 正确）。出卖人解除合同的，双方应当互相返还财产（选项 D 错误），出卖人可以向买受人要求支付该标的物的使用费（选项 C 正确）。

18. 【答案】 AD

解析：买受人自标的物收到之日起 2 年内未通知出卖人的，视为标的物的数量或者质量符合约定。

19. 【答案】 ABCD

20. 【答案】 AB

21. 【答案】 BCD

解析：（1）选项 A：租赁合同的期限超过 20 年的，只是超过部分无效，该合同属于 20 年的定期租赁合同；（2）选项 B：当事人对租赁期限没有约定或者约定不明确的，可以协议补充；不能达成补充协议的，按照合同有关条款或者交易习惯确定；仍不能确定的，视为不定期租赁；（3）选项 C：租赁期限 6 个月以上，当事人未采用书面形式的，视为不定期租赁；（4）选项 D：租赁期限届满，承租人继续使用租赁物，出租人未提出异议的，原租赁合同继续有效，但租赁期限为不定期。

22. 【答案】 AC

解析：（1）选项 A：租赁期限 6 个月以上，当事人未采用书面形式的，视为不定期租赁；（2）选项 BC：承租人经出租人同意，可以将租赁物转租给第三人，承租人与出租人之间的租赁合同继续有效（甲只能按每月 5000 元向乙收取租金）；第三人（丙）对租赁物造成损失的，承租人（乙）应当向出租人（甲）赔偿损失；（3）选项 D：根据合同的相对性原理，甲与丙之间并没有直接的合同关系，甲无权要求丙承担违约责任。

23.【答案】ABC

解析：（1）选项AB：承租人经出租人同意，可以将租赁物转租给第三人，承租人与出租人的租赁合同继续有效；第三人对租赁物造成损失的，承租人乙应当向出租人甲赔偿损失；（2）选项CD：根据合同的相对性原理，甲丙之间不存在合同关系，甲无权要求丙支付租金。

24.【答案】BC

25.【答案】ABC

解析：（1）选项A：出租人出卖租赁房屋的，应当在出卖之前的合理期限内通知承租人，承租人享有在同等条件下优先购买的权利；（2）选项B：出租人履行通知义务后，承租人在15日内未明确表示购买，承租人主张优先购买房屋的，人民法院不予支持；（3）选项CD：出租人将房屋出卖给近亲属（包括配偶、父母、子女、兄弟姐妹、祖父母、外祖父母、孙子女、外孙子女），承租人主张优先购买房屋的，人民法院不予支持。在本题中，丁属于乙的近亲属，而戊不属于乙的近亲属。

26.【答案】BC

解析：（1）选项ABC：租赁物不符合约定或者不符合使用目的的，出租人不承担责任，承租人应当按照约定支付租金，但承租人依赖出租人的技能确定租赁物或者出租人干预选择租赁物的除外；（2）选项D：对租赁期间届满后租赁物的归属没有约定或者约定不明确，依照《合同法》的规定仍不能确定的，租赁物的所有权归出租人甲。

27.【答案】AD

解析：约定了借期内的利率但未约定逾期利率，出借人主张借款人自逾期还款之日起按照借期内的利率支付资金占用期间利息的，人民法院应予支持。

28.【答案】AD

解析：（1）选项AB：受赠人严重侵害的是赠与人的近亲属，赠与人本人完好无损，甲有权撤销赠与（丙没有撤销权）；（2）选项C：赠与人本人的撤销权应当自知道或者应当知道撤销原因之日起1年内行使；（3）选项D：撤销权人撤销赠与的，可以向受赠人要求返还赠与的财产。

29.【答案】BC

解析：（1）选项AB：承运人能够证明货物的毁损、灭失是因不可抗力造成的，不承担损害赔偿责任；（2）选项CD：货物在运输过程中因不可抗力灭失，已收取运费的，托运人可以要求返还。

30.【答案】BD

解析：（1）选项A：受托人为处理委托事务垫付必要费用的，委托人应当偿还该费用及其利息；（2）选项B：转委托经同意的，委托人可以就委托事务直接指示第三人，受托人仅就第三人的选任及其对第三人的指示承担责任；（3）选项C：无偿的委托合同，因受托人的故意或重大过失给委托人造成损失的，委托人可要求赔偿损失；（4）选项D：委托人或者受托人可以随时解除委托合同。

三、案例分析题

【案例1答案】

（1）乙公司可以同时主张逾期利息和违约金。根据规定，出借人与借款人既约定了逾期利率，又约定了违约金或者其他费用，出借人可以选择主张逾期利息、违约金或者其他费用，也可以一并主张，但总计超过年利率24%的部分，人民法院不予支持。

（2）陈某的抗辩（1）成立。根据规定，被担保的债权既有物的担保又有人的担保，债务人不履行到期债务或者发生当事人约定的实现担保物权的情形，债权人应当按照约定实现债权；没有约定或者约定不明确，债务人自己提供物的担保的，债权人应当先就该物的担保实现债权。

第四章

(3) 陈某不享有先诉抗辩权。根据规定，当事人对保证方式没有约定或者约定不明确的，按照连带责任保证承担保证责任，不享有先诉抗辩权。

(4) 丁修理厂的主张成立。根据规定，同一动产上已设立抵押权或者质权，该动产又被留置的，留置权人优先受偿。

(5) 乙公司不能在戊公司购买的生产设备上行使抵押权。根据规定，动产浮动抵押无论是否办理抵押登记，均不得对抗正常经营活动中已支付合理价款并取得抵押财产的买受人。

(6) 丙公司不能要求甲公司赔偿损失。根据规定，抵押人将已抵押的财产出租时，抵押人已书面告知承租人该财产已抵押的，抵押权实现造成承租人的损失，由承租人自己承担。

【案例 2 答案】

(1) A 银行的抵押权于 2017 年 7 月 11 日设立。根据规定，以建设用地使用权设定抵押的，应当办理抵押登记，抵押权自登记之日起设立。

(2) 甲公司向 A 银行实际借款的本金是 514.25 万元。根据规定，借款的利息不得预先在本金中扣除，利息预先在本金中扣除的，应当按照实际借款数额返还借款并计算利息。在本题中，实际借款的本金 = 550 - 35.75 = 514.25（万元）。

(3) 乙公司的主张合法。根据规定，被担保的债权既有物的担保又有人的担保，债务人不履行到期债务或者发生当事人约定的实现担保物权的情形，债权人应当按照约定实现债权；没有约定或者约定不明确，债务人自己提供物的担保的，债权人应当先就该物的担保实现债权；物的担保不足以清偿的部分，债权人有权要求保证人承担保证责任。

(4) 建筑物 M 不是抵押物。根据规定，建设用地使用权抵押后，该土地上新增的建筑物不属于抵押财产。

(5) 乙公司需要承担保证责任。因为债权人 A 银行就建设用地使用权可以优先受偿的金额为 500 万元（800 万元 - 300 万元），明显不足以清偿全部借款本息，不足清偿的部分，A 银行有权要求乙公司承担保证责任。

第三编　商事法律制度

第五章　合伙企业法律制度

本章考情分析

在最近 3 年的考试中，本章的平均分值为 7 分，2019 年两份试卷的分值均为 7 分，题型全部为客观题。2007 年、2011 年和 2012 年的案例分析题来自本章。

本章分为两个单元，共计 17 个考点。大部分考点需要准确理解，需要死记硬背的考点并不多。考生应熟练掌握普通合伙人与有限合伙人的区别以及“约定与法定”的问题。复习本章需要 5 个小时左右。

2020 年教材对本章内容未进行重大调整。

最近 3 年题型、题量分析表

题型	2017 年	2018 年 试卷一	2018 年 试卷二	2019 年 试卷一	2019 年 试卷二
单选题	4 题 4 分	4 题 4 分	4 题 4 分	4 题 4 分	4 题 4 分
多选题	2 题 3 分	2 题 3 分	2 题 3 分	2 题 3 分	2 题 3 分
合计	7 分	7 分	7 分	7 分	7 分

历年试题涉及本章的主要考点

考点	年份/题型
普通合伙企业的设立	2016 年单选题、2017 年单选题、2019 年单选题
合伙企业财产的构成	2014 年多选题
合伙企业财产的性质	2011 年案例分析题、2018 年单选题
普通合伙人财产份额的转让	2011 年案例分析题、2016 年单选题、2018 年单选题、2019 年单选题
普通合伙人财产份额的出质	2007 年案例分析题、2014 年单选题、2017 年单选题
合伙企业的损益分配原则	2015 年单选题、2018 年单选题
合伙企业重大事项的决议办法	2011 年案例分析题、2012 年单选题、2016 年单选题
对外代表权的效力	2007 年案例分析题
普通合伙企业的债务清偿	2015 年单选题、2019 年单选题
合伙人的债务清偿	2012 年案例分析题、2017 年单选题、2018 年多选题
退伙的类型	2014 年单选题、2015 年单选题、2015 年多选题、2016 年多选题、2017 年单选题、2018 年单选题、2018 年多选题、2019 年多选题

续表

考点	年份/题型
财产继承	2008 年多选题、2009 年单选题、2017 年单选题
特殊的普通合伙企业	2011 年案例分析题、2012 年多选题、2013 年单选题、2016 年多选题
有限合伙企业的设立	2007 年案例分析题、2014 年单选题、2015 年单选题、2016 年单选题、2018 年单选题
有限合伙企业的事务执行	2012 年单选题、2012 年案例分析题、2014 年多选题、2015 年单选题、2016 年单选题、2017 年多选题、2019 年单选题
有限合伙人财产份额的出质	2007 年案例分析题、2010 年多选题、2012 年案例分析题、2019 年单选题
普通合伙人的入伙和退伙	2008 年多选题、2016 年多选题、2017 年多选题
有限合伙人的入伙和退伙	2007 年案例分析题、2008 年单选题
合伙人性质的转变	2013 年单选题、2014 年多选题
法定事项与约定事项	2008 年单选题、2009 年单选题、2011 年单选题、2015 年单选题、2016 年单选题、2019 年多选题
合伙企业的解散和清算	2009 年多选题、2016 年单选题、2019 年单选题

本章思维导图

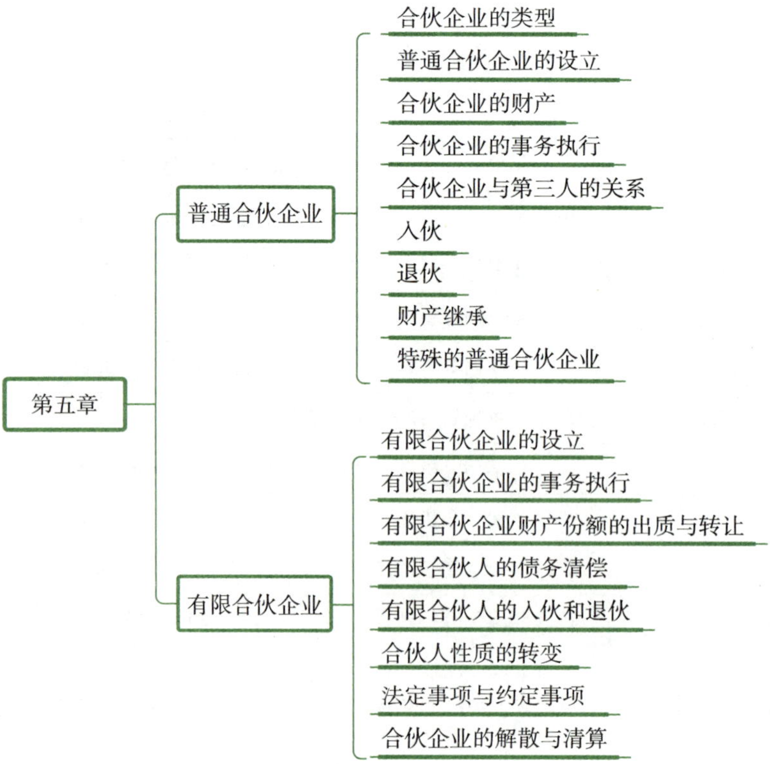

本章核心考点解读

第一单元　普通合伙企业

扫码听名师课

【考点 1】合伙企业的类型（★）（P134）❗

1. 合伙企业分为普通合伙企业（其中包括特殊的普通合伙企业）和有限合伙企业。

2. 普通合伙企业的特征是“所有”：即“所有的合伙人”（不论其出资形式、不论其是否执行企业事务）对“所有的企业债务”均应承担无限连带责任。

3. 特殊的普通合伙企业的特征是“先看债务再找人”：（1）一般的企业债务，所有的合伙人均应承担无限连带责任；（2）特定的企业债务，由特定的合伙人承担无限（连带）责任，即一个合伙人或者数个合伙人在执业活动中因故意或者重大过失造成合伙企业债务的，应当承担无限责任或者无限连带责任，其他合伙人以其在合伙企业中的财产份额为限承担责任。

【案例】 甲、乙、丙三个注册会计师各出资 100 万元，设立 A 会计师事务所（特殊的普通合伙企业），三人各占 1/3 的财产份额。甲、乙因重大过失出具了虚假的审计报告，致使合伙企业应赔偿丁 1000 万元。在本案中：（1）甲、乙以会计师事务所的名义出具审计报告，该债务属于合伙企业的债务，应当首先以合伙企业的全部财产予以清偿；（2）如果合伙企业的全部财产只有 600 万元，对于不足的 400 万元，由甲、乙承担无限连带责任；（3）丙以其在合伙企业中的财产份额为限承担有限责任（丙并非不承担任何责任，合伙企业全部财产 600 万元已经用于清偿对丁的债务，丙占 1/3 的财产份额，说明丙承担了 200 万元的清偿责任，丙的义务已经完成，对于不足的 400 万元，跟丙就没有关系了）。

4. 有限合伙企业的特征是“先找人再确定责任”：（1）有限合伙企业至少应当有 1 个普通合伙人和 1 个有限合伙人；（2）普通合伙人应当对所有的企业债务承担无限连带责任；（3）有限合伙人以其认缴的出资额为限对合伙企业债务承担责任。

【例外情形】 第三人有理由相信有限合伙人为普通合伙人并与其交易的，该有限合伙人对该笔交易承担与普通合伙人同样的责任。有限合伙人未经授权以有限合伙企业名义与他人进行交易，给有限合伙企业或者其他合伙人造成损失的，该有限合伙人应当承担赔偿责任。

【案例】 甲、乙、丙、丁出资设立 A 有限合伙企业，甲、乙为普通合伙人，丙、丁为有限合伙人。丙代表 A 企业与 B 公司签订了 100 万元的买卖合同（假设 B 公司有理由相信丙为普通合伙人），B 公司按照合同约定发货后，A 企业无力支付货款。经人民法院强制执行，A 企业的全部财产只有 60 万元，对于不足的 40 万元，债权人 B 公司有权要求甲、乙、丙承担清偿责任。在本案中：（1）普通合伙人甲、乙应对所有的企业债务承担无限连带责任；（2）第三人有理由相信有限合伙人丙为普通合伙人并与其交易的，该有限合伙人对该笔交易承担与普通合伙人同样的责任；（3）有限合伙人丁以其认缴的出资额为限对合伙企业的债务承担责任。

❗为方便您在学习中可以快速了解知识点的重要程度，本书中将知识点进行分类。★★★代表重要知识点，★★代表次重要知识点，★代表非重要知识点。

【考点2】普通合伙企业的设立（★★★）（P136）

1. 合伙人

（1）合伙人至少为2人以上，对于普通合伙企业合伙人数的**最高限额**，《合伙企业法》未作规定。

（2）合伙人可以是自然人，也可以是**法人或者其他组织**（如个人独资企业、合伙企业）。

（3）合伙人为自然人的，应当具有**完全**民事行为能力，无民事行为能力人和限制民事行为能力人不得成为普通合伙人。

（4）**国有独资公司、国有企业、上市公司以及公益性的事业单位、社会团体**不得成为普通合伙人，但可以成为有限合伙人。

经典题解

【真题·单选题】 根据合伙企业法律制度的规定，下列关于普通合伙企业合伙人的表述中，正确的是（　　）。（2017年）

A. 非法人组织不能成为合伙人

B. 国有企业不能成为合伙人

C. 限制民事行为能力的自然人可以成为合伙人

D. 公益性社会团体可以成为合伙人

【答案】 B

2. 出资

（1）合伙人可以用货币、实物、知识产权、土地使用权或者其他财产权利出资，普通合伙人也可以用劳务出资。

（2）合伙人以实物、知识产权、土地使用权或者其他财产权利出资，需要评估作价的，可以由**全体合伙人协商确定**，也可以由全体合伙人委托**法定评估机构**评估。

（3）合伙人以劳务出资的，其评估办法由**全体合伙人协商确定**，并在合伙协议中载明。

【解释】只有普通合伙人可以以劳务出资，有限合伙人不得以劳务出资。

经典题解

【真题1·单选题】 根据合伙企业法律制度的规定，下列出资形式中，只能由全体合伙人协商确定其评估办法的是（　　）。（2016年）

A. 实物　　B. 土地使用权

C. 知识产权　　D. 劳务

【答案】 D

【真题2·单选题】 根据合伙企业法律制度的规定，合伙人以劳务出资的，确定评估办法的主体应当是（　　）。（2019年）

A. 全体合伙人

B. 合伙企业事务执行人

C. 法定评估机构

D. 合伙企业登记机关

【答案】 A

3. 企业名称

（1）普通合伙企业应当在名称中标明“普通合伙”字样。

（2）特殊的普通合伙企业应当在名称中标明“特殊普通合伙”字样。

（3）有限合伙企业名称中应当标明“有限合伙”字样。

4. 合伙协议

（1）合伙协议经全体合伙人签名、盖章后生效。

（2）修改或者补充合伙协议，应当经全体合伙人一致同意；但是，**合伙协议另有约定的除外**。

【解释】修改或者补充合伙协议时，先约定后法定：先看合伙协议是否另有约定（爱怎么约定就怎么约定），合伙协议没有约定的，才看法定（经全体合伙人一致同意）。

【考点3】合伙企业的财产（★★★）（P139）

1. 合伙企业财产的构成

（1）合伙人的出资

合伙人的出资形成合伙企业的原始财产，合伙企业的原始财产是全体合伙人**认缴的出资**，而非各合伙人实际缴纳的财产。

（2）以合伙企业名义取得的收益

以合伙企业名义取得的收益，主要包括合伙企业的公共积累资金、未分配的盈余、合伙企业债权、合伙企业取得的工业产权和

第五章

非专利技术等财产权利。

（3）依法取得的其他财产

合伙企业根据法律、行政法规的规定合法取得的其他财产，如合法接受的赠与财产等。

经典题解

【真题·多选题】 根据合伙企业法律制度的规定，下列各项中，属于合伙企业财产的有（　　）。（2014 年）

A. 合伙人缴纳的实物出资

B. 合伙企业对某公司的债权

C. 合伙企业合法接受的赠与财产

D. 合伙企业借用的某合伙人的电脑

【答案】 ABC

2. 合伙企业财产的性质

（1）独立性

合伙企业的财产独立于合伙人，合伙人出资之后，便丧失了对作为其出资财产的所有权，合伙企业财产的所有权属于合伙企业，而不是某一个合伙人。某一个合伙人对合伙企业财产的权益，表现形式为依照合伙协议所确定的财产份额。（2011 年案例分析题）

（2）合伙人在合伙企业清算前私自转移或者处分合伙企业财产的，合伙企业不得以此对抗善意第三人。

【案例】 合伙人甲未经其他合伙人同意，擅自将合伙企业的一台机器设备作价 100 万元卖给了善意第三人张某，张某基于《物权法》中的善意取得制度依法取得了该设备的所有权，合伙企业则丧失了对该设备的所有权，合伙企业不得对抗善意第三人。至于怎么处理甲，则是合伙企业内部的事情。

经典题解

【真题·单选题】 甲为普通合伙企业的执行合伙事务的合伙人。甲为清偿其对合伙企业以外的第三人乙的 20 万元个人债务，私自将合伙企业的一台工程机械以 25 万元的市价卖给善意第三人丙并交付。甲用所获价款中的 20 万元清偿了对乙的债务，剩余 5 万元被其挥霍一空。根据合伙企业法律制度的规定，下列表述中，正确的是（　　）。（2018 年）

A. 合伙企业有权从丙处取回工程机械

B. 乙应将 20 万元款项直接返还给合伙企业

C. 甲与丙的工程机械买卖合同不成立

D. 合伙企业有权就企业所受损失向甲追偿

【解析】 （1）选项 AD：合伙人在合伙企业清算前私自转移或者处分合伙企业财产的，合伙企业不得以此对抗善意第三人，合伙企业无权从丙处取回工程机械，合伙企业的损失只能向甲进行追偿；（2）选项 C：甲的行为构成无权处分，但买卖合同有效；（3）选项 B：乙接受甲的清偿合法有效，不必返还。

【答案】 D

3. 财产份额的转让

（1）对内转让

普通合伙人之间转让在合伙企业中的全部或者部分财产份额时，应当通知其他合伙人。

（2）对外转让

①除合伙协议另有约定外，普通合伙人向合伙人以外的人转让其在合伙企业中的全部或者部分财产份额时，须经其他合伙人一致同意。

【解释】普通合伙人对外转让财产份额时，先约定后法定：先看合伙协议是否另有约定（爱怎么约定就怎么约定）；合伙协议未约定的，才看法定（必须经其他合伙人一致同意）。

②普通合伙人向合伙人以外的人转让其在合伙企业中的财产份额的，在同等条件下，其他合伙人有优先购买权；但是，合伙协议另有约定的除外。（2011 年案例分析题）

【解释】其他合伙人是否享有优先购买权？先约定后法定：先看合伙协议是否另有约定（爱怎么约定就怎么约定）；合伙协议未约定的，才看法定（在同等条件下其他合伙人才有优先购买权）。

经典题解

【真题1·单选题】某普通合伙企业的一名合伙人拟将其合伙财产份额转让给合伙企业以外的人，但合伙协议对该事项的决定规则未作约定。根据合伙企业法律制度的规定，下列关于该事项决定规则的表述中，正确的是（　　）。（2016年）

A. 须其他合伙人半数以上同意

B. 须其他合伙人一致同意

C. 须其他合伙人2/3以上同意

D. 须其他合伙人过半数同意

【答案】B

【真题2·单选题】某普通合伙企业合伙人甲拟对外转让其持有的合伙企业财产份额，合伙协议对于转让程序无特定约定。根据合伙企业法律制度的规定，下列关于该转让的表述中，正确的是（　　）。（2018年）

A. 须经全体合伙人2/3以上同意

B. 须经甲以外的其他合伙人2/3以上同意

C. 须经全体合伙人1/2以上同意

D. 须经甲以外的其他合伙人一致同意

【答案】D

【真题3·单选题】普通合伙人甲、乙、丙、丁分别持有某合伙企业18%、20%、27%和35%的财产份额。合伙协议约定，合伙人对外转让财产份额应当经持有3/5以上合伙财产份额的合伙人同意。现甲欲将其持有的10%财产份额转让给非合伙人戊，并将剩余8%的财产份额转让给合伙人丙。根据合伙企业法律制度的规定，下列表述中，正确的是（　　）。（2019年）

A. 未经乙、丙、丁一致同意，甲不得将其财产份额转让给戊

B. 经丙、丁同意，甲即可将其财产份额转让给戊

C. 未经丁同意，甲不得将其财产份额转让给丙

D. 未经乙同意，甲不得将其财产份额转让给丙

【解析】（1）选项AB：普通合伙人对外转让财产份额时，先看合伙协议是否另有约定（有约定的必须按照约定）；合伙协议未约定的，才看法定（必须经其他合伙人一致同意）。在本题中，合伙协议事先约定合伙人对外转让财产份额应当经持有3/5以上合伙财产份额的合伙人同意，因此，经丙、丁（合计62%）同意，甲可以对外转让财产份额；（2）选项CD：普通合伙人之间转让在合伙企业中的全部或者部分财产份额时，通知其他合伙人即可。

【答案】B

4. 财产份额的出质

普通合伙人以其在合伙企业中的财产份额出质的，须经其他合伙人一致同意；未经其他合伙人一致同意，其行为无效，由此给善意第三人造成损失的，由行为人依法承担赔偿责任。（2007年案例分析题）

【解释】普通合伙人以其财产份额出质的，必须经其他合伙人一致同意，这是法律的强制性规定，合伙协议不得任意约定。

【案例】甲、乙、丙共同设立一个普通合伙企业，甲持有该合伙企业20%的财产份额。甲个人向丁借款10万元，未经其他合伙人同意，甲擅自将其在合伙企业中的财产份额质押给丁。在本案中，由于普通合伙人甲的出质行为未经其他合伙人一致同意，即使丁属于善意第三人，该出质行为照样无效，由此给善意第三人丁造成损失的，由甲向丁承担赔偿责任。

经典题解

【真题1·单选题】某普通合伙企业合伙人甲，在未告知其他合伙人的情况下，以其在合伙企业中的财产份额出质，其他合伙人知悉后表示反对。根据合伙企业法律制度的规定，下列关于该出质行为效力的表述中，正确的是（　　）。（2014年）

A. 有效

B. 可撤销

C. 效力未定

D. 无效

【答案】D

【真题 2 · 单选题】 某普通合伙企业合伙人甲因个人借款，拟将其合伙财产份额质押给债权人乙。根据合伙企业法律制度的规定，为使该质押行为有效，同意质押的合伙人人数应当是(　　)。(2017 年)

A. 超过全体合伙人的二分之一

B. 超过全体合伙人的三分之二

C. 超过全体合伙人的四分之三

D. 全体合伙人

【答案】 D

【考点 4】合伙企业的事务执行（★★★）(P141)

1. 合伙事务执行的形式

(1) 普通合伙人无论其出资多少，都需要对企业债务承担无限连带责任，因此，各合伙人无论其出资多少，都有权平等享有执行合伙企业事务的权利。

(2) 一般情况下，由全体合伙人共同执行合伙事务。按照合伙协议的约定或者经全体合伙人决定，也可以委托一个或者数个合伙人执行合伙事务，其他合伙人不再执行合伙事务。由一个或者数个合伙人执行合伙事务的，执行事务的合伙人应当定期向其他合伙人报告事务执行情况以及合伙企业的经营和财务状况。

2. 由一个或者数个合伙人执行合伙事务的

(1) 对外代表权

委托一个或者数个合伙人执行合伙事务的，执行合伙事务的合伙人对外代表合伙企业，其他合伙人不得对外代表合伙企业。

(2) 监督权

委托一个或者数个合伙人执行合伙事务的，其他合伙人不再执行合伙事务，但不执行合伙事务的合伙人有权监督执行事务合伙人执行合伙事务的情况。

(3) 查阅账簿权

合伙人有权查阅合伙企业会计账簿等财务资料。

(4) 撤销委托权

受委托执行合伙事务的合伙人不按照合伙协议或者全体合伙人的决定执行事务的，其他合伙人可以决定撤销该委托。

(5) 异议权

合伙人分别执行合伙事务的，执行事务合伙人可以对其他合伙人执行的事务提出异议。提出异议时，应当暂停该项事务的执行。如果发生争议，按照合伙协议约定的表决办法办理，合伙协议未约定或者约定不明确的，实行合伙人一人一票并经全体合伙人过半数通过的表决办法。(2007 年案例分析题)

【解释】 委托一个或者数个合伙人执行合伙事务的，不执行合伙事务的合伙人有监督权、撤销委托权、查阅账簿权，但无异议权。异议权是指当两个以上的合伙人分别执行合伙事务的（一个负责卖西瓜，一个负责卖南瓜），执行事务合伙人可以对其他合伙人执行的事务提出异议。异议权的行使主体只能是执行合伙事务的合伙人。

经典题解

【例题 · 单选题】 赵某、钱某、孙某、李某设立一家普通合伙企业。经全体合伙人决定，委托赵某、钱某执行合伙事务，对外代表合伙企业。根据合伙企业法律制度的规定，下列表述中，错误的是(　　)。

A. 孙某、李某有权监督赵某、钱某执行合伙事务的情况

B. 如赵某单独执行某一合伙事务，钱某可以对赵某执行的事务提出异议

C. 如赵某单独执行某一合伙事务，孙某可以对赵某执行的事务提出异议

D. 如赵某执行事务违反合伙协议，孙某、李某、钱某有权决定撤销对赵某的委托

【解析】 (1) 选项 ACD：不执行合伙事务的合伙人（孙某、李某）有监督权、撤销委托权、查阅账簿权，但无异议权；(2) 选项 B：当两个以上的合伙人分别执行合伙事务的，执行事务合伙人（钱某）可以对其他合伙人（赵某）执行的事务提出异议。

【答案】 C

3. 重大事项的决议办法（2011 年案例分析题）

除合伙协议另有约定外，合伙企业的下

第五章

列事项应当经全体合伙人一致同意：

（1）改变合伙企业的名称；

（2）改变合伙企业的经营范围、主要经营场所的地点；

（3）处分合伙企业的不动产（不包括动产）；

（4）转让或者处分合伙企业的知识产权和其他财产权利；

（5）以合伙企业名义为他人提供担保；

（6）聘任合伙人以外的人担任合伙企业的经营管理人员。

【解释】重大事项的决议办法，先约定后法定：先看合伙协议是否另有约定（爱怎么约定就怎么约定），合伙协议没有约定的，才看法定（经全体合伙人一致同意）。

经典题解

【真题1·单选题】 根据合伙企业法律制度的规定，除合伙协议另有约定外，下列事项中，需全体合伙人一致同意的是（　　）。（2012年）

A. 聘请合伙人以外的人担任企业的财务负责人

B. 出售合伙企业名下的动产

C. 合伙人以其个人财产为他人提供担保

D. 聘请会计师事务所承办合伙企业的审计业务

【答案】 A

【真题2·单选题】 某普通合伙企业拟变更企业名称，但合伙协议对该事项的决议规则未作约定。下列表述中，符合合伙企业法律制度规定的是（　　）。（2016年）

A. 该事项经全体合伙人一致同意方可通过

B. 该事项经半数以上合伙人同意即可通过

C. 该事项经2/3以上合伙人同意即可通过

D. 该事项经出资占比2/3以上的合伙人同意即可通过

【答案】 A

4. 非合伙人参与经营管理

（1）除合伙协议另有约定外，经全体合伙人一致同意，可以聘任合伙人以外的人担任合伙企业的经营管理人员。

（2）合伙人以外的经营管理人员属于非合伙人，无须对企业债务承担无限连带责任。

（3）被聘任的合伙企业的经营管理人员，超越合伙企业授权范围履行职务，或者在履行职务过程中因故意或者重大过失给合伙企业造成损失的，依法承担赔偿责任。

5. 合伙企业的损益分配

（1）合伙企业的利润分配、亏损分担，按照合伙协议的约定办理。

（2）合伙协议未约定或者约定不明确的，由合伙人协商决定；协商不成的，由合伙人按照实缴出资比例分配、分担；无法确定出资比例的，由合伙人平均分配、分担。

（3）合伙协议不得约定将全部利润分配给部分合伙人或者由部分合伙人承担全部亏损。

【解释】合伙企业损益分配原则：约定→协商→实缴出资比例→平均。

经典题解

【真题1·单选题】 根据合伙企业法律制度的规定，合伙企业利润分配的首要依据是（　　）。（2015年）

A. 合伙协议约定的比例

B. 合伙人均等的比例

C. 合伙人实缴出资的比例

D. 合伙人认缴出资的比例

【答案】 A

【真题2·单选题】 2017年6月，自然人甲、乙、丙设立某合伙企业。合伙协议约定：甲、乙各出资30万元，丙出资90万元，均应于合伙企业成立之日起2年内缴清；合伙协议未约定利润分配事项。2018年6月，合伙企业拟分配利润，此时甲、乙已完全履行出资义务，丙已向合伙企业出资60万元，在甲、乙、丙未能就此次利润分配方案达成一致意见的情形下，下列关于此次利润应如何分配的表述中，正确的是（　　）。（2018年）

第五章

A. 甲、乙、丙应按 1∶1∶2 的比例分配

B. 甲、乙、丙应按 1∶1∶3 的比例分配

C. 甲、乙、丙应按 1∶1∶1 的比例分配

D. 甲、乙、丙应按各自对合伙企业的贡献度分配

【答案】 A

【考点 5】合伙企业与第三人的关系（★★★）（P144）

1. 对外代表权的效力

合伙企业对合伙人执行合伙事务以及对外代表合伙企业权利的限制，不得对抗善意第三人。（2007 年案例分析题）

【相关链接 1】 合伙人在合伙企业清算前私自转移或者处分合伙企业财产的，合伙企业不得以此对抗善意第三人。

【相关链接 2】 普通合伙人以其在合伙企业中的财产份额出质的，须经其他合伙人一致同意；未经其他合伙人一致同意，其行为无效，由此给善意第三人造成损失的，由行为人依法承担赔偿责任。

2. 企业的债务清偿

（1）先企业后个人

合伙企业对其债务，应先以其全部财产进行清偿。合伙企业不能清偿到期债务的，普通合伙人承担无限连带责任。

（2）无限连带责任

合伙人之间的分担比例对债权人没有约束力。债权人可以根据自己的清偿利益，请求全体合伙人中的一人或者数人承担全部清偿责任，也可以按照自己确定的比例向各合伙人分别追索。

【解释】债权人爱找谁找谁，爱要多少要多少。

（3）内部追偿

如果某一合伙人实际支付的清偿数额超过其依照既定比例所应承担的数额，该合伙人有权就超过部分向其他未支付或者未足额支付应承担数额的合伙人追偿。

【解释】普通合伙人对外承担连带责任，对内承担按份责任。

经典题解

【真题 1 · 单选题】 根据合伙企业法律制度的规定，下列关于普通合伙企业债务清偿的表述中，正确的是（　　）。（2015 年）

A. 债权人应当首先向合伙企业求偿

B. 债权人应当首先向合伙人求偿

C. 债权人应当同时向合伙企业及其合伙人求偿

D. 债权人可以选择向合伙企业或其合伙人求偿

【答案】 A

【例题 2 · 多选题】 甲、乙、丙为普通合伙企业的合伙人。该合伙企业向丁借款 15 万元，甲、乙、丙之间约定，如果到期合伙企业无力偿还该借款，甲、乙、丙各自负责偿还 5 万元。借款到期时，该合伙企业没有财产向丁清偿。根据合伙企业法律制度的规定，下列关于该债务清偿的表述中，正确的有（　　）。

A. 丁有权直接向甲要求偿还 15 万元

B. 只有在甲、乙确实无力清偿的情况下，丁才有权要求丙偿还 15 万元

C. 乙仅负有向丁偿还 5 万元的义务

D. 丁可以根据各合伙人的实际财产情况，要求甲偿还 10 万元，乙偿还 3 万元，丙偿还 2 万元

【答案】 AD

【真题 3 · 单选题】 某普通合伙企业有甲、乙、丙、丁四位合伙人，合伙协议约定，合伙企业债务由各合伙人平均承担。现该合伙企业无力清偿到期债务 12 万元，甲向债权人清偿了 9 万元，乙向债权人清偿了 3 万元。根据合伙企业法律制度的规定，下列关于合伙企业债务内部追偿的表述中，正确的是（　　）。（2019 年）

A. 甲无权向丙或者丁追偿

B. 甲可以向丁追偿 3 万元

C. 甲可以向乙追偿 3 万元

D. 甲可以向丙追偿 6 万元

【解析】 如果某一合伙人实际支付的清偿数额超过其依照既定比例所应承担的数额，该合伙人有权就超过部分向其他未支付或者

未足额支付应承担数额的合伙人追偿。在本题中，合伙协议约定合伙企业债务由各合伙人平均清偿，即每人应承担3万元，因此甲可以向丙或者丁各追偿3万元，不能向乙追偿。

【答案】 B

3. 合伙人的债务清偿（2012年案例分析题）

（1）合伙人发生与合伙企业无关的债务，相关债权人不得以其债权抵销其对合伙企业的债务；也不得代位行使合伙人在合伙企业中的权利。

（2）合伙人的自有财产不足清偿其与合伙企业无关的债务的，该合伙人可以以其从合伙企业中分取的收益用于清偿；债权人也可以依法请求人民法院强制执行该合伙人在合伙企业中的财产份额用于清偿。

（3）债权人不能自行接管或者直接变卖该合伙人在合伙企业中的财产份额。

（4）人民法院强制执行普通合伙人的财产份额时，应当通知全体合伙人，其他合伙人有优先购买权；其他合伙人未购买，又不同意将该财产份额转让给他人的，依照《合伙企业法》的规定为该合伙人办理退伙结算，或者办理削减该合伙人相应财产份额的结算。

【相关链接】 合伙人在合伙企业中的全部财产份额被人民法院强制执行的，该合伙人当然退伙。

经典题解

【真题1·单选题】 某普通合伙企业合伙人甲享有合伙财产份额价值为10万元，因个人车辆修理而欠乙修理费5万元，到期无力清偿。同时乙欠合伙企业5万元未清偿；合伙企业未向甲支付上一年度应分配利润10万元。债权人乙提出的下列主张中，符合合伙企业法律制度规定的是（　　）。（2017年）

A. 以甲欠乙的修理费抵销乙欠合伙企业的货款

B. 请求人民法院强制执行甲在合伙企业中的财产份额以清偿修理费

C. 代位行使甲对合伙企业上一年度全部可分配利润的请求权

D. 直接取得甲在合伙企业中价值5万元的财产份额

【答案】 B

【真题2·多选题】 甲为普通合伙企业的合伙人，因个人原因欠合伙企业以外的第三人乙10万元。乙欠合伙企业贷款15万元。现甲无力以个人财产清偿欠乙的债务，乙的下列主张中，符合合伙企业法律制度规定的有（　　）。（2018年）

A. 以其对甲的债权部分抵销其欠合伙企业的债务

B. 以甲从合伙企业中分得的利润偿付债务

C. 代位行使甲在合伙企业中的各项权利

D. 请求人民法院强制执行甲在合伙企业中的财产份额偿付债务

【答案】 BD

【考点6】 入伙（★）（P147）

1. 新合伙人入伙，除合伙协议另有约定外，应当经全体合伙人一致同意，并依法订立书面入伙协议。

2. 入伙的新合伙人与原合伙人享有同等权利，承担同等责任。入伙协议另有约定的，从其约定。

3. 新合伙人对入伙前合伙企业的债务承担无限连带责任。

【考点7】 退伙（★★★）（P147）

【解释】退伙包括自愿退伙（协议退伙、通知退伙）和强制退伙（当然退伙、除名）。

1. 协议退伙

合伙协议约定合伙期限的，在合伙企业存续期间，有下列情形之一的，合伙人可以退伙：

（1）合伙协议约定的退伙事由出现；

（2）经全体合伙人一致同意；

（3）发生合伙人难以继续参加合伙的事由；

（4）其他合伙人严重违反合伙协议约定的义务。

第五章

【解释】协议退伙与通知退伙的主要区别是：合伙协议是否约定了合伙期限。

2. 通知退伙

合伙协议未约定合伙期限的，合伙人在不给合伙企业事务执行造成不利影响的情况下，可以退伙，但应当提前30日通知其他合伙人。

3. 当然退伙

（1）作为合伙人的自然人死亡或者被依法宣告死亡；

（2）个人丧失偿债能力；

（3）作为合伙人的法人或者其他组织依法被吊销营业执照、责令关闭、撤销，或者被宣告破产；

（4）法律规定或者合伙协议约定合伙人必须具有相关资格而丧失该资格；

（5）合伙人在合伙企业中的全部财产份额被人民法院强制执行。

【解释1】（1）普通合伙人丧失偿债能力的，当然退伙；（2）有限合伙人丧失偿债能力的，无须退伙。

【解释2】（1）普通合伙人被依法认定为无民事行为能力人或者限制民事行为能力人的，经其他合伙人一致同意，可以依法转为有限合伙人，普通合伙企业依法转为有限合伙企业；其他合伙人未能一致同意的，该无民事行为能力或者限制民事行为能力的合伙人当然退伙；（2）作为有限合伙人的自然人在有限合伙企业存续期间丧失民事行为能力的，其他合伙人不得因此要求其退伙。

【解释3】退伙事由实际发生之日为退伙生效日。

表 5-1　普通合伙人与有限合伙人当然退伙的区别

	普通合伙人	有限合伙人
合伙人死亡或者被依法宣告死亡	√	√
全部财产份额被人民法院强制执行	√	√
丧失偿债能力	√	×
丧失民事行为能力	经其他合伙人一致同意，可以依法转为有限合伙人，普通合伙企业依法转为有限合伙企业；否则退伙	×

4. 除名

合伙人有下列情形之一的，经其他合伙人一致同意，可以决议将其除名：

（1）未履行出资义务；

（2）因故意或者重大过失给合伙企业造成损失；

（3）执行合伙事务时有不正当行为；

（4）发生合伙协议约定的事由。

【解释】对合伙人的除名决议应当书面通知被除名人。被除名人接到除名通知之日，除名生效，被除名人退伙。被除名人对除名决议有异议的，可以自接到除名通知之日起30日内，向人民法院起诉。

经典题解

【真题1·单选题】某普通合伙企业的合伙人甲因执行合伙事务有不正当行为，经合伙人会议决议将其除名，甲接到除名通知后不服，诉至人民法院。根据合伙企业法律制度的规定，该合伙企业对甲除名的生效日期为（　　）。（2015年）

A. 甲的不正当行为作出之日

B. 除名决议作出之日

C. 甲接到除名通知之日

D. 甲的诉讼请求被人民法院驳回之日

【答案】C

【真题2·单选题】根据合伙企业法律制度的规定，合伙协议未约定合伙期限的，在不给合伙企业事务执行造成不利影响的情况下，合伙人可以退伙，但应当提前一定期限通知其他合伙人，该期限是（ ）。（2018年）

A. 10日　　B. 15日

C. 30日　　D. 7日

【答案】C

【真题3·多选题】根据合伙企业法律制度的规定，下列各项中，属于普通合伙企业的合伙人当然退伙情形的有（ ）。（2015年）

A. 个人丧失偿债能力

B. 经全体合伙人一致同意

C. 合伙人在合伙企业中的全部财产份额被人民法院强制执行

D. 发生合伙人难以继续参加合伙的事由

【解析】选项BD：属于“协议退伙”的情形。

【答案】AC

【真题4·单选题】某普通合伙企业的合伙人包括有限责任公司甲、乙，自然人丙、丁。根据合伙企业法律制度的规定，下列情形中，属于当然退伙事由的是（ ）。（2014年）

A. 甲被债权人申请破产

B. 丙被依法宣告失踪

C. 丁因斗殴被公安机关拘留

D. 乙被吊销营业执照

【解析】（1）选项A：甲只是被申请破产，是否被宣告破产并不确定，不能选；（2）选项BC：作为合伙人的自然人死亡或者被依法宣告死亡（不包括被宣告失踪、被拘留）时，当然退伙。

【答案】D

【真题5·多选题】根据合伙企业法律制度的规定，在合伙协议无特别约定的情况下，合伙人发生的下列情形中，属于经其他合伙人一致同意即可除名的有（ ）。（2016年）

A. 未履行出资义务

B. 因故意或者重大过失给合伙企业造成损失

C. 执行合伙事务时有不正当行为

D. 被依法宣告死亡

【解析】选项D：属于“当然退伙”的情形。

【答案】ABC

【真题6·单选题】根据合伙企业法律制度的规定，下列各项中，构成有限合伙人当然退伙情形的是（ ）。（2017年）

A. 作为有限合伙人的法人被宣告破产

B. 作为有限合伙人的自然人故意给合伙企业造成损失

C. 作为有限合伙人的自然人被宣告失踪

D. 作为有限合伙人的自然人丧失民事行为能力

【解析】（1）选项B：可以决议将其“除名”；（2）选项C：作为有限合伙人的自然人死亡或者被依法宣告死亡（不包括被宣告失踪）的，当然退伙；（3）选项D：作为有限合伙人的自然人在有限合伙企业存续期间丧失民事行为能力的，其他合伙人不得因此要求其退伙。

【答案】A

【真题7·多选题】根据合伙企业法律制度的规定，下列各项中，属于普通合伙企业合伙人当然退伙的情形有（ ）。（2018年）

A. 法人合伙人被吊销营业执照

B. 因重大过失给合伙企业造成损失

C. 自然人合伙人被宣告死亡

D. 未履行出资义务

【解析】选项BD：属于可以“除名”的情形。

【答案】AC

【真题8·多选题】根据合伙企业法律制度的规定，合伙协议约定合伙期限的，在合伙企业存续期间，下列情形中，合伙人可以退伙的有（ ）。（2019年）

A. 发生合伙协议约定的退伙事由

B. 其他合伙人严重违反合伙协议约定的义务

C. 全体合伙人一致同意退伙

D. 发生合伙人难以继续参加合伙的事由

【答案】 ABCD

【考点8】 财产继承（★★★）（P148）

1. 如果继承人不愿意成为合伙人或者不能成为合伙人的，合伙企业应当向其退还被继承合伙人的财产份额。

2. 能否成为合伙人？

（1）有限合伙人

作为有限合伙人的自然人死亡、被依法宣告死亡或者作为有限合伙人的法人及其他组织终止时，其继承人或者权利承受人可以依法取得该有限合伙人在有限合伙企业中的资格。

【解释】有限合伙人不执行合伙事务，无须对企业债务承担无限连带责任，因此，有限合伙人死亡后，无论其继承人是否具备完全民事行为能力，都可以依法取得该有限合伙人在有限合伙企业中的资格。

（2）普通合伙人

①继承人具备完全民事行为能力的，按照合伙协议的约定或者经全体合伙人一致同意，可以取得普通合伙人资格。

②继承人为无民事行为能力人或者限制民事行为能力人的，经全体合伙人一致同意，可以依法成为有限合伙人，普通合伙企业依法转为有限合伙企业。全体合伙人未能一致同意的，合伙企业应当将被继承合伙人的财产份额退还该继承人。

【解释】普通合伙人应具备承担无限连带责任的能力：（1）如果其继承人为无民事行为能力人或者限制民事行为能力人的，不可能成为普通合伙人，但有机会成为有限合伙人。经全体合伙人一致同意，可以依法成为有限合伙人（而非自动取得有限合伙人的资格），此时普通合伙企业依法转为有限合伙企业；（2）如果其继承人具备完全民事行为能力，有机会成为普通合伙人，而非自动取得普通合伙人的资格。先看合伙协议对普通合伙人的资格继承问题有没有约定，有约定按照约定处理。如果合伙协议对此没有约定，经全体合伙人一致同意，才能取得普通合伙人的资格；如果不能取得一致同意，合伙企业应当向其退还被继承合伙人的财产份额。此时，该继承人能否成为有限合伙人？法律并未明确规定，希望考生就此打住，千万别作茧自缚。

经典题解

【真题1·多选题】 甲死亡，乙对甲在某普通合伙企业中的财产份额享有合法继承权。下列有关乙与合伙企业关系的表述中，符合合伙企业法律制度规定的有（ ）。（2008年）

A. 如果乙不愿意成为合伙企业的合伙人，则该合伙企业可以不必向乙退还甲的财产份额

B. 如果乙未能取得合伙人资格，则该合伙企业可以不必向乙退还甲的财产份额

C. 如果乙为无民事行为能力人，全体合伙人未能一致同意乙入伙，则该合伙企业应当将甲的财产份额退还乙

D. 如果乙为无民事行为能力人，经全体合伙人一致同意，乙可以成为有限合伙人，但该合伙企业应转为有限合伙企业

【答案】 CD

【真题2·单选题】 甲、乙、丙共同投资设立一普通合伙企业，合伙协议对合伙人的资格取得或者丧失未作约定。合伙企业存续期间，甲因车祸去世，甲妻丁是唯一继承人。下列表述中，符合合伙企业法律制度规定的是（ ）。（2009年）

A. 丁自动取得该企业合伙人资格

B. 经乙、丙一致同意，丁取得该企业合伙人资格

C. 丁不能取得该企业合伙人资格，只能由该企业向丁退还甲在企业中的财产份额

D. 丁自动成为有限合伙人，该企业转为有限合伙企业

【解析】 甲的妻子丁具备完全民事行为能力，按照合伙协议的约定或者经全体合伙人一致同意，丁可以取得普通合伙人资格。

【答案】 B

【真题3·单选题】某普通合伙企业合伙人甲死亡，其未成年子女乙、丙是其全部合法继承人。根据合伙企业法律制度的规定，下列表述中，正确的是（　　）。（2017年）

A. 乙、丙可以继承甲的财产份额，但不能成为合伙人

B. 乙、丙因继承甲的财产份额而自动取得合伙人资格

C. 经全体合伙人一致同意，乙、丙可以成为有限合伙人

D. 应解散合伙企业，清算后向乙、丙退还甲的财产份额

【解析】普通合伙人的继承人乙、丙为无民事行为能力人或者限制民事行为能力人，经全体合伙人一致同意，可以依法成为有限合伙人，普通合伙企业依法转为有限合伙企业；全体合伙人未能一致同意的，合伙企业应当将被继承合伙人的财产份额退还该继承人。

【答案】C

【考点9】特殊的普通合伙企业（★★★）（P149）

特殊的普通合伙企业（如会计师事务所、律师事务所）适用普通合伙企业的一般规定，其特殊性主要体现在"债务责任的承担"上。

1. 普通债务

合伙人在执业活动中非因故意或者重大过失造成的合伙企业债务以及合伙企业的其他债务，由全体合伙人承担无限连带责任。

2. 特定债务

（1）对外

一个合伙人或者数个合伙人在执业活动中因故意或者重大过失造成合伙企业债务的，应当承担无限责任或者无限连带责任，其他合伙人以其在合伙企业中的财产份额为限承担责任。（2011年案例分析题）

（2）对内

合伙人在执业活动中因故意或者重大过失造成的合伙企业债务，以合伙企业财产对外承担责任后，该合伙人应当按照合伙协议的约定对给合伙企业造成的损失承担赔偿责任。

3. 执业风险防范

（1）特殊的普通合伙企业应当建立执业风险基金，同时办理职业保险（职业责任保险）。

（2）执业风险基金，主要是指为了化解经营风险，特殊的普通合伙企业从其经营收益中提取相应比例的资金，用于偿付合伙人执业活动造成的债务。执业风险基金应当单独立户管理。

经典题解

【真题1·单选题】注册会计师甲、乙、丙共同出资设立一特殊的普通合伙制会计师事务所。因甲、乙在某次审计业务中故意出具不实审计报告，人民法院判决会计师事务所赔偿当事人50万元。根据合伙企业法律制度的规定，下列关于该赔偿责任承担的表述中，正确的是（　　）。（2013年）

A. 甲、乙、丙均承担无限连带责任

B. 甲、乙、丙均以其在会计师事务所中的财产份额为限承担责任

C. 以该会计师事务所的全部财产为限承担责任

D. 甲、乙承担无限连带责任，丙以其在会计师事务所中的财产份额为限承担责任

【答案】D

【真题2·多选题】甲、乙、丙共同出资设立一特殊的普通合伙制律师事务所。2010年5月，乙从事务所退出，丁加入事务所成为新合伙人。2010年8月，人民法院认定甲在2009年的某项律师业务中存在重大过失，判决事务所向客户赔偿100万元的损失。根据合伙企业法律制度的规定，下列关于赔偿责任承担的表述中，正确的有（　　）。（2012年）

A. 甲应以其全部个人财产承担无限责任

B. 乙应以其退出时在事务所中的实际财产份额为限承担赔偿责任

C. 丙应以其在事务所中的财产份额为限承担赔偿责任

D. 丁无须承担赔偿责任

【解析】（1）选项A：甲在执业活动中因重大过失造成的合伙企业债务，由甲个人承担无限责任（甲以其全部个人财产承担无限责任）；（2）选项BCD：其他合伙人乙、丙、丁以其在合伙企业中的财产份额为限承担有限责任，即乙以其退出时在事务所中的实际财产份额为限承担赔偿责任，丙和丁以其在事务所中的财产份额为限承担赔偿责任。考生应注意的是，丁应当以其在事务所中的财产份额为限承担赔偿责任，而选项D“丁无须承担赔偿责任”的说法错误。

【答案】ABC

【真题3·多选题】根据合伙企业法律制度的规定，下列关于特殊的普通合伙企业执业风险防范措施的表述中，正确的有（　　）。（2016年）

A. 企业可以选择建立执业风险基金或者办理职业保险

B. 执业风险基金用于偿付合伙人执业活动造成的债务

C. 执业风险基金应当单独立户管理

D. 企业应当从其经营收益中提取相应比例资金作为执业风险基金

【解析】选项A：特殊的普通合伙企业应当建立执业风险基金和办理职业保险。

【答案】BCD

第二单元　有限合伙企业

扫码听名师课

【考点1】有限合伙企业的设立（★★★）（P151）

1. 有限合伙企业由2个以上50个以下合伙人设立；但是，法律另有规定的除外。

【解释】普通合伙企业的合伙人为2人以上，法律并未规定最高限额。

2. 有限合伙企业至少应当有1个普通合伙人和1个有限合伙人。有限合伙企业仅剩有限合伙人的，应当解散；有限合伙企业仅剩普通合伙人的，应当转为普通合伙企业。（2007年案例分析题）

3. 国有独资公司、国有企业、上市公司以及公益性的事业单位、社会团体不得成为普通合伙人，可以成为有限合伙人。

4. 有限合伙人可以用货币、实物、知识产权、土地使用权或者其他财产权利作价出资；有限合伙人不得以劳务出资。

5. 有限合伙企业名称中应当标明“有限合伙”字样。

6. 有限合伙企业登记事项中应当载明有限合伙人的姓名或者名称及认缴的出资数额。

7. 有限合伙人应当按照合伙协议的约定按期足额缴纳出资，未按期足额缴纳的，应当承担补缴义务，并对其他合伙人承担违约责任。

经典题解

【真题1·单选题】甲上市公司、乙普通合伙企业、丙全民所有制企业和丁公立大学拟共同设立一有限合伙企业。根据合伙企业法律制度的规定，甲、乙、丙、丁中可以成为普通合伙人的是（　　）。（2014年）

A. 甲　　B. 乙

C. 丙　　D. 丁

【解析】由于甲、丙和丁只能作为有限合伙人，乙必须成为普通合伙人。

【答案】B

【真题2·单选题】甲国有独资公司、乙上市公司、丙外商独资企业、丁民营投资有限公司拟成立一家有限合伙企业。根据合伙企业法律制度的规定，上述投资主体中，可以担任普通合伙人的是（　　）。（2015年）

A. 甲和丙　　B. 乙和丙

C. 丙和丁　　D. 甲和丁

【答案】C

【真题3·单选题】根据合伙企业法律制度的规定，下列各项中，有限合伙人可用作合伙企业出资的是（　　）。（2014年）

A. 为合伙企业提供财务管理

B. 债权

C. 社会关系

D. 为合伙企业提供战略咨询

【解析】（1）选项AD：有限合伙人不得用劳务出资；（2）选项C：无法评估作价，不得用于出资。

【答案】B

【真题4·单选题】根据合伙企业法律制度的规定，下列关于有限合伙企业的表述中，错误的是（　　）。（2018年）

A. 除法律另有规定外，有限合伙人人数不得超过200人

B. 国有独资公司及公益性的事业单位，不得担任普通合伙人

C. 法人及其他组织均可依照法律规定设立有限合伙企业

D. 有限合伙企业仅剩下普通合伙人的，应当转为普通合伙企业

【答案】A

【考点2】有限合伙企业的事务执行（★★★）（P152）

1. 有限合伙企业由普通合伙人执行合伙事务，有限合伙人不执行合伙事务，不得对外代表有限合伙企业。（2012年案例分析题）

2. 有限合伙人的下列行为，不视为执行合伙事务：

（1）参与决定普通合伙人入伙、退伙；

（2）对企业的经营管理提出建议；

（3）参与选择承办有限合伙企业审计业务的会计师事务所；

（4）获取经审计的有限合伙企业财务会计报告；

（5）对涉及自身利益的情况，查阅有限合伙企业财务会计账簿等财务资料；

（6）在有限合伙企业中的利益受到侵害时，向有责任的合伙人主张权利或者提起诉讼；

（7）执行事务合伙人怠于行使权利时，督促其行使权利或者为了本企业的利益以自己的名义提起诉讼；

（8）依法为本企业提供担保。

【相关链接】除合伙协议另有约定外，普通合伙企业的下列事项应当经全体合伙人一致同意：（1）改变合伙企业的名称；（2）改变合伙企业的经营范围、主要经营场所的地点；（3）处分合伙企业的不动产；（4）转让或者处分合伙企业的知识产权和其他财产权利；（5）以合伙企业名义为他人提供担保；（6）聘任合伙人以外的人担任合伙企业的经营管理人员。

经典题解

【真题1·多选题】某产业投资基金的组织形式为有限合伙企业，其有限合伙人的下列行为中，符合合伙企业法律制度规定的有（　　）。（2014年）

A. 担任该基金总经理

B. 参与选择承办该基金审计业务的会计师事务所

C. 依法为该基金提供担保

D. 对该基金的经营管理提出建议

【解析】（1）选项A：有限合伙人不得执行合伙事务（担任该基金总经理）；（2）选项BCD：不视为执行企业事务。

【答案】BCD

【真题2·单选题】根据合伙企业法律制度的规定，下列行为中，禁止由有限合伙人实施的是（　　）。（2015年）

A. 为本合伙企业提供担保

B. 参与决定普通合伙人入伙

C. 以合伙企业的名义对外签订买卖合同

D. 对涉及自身利益的情况，查阅合伙企业的财务会计账簿

【答案】C

【真题3·多选题】根据合伙企业法律制度的规定，有限合伙人的下列行为中，视为执行合伙事务的有（　　）。（2017年）

A. 参与决定转让合伙企业的知识产权

B. 参与决定普通合伙人退伙

C. 参与决定合伙企业为第三人提供担保

D. 对合伙企业的经营管理提出建议

【解析】选项BD：不视为执行合伙事务。

【答案】AC

【真题4·多选题】 根据合伙企业法律制度的规定，有限合伙人的下列行为中，视为执行合伙事务的有（　　）。（2017年）

A. 参与决定普通合伙人退伙

B. 参与决定合伙企业为第三人提供担保

C. 参与决定出售合伙企业房产

D. 为合伙企业提供担保

【解析】 选项AD：不视为执行合伙事务。

【答案】 BC

【真题5·单选题】 根据合伙企业法律制度的规定，下列关于普通合伙企业合伙事务执行的表述中，正确的是（　　）。（2019年）

A. 合伙人对执行合伙事务享有同等权利

B. 合伙人不得监督合伙事务执行情况

C. 合伙事务应由出资最多的合伙人执行

D. 法人不得担任合伙事务执行人

【解析】（1）选项AC：普通合伙人无论其出资多少，都有权平等享有执行合伙企业事务的权利；（2）选项B：不执行合伙事务的合伙人有权监督执行事务合伙人执行合伙事务的情况；（3）选项D：法人如果是普通合伙人，则可以担任合伙事务执行人，由其委托的代表执行。

【答案】 A

【真题6·单选题】 甲、乙、丙、丁、戊共同出资设立一个有限合伙企业，甲、乙、丙为普通合伙人，丁、戊为有限合伙人。执行事务合伙人甲提议接收庚为普通合伙人，乙、丙反对，丁、戊同意。合伙协议对新合伙人入伙的表决办法未作约定。根据合伙企业法律制度的规定，下列表述中，正确的是（　　）。（2012年）

A. 庚可以入伙，因甲作为执行事务合伙人有权自行决定接收新合伙人

B. 庚可以入伙，因全体合伙人过半数同意

C. 庚不得入伙，因丁、戊作为有限合伙人无表决权，而反对庚入伙的普通合伙人占全体普通合伙人的2/3

D. 庚不得入伙，因未得到全体合伙人一致同意

【解析】（1）选项ABD：新合伙人入伙，除合伙协议另有约定外，应当经全体合伙人一致同意；（2）选项C：有限合伙人参与决定普通合伙人入伙、退伙的，不视为执行合伙事务。

【答案】 D

3. 利润分配

（1）有限合伙企业不得将全部利润分配给部分合伙人；但是，合伙协议另有约定的除外。

（2）普通合伙企业的合伙协议不得约定将全部利润分配给部分合伙人或者由部分合伙人承担全部亏损。

【解释】（1）普通合伙企业：合伙协议绝对“不得约定”将全部利润分配给部分合伙人，这是法律的强制性规定；（2）有限合伙企业：合伙协议“可以约定”在一定时期内将全部利润分配给部分合伙人，如果合伙协议没有特别约定的，有限合伙企业不得将全部利润分配给部分合伙人。

4. 交易

（1）有限合伙人可以同本有限合伙企业进行交易；但是，合伙协议另有约定的除外。

（2）除合伙协议另有约定或者经全体合伙人一致同意外，普通合伙人不得同本合伙企业进行交易。

【解释】（1）普通合伙人：先看合伙协议的约定（爱怎么约定就怎么约定），合伙协议没有约定的，经全体合伙人一致同意才能同本合伙企业进行交易，否则，普通合伙人不得同本合伙企业进行交易；（2）有限合伙人：先看合伙协议的约定（爱怎么约定就怎么约定），合伙协议没有约定的，有限合伙人可以同本合伙企业进行交易。

经典题解

【例题·多选题】 甲、乙、丙、丁四人拟共同出资设立一个有限合伙企业，其中甲、乙为普通合伙人，丙、丁为有限合伙人。在其订立合伙协议时约定的下列事项中，符合合伙企业法律制度规定的有（　　）。

A. 甲、乙、丙、丁均可以同本合伙企业进行交易

B. 甲、乙、丙、丁均不得同本合伙企业进行交易

C. 甲、乙可以同本合伙企业进行交易，丙、丁不得同本合伙企业进行交易

D. 甲、乙不得同本合伙企业进行交易，丙、丁可以同本合伙企业进行交易

【答案】 ABCD

5. 竞争

（1）有限合伙人可以自营或者同他人合作经营与本有限合伙企业相竞争的业务；但是，合伙协议另有约定的除外。（2012年案例分析题）

（2）普通合伙人不得自营或者同他人合作经营与本合伙企业相竞争的业务。

【解释】（1）普通合伙人：绝对不能从事同本合伙企业相竞争的业务，这是法律的强制性规定，合伙协议不能“越雷池半步”；（2）有限合伙人：先看合伙协议的约定（爱怎么约定就怎么约定），合伙协议没有约定的，有限合伙人可以自营或者同他人合作经营与本合伙企业相竞争的业务。

经典题解

【例题·多选题】 甲、乙、丙、丁四人拟共同出资设立一个有限合伙企业，其中甲、乙为普通合伙人，丙、丁为有限合伙人。在其订立合伙协议时约定的下列事项中，符合合伙企业法律制度规定的有（　　）。

A. 甲、乙、丙、丁均可以自营与本合伙企业相竞争的业务

B. 甲、乙、丙、丁均不得自营与本合伙企业相竞争的业务

C. 甲、乙可以自营与本合伙企业相竞争的业务，丙、丁不得自营与本合伙企业相竞争的业务

D. 甲、乙不得自营与本合伙企业相竞争的业务，丙、丁可以自营与本合伙企业相竞争的业务

【答案】 BD

【考点3】有限合伙企业财产份额的出质与转让（★★★）（P153）

1. 出质

（1）有限合伙人可以将其在有限合伙企业中的财产份额出质；但是，合伙协议另有约定的除外。（2007年案例分析题、2012年案例分析题）

（2）普通合伙人以其在合伙企业中的财产份额出质的，须经其他合伙人一致同意；未经其他合伙人一致同意，其行为无效，由此给善意第三人造成损失的，由行为人依法承担赔偿责任。

【解释】（1）普通合伙人：必须经其他合伙人一致同意，这是法律的强制性规定，合伙协议不能“越雷池半步”；（2）有限合伙人：先看合伙协议的约定（爱怎么约定就怎么约定），合伙协议没有约定的，有限合伙人可以出质。

经典题解

【真题1·单选题】 甲为某有限合伙企业的有限合伙人，欲将其财产份额出质。合伙协议对该类事项的批准方式未作约定。下列关于该事项批准方式的表述中，符合合伙企业法律制度规定的是（　　）。（2019年）

A. 其他合伙人一致同意

B. 无须其他合伙人同意

C. 普通合伙人一致同意

D. 有限合伙人一致同意

【答案】 B

【真题2·多选题】 甲、乙、丙、丁共同投资设立一个有限合伙企业，甲、乙为普通合伙人，丙、丁为有限合伙人。下列有关合伙人以财产份额出质的表述中，符合合伙企业法律制度规定的有（　　）。（2010年）

A. 经乙、丙、丁同意，甲可以其在合伙企业中的财产份额出质

B. 如果合伙协议没有约定，即使甲、乙均不同意，丁也可以其在合伙企业中的财产份额出质

C. 合伙协议可以约定，经2个以上合伙

人同意，乙可以其在合伙企业中的财产份额出质

D. 合伙协议可以约定，未经 2 个以上合伙人同意，丙不得以其在合伙企业中的财产份额出质

【答案】 ABD

2. 财产份额的对外转让

（1）有限合伙人可以按照合伙协议的约定向合伙人以外的人转让其在有限合伙企业中的财产份额，但应当提前 30 日通知其他合伙人。

（2）除合伙协议另有约定外，普通合伙人向合伙人以外的人转让其在合伙企业中的全部或者部分财产份额时，须经其他合伙人一致同意。

【解释】普通合伙人：先看合伙协议的约定，未约定的，须经其他合伙人一致同意。

【考点 4】 有限合伙人的债务清偿（★）（P154）

1. 有限合伙人的自有财产不足清偿其与合伙企业无关的债务的，该合伙人可以以其从有限合伙企业中分取的收益用于清偿；债权人也可以依法请求人民法院强制执行该合伙人在有限合伙企业中的财产份额用于清偿。

2. 普通合伙人的自有财产不足清偿其与合伙企业无关的债务的，该合伙人可以以其从合伙企业中分取的收益用于清偿；债权人也可以依法请求人民法院强制执行该合伙人在合伙企业中的财产份额用于清偿。

【考点 5】 有限合伙人的入伙和退伙（★★★）（P154）

1. 入伙

（1）新入伙的有限合伙人对入伙前有限合伙企业的债务，以其认缴的出资额为限承担责任。

（2）新入伙的普通合伙人对入伙前合伙企业的债务承担无限连带责任。

经典题解

【真题·单选题】 某有限合伙企业在经营期间吸收甲为有限合伙人。关于甲入伙前有限合伙企业的债务，下列表述中，符合合伙企业法律制度规定的是(　　)。(2008 年)

A. 甲不承担责任

B. 甲承担无限连带责任

C. 甲以其认缴的出资额为限承担责任

D. 甲以其实缴的出资额为限承担责任

【答案】 C

2. 退伙（2007 年案例分析题）

（1）普通合伙人退伙后，对基于其退伙前的原因发生的合伙企业债务，承担无限连带责任。

【解释】普通合伙人只是对基于退伙前的原因发生的企业债务承担无限连带责任，退伙后的企业债务与其无关（不在其位，不谋其政）。

（2）有限合伙人退伙后，对基于其退伙前的原因发生的有限合伙企业债务，以其退伙时从有限合伙企业中取回的财产承担责任。

【解释】（1）有限合伙人甲以 100 万元的货币出资，退伙时从合伙企业取回 20 万元，则甲以 20 万元为限对基于其退伙前的原因发生的企业债务承担责任；（2）有限合伙人乙以 100 万元的货币出资，退伙时从合伙企业取回 200 万元，则乙以 200 万元为限对基于其退伙前的原因发生的企业债务承担责任。

经典题解

【真题 1·多选题】 某普通合伙企业在经营期间吸收甲入伙。甲入伙前，合伙企业对乙负债 10 万元。甲入伙后，该合伙企业继续亏损，甲遂要求退伙，获其他合伙人一致同意。在此期间，该合伙企业欠丙货款 20 万元。甲退伙后，合伙企业又向丁借款 20 万元。后合伙企业解散，上述债务均未清偿。下列表述中，符合合伙企业法律制度规定的有(　　)。(2008 年)

A. 对于合伙企业对乙的债务，甲应承担无限连带责任

B. 对于合伙企业对丙的债务，甲应承担无限连带责任

C. 对于合伙企业对丁的债务，甲应承担无限连带责任

D. 对于合伙企业对乙、丁的债务，甲均不承担责任

【解析】（1）选项A：新入伙的普通合伙人对入伙前合伙企业的债务（对乙的债务10万元）承担无限连带责任；（2）选项B：退伙的普通合伙人对基于其退伙前的原因发生的合伙企业债务（对丙的债务20万元）承担无限连带责任；（3）选项C：退伙的普通合伙人对退伙后的债务（对丁的债务20万元）不承担责任。

【答案】 AB

【真题2·多选题】 某普通合伙企业经营期间，吸收甲入伙。甲入伙前合伙企业已负债20万元。甲入伙1年后退伙，在此期间合伙企业新增负债10万元。甲退伙后半年，合伙企业解散，以企业全部财产清偿债务后，尚有80万元债务不能清偿，根据合伙企业法律制度的规定，下列关于甲承担清偿责任的表述中，正确的有（　　）。（2016年）

A. 甲对入伙前合伙企业的20万元债务承担无限连带责任

B. 甲对入伙后至合伙企业解散时新增的60万元债务承担无限连带责任

C. 甲对合伙企业解散后尚未清偿的全部80万元债务承担无限连带责任

D. 甲对担任合伙人期间合伙企业新增的10万元债务承担无限连带责任

【解析】（1）选项A：新入伙的普通合伙人对入伙前合伙企业的债务（20万元）承担无限连带责任；（2）选项D：退伙的普通合伙人对基于其退伙前的原因发生的合伙企业债务（10万元）承担无限连带责任；（3）选项BC：退伙的普通合伙人对其退伙后的企业债务不承担责任。

【答案】 AD

【真题3·多选题】 甲、乙、丙设立某普通合伙企业，从事餐饮服务。2017年6月5日，甲退伙。6月10日，丁入伙。6月9日，合伙企业经营的餐厅发生卡式燃气炉灼伤顾客戊的事件，需要支付医疗费用等总计45万元。经查，该批燃气炉系当年4月合伙人共同决定购买，其质量不符合相关国家标准。该合伙企业支付30万元赔偿后已无赔偿能力。现戊请求合伙人承担其余15万元赔偿责任。根据合伙企业法律制度的规定，应承担赔偿责任的合伙人有（　　）。（2017年）

A. 甲

B. 乙

C. 丙

D. 丁

【解析】（1）乙、丙作为普通合伙人，应当对合伙企业不能清偿的债务承担无限连带责任；（2）普通合伙人甲退伙后，对基于其退伙前的原因（发生事故的破燃气炉系甲、乙、丙共同决定购买）发生的合伙企业债务，承担无限连带责任；（3）新入伙的普通合伙人丁应当对入伙前合伙企业的债务承担无限连带责任。

【答案】 ABCD

【考点6】 合伙人性质的转变（★★★）（P155）

1. 有限合伙人转变为普通合伙人的，对其作为有限合伙人期间有限合伙企业发生的债务承担无限连带责任。

【解释】如果有限合伙人胆敢“弃明投暗”，不顾一切地往火坑里跳，就应当对身份转变之前、转变之后的合伙企业债务均承担无限连带责任（普通合伙人对所有的企业债务均承担无限连带责任）。

2. 普通合伙人转变为有限合伙人的，对其作为普通合伙人期间合伙企业发生的债务承担无限连带责任。

【解释】如果普通合伙人“弃暗投明”，但不能“立地成佛”，需要把“旧账”处理完了再重新做人，必须对身份转变之前的合伙企业债务承担无限连带责任。

第五章

经典题解

【真题1·多选题】 甲、乙分别为某有限合伙企业的普通合伙人和有限合伙人，后甲变更为有限合伙人，乙变更为普通合伙人。下列关于甲、乙对其合伙人性质互换前的企业债务承担的表述中，符合合伙企业法律制度规定的有(　　)。(2014年)

A. 甲对其作为普通合伙人期间的企业债务承担无限连带责任

B. 甲对其作为普通合伙人期间的企业债务承担有限责任

C. 乙对其作为有限合伙人期间的企业债务承担无限连带责任

D. 乙对其作为有限合伙人期间的企业债务承担有限责任

【答案】 AC

【真题2·单选题】 甲、乙、丙、丁设立一个有限合伙企业，其中甲、乙为普通合伙人，丙、丁为有限合伙人。1年后，甲转为有限合伙人，同时丙转为普通合伙人。合伙企业设立之初，企业欠银行50万元，该债务直至合伙企业被宣告破产仍未偿还。下列关于该50万元债务清偿责任的表述中，符合合伙企业法律制度规定的是(　　)。(2013年)

A. 乙、丙承担无限连带责任，甲、丁以其出资额为限承担责任

B. 甲、乙、丙承担无限连带责任，丁以其出资额为限承担责任

C. 甲、乙承担无限连带责任，丙、丁以其出资额为限承担责任

D. 乙承担无限责任，甲、丙、丁以其出资额为限承担责任

【解析】 (1)甲：普通合伙人转变为有限合伙人的，对其作为普通合伙人期间合伙企业发生的债务承担无限连带责任；(2)丙：有限合伙人转变为普通合伙人的，对其作为有限合伙人期间有限合伙企业发生的债务承担无限连带责任。

【答案】 B

表5-2　普通合伙人与有限合伙人的比较

	普通合伙人	有限合伙人
能否以劳务出资	√	×
国有独资公司、国有企业、上市公司以及公益性的事业单位、社会团体	×	√
事务执行	√	×
交易	约定→一致同意→×	约定→√
竞争	×	约定→√
出质	必须经其他合伙人一致同意	约定→√
对外转让财产份额	约定→一致同意	提前30日通知
丧失偿债能力时是否当然退伙	√	×
丧失民事行为能力时是否当然退伙	经其他合伙人一致同意，可以依法转为有限合伙人；其他合伙人未能一致同意的，只能退伙	×

续表

	普通合伙人	有限合伙人
继承	（1）继承人具备完全民事行为能力的，按照合伙协议的约定或者经全体合伙人一致同意，从继承开始之日起，取得普通合伙人资格 （2）继承人为无民事行为能力人或者限制民事行为能力人的，经全体合伙人一致同意，可以依法成为有限合伙人，普通合伙企业依法转为有限合伙企业	无论其继承人是否具备完全民事行为能力，都可以依法取得有限合伙人的资格
新入伙	新入伙的普通合伙人对入伙前合伙企业的债务承担无限连带责任	新入伙的有限合伙人对入伙前有限合伙企业的债务，以其认缴的出资额为限承担责任
退伙	对基于其退伙前的原因发生的合伙企业债务，承担无限连带责任	对基于其退伙前的原因发生的有限合伙企业债务，以其退伙时从有限合伙企业中取回的财产承担责任
合伙人的性质转变	普通合伙人转变为有限合伙人的，对其作为普通合伙人期间合伙企业发生的债务承担无限连带责任	有限合伙人转变为普通合伙人的，对其作为有限合伙人期间有限合伙企业发生的债务承担无限连带责任
人数不够时	有限合伙企业仅剩普通合伙人的，应当转为普通合伙企业	有限合伙企业仅剩有限合伙人的，应当解散

【考点7】法定事项与约定事项（★★★）（P136、139）

1. 法定事项

某些事项法律有明确规定的，合伙协议的约定不得与法律规定相抵触，其中包括但不限于：

（1）普通合伙人以其财产份额出质的，必须经其他合伙人一致同意。

（2）普通合伙人绝对不得从事同本企业相竞争的业务。

（3）普通合伙企业的合伙协议绝对不得约定将全部利润分配给部分合伙人或者由部分合伙人承担全部亏损。

（4）国有独资公司、国有企业、上市公司以及公益性的事业单位、社会团体不得成为普通合伙人。

（5）有限合伙人不得以劳务出资。

（6）有限合伙企业由普通合伙人执行合伙事务，有限合伙人不执行合伙事务，不得对外代表有限合伙企业。

2. 先约定后法定

（1）除合伙协议另有约定外，合伙企业的下列事项应当经全体合伙人一致同意：

①改变合伙企业的名称；

②改变合伙企业的经营范围、主要经营场所的地点；

③处分合伙企业的不动产；

④转让或者处分合伙企业的知识产权和其他财产权利；

⑤以合伙企业名义为他人提供担保；

⑥聘任合伙人以外的人担任合伙企业的经营管理人员。

（2）合伙协议未约定的，法律规定必须经全体合伙人一致同意的事项还包括：

①除合伙协议另有约定外，修改或者补

充合伙协议，应当经全体合伙人一致同意。

②新合伙人入伙，除合伙协议另有约定外，应当经全体合伙人一致同意。

③除合伙协议另有约定外，普通合伙人转变为有限合伙人，或者有限合伙人转变为普通合伙人，应当经全体合伙人一致同意。

④除合伙协议另有约定外，普通合伙人向合伙人以外的人转让其在合伙企业中的全部或者部分财产份额时，须经其他合伙人一致同意。

（3）有限合伙人可以同本有限合伙企业进行交易；但是，合伙协议另有约定的除外。

（4）有限合伙人可以自营或者同他人合作经营与本有限合伙企业相竞争的业务；但是，合伙协议另有约定的除外。

（5）有限合伙人可以将其在有限合伙企业中的财产份额出质；但是，合伙协议另有约定的除外。

（6）有限合伙企业不得将全部利润分配给部分合伙人；但是，合伙协议另有约定的除外。

3. 兜底条款

合伙协议未约定或者约定不明确、法律也没有特别规定时，实行合伙人一人一票并经全体合伙人过半数通过的表决办法。（2012年案例分析题）

【相关链接】分别执行合伙事务的，执行事务合伙人可以对其他合伙人执行的事务提出异议。提出异议时，应当暂停该项事务的执行。如果发生争议，按照合伙协议约定的表决办法办理，合伙协议未约定或者约定不明确的，实行合伙人一人一票并经全体合伙人过半数通过的表决办法。（2007年案例分析题）

经典题解

【真题1·单选题】某合伙企业举行合伙人会议表决对外投资事项，但合伙协议对该事项的表决办法未作约定。根据合伙企业法律制度的规定，下列关于合伙企业表决办法的表述中，正确的是（　　）。（2015年）

A. 须经持有过半数财产份额的合伙人同意

B. 须经全体合伙人一致同意

C. 须经过半数合伙人同意

D. 须经2/3以上合伙人同意

【解析】对于合伙企业的对外投资事项，由于合伙协议未作约定、法律也没有特别规定，因此实行合伙人一人一票并经全体合伙人过半数通过的表决办法。

【答案】C

【真题2·单选题】甲、乙、丙、丁拟共同投资设立一个有限合伙企业，甲、乙为普通合伙人，丙、丁为有限合伙人。各合伙人经协商后草拟了一份合伙协议。该合伙协议的下列约定中，符合合伙企业法律制度规定的是（　　）。（2008年）

A. 甲以房屋作价15万元出资，乙以专利技术作价12万元出资，丙以劳务作价10万元出资，丁以现金20万元出资

B. 经3个以上合伙人同意，甲、乙可以向合伙人以外的第三人转让其在合伙企业中的全部或者部分财产份额

C. 合伙事务由甲、丁共同执行，乙、丙不参与合伙事务的执行

D. 甲、乙以自己的财产份额出质的，须经其他合伙人过半数同意

【解析】（1）选项A：有限合伙人丙不得以劳务出资，这是法律的强制性规定，合伙协议不能“踩地雷”；（2）选项B：普通合伙人对外转让财产份额时，先看合伙协议的约定（爱怎么约定就怎么约定）；（3）选项C：有限合伙人丁不得执行合伙企业事务，这是法律的强制性规定，合伙协议不能“踩地雷”；（4）选项D：普通合伙人以其在合伙企业中的财产份额出质的，必须经其他合伙人一致同意，这是法律的强制性规定，合伙协议不能“踩地雷”。

【答案】B

【真题3·单选题】根据合伙企业法律制度的规定，下列关于有限合伙企业的表述中，正确的是（　　）。（2009年）

A. 国有企业可以成为有限合伙企业的普通合伙人

B. 有限合伙人可以土地使用权、机器设

备和劳务出资

C. 自然人作为有限合伙人，可以执行合伙事务，对外代表有限合伙企业

D. 若合伙协议无相反约定，有限合伙人可以经营与本有限合伙企业相竞争的业务

【解析】（1）选项 A：国有企业不得成为普通合伙人，但可以成为有限合伙人；（2）选项 B：有限合伙人不得以劳务出资；（3）选项 C：有限合伙人不执行合伙事务，不得对外代表有限合伙企业。

【答案】 D

【真题 4 · 单选题】 某有限合伙企业合伙协议的下列约定中，符合合伙企业法律制度规定的是（　　）。（2011 年）

A. 普通合伙人以现金出资，有限合伙人以劳务出资

B. 合伙企业成立后前 3 年的利润全部分配给普通合伙人

C. 有限合伙人甲对外代表本合伙企业，执行合伙事务

D. 合伙企业由普通合伙人 1 人、有限合伙人 99 人组成

【解析】（1）选项 A：有限合伙人不得以劳务出资，这是法律的强制性规定，合伙协议不能“踩地雷”；（2）选项 B：有限合伙企业的合伙协议可以约定在一定时期内将全部利润分配给部分合伙人；（3）选项 C：有限合伙人不执行合伙企业事务，不得对外代表有限合伙企业，这是法律的强制性规定，合伙协议不能“踩地雷”；（4）选项 D：有限合伙企业由 2 个以上 50 个以下合伙人设立，这是法律的强制性规定，合伙协议不能“踩地雷”。

【答案】 B

【真题 5 · 单选题】 甲、乙、丙拟设立一个有限合伙企业。甲为普通合伙人，乙、丙为有限合伙人。下列合伙协议内容中，符合合伙企业法律制度规定的是（　　）。（2015 年）

A. 乙以劳务作价 20 万元出资

B. 甲以其出资金额的 2 倍为限对合伙债务承担责任

C. 丙不得将其在合伙企业中的财产份额出质

D. 丙为合伙事务执行人

【解析】（1）选项 A：有限合伙人乙不得以劳务出资，这是法律的强制性规定，合伙协议不能“踩地雷”；（2）选项 B：普通合伙人甲应当对合伙企业债务承担无限连带责任，这是法律的强制性规定，合伙协议不能“踩地雷”；（3）选项 C：有限合伙人丙以其财产份额出质的，先看合伙协议的约定（爱怎么约定就怎么约定）；（4）选项 D：有限合伙人丙不得执行合伙事务，这是法律的强制性规定，合伙协议不能“踩地雷”。

【答案】 C

【真题 6 · 单选题】 甲、乙、丙、丁拟共同投资设立一有限合伙企业，甲、乙为普通合伙人，丙、丁为有限合伙人。四人草拟了一份合伙协议。该合伙协议的下列内容中，符合合伙企业法律制度规定的是（　　）。（2016 年）

A. 丙任执行事务合伙人

B. 甲以房屋作价 30 万元出资，乙以专利技术作价 15 万元出资，丙以劳务作价 20 万元出资，丁以现金 50 万元出资

C. 丙、丁可以将其在合伙企业中的财产份额出质

D. 合伙企业名称为“环宇商贸有限公司”

【解析】（1）选项 A：有限合伙人丙不得执行合伙事务，这是法律的强制性规定，合伙协议不能“踩地雷”；（2）选项 B：有限合伙人丙不得以劳务出资，这是法律的强制性规定，合伙协议不能“踩地雷”；（3）选项 C：有限合伙人丙、丁以其财产份额出质的，先看合伙协议的约定（爱怎么约定就怎么约定）；（4）选项 D：有限合伙企业名称中必须标明“有限合伙”字样，这是法律的强制性规定，合伙协议不能“踩地雷”。

【答案】 C

【真题 7 · 多选题】 根据合伙企业法律制度的规定，普通合伙企业发生的下列事项

中，除合伙协议另有约定外，须经全体合伙人一致同意方能通过的有（ ）。（2019 年）

A. 合伙人向合伙人以外的人转让其财产份额

B. 合伙企业处分其不动产

C. 合伙企业聘任合伙人以外的人担任企业经营管理人员

D. 合伙企业分配利润

【解析】 选项 D：合伙协议未约定或者约定不明确的，由合伙人协商决定；协商不成的，由合伙人按照实缴出资比例分配、分担；无法确定出资比例的，由合伙人平均分配、分担。

【答案】 ABC

【考点 8】 合伙企业的解散与清算（★★）（P155）

1. 解散事由

（1）合伙期限届满，合伙人决定不再经营；

（2）合伙协议约定的解散事由出现；

（3）全体合伙人决定解散；

（4）合伙人已不具备法定人数满 30 天；

（5）合伙协议约定的合伙目的已经实现或者无法实现；

（6）依法被吊销营业执照、责令关闭或者被撤销；

（7）法律、行政法规规定的其他原因。

【相关链接 1】 有限合伙企业仅剩有限合伙人的，应当解散。

【相关链接 2】（1）合伙协议未约定合伙期限的，合伙人在不给合伙企业事务执行造成不利影响的情况下，可以退伙，但应当提前30 日通知其他合伙人；（2）被除名人对除名决议有异议的，可以自接到除名通知之日起30 日内，向人民法院起诉；（3）有限合伙人可以按照合伙协议的约定向合伙人以外的人转让其在有限合伙企业中的财产份额，但应当提前30 日通知其他合伙人。

2. 清算人

（1）清算人由全体合伙人担任。

（2）经全体合伙人过半数同意，可以自合伙企业解散事由出现后 15 日内指定一个或者数个合伙人，或者委托第三人担任清算人。

（3）自合伙企业解散事由出现之日起 15 日内未确定清算人的，合伙人或者其他利害关系人可以申请人民法院指定清算人。

3. 债权申报期限

（1）清算人自被确定之日起 10 日内将合伙企业解散事项通知债权人，并于 60 日内在报纸上公告。

（2）债权人应当自接到通知书之日起 30 日内，未接到通知书的自公告之日起 45 日内，向清算人申报债权。

4. 财产清偿顺序

合伙企业的财产在支付清算费用后，清偿顺序依次为：

（1）职工工资、社会保险费用和法定补偿金；

（2）缴纳所欠税款；

（3）清偿债务。

5. 民事赔偿优先执行

违反《合伙企业法》的规定，应当承担民事赔偿责任和缴纳罚款、罚金，其财产不足以同时支付的，首先承担民事赔偿责任。

经典题解

【真题 1 · 多选题】 某合伙企业解散时，在如何确定清算人的问题上，合伙人甲、乙、丙、丁各执一词。下列各合伙人的主张中，不符合合伙企业法律制度规定的有（ ）。（2009 年）

A. 甲：由我们 4 人共同担任清算人

B. 乙：我是大家一致同意的企业事务执行人，只能由我担任清算人

C. 丙：建议从我们 4 人中推选一人担任清算人

D. 丁：合伙企业清算不允许由合伙人担任，因此建议请一名注册会计师来担任清算人

【答案】 BD

【真题 2 · 单选题】 根据合伙企业法律制度的规定，合伙企业解散清算时，企业

财产首先应当清偿或者支付的是（ ）。（2016年）

A. 所欠税款

B. 所欠银行借款

C. 所欠职工工资

D. 清算费用

【答案】D

【真题3·单选题】根据合伙企业法律制度的规定，合伙企业清算时，企业财产在支付清算费用后，应当最先支付的是（ ）。（2019年）

A. 所欠银行借款

B. 所欠税款

C. 所欠货款

D. 所欠职工工资

【答案】D

案例分析题专项演练

【案例1】（2007年）

甲、乙、丙、丁共同投资设立了A有限合伙企业（以下简称“A企业”）。合伙协议约定：甲、乙为普通合伙人，分别出资10万元；丙、丁为有限合伙人，分别出资15万元；甲执行合伙企业事务，对外代表A企业。2006年A企业发生下列事实：

2月，甲以A企业的名义与B公司签订了一份12万元的买卖合同。乙获知后，认为该买卖合同损害了A企业的利益，且甲的行为违反了A企业内部规定的甲无权单独与第三人签订超过10万元合同的限制，遂要求各合伙人作出决议，撤销甲代表A企业签订合同的资格。

4月，乙、丙分别征得甲的同意后，以自己在A企业中的财产份额出质，为自己向银行借款提供质押担保。丁对上述事项均不知情，乙、丙之间也对质押担保事项互不知情。

8月，丁退伙，并从A企业取得退伙结算财产12万元。

9月，A企业吸收庚作为普通合伙人入伙，庚出资8万元。

10月，A企业的债权人C公司要求A企业偿还6月份所欠款项50万元。

11月，丙因所设个人独资企业发生严重亏损不能清偿D公司到期债务，D公司申请人民法院强制执行丙在A企业中的财产份额用于清偿其债务。人民法院强制执行丙在A企业中的全部财产份额后，甲、乙、庚决定A企业以现有企业组织形式继续经营。

经查：A企业内部约定，甲无权单独与第三人签订超过10万元的合同，B公司与A企业签订买卖合同时，不知A企业该内部约定。合伙协议未对合伙人以财产份额出质事项进行约定。

要求：

根据上述内容，分别回答下列问题：

（1）甲以A企业的名义与B公司签订的买卖合同是否有效？并说明理由。

（2）合伙人对撤销甲代表A企业签订合同的资格事项作出决议，在合伙协议未约定表决办法的情况下，应当如何表决？

（3）乙、丙的质押担保行为是否有效？并分别说明理由。

（4）如果A企业的全部财产不足清偿C公司的债务，对不足清偿的部分，哪些合伙人应当承担清偿责任？如何承担清偿责任？

（5）人民法院强制执行丙在A企业中的全部财产份额后，甲、乙、庚决定A企业以现有企业组织形式继续经营是否合法？并说明理由。

【案例1答案】

（1）买卖合同有效。根据规定，合伙企业对合伙人执行合伙企业事务以及对外代表合伙企业权利的限制，不得对抗善意的第三人。

第五章

（2）实行合伙人一人一票并经全体合伙人过半数通过的表决方式。

（3）①乙的质押行为无效。根据规定，普通合伙人以其在合伙企业中的财产份额出质的，须经其他合伙人一致同意；未经其他合伙人一致同意的，其行为无效；②丙的质押行为有效。根据规定，有限合伙人可以将其在有限合伙企业中的财产份额出质；但是，合伙协议另有约定的除外。

（4）①普通合伙人甲、乙、庚应承担无限连带责任；②退伙的有限合伙人丁以其退伙时从A企业分回的12万元财产为限承担有限责任。

（5）甲、乙、庚决定A企业以现有企业组织形式继续经营不合法。根据规定，有限合伙企业仅剩普通合伙人的，应当转为普通合伙企业。

【案例2】（2011年）

2010年1月，注册会计师甲、乙、丙三人在北京成立了一家会计师事务所，性质为特殊的普通合伙。甲、乙、丙在合伙协议中约定：

（1）甲、丙分别以现金300万元和50万元出资，乙以一套房屋出资，作价200万元，作为会计师事务所的办公场所；

（2）会计师事务所的盈亏按照各自的出资比例享有和承担；

（3）甲负责执行合伙事务。

2011年2月，乙拟将其在会计师事务所中的财产份额转让给A。丙表示同意，甲则对乙拟转让的财产份额主张优先购买权，乙以合伙协议中未约定优先购买权为由予以拒绝。

2011年3月，丙在为B公司提供审计服务时，因重大过失给B公司造成300万元损失。该会计师事务所现有全部财产价值250万元，其中，乙用于出资的房屋变现价值为230万元。该会计师事务所在将全部财产用于赔偿B公司后，要求丙向B公司支付剩余的50万元赔偿金。丙则认为，合伙协议约定合伙人对于会计师事务所的亏损按照各自出资比例承担，自己不应对合伙企业财产不足清偿的债务承担全部责任。乙认为其对此债务只应以出资额为限承担责任，而其出资的房屋已经升值，目前变现价值为230万元，故丙应退还其30万元。

2011年5月，因会计师事务所在北京的业务量下降，甲提出将会计师事务所的主要经营地点迁至上海。在合伙人会议上，乙对此表示赞同，丙则反对。甲、乙认为，其二人人数及所持出资额均超过半数，且合伙协议对此无特别约定，于是作出迁址决议。

要求：

根据上述内容，分别回答下列问题：

（1）甲对乙拟转让给A的合伙企业财产份额是否享有优先购买权？并说明理由。

（2）乙是否有权要求丙退还30万元？并说明理由。

（3）丙是否应当单独承担对B公司剩余50万元的赔偿责任？并说明理由。

（4）将会计师事务所迁至上海的决议是否有效？并说明理由。

【案例2答案】

（1）甲享有优先购买权。根据规定，合伙人向合伙人以外的人转让其在合伙企业中的财产份额的，在同等条件下，其他合伙人有优先购买权；但是，合伙协议另有约定的除外。在本题中，既然合伙协议对此没有约定，甲享有优先购买权。

（2）乙无权要求丙退还30万元。根据规定，合伙企业的财产独立于合伙人，合伙人出资之后，便丧失了对作为其出资财产的所有权。在本题中，乙将房屋出资之后，该房屋属于合伙企业的财产，其升值部分属于合伙企业，与乙无关。

（3）丙应当单独承担对B公司剩余50万元的赔偿责任。根据规定，一个合伙人或者数个合伙人在执业活动中因故意或者重大过失造成合伙企业债务的，应当承担无限责任或者无限连带责任。

(4) 将会计师事务所迁至上海的决议无效。根据规定，改变合伙企业主要经营场所的地点，除合伙协议另有约定外，应当经全体合伙人一致同意。

【案例 3】(2012 年)

2011 年 1 月，甲、乙、丙、丁、戊共同出资设立 A 有限合伙企业（以下简称“A 企业”），从事产业投资活动。其中，甲、乙、丙为普通合伙人，丁、戊为有限合伙人。丙负责执行合伙事务。

2011 年 2 月，丙请丁物色一家会计师事务所，以承办本企业的审计业务。丁在合伙人会议上提议聘请自己曾任合伙人的 B 会计师事务所。对此，丙、戊表示同意，甲、乙则以丁是有限合伙人、不应参与执行合伙事务为由表示反对。A 企业的合伙协议未对聘请会计师事务所的表决办法作出约定。

2011 年 4 月，戊又与他人共同设立从事产业投资的 C 有限合伙企业（以下简称“C 企业”），并任执行合伙人。后因 C 企业开始涉足 A 企业的主要投资领域，甲、乙、丙认为戊违反竞业禁止义务，要求戊从 A 企业退出。戊以合伙协议并未对此作出约定为由予以拒绝。

2011 年 5 月，戊以其在 A 企业中的财产份额出质向庚借款 200 万元，但未告知 A 企业的其他合伙人。2011 年 12 月，因戊投资连续失败，其个人财产损失殆尽，无力偿还所欠庚的到期借款。经评估，戊在 A 企业中的财产份额价值 150 万元。庚因欠 A 企业 50 万元到期债务，遂自行以该笔债务抵销戊所欠其借款 50 万元，并同时向 A 企业提出就戊在 A 企业中的财产份额行使质权。对于庚的抵销行为与行使质权之主张，A 企业均表示反对。

要求：

根据上述内容，分别回答下列问题：

(1) 甲、乙反对丁提议 B 会计师事务所承办 A 企业审计业务的理由是否成立？并说明理由。

(2) 在甲、乙反对，其他合伙人同意的情况下，丁关于聘请 B 会计师事务所承办 A 企业审计业务的提议能否通过？并说明理由。

(3) 甲、乙、丙关于戊违反竞业禁止义务的主张是否成立？并说明理由。

(4) 庚能否以其对戊的债权抵销所欠 A 企业的债务？并说明理由。

(5) 戊以其在 A 企业中的财产份额向庚出质的行为是否有效？并说明理由。

(6) 庚是否有权请求人民法院强制执行戊在 A 企业中的财产份额？并说明理由。

【案例 3 答案】

(1) 甲、乙的理由不成立。根据规定，有限合伙人参与选择承办本企业审计业务的会计师事务所，不视为执行合伙事务。

(2) 该提议能够通过。根据规定，合伙协议未约定或者约定不明确、法律也没有特别规定时，实行合伙人一人一票并经全体合伙人过半数通过的表决办法。在本题中，合伙协议对该事项未约定表决办法，法律也没有特别规定，丙、丁、戊合计超过全体合伙人的半数，故丁的提议可以通过。

(3) 甲、乙、丙的主张不成立。根据规定，有限合伙人可以自营或者同他人合作经营与本有限合伙企业相竞争的业务；但是，合伙协议另有约定的除外。在本题中，站在 A 企业的角度，戊是有限合伙人，在合伙协议未约定的情况下，戊可以自营或者同他人合作经营与本有限合伙企业相竞争的业务。

(4) 庚不能以其对戊的债权抵销所欠 A 企业的债务。根据规定，合伙人发生与合伙企业无关的债务，相关债权人不得以其债权抵销对合伙企业的债务。

(5) 戊的出质行为有效。根据规定，有限合伙人可以将其在有限合伙企业中的财产份额出质；但是，合伙协议另有约定的除外。

（6）庚有权请求人民法院强制执行戊在A企业中的财产份额。根据规定，当合伙人的自有财产不足清偿其与合伙企业无关的债务时，债权人可以请求人民法院强制执行该合伙人在合伙企业中的财产份额用于清偿。

扫一扫 "码"上做题

本书中各部分试题均配备二维码，下载安装东奥"会计云课堂"APP，扫一扫左侧二维码，即可在线做题，并获得详尽的答案解析、解题思路等超值服务，解决您做题时的一切疑惑。

【"会计云课堂"APP安装二维码详见封底】

同步强化练习题

一、单项选择题

1. 根据合伙企业法律制度的规定，下列各项中，不属于甲合伙企业财产的是（ ）。
   A. 甲合伙企业对乙公司的应收账款
   B. 甲合伙企业接受丙公司捐赠的原材料
   C. 合伙人李某对王某的货款债权
   D. 合伙人黄某出资的房屋

2. 甲、乙、丙共同出资设立一个普通合伙企业，认缴的出资比例为1∶2∶2，实缴的出资比例为1∶2∶3。甲在执行合伙事务时因重大过失造成合伙企业亏损。已知合伙协议未约定合伙企业亏损分担比例，合伙人之间也不能通过协商达成一致。根据合伙企业法律制度的规定，下列关于合伙企业亏损分担的表述中，正确的是（ ）。
   A. 平均分担
   B. 由甲自己承担
   C. 按实缴的出资比例分担
   D. 按认缴的出资比例分担

3. 某普通合伙企业委托合伙人杨某执行合伙事务。根据合伙企业法律制度的规定，下列表述中，正确的是（ ）。
   A. 只能由杨某对外代表该合伙企业
   B. 除合伙协议另有约定外，杨某可以自行决定改变该合伙企业主要经营场所的地点
   C. 除合伙协议另有约定外，杨某可以自行处分该合伙企业的不动产
   D. 杨某可以自营与该合伙企业相竞争的业务

4. 赵某、钱某、孙某三人共同出资设立甲普通合伙企业（以下简称"甲企业"）。赵某个人欠李某50万元，无力偿还。根据合伙企业法律制度的规定，李某可以采取的法律措施是（ ）。
   A. 自行接管赵某在甲企业中的财产份额
   B. 请求人民法院强制执行赵某在甲企业中的财产份额用于清偿
   C. 留置甲企业委托李某修理的一辆汽车
   D. 代位行使赵某在甲企业中的权利

5. 根据合伙企业法律制度的规定，下列各项中，不属于普通合伙人当然退伙情形的是（ ）。
   A. 作为合伙人的自然人被依法宣告死亡
   B. 作为合伙人的自然人被依法宣告失踪
   C. 作为合伙人的法人被宣告破产
   D. 作为合伙人的法人被吊销营业执照

6. 根据合伙企业法律制度的规定，下列各项中，不属于有限合伙人当然退伙情形的是（ ）。
   A. 作为有限合伙人的自然人被依法宣告死亡
   B. 有限合伙人在合伙企业中的全部财产份额被人民法院强制执行

C. 作为有限合伙人的自然人丧失民事行为能力

D. 作为有限合伙人的法人被责令关闭

7. 杨某入伙时甲普通合伙企业（以下简称“甲企业”）负债30万元，杨某退伙时甲企业已负债80万元。后甲企业解散，尚欠100万元不能清偿。根据合伙企业法律制度的规定，下列关于杨某对甲企业债务承担责任的表述中，正确的是(　　)。

A. 杨某对其退伙前的80万元债务承担无限连带责任

B. 杨某对其入伙前的30万元债务不承担无限连带责任

C. 杨某已退伙，不再对甲企业债务承担责任

D. 杨某对甲企业解散时的100万元债务承担无限连带责任

8. 赵某、钱某、孙某和李某共同出资设立一个普通合伙企业，钱某被委托单独执行合伙企业事务。钱某因重大过失给合伙企业造成了较大的损失，但自己并未牟取私利。为此，赵某、孙某和李某一致同意将钱某除名，并作出除名决议，书面通知钱某本人。对于该除名决议的下列表述中，正确的是(　　)。

A. 赵某、孙某和李某不能决议将钱某除名，但可以终止对钱某单独执行合伙事务的委托

B. 如果钱某对除名决议没有异议，该除名决议自作出之日起生效

C. 如果钱某对除名决议有异议，可以在接到除名通知之日起30日内，向人民法院起诉

D. 如果钱某对除名决议有异议，可以在接到除名通知之日起30日内，请求市场监督管理机关作出裁决

9. 2018年1月，甲、乙、丙出资设立一个普通合伙企业。2020年4月，甲因车祸去世，其妻子戊为唯一继承人。合伙协议对合伙人资格的取得或者丧失未作约定。根据合伙企业法律制度的规定，下列选项中，正确的是(　　)。

A. 合伙企业无须向戊退还甲在合伙企业中的财产份额

B. 只能由合伙企业向戊退还甲在合伙企业中的财产份额

C. 戊自动取得普通合伙人的资格

D. 经乙、丙一致同意，戊可以取得普通合伙人的资格

10. 注册会计师甲、乙、丙共同出资设立一个会计师事务所（特殊的普通合伙企业）。甲、乙在某次审计业务中，因故意出具虚假审计报告被人民法院判决由会计师事务所赔偿当事人80万元。根据合伙企业法律制度的规定，下列有关该赔偿责任承担的表述中，正确的是(　　)。

A. 甲、乙、丙均承担无限连带责任

B. 甲、乙、丙均以其在会计师事务所中的财产份额为限承担责任

C. 甲、乙应当承担无限连带责任，丙不承担责任

D. 甲、乙应当承担无限连带责任，丙以其在会计师事务所中的财产份额为限承担责任

11. 根据合伙企业法律制度的规定，下列关于有限合伙企业事务执行的表述中，不正确的是(　　)。

A. 除合伙协议另有约定外，有限合伙人可以与本企业进行交易

B. 除合伙协议另有约定外，有限合伙人可以经营与本企业相竞争的业务

C. 有限合伙人可以对本企业的经营管理提出建议

D. 有限合伙企业由有限合伙人执行合伙事务

12. 甲为有限合伙企业的有限合伙人，经全体合伙人一致同意，甲转为普通合伙人。下列关于甲对其作为有限合伙人期间有限合伙企业发生的债务责任的表述中，符合合伙企业法律制度规定的是(　　)。

A. 以其认缴的出资额为限承担责任

B. 以其实缴的出资额为限承担责任

C. 承担无限连带责任

D. 不承担责任

13. 2018 年 4 月，李军出资 20 万元加入某有限合伙企业，成为有限合伙人。后该企业的另一名有限合伙人退出，李军便成为唯一的有限合伙人。2020 年 4 月，李军不幸发生车祸，虽经抢救保住性命，但已成为植物人。根据合伙企业法律制度的规定，下列表述中，正确的是(　　)。

A. 就李军入伙前该合伙企业的债务，李军仅需以 20 万元为限承担责任

B. 如李军因负债累累而丧失偿债能力，该合伙企业有权要求其退伙

C. 因李军已成为植物人，故该合伙企业有权要求其退伙

D. 因唯一的有限合伙人已成为植物人，故该有限合伙企业应转为普通合伙企业

14. 甲、乙、丙、丁成立一有限合伙企业，其中甲、乙为普通合伙人，丙、丁为有限合伙人。1 年后甲转为有限合伙人，丙转为普通合伙人。此前，合伙企业欠银行 50 万元，该债务直至合伙企业被宣告破产仍未偿还。下列有关对该 50 万元债务清偿责任的表述中，符合合伙企业法律制度规定的是(　　)。

A. 甲、乙承担无限连带责任，丙、丁以其出资额为限承担责任

B. 乙、丙承担无限连带责任，甲、丁以其出资额为限承担责任

C. 甲、乙、丙承担无限连带责任，丁以其出资额为限承担责任

D. 乙承担无限连带责任，甲、丙、丁以其出资额为限承担责任

15. 甲是某有限合伙企业的有限合伙人，在合伙协议无特别约定的情况下，甲在合伙期间未经其他合伙人同意实施的下列行为中，违反合伙企业法律制度规定的是(　　)。

A. 将自己的机器设备出租给合伙企业使用

B. 以合伙企业的名义购买汽车一辆归合伙企业使用

C. 以自己在合伙企业中的财产份额出质向银行借款 100 万元

D. 自营与本合伙企业相竞争的业务

16. 根据合伙企业法律制度的规定，下列关于有限合伙企业解散和清算的表述中，不正确的是(　　)。

A. 有限合伙企业仅剩有限合伙人的，应当解散

B. 经全体合伙人过半数同意，可以自合伙企业解散事由出现后 15 日内指定一个或者数个合伙人，或者委托第三人担任清算人

C. 清算人自被确定之日起 15 日内将合伙企业解散事项通知债权人，并于 60 日内在报纸上公告

D. 债权人应当自接到通知书之日起 30 日内，未接到通知书的自公告之日起 45 日内，向清算人申报债权

二、多项选择题

1. 根据合伙企业法律制度的规定，除合伙协议另有约定外，普通合伙企业的下列事项中，应当经全体合伙人一致同意的有(　　)。

A. 改变合伙企业的名称

B. 处分合伙企业的动产

C. 以合伙企业的名义为他人提供担保

D. 聘任合伙人以外的人担任合伙企业的经营管理人员

2. 甲向乙借款 4 万元作为出资与他人合伙设立了一家食品厂（普通合伙企业）。借款到期后，乙要求甲偿还借款，甲个人财产不足以清偿。根据合伙企业法律制度的规定，下列有关偿还借款的方式中，正确的有(　　)。

A. 甲用从食品厂分取的收益偿还借款

B. 甲自行将自己在食品厂的财产份额转让给乙，以抵偿借款

C. 甲自行将自己在食品厂的财产份额出质取得贷款，用于偿还借款

D. 乙请求人民法院强制执行甲在食品厂的财产份额用于清偿借款

3. 根据合伙企业法律制度的规定，下列情形中，属于有限合伙人当然退伙的有（　　）。
A. 作为有限合伙人的自然人死亡
B. 有限合伙人个人丧失偿债能力
C. 有限合伙人在合伙企业中的全部财产份额被人民法院强制执行
D. 作为有限合伙人的自然人在有限合伙企业存续期间丧失民事行为能力
4. 甲是某普通合伙企业的合伙人，因飞机失事死亡，其12岁的儿子乙为唯一继承人。根据合伙企业法律制度的规定，下列表述中，正确的有（　　）。
A. 乙因继承当然成为合伙企业的普通合伙人
B. 乙只能要求分割甲在合伙企业的财产份额
C. 经全体合伙人同意，乙可以成为有限合伙人，普通合伙企业依法转为有限合伙企业
D. 全体合伙人未能一致同意的，合伙企业应当将甲的财产份额退还给乙
5. 甲、乙、丙三个注册会计师出资成立一个特殊的普通合伙制的会计师事务所。甲在一次审计业务中因重大过失给客户造成200万元的损失。下列关于该损失责任承担的表述中，符合合伙企业法律制度规定的有（　　）。
A. 甲、乙、丙承担无限连带责任
B. 甲承担无限责任
C. 乙、丙不承担责任
D. 乙、丙以其在会计师事务所中的财产份额为限承担责任
6. 根据合伙企业法律制度的规定，下列各项中，可以作为有限合伙人出资形式的有（　　）。
A. 专利权　　B. 房屋所有权
C. 土地使用权　　D. 劳务
7. 根据合伙企业法律制度的规定，下列关于有限合伙人未按期足额缴纳出资的法律后果的表述中，正确的有（　　）。
A. 该有限合伙人应当承担补缴义务
B. 普通合伙人应当承担连带出资责任
C. 其他有限合伙人应当承担连带出资责任
D. 该有限合伙人应当对其他合伙人承担违约责任
8. 根据合伙企业法律制度的规定，有限合伙人的下列行为中，不视为执行合伙事务的有（　　）。
A. 参与决定转让合伙企业的不动产
B. 参与决定普通合伙人退伙
C. 参与决定合伙企业为第三人提供担保
D. 参与选择承办有限合伙企业审计业务的会计师事务所
9. 根据合伙企业法律制度的规定，除合伙协议另有约定外，有限合伙人可以从事的行为有（　　）。
A. 同本企业进行交易
B. 将其在合伙企业中的财产份额出质
C. 执行合伙企业事务
D. 经营与本企业相竞争的业务
10. 某私募基金的组织形式为有限合伙企业，其有限合伙人陈某的下列行为中，不违反合伙企业法律制度规定的有（　　）。
A. 对该基金的经营管理提出建议
B. 未经授权代表该基金对外签订合同
C. 参与选择承办该基金审计业务的会计师事务所
D. 参与决定普通合伙人退伙
11. 甲、乙、丙、丁拟共同出资设立一个有限合伙企业，其中甲、乙为普通合伙人，丙、丁为有限合伙人。其拟订的合伙协议约定的下列事项中，符合合伙企业法律制度规定的有（　　）。
A. 经其他合伙人过半数同意，甲可以其在合伙企业中的财产份额出质
B. 经其他合伙人一致同意，乙可以其在合伙企业中的财产份额出质
C. 经其他合伙人过半数同意，丙可以其在合伙企业中的财产份额出质
D. 丁不得以其在合伙企业中的财产份额出质

12. 甲、乙、丙、丁拟共同出资设立一个有限合伙企业，其中甲、乙为普通合伙人，丙、丁为有限合伙人。在其订立合伙协议时约定的下列事项中，符合合伙企业法律制度规定的有(　　)。

A. 甲、乙可以同本合伙企业进行交易，丙、丁不得同本合伙企业进行交易

B. 甲、乙、丙、丁均不得从事同本合伙企业相竞争的业务

C. 甲、乙、丙、丁以其在合伙企业中的财产份额出质的，均须经其他合伙人一致同意

D. 甲、乙、丙、丁向合伙人以外的人转让其在合伙企业中的财产份额时，应提前30日通知其他合伙人

13. 根据合伙企业法律制度的规定，当有限合伙企业的财产不足以清偿其债务时，下列人员中，应对有限合伙企业的债务承担无限连带责任的有(　　)。

A. 有限合伙企业债务发生后新入伙的有限合伙人

B. 有限合伙企业债务发生后退伙的有限合伙人

C. 有限合伙企业债务发生后新入伙的普通合伙人

D. 不参加执行有限合伙企业事务的普通合伙人

14. 甲、乙、丙、丁拟设立一个有限合伙企业，合伙协议中约定了如下内容，其中不符合合伙企业法律制度规定的有(　　)。

A. 甲以认缴的出资额为限对企业债务承担责任，同时被推举为合伙事务执行人

B. 乙为有限合伙人，乙在合伙企业存续期间不得从事同本合伙企业相竞争的业务

C. 丙以劳务出资，为普通合伙人，丙在合伙企业存续期间可以同本合伙企业进行交易

D. 经全体合伙人同意，有限合伙人可以全部转为普通合伙人，普通合伙人也可以全部转为有限合伙人

15. 国有企业甲、上市公司乙和自然人丙拟共同投资设立一个合伙企业。根据合伙企业法律制度的规定，下列选项中，正确的有(　　)。

A. 该合伙企业可以是普通合伙企业，也可以是有限合伙企业

B. 丙不能以劳务作为出资方式

C. 国有企业甲有权参与选择承办合伙企业审计业务的会计师事务所

D. 三方可以约定不经全体合伙人一致同意而吸收新的普通合伙人

16. 贾某是某有限合伙企业的有限合伙人。根据合伙企业法律制度的规定，下列选项中，正确的有(　　)。

A. 若贾某被法院判决认定为无民事行为能力人，其他合伙人可以因此要求其退伙

B. 若贾某死亡，其继承人可以取得贾某在有限合伙企业中的资格

C. 若贾某转为普通合伙人，必须对其作为有限合伙人期间企业发生的债务承担无限连带责任

D. 如果合伙协议没有特别约定，贾某可以不经过其他合伙人同意而将其在合伙企业中的财产份额出质

三、案例分析题

【案例1】

甲、乙、丙、丁共同出资设立A有限合伙企业（以下简称“A企业”），其中甲、乙为普通合伙人，丙、丁为有限合伙人。A企业存续期间，发生以下事项：

(1) 5月，丙同A企业进行了120万元的交易。甲认为，由于合伙协议对此没有约定，因此，丙不得同本合伙企业进行交易。

(2) 6月，丁自营同A企业相竞争的业务，获利150万元。乙认为，由于合伙协议对此没有约定，因此，丁不得自营同本合伙企业相竞争的业务，其获利150万元应当归A企业所有。

(3) 7月，A企业向B银行贷款100万元。

(4) 8 月，经全体合伙人一致同意，乙转变为有限合伙人，丙转变为普通合伙人。
(5) 9 月，甲、丁提出退伙。经结算，甲从 A 企业分回 10 万元，丁从 A 企业分回 20 万元。
(6) 10 月，戊、庚入伙，戊为有限合伙人，庚为普通合伙人。其中，戊、庚认缴的出资额均为 30 万元。
(7) 12 月，B 银行 100 万元的贷款到期，A 企业的全部财产只有 40 万元。
要求：
根据以上内容，分别回答下列问题：
(1) 根据本题要点 (1) 所提示的内容，甲的主张是否符合法律规定？并说明理由。
(2) 根据本题要点 (2) 所提示的内容，乙的主张是否符合法律规定？并说明理由。
(3) 对于不足清偿的 60 万元，债权人 B 银行能否要求甲清偿全部的 60 万元？并说明理由。
(4) 对于不足清偿的 60 万元，债权人 B 银行能否要求乙清偿全部的 60 万元？并说明理由。
(5) 对于不足清偿的 60 万元，债权人 B 银行能否要求丙清偿全部的 60 万元？并说明理由。
(6) 对于不足清偿的 60 万元，债权人 B 银行能否要求丁清偿全部的 60 万元？并说明理由。
(7) 对于不足清偿的 60 万元，债权人 B 银行能否要求戊清偿全部的 60 万元？并说明理由。
(8) 对于不足清偿的 60 万元，债权人 B 银行能否要求庚清偿全部的 60 万元？并说明理由。

【案例 2】

A 有限合伙企业（以下简称“A 企业”）于 2017 年 1 月设立，出资人由 20 名有限合伙人和 1 名普通合伙人组成。普通合伙人为甲有限责任公司（以下简称“甲公司”）。合伙协议约定如下内容：(1) 本企业主要从事生物制药行业的股权投资；(2) 甲公司以其专业化的投资管理服务折价 500 万元出资，有限合伙人均以现金出资；(3) 本企业成立后第一个会计年度的利润按有限合伙人的出资比例全部分配给有限合伙人。
2019 年 4 月，有限合伙人乙发现甲公司持股 60% 的丙有限责任公司（以下简称“丙公司”）也从事生物制药行业的股权投资。乙在 A 企业的合伙人会议上提议更换甲公司，理由是丙公司与 A 企业存在竞争关系，甲公司已违反竞业禁止义务，应当将其持有的丙公司股权转让给他人，或者退伙。甲公司则认为，有限合伙企业的合伙人不受竞业禁止义务的约束，且乙作为有限合伙人无权干预合伙事务，无权参与决定普通合伙人的更换。
2019 年 7 月，甲公司与各有限合伙人协商未果，拟将其在 A 企业中的全部财产份额转让给丁国有独资公司。
要求：
根据上述内容，分别回答下列问题：
(1) 甲公司以投资管理服务折价的出资方式是否符合合伙企业法律制度的规定？并说明理由。
(2) 合伙协议约定第一个会计年度的利润按有限合伙人的出资比例全部分配给有限合伙人是否符合合伙企业法律制度的规定？并说明理由。
(3) 甲公司作为 A 企业的普通合伙人持有丙公司的股权是否违反竞业禁止义务？并说明理由。
(4) 乙是否有权参与决定普通合伙人的更换？并说明理由。
(5) 丁国有独资公司是否有资格受让甲公司在 A 企业中的财产份额？并说明理由。

同步强化练习题参考答案及解析

"扫码看解析"　使用"微信"或"会计云课堂"APP扫右方二维码，对答案、看解析、听名师讲难题，开启轻松过关之旅。

一、单项选择题

1.【答案】C

2.【答案】C

3.【答案】A

解析：(1) 选项BC：除合伙协议另有约定外，应当经全体合伙人一致同意，杨某不得自行决定或者处分；(2) 选项D：普通合伙人绝对不得自营或者同他人合作经营与本合伙企业相竞争的业务。

4.【答案】B

解析：(1) 选项D：合伙人发生与合伙企业无关的债务，相关债权人不得以其债权抵销其对合伙企业的债务；也不得代位行使合伙人在合伙企业中的权利；(2) 选项B：合伙人的自有财产不足清偿其与合伙企业无关的债务的，该合伙人可以以其从合伙企业中分取的收益用于清偿；债权人也可以依法请求人民法院强制执行该合伙人在合伙企业中的财产份额用于清偿；(3) 选项A：债权人不能自行接管或者直接变卖该合伙人在合伙企业中的财产份额；(4) 选项C：债务人不履行到期债务时，债权人可以留置已经合法占有的债务人的动产；在本题中，甲企业与李某之间不存在债权债务关系，李某不能对甲企业的汽车行使留置权。

5.【答案】B

6.【答案】C

解析：作为有限合伙人的自然人在有限合伙企业存续期间丧失民事行为能力的，其他合伙人不得因此要求其退伙。

7.【答案】A

解析：(1) 新入伙的普通合伙人对入伙前合伙企业的债务（30万元）承担无限连带责任；(2) 退伙的普通合伙人对基于其退伙前的原因发生的合伙企业债务（80万元），应当承担无限连带责任。

8.【答案】C

解析：(1) 选项A：合伙人因故意或者重大过失给合伙企业造成损失的，经其他合伙人一致同意，可以决议将其除名；(2) 选项B：被除名人自接到除名通知之日起，除名生效。

9.【答案】D

解析：(1) 选项A：普通合伙人死亡，其继承人不愿意成为合伙人或者继承人未取得合伙协议约定的合伙人资格时，合伙企业应当向合伙人的继承人退还被继承合伙人的财产份额；(2) 选项BCD：继承人戊具备完全民事行为能力，按照合伙协议的约定或者经全体合伙人一致同意，可以取得普通合伙人资格。

10.【答案】D

11.【答案】D

解析：选项D：有限合伙人不执行合伙企业事务，不得对外代表有限合伙企业。

12.【答案】C

13.【答案】A

解析：(1) 选项A：新入伙的有限合伙人对入伙前有限合伙企业的债务，以其认缴的出资额（20万元）为限承担责任；(2) 选项B：有限合伙人丧失偿债能力的，其他合伙人不得因此要求其退伙；(3) 选项C：作为有限合伙人的自然人在有限合伙企业存续期间丧失民事行为能力的，其他合伙人不得因此要求其退伙；(4) 选项D：李军仍是有限合伙人，该合伙企业依然是有限合伙企业，不应转为普通合伙企业。

14.【答案】 C

解析：（1）乙：合伙企业依法被宣告破产的，普通合伙人乙对合伙企业债务仍应承担无限连带责任；（2）甲：普通合伙人转变为有限合伙人的，对其作为普通合伙人期间合伙企业发生的债务承担无限连带责任；（3）丙：有限合伙人转变为普通合伙人的，对其作为有限合伙人期间有限合伙企业发生的债务承担无限连带责任。

15.【答案】 B

解析：（1）选项 A：在合伙协议无特别约定的情况下，有限合伙人可以同本有限合伙企业进行交易；（2）选项 B：有限合伙人不执行合伙事务，不得对外代表有限合伙企业，这是法律的强制性规定；（3）选项 C：在合伙协议无特别约定的情况下，有限合伙人可以将其在有限合伙企业中的财产份额出质；（4）选项 D：在合伙协议无特别约定的情况下，有限合伙人可以自营或者同他人合作经营与本有限合伙企业相竞争的业务。

16.【答案】 C

解析：选项 C：清算人自被确定之日起 10 日内将合伙企业解散事项通知债权人，并于 60 日内在报纸上公告。

二、多项选择题

1.【答案】 ACD

2.【答案】 AD

解析：（1）选项 B：除合伙协议另有约定外，普通合伙人向合伙人以外的人转让其全部或者部分财产份额时，须经其他合伙人一致同意；（2）选项 C：普通合伙人以其在合伙企业中的财产份额出质的，必须经其他合伙人一致同意。

3.【答案】 AC

解析：（1）选项 B：有限合伙人丧失偿债能力的，无须退伙；（2）选项 D：作为有限合伙人的自然人在有限合伙企业存续期间丧失民事行为能力的，其他合伙人不得因此要求其退伙。

4.【答案】 CD

5.【答案】 BD

6.【答案】 ABC

7.【答案】 AD

8.【答案】 BD

9.【答案】 ABD

解析：选项 C：有限合伙人不得执行合伙事务，不得对外代表有限合伙企业，这是法律的强制性规定。

10.【答案】 ACD

解析：选项 B：有限合伙人不执行合伙企业事务，不得对外代表有限合伙企业。

11.【答案】 BCD

解析：（1）选项 AB：普通合伙人的出质必须经其他合伙人一致同意，这是法律的强制性规定，合伙协议不能“踩地雷”；（2）选项 CD：有限合伙人的出质，先看合伙协议的约定，爱怎么约定就怎么约定。

12.【答案】 ABCD

解析：（1）选项 A：无论是普通合伙人还是有限合伙人，能否同本企业进行交易，先看合伙协议的约定（合伙协议爱怎么约定就怎么约定）；（2）选项 B：普通合伙人绝对不能从事同本企业相竞争的业务（这是法律的强制性规定，合伙协议不得自由约定）；有限合伙人能否从事同本企业相竞争的业务，先看合伙协议的约定（合伙协议爱怎么约定就怎么约定）；（3）选项 C：普通合伙人的出质，必须经过其他合伙人一致同意（这是法律的强制性规定，合伙协议不得自由约定）；有限合伙人能否出质，先看合伙协议的约定（合伙协议爱怎么约定就怎么约定）；（4）选项 D：普通合伙人对外转让财产份额时，先看合伙协议的约定（合伙协议爱怎么约定就怎么约定）；有限合伙人可以按照合伙协议的约定向合伙人以外的人转让其在有限合伙企业中的财产份额，但应当提前 30 日通知其他合伙人。

13.【答案】CD

解析：（1）选项 A：新入伙的有限合伙人对入伙前有限合伙企业的债务，以其认缴的出资额为限承担责任，不承担无限连带责任；（2）选项 B：有限合伙人退伙后，对基于其退伙前的原因发生的有限合伙企业债务，以其退伙时从有限合伙企业中取回的财产承担责任，不承担无限连带责任；（3）选项 C：新入伙的普通合伙人对入伙前合伙企业的债务承担无限连带责任；（4）选项 D：有限合伙企业的普通合伙人，不论是否执行企业事务，均对企业债务承担无限连带责任。

14.【答案】AD

解析：（1）选项 A：甲以认缴的出资额为限对企业债务承担责任，说明甲为有限合伙人，因此甲不能执行合伙事务，这是法律的强制性规定；（2）选项 B：有限合伙人能否自营或者同他人合作经营与本有限合伙企业相竞争的业务，先看合伙协议的约定，合伙协议爱怎么约定就怎么约定；（3）选项 C：普通合伙人能否同本合伙企业进行交易，先看合伙协议的约定，合伙协议爱怎么约定就怎么约定；（4）选项 D：有限合伙企业至少应当有 1 个普通合伙人和 1 个有限合伙人，因此普通合伙人不能全部转为有限合伙人。

15.【答案】CD

解析：（1）选项 AB：国有企业甲和上市公司乙只能作为有限合伙人，该合伙企业只能是有限合伙企业；由于有限合伙企业至少应当有 1 个普通合伙人和 1 个有限合伙人，自然人丙只能是普通合伙人，因此丙可以劳务出资；（2）选项 C：有限合伙人甲参与选择承办有限合伙企业审计业务的会计师事务所，不视为执行企业事务；（3）选项 D：普通合伙人新入伙时，先看合伙协议的约定，合伙协议爱怎么约定就怎么约定。

16.【答案】BCD

解析：（1）选项 A：作为有限合伙人的自然人在有限合伙企业存续期间丧失民事行为能力的，其他合伙人不得因此要求其退伙；（2）选项 B：作为有限合伙人的自然人死亡，其继承人（无论是否具备完全民事行为能力）可以依法取得该有限合伙人在有限合伙企业中的资格；（3）选项 C：有限合伙人转变为普通合伙人的，对其作为有限合伙人期间有限合伙企业发生的债务承担无限连带责任；（4）选项 D：有限合伙人可以将其在有限合伙企业中的财产份额出质，但合伙协议另有约定的除外。

三、案例分析题

【案例 1 答案】

（1）甲的主张不符合规定。根据规定，有限合伙人可以同本有限合伙企业进行交易；但是，合伙协议另有约定的除外。

（2）乙的主张不符合规定。根据规定，有限合伙人可以自营或者同他人合作经营与本有限合伙企业相竞争的业务；但是，合伙协议另有约定的除外。

（3）B 银行可以要求甲清偿全部的 60 万元。根据规定，退伙的普通合伙人对基于其退伙前的原因发生的合伙企业债务，承担无限连带责任。

（4）B 银行可以要求乙清偿全部的 60 万元。根据规定，普通合伙人转变为有限合伙人的，对其作为普通合伙人期间合伙企业发生的债务承担无限连带责任。

（5）B 银行可以要求丙清偿全部的 60 万元。根据规定，有限合伙人转变为普通合伙人的，对其作为有限合伙人期间有限合伙企业发生的债务承担无限连带责任。

（6）B 银行不能要求丁清偿全部的 60 万元。根据规定，有限合伙人退伙后，对基于其退伙前的原因发生的有限合伙企业债务，以其退伙时从有限合伙企业中取回的财产承担责任。在本题中，由于有限合伙人丁在退伙时，从合伙企业分回20万元，因此，B银行只能要求丁清偿20万元。

(7) B银行不能要求戊清偿全部的60万元。根据规定，新入伙的有限合伙人对入伙前有限合伙企业的债务，以其认缴的出资额为限承担责任。

(8) B银行可以要求庚清偿全部的60万元。根据规定，新入伙的普通合伙人对入伙前合伙企业的债务承担无限连带责任。

【案例2答案】

(1) 甲公司的出资方式符合规定。根据规定，普通合伙人可以劳务出资。

(2) 合伙协议约定第一个会计年度的利润全部分配给有限合伙人符合规定。根据规定，有限合伙企业不得将全部利润分配给部分合伙人；但是，合伙协议另有约定的除外。

(3) 甲公司违反了竞业禁止义务。根据规定，普通合伙人不得自营或者同他人合作经营与本合伙企业相竞争的业务。

(4) 乙有权参与决定普通合伙人的更换。根据规定，有限合伙人参与决定普通合伙人的入伙、退伙，不视为执行合伙事务。

(5) 丁国有独资公司没有资格受让甲公司在A企业中的财产份额。根据规定，国有独资公司不得成为普通合伙人。

第六章 公司法律制度

本章考情分析

在最近3年的考试中，本章的平均分值为11分，2019年试卷一的分值为12分，试卷二的分值为9分。在四个案例分析题中，肯定有一个18分的题目来自公司法律制度和证券法律制度的结合，希望考生高度重视。

本章分为八个单元，共计41个考点。本章考点较多，大多数考点需要准确理解，部分考点需要死记硬背，复习难度较大。复习本章需要12个小时左右。

2020年教材新增了《公司法司法解释（五）》的内容。需要说明的是，为了帮助考生更好地理解教材内容，本章对相关考点的解读并未按照2020年教材的顺序。

最近3年题型、题量分析表

题型	2017年	2018年试卷一	2018年试卷二	2019年试卷一	2019年试卷二
单选题	4题4分	4题4分	4题4分	4题4分	4题4分
多选题	1题1.5分	2题3分	2题3分	2题3分	2题3分
案例分析题	6分	8分		5分	2分
合计	11.5分	15分	7分	12分	9分

历年试题涉及本章的主要考点

考点	年份/题型
注册资本	2014年多选题
股东的出资形式	2006年案例分析题、2018年单选题
关于出资形式的司法解释	2012年单选题、2017年单选题
股东违反出资义务的责任	2012年单选题、2017年案例分析题、2019年多选题
名义股东与实际出资人	2012年多选题、2013年多选题、2014年单选题、2017年单选题
公司设立阶段的责任承担	2017年单选题、2019年单选题
表决权	2006年案例分析题
分红权	2006年案例分析题、2013年案例分析题、2015年单选题、2018年单选题
增资优先认缴权	2006年案例分析题

续表

考点	年份/题型
查阅权	2008年多选题、2009年多选题、2013年案例分析题、2016年多选题、2019年多选题
异议股东的回购请求权	2015年案例分析题、2018年案例分析题
股东诉讼	2011年案例分析题、2013年案例分析题、2015年案例分析题、2016年案例分析题、2017年案例分析题、2018年单选题
解散诉讼	2009年多选题、2011年单选题、2016年单选题
有限责任公司的股权转移	2006年单选题、2010年案例分析题、2013年案例分析题、2014年单选题、2018年单选题、2019年单选题
法定代表人	2006年案例分析题
董事、监事和高级管理人员	2009年单选题、2013年案例分析题、2015年单选题、2017年案例分析题
对外担保	2007年单选题、2011年案例分析题、2013年案例分析题
财务会计报告	2015年单选题
公积金	2009年单选题、2012年单选题、2013年单选题、2016年单选题、2017年单选题、2019年案例分析题
股东会、董事会和监事会的职权	2009年多选题、2015年单选题、2017年多选题、2019年单选题
董事会、监事会中的职工代表	2009年单选题
股东会的会议制度	2010年多选题、2016年多选题
一人有限责任公司	2009年单选题、2016年单选题
国有独资公司	2011年单选题、2014年单选题、2015年单选题
上市公司股东大会的会议制度	2011年案例分析题、2015年多选题、2019年案例分析题
上市公司股东大会的决议方式	2011年案例分析题、2015年案例分析题、2019年单选题、2019年多选题
上市公司的对外担保	2018年多选题
上市公司董事会	2012年多选题、2013年案例分析题、2016年案例分析题
公司决议的效力	2007年多选题、2016年单选题、2018年单选题、2018年案例分析题、2019年单选题、2019年多选题、2019年案例分析题
上市公司独立董事制度	2008年单选题、2011年案例分析题、2014年单选题、2018年单选题
股份有限公司股份转让的限制	2012年单选题、2013年案例分析题、2016年单选题、2018年单选题
公司合并	2018年案例分析题

续表

考点	年份/题型
公司分立	2010 年多选题、2019 年单选题
公司减资	2018 年多选题
公司清算	2010 年单选题、2017 年多选题

本章思维导图

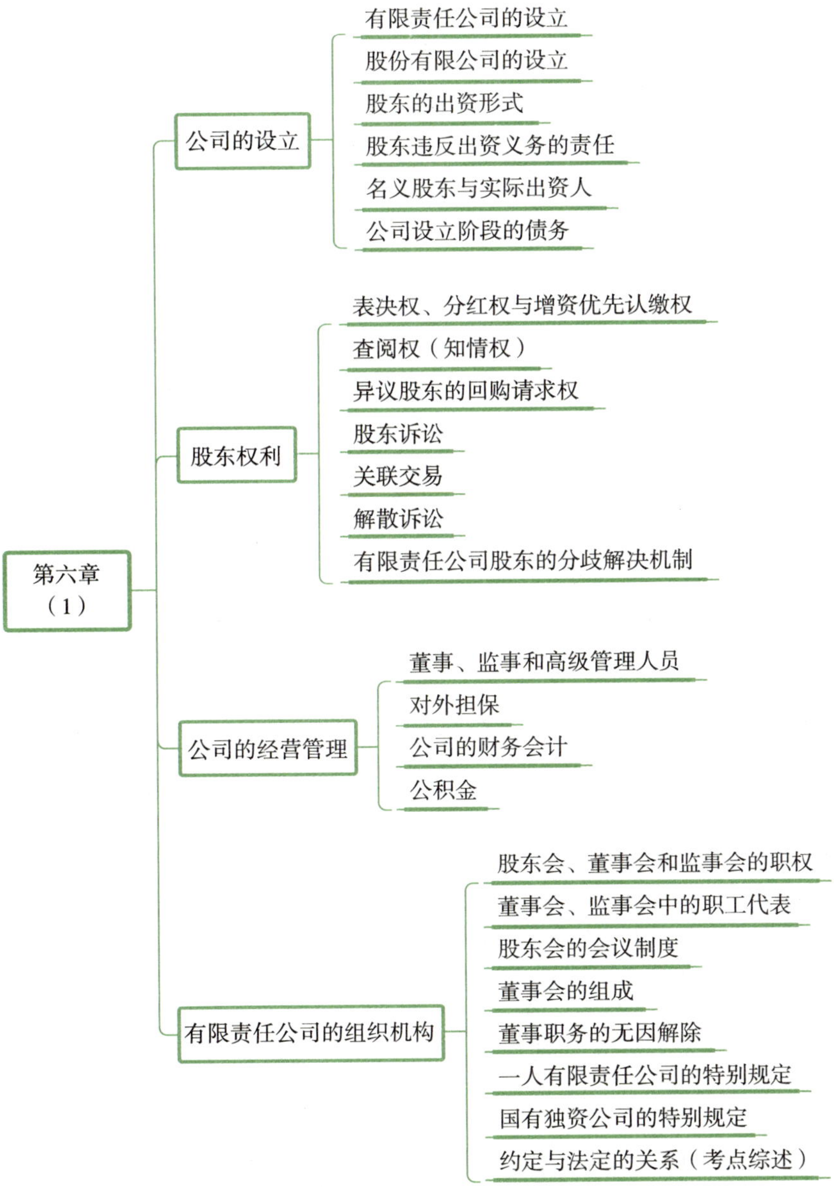

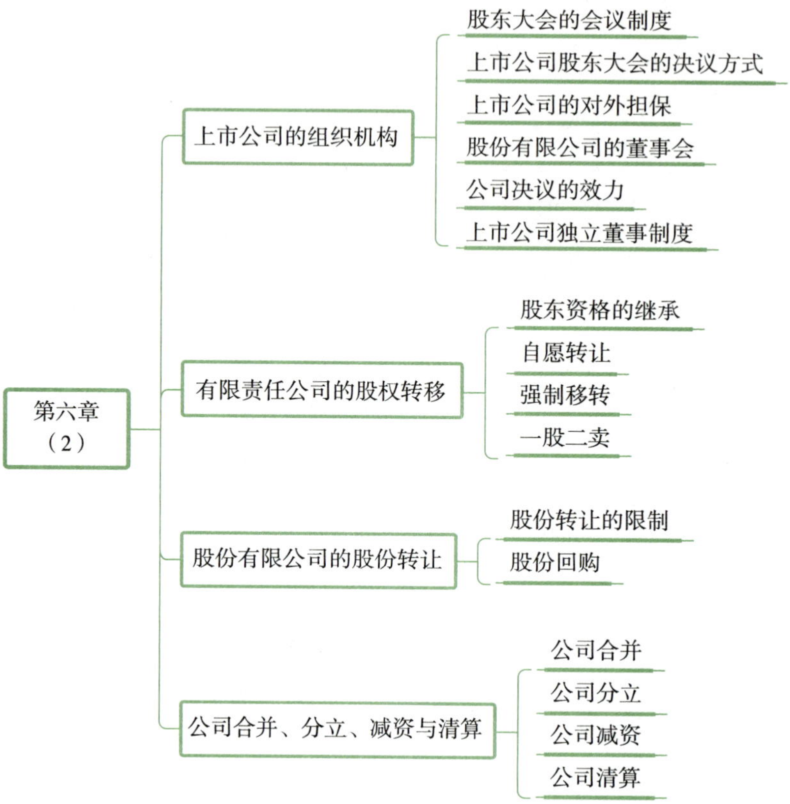

本章核心考点解读

第一单元　公司的设立

扫码听名师课

【考点1】有限责任公司的设立（★）（P162）[1]

1. 有限责任公司由50个以下股东出资设立，允许设立一人有限责任公司。

2. 有限责任公司的注册资本为在公司登记机关登记的全体股东认缴的出资额。

【解释】2013年修订后的《公司法》取消了“注册资本最低限额”和“出资期限”的要求。法律、行政法规以及国务院决定对有限责任公司注册资本实缴、注册资本最低限额另有规定的，从其规定。

3. 公司章程

（1）设立有限责任公司必须由股东共同依法制定公司章程，股东应当在公司章程上签名、盖章。

（2）公司章程对公司、股东、董事、监事和高级管理人员均有约束力。

（3）高级管理人员是指公司的经理、副经理、财务负责人、上市公司董事会秘书和公司章程规定的其他人员。

[1] 为方便您在学习中可以快速了解知识点的重要程度，本书中将知识点进行分类。★★★代表重要知识点，★★代表次重要知识点，★代表非重要知识点。

4. 登记事项

公司的登记事项包括：（1）公司名称；（2）住所；（3）法定代表人姓名；（4）注册资本；（5）公司类型；（6）经营范围；（7）营业期限；（8）有限责任公司股东或者股份有限公司发起人的姓名或者名称。

5. 公司营业执照的签发日期为公司成立日期。有限责任公司成立后，应当向股东签发出资证明书。

6. 有限责任公司应当置备股东名册。记载于股东名册的股东，可以依股东名册主张行使股东权利。

【考点 2】 股份有限公司的设立（★★）（P183）

1. 发起人

（1）发起人既可以是自然人，也可以是法人；既可以是中国公民，也可以是外国公民。

（2）设立股份有限公司，应当有 2 人以上 200 人以下为发起人。其中，须有半数以上（≥1/2）在中国境内有住所。

【解释】发起人是否在中国境内有住所，要视其经常居住地或者主要办事机构所在地是否在中国境内。

2. 发起设立

股份有限公司采取发起设立方式设立的，注册资本为在公司登记机关登记的全体发起人认购的股本总额。

3. 募集设立

（1）股份有限公司采取募集方式设立的，注册资本为在公司登记机关登记的实收股本总额。

（2）股份有限公司采取募集方式设立的，发起人认购的股份不得少于公司股份总数的 35%；但法律、行政法规另有规定的，从其规定。

（3）发起人应当在股款缴足之日起 30 日内主持召开创立大会。创立大会应有代表股份总数过半数（>1/2）的发起人、认股人出席，方可举行。

（4）发起人、认股人缴纳股款或者交付抵作股款的出资后，除未按期募足股份、发起人未按期召开创立大会或者创立大会决议不设立公司的情形外，不得抽回其股本。

【案例】 甲、乙、丙三个发起人拟以募集方式设立一个股份有限公司，股本总额为 5000 万股。三个发起人认购其中的 40%（2000 万股），其余 3000 万股向社会公开募集，其中投资者王某（认股人）认购 2000 股。发起人应当自股款缴足之日起 30 日内主持召开创立大会。由创立大会选举出董事会、监事会成员。董事会应当于创立大会结束后 30 日内，依法向公司登记机关申请设立登记。由于募集设立是先交钱后登记，其注册资本为实收股本总额。

经典题解

【真题 · 多选题】 根据公司法律制度的规定，股份有限公司采取募集方式设立的，认股人缴纳出资后，有权要求返还出资的情形有（　　）。（2014 年）

A. 公司未按期募足股份

B. 创立大会决议不设立公司

C. 公司发起人抽逃出资、情节严重

D. 发起人未按期召开创立大会

【答案】 ABD

【考点 3】 股东的出资形式（★★★）（P165）

1. 股东的出资形式

（1）股东可以用货币出资，也可以用实物、知识产权、土地使用权等可以用货币估价并可以依法转让的非货币财产（如股权、债权）作价出资。

（2）股东不得以劳务、信用、自然人姓名、商誉、特许经营权或者设定担保的财产等作价出资。（2006 年案例分析题）

【解释】根据 2014 年修订的《公司注册资本登记管理规定》，登记机关不再要求非货币出资必须经过“具有评估资格的资产评估机构评估作价”。也就是说，对非货币财产的评估作价，可以由股东协商一致确认。

经典题解

【真题·单选题】 根据公司法律制度的规定，下列各项中，不得作为出资的是（　　）。（2018年）

A. 债权　　B. 特许经营权
C. 股权　　D. 知识产权

【答案】 B

2. 事后贬值的

出资人以符合法定条件的非货币财产出资后，因市场变化或者其他客观因素导致出资财产贬值，公司、其他股东或者公司债权人请求该出资人承担补足出资责任的，人民法院不予支持；当事人另有约定的除外。

3. 土地使用权

出资人以划拨的土地使用权或者设定权利负担（如设定了抵押担保）的土地使用权出资，公司、其他股东或者公司债权人主张认定该出资人未履行出资义务的，人民法院应当责令当事人在指定的合理期间内办理土地变更手续或者解除权利负担；逾期未办理或者未解除的，人民法院应当认定出资人未依法全面履行出资义务。

4. 登记

（1）已经交付公司使用但未办理权属变更手续

出资人以房屋、土地使用权或者需要办理权属登记的知识产权等财产出资，已经交付公司使用但未办理权属变更手续的，公司、其他股东或者公司债权人主张认定出资人未履行出资义务的，人民法院应当责令当事人在指定的合理期间内办理权属变更手续；在指定的期间内办理了权属变更手续的，人民法院应当认定其已经履行了出资义务；出资人主张自其实际交付财产给公司使用时享有相应股东权利的，人民法院应予支持。

【案例】 甲、乙共同出资设立A有限责任公司，甲以房屋出资。甲于2019年4月1日将房屋交付给A公司使用，但一直未办理房屋产权的转移登记。2020年3月1日，A公司的债权人B公司主张认定甲未履行出资义务。在本案中：（1）如果甲在人民法院指定的合理期间内办理了权属变更手续，人民法院应当认定甲已经履行了出资义务；（2）如果甲主张自2019年4月1日起享有相应股东权利的，人民法院应予支持。

（2）已经办理权属变更手续但未交付给公司使用

出资人以房屋、土地使用权或者需要办理权属登记的知识产权等财产出资，已经办理权属变更手续但未交付给公司使用的，公司或者其他股东主张其向公司交付、并在实际交付之前不享有相应股东权利的，人民法院应予支持。

【案例】 甲、乙共同出资设立A有限责任公司，甲以房屋出资。2019年4月1日，办理了房屋所有权的转移登记手续，但甲一直未将该房屋交付给A公司使用。在本案中，如果A公司或者其他股东主张甲交付房屋、并在实际交付之前不享有相应股东权利的，人民法院应予支持。

经典题解

【真题·单选题】 甲有限责任公司成立于2017年1月5日。公司章程规定，股东乙以其名下的一套房产出资。乙于1月7日将房产交付公司，但未办理权属变更手续。5月9日，股东丙诉至人民法院，要求乙履行出资义务。5月31日，人民法院责令乙于10日内办理权属变更手续。6月6日，乙完成办理权属变更手续。根据公司法律制度的规定，乙享有股东权利的起始日期是（　　）。（2017年）

A. 1月7日　　B. 1月5日
C. 6月6日　　D. 5月31日

【答案】 A

5. 无权处分

出资人以其不享有处分权的财产出资，当事人之间对于出资行为的效力产生争议的，人民法院可以参照善意取得制度的规定予以认定。

【案例】 甲将其笔记本电脑借给乙使用，乙作为借用人对该电脑有权占有，但无权处分。在借用期间，2019 年 4 月 1 日，乙将该电脑作为出资，与丙设立了 A 有限责任公司。在本案中：（1）如果符合善意取得条件，该电脑的所有权归 A 公司，甲无权请求 A 公司返还电脑，但甲有权要求乙承担赔偿责任；（2）如果不符合善意取得条件（如未交付），所有权人甲有权取回该电脑，此时应当认定乙未履行出资义务。

经典题解

【真题·单选题】 甲向乙借用一台机床。借用期间，未经乙同意，甲以所有权人的名义，以该机床作为出资，与他人共同设立丙有限责任公司（以下简称“丙公司”）。甲向丙公司交付了机床，丙公司其他股东对甲并非机床所有权人的事实并不知情。乙发现上述情况后，要求返还机床。根据公司法律制度的规定，下列表述中，正确的是（　　）。（2012 年）

A. 甲出资无效，不能取得股东资格，乙有权要求返还机床

B. 甲出资无效，应以其他方式补足出资，乙有权要求返还机床

C. 甲出资有效，乙无权要求返还机床，但甲应向乙承担赔偿责任

D. 甲出资有效，乙无权要求返还机床，但丙公司应向乙承担赔偿责任

【答案】 C

6. 以贪污、受贿、侵占、挪用等违法犯罪所得的货币出资后取得股权的，司法机关对违法犯罪行为予以追究、处罚时，应当采取拍卖或者变卖的方式处置其股权。

【考点 4】 股东违反出资义务的责任（★★★）（P167）

【解释】股东违反出资义务的行为包括“根本未履行出资义务”、“未全面履行出资义务”和“抽逃出资”。

1. 抽逃出资的界定

公司成立后，股东存在下列情形且损害公司权益的，可以被认定为抽逃出资：

（1）通过虚构债权债务关系将其出资转出；

（2）制作虚假财务会计报表虚增利润进行分配；

（3）利用关联交易将出资转出；

（4）其他未经法定程序将出资抽回的行为。

2. 全面履行

股东未履行或者未全面履行出资义务或者抽逃出资，公司或者其他股东请求其向公司依法全面履行出资义务或者返还出资本息的，人民法院应予支持。

【解释】有限责任公司成立后，股东未按章程规定缴纳出资，除应当向公司足额缴纳外，还应当向已按期足额缴纳出资的股东承担违约责任。

经典题解

【真题·多选题】 甲公司股东吴某抽逃出资。根据公司法律制度的规定，下列各项中，有资格对吴某提起向公司返还出资本息之诉的有（　　）。（2019 年）

A. 甲公司

B. 甲公司其他股东

C. 甲公司董事会

D. 甲公司监事会

【答案】 AB

3. 股东权利

股东未履行或者未全面履行出资义务或者抽逃出资，公司根据公司章程或者股东会决议对其利润分配请求权、新股优先认购权、剩余财产分配请求权等股东权利作出相应的合理限制，该股东请求认定该限制无效的，人民法院不予支持。

4. 股东资格

有限责任公司的股东未履行出资义务或者抽逃全部出资，经公司催告，在合理期间内仍未缴纳或者返还出资，公司以股东会决议解除该股东的股东资格，该股东请求确认该解除行为无效的，人民法院不予支持。

5. 公司债权人

（1）未尽出资义务

①公司债权人请求未履行或者未全面履

行出资义务的股东在未出资本息范围内对公司债务不能清偿的部分承担补充赔偿责任的，人民法院应予支持。未履行或者未全面履行出资义务的股东已经承担上述责任，其他债权人提出相同请求的，人民法院不予支持。

②股东在公司设立时未履行或者未全面履行出资义务，发起人与被告股东承担连带责任。但是，公司的发起人承担责任后，可以向被告股东追偿。

（2）抽逃出资

公司债权人请求抽逃出资的股东在抽逃出资本息范围内对公司债务不能清偿的部分承担补充赔偿责任、协助抽逃出资的其他股东、董事、高级管理人员或者实际控制人对此承担连带责任的，人民法院应予支持；抽逃出资的股东已经承担上述责任，其他债权人提出相同请求的，人民法院不予支持。（2017年案例分析题）

【解释】（1）股东在公司设立时未履行或者未全面履行出资义务的，所有的发起人股东（无论是否存在过错）均应承担连带责任，公司成立后新加入的股东不承担连带责任；（2）公司成立后，股东抽逃出资的，只有协助抽逃出资的其他股东、实际控制人、董事、高级管理人员（不包括监事）才承担连带责任。

6. 能否提出诉讼时效抗辩？

（1）股东未履行或者未全面履行出资义务或者抽逃出资，公司或者其他股东请求其向公司全面履行出资义务或者返还出资，被告股东以诉讼时效为由进行抗辩的，人民法院不予支持。

（2）公司债权人的债权未过诉讼时效期间，其请求未履行或者未全面履行出资义务或者抽逃出资的股东承担赔偿责任，被告股东以出资义务或者返还出资义务超过诉讼时效期间为由进行抗辩的，人民法院不予支持。

【案例】甲、乙、丙各出资100万元（均为货币出资），设立A有限责任公司。A公司欠B公司货款250万元，A公司的全部财产只有150万元。B公司经调查发现，甲在股东乙、董事王某的协助下抽逃出资80万元。在本案中：（1）对于A公司不能清偿的100万元（250－150＝100万元），债权人B公司有权要求甲承担88万元（抽逃出资80万元，假设其利息为8万元）的补充赔偿责任；（2）协助其抽逃出资的股东乙、董事王某对此应承担连带责任；（3）如果甲已经向A公司的债权人B公司承担了88万元的赔偿责任后，A公司的债权人C公司再要求甲承担88万元的赔偿责任时，人民法院不予支持（不能千刀万剐，惩罚一次就够了）。

7. 股东未尽出资义务时的股权转让

（1）有限责任公司的股东未履行或者未全面履行出资义务即转让股权，受让人对此知道或者应当知道，公司请求该股东履行出资义务、受让人对此承担连带责任的，人民法院应予支持。公司债权人依法对该股东提起承担补充赔偿责任的诉讼，同时请求受让人对此承担连带责任的，人民法院应予支持。

（2）受让人承担连带责任后，向该未履行或者未全面履行出资义务的股东追偿的，人民法院应予支持。但是，当事人另有约定的除外。

经典题解

【真题·单选题】某有限责任公司的股东甲将其所持全部股权转让给该公司股东乙。乙受让该股权时，知悉甲尚有70%的出资款未按期缴付。下列关于甲不按规定出资责任的表述中，符合公司法律制度规定的是（　）。（2012年）

A. 甲继续向公司承担足额缴纳出资的义务，乙对此不承担责任

B. 甲继续向公司承担足额缴纳出资的义务，乙对此承担连带责任

C. 乙代替甲向公司承担足额缴纳出资的义务，甲对此不再承担责任

D. 乙代替甲向公司承担足额缴纳出资的义务，甲对此承担补充清偿责任

【答案】B

表 6-1 股东未尽出资义务与抽逃出资的法律责任

公司内部	全面履行	(1) 公司或者其他股东有权请求该股东向公司全面履行出资义务或者返还出资本息 (2) 被告股东以诉讼时效为由进行抗辩的，人民法院不予支持	
	股东权利	公司根据公司章程或者股东会决议对其利润分配请求权、新股优先认购权、剩余财产分配请求权等股东权利作出相应的合理限制，该股东请求认定该限制无效的，人民法院不予支持	
	股东资格	股东根本未履行出资义务或者抽逃全部出资，经公司催告，在合理期间内仍未缴纳或者返还出资，公司以股东会决议解除该股东的股东资格，该股东请求确认该解除行为无效的，人民法院不予支持	
对公司债权人	补充赔偿责任	(1) 公司债权人有权请求该股东在未出资或者抽逃出资本息范围内对公司债务不能清偿的部分承担补充赔偿责任 (2) 被告股东以出资义务超过诉讼时效期间为由进行抗辩的，人民法院不予支持	
	连带责任	未尽出资义务	其他发起人与被告股东承担连带责任
		抽逃出资	协助抽逃出资的其他股东
			协助抽逃出资的董事、高级管理人员
			协助抽逃出资的实际控制人

【考点 5】 名义股东与实际出资人（★★★）（P168）

1. 名义股东与实际出资人之间的内部约定有效吗？

（1）实际出资人与名义出资人订立合同，约定由实际出资人出资并享有投资权益，以名义出资人为名义股东，实际出资人与名义股东对该合同效力发生争议的，如无《合同法》第 52 条规定的无效情形，人民法院应当认定**该合同有效**，实际出资人可依照**合同约定**向名义股东主张相关权益。

（2）在实际出资人与名义股东就出资约定合法的情况下，二者因**投资权益**的归属发生争议，实际出资人以其实际履行了出资义务为由向名义股东主张权利的，人民法院应予支持。名义股东以公司股东名册记载、公司登记机关登记为由否认实际出资人权利的，人民法院不予支持。

2. 实际出资人想“转正”怎么办？

如果实际出资人未经公司其他股东**半数以上**同意，请求公司变更股东、签发出资证明书、记载于股东名册、记载于公司章程并办理公司登记机关登记的，人民法院不予支持。

3. 名义股东“犯坏”怎么办？

名义股东将登记于其名下的股权转让、质押或者以其他方式处分，实际出资人以其对于股权享有实际权利为由，请求认定处分股权行为无效的，人民法院可以参照《物权法》第 106 条（善意取得制度）的规定处理。只要受让方构成善意取得，交易的股权可以最终为其所有。但是，名义股东处分股权造成实际出资人损失，实际出资人请求名义股东**承担赔偿责任**的，人民法院应予支持。

【案例】 甲（名义股东）持有 A 有限责任公司 20% 的股权，乙为实际出资人。2019 年 4 月 1 日，未经乙同意，甲将该股权作价 1000 万元转让给了不知情的丙，并办理了股权变更登记手续。在本案中，如果符合善意取得条件，丙依法取得该股权，乙无权要求丙返还该股权，但乙有权要求甲承担赔偿责任。

4. 如何面对公司的债权人？

如果公司债权人以登记于公司登记机关的股东未履行出资义务为由，请求其对公司债务不能清偿的部分在未出资本息范围内承担补充赔偿责任，股东**以其仅为名义股东而非实际出资人为由进行抗辩的，人民法院不予支持**。但是，名义股东在承担相应的赔偿责任后，向实际出资人追偿的，人民法院应予支持。

5. “被股东”了怎么办？

如果冒用他人名义出资并将该他人作为股东在公司登记机关登记的，**冒名登记行为人应当承担相应责任**；公司、其他股东或者公司债权人以未履行出资义务为由，请求**被冒名登记的股东**承担补足出资责任或者对公司债务不能清偿部分的赔偿责任的，人民法院不予支持。

【解释】（1）名义股东与实际出资人之间毕竟有合同在先，名义股东主动做了实际出资人的傀儡（当然也会得到一定的好处），名义股东对外不能对抗公司的债权人；（2）被冒名人对自己“被股东”一事事先毫不知情，自己也是“受害者”，被冒名人根本就不是“股东”，也不属于“名义股东”，对“公司、其他股东或者公司债权人”不承担任何责任。

经典题解

【真题1·单选题】甲盗用乙的身份证，以乙的名义向丙公司出资。乙被记载于丙公司股东名册，并进行了公司登记，但直至出资期限届满仍未履行出资义务。根据公司法律制度的规定，下列关于出资责任承担的表述中，正确的是（　　）。（2017年）

A. 乙承担出资责任

B. 甲承担出资责任

C. 乙首先承担出资责任，不足部分再由甲补足

D. 甲、乙对出资承担连带责任

【答案】 B

【真题2·单选题】根据公司法律制度的规定，在名义股东与实际出资人之间确定投资权益的归属时，应当依据（　　）。（2014年）

A. 股东名册的记载

B. 其他股东的过半数意见

C. 名义股东与实际出资人之间的合同约定

D. 公司登记机关的登记

【答案】 C

【真题3·多选题】甲、乙双方订立协议，由甲作为名义股东，代为持有乙在丙有限责任公司的股权，但投资收益由实际投资人乙享有。协议并无其他违法情形。后甲未经乙同意，将其代持的部分股权，以合理价格转让给丙公司的股东丁，并办理了股权变更登记，丁对甲只是名义股东的事实并不知情。根据公司法律制度的规定，下列表述中，正确的有（　　）。（2012年）

A. 甲、乙之间的股权代持协议无效

B. 甲、乙之间的股权代持协议有效

C. 若乙反对甲、丁之间的股权转让，则丁不能取得甲所转让的股权

D. 即使乙反对甲、丁之间的股权转让，丁亦合法取得甲所转让的股权

【解析】（1）选项AB：实际出资人乙与名义股东甲之间的股权代持协议，如无《合同法》第52条规定的无效情形，人民法院应当认定该协议有效；（2）选项CD：名义股东甲将登记于其名下的股权转让或者质押，只要受让方丁构成善意取得，交易的股权可以最终为其所有，即使乙反对甲丁之间的股权转让，丁亦合法取得该项股权。

【答案】 BD

【考点6】公司设立阶段的债务（★★）（P163）

1. 合同之债

（1）以发起人的名义订立合同

发起人为设立公司以自己的名义与他人订立合同，根据《民法总则》的规定，合同相对人有权选择请求**该发起人或者成立后的**

公司承担合同义务。

（2）以公司的名义订立合同

发起人为设立公司以设立中公司的名义与他人订立合同，根据《民法总则》的规定，公司成立后自动承担该合同义务。公司未成立，则单一发起人独自承担设立所产生的债务；发起人为数人的，连带承担债务。

经典题解

【真题·单选题】甲、乙拟共同投资设立丙公司，约定由乙担任法定代表人。在公司设立过程中，甲以丙公司名义与丁公司签订房屋租赁合同。后丙公司因故未成立，尚欠丁公司房租20万元。根据公司法律制度的规定，下列关于该租金清偿责任的表述中，正确的是（　　）。（2019年）

A. 由甲承担全部责任

B. 由乙承担全部责任

C. 由甲、乙依出资比例按份承担责任

D. 由甲、乙承担连带责任

【答案】D

2. 侵权之债

（1）公司成立的

发起人因履行公司设立职责造成他人损害，公司成立后，受害人请求公司承担侵权赔偿责任的，人民法院应予支持。

（2）公司未成立

发起人因履行公司设立职责造成他人损害，公司未成立，受害人请求全体发起人承担连带赔偿责任的，人民法院应予支持。

（3）公司或者无过错的发起人承担赔偿责任后，可以向有过错的发起人追偿。

经典题解

【真题·单选题】甲、乙、丙三人拟设立一有限责任公司。在公司设立过程中，甲在搬运为公司购买的办公家具时，不慎将丁撞伤。根据公司法律制度的规定，下列关于对丁的侵权责任承担的表述中，正确的是（　　）。（2017年）

A. 若公司未成立，丁仅能请求甲承担该侵权责任

B. 若公司未成立，丁应先向甲请求赔偿，不足部分再由乙、丙承担

C. 若公司成立，则由公司自动承受该侵权责任

D. 无论公司是否成立，该侵权责任应由甲、乙、丙共同承担

【答案】C

3. 公司设立失败的责任承担

公司不能成立时，发起人对设立行为所产生的债务和费用负连带责任。部分发起人承担责任后，请求其他发起人分担的，人民法院应当判令其他发起人按照约定的责任承担比例分担责任；没有约定责任承担比例的，按照约定的出资比例分担责任；没有约定出资比例的，按照均等份额分担责任。

【相关链接】普通合伙企业的利润分配、亏损分担，按照合伙协议的约定办理。合伙协议未约定或者约定不明确的，由合伙人协商决定；协商不成的，由合伙人按照实缴的出资比例分配、分担；无法确定出资比例的，由合伙人平均分配、分担。

第二单元　股东权利

扫码听名师课

【考点1】表决权、分红权与增资优先认缴权（★★★）（P171）

1. 表决权

有限责任公司的股东按照出资比例行使表决权，但公司章程另有规定的除外。（2006年案例分析题）

2. 增资优先认缴权

有限责任公司新增资本时，股东有权优先按照实缴的出资比例认缴出资；但是，全体股东可以事先约定不按照出资比例优先认缴出资。（2006年案例分析题）

【解释】（1）增资优先认缴权的行使条件是，公司决定接受外部投资者认缴出资而新增注册资本，因此公司吸收合并导致其注册资本增加的情况下，原有股东不享有增资优先认缴权；（2）在具备行使该项权利的条件的前提下，股东应当在公司形成增资决议的过程中，向公司作出明确且合格的行使增资优先认缴权的意思表示；（3）增资优先认缴权性质上属于形成权，股东作出意思表示后即与公司形成认缴出资的合意；（4）股东可以放弃行使自己的增资优先认缴权，其放弃的认缴份额并不当然成为其他股东行使增资优先认缴权的对象；（5）增资优先认缴权可以在公司原股东之间自由转让，但不得转让给股东以外的人；（6）针对侵害增资优先认缴权的不同行为，股东可提起的诉讼请求包括：请求人民法院否定相关决议、责令公司恢复原状、行使增资优先认缴权或者责令公司继续履行增资认缴协议、损害赔偿等。（2020年新增）

3. 分红权

（1）有限责任公司的股东按照实缴的出资比例分取红利；但是，全体股东可以事先约定不按照出资比例分取红利。（2006年案例分析题、2013年案例分析题）

（2）股份有限公司按照股东持有的股份比例分配利润，但股份有限公司章程规定不按持股比例分配的除外。

【解释】有限责任公司股东的表决权、分红权和增资优先认缴权，先看公司章程的约定（爱怎么约定就怎么约定），公司章程没有约定的，才按照出资比例。

4. 关于分红权的司法解释

（1）股东起诉请求公司分配利润案件，应当列公司为被告。

（2）一审法庭辩论终结前，其他股东基于同一分配方案请求分配利润并申请参加诉讼的，应当列为共同原告。

（3）股东提交载明具体分配方案的股东会或者股东大会的有效决议，请求公司分配利润，公司拒绝分配利润且其关于无法执行决议的抗辩理由不成立的，人民法院应当判决公司按照决议载明的具体分配方案向股东分配利润。

（4）分配利润的股东会或者股东大会决议作出后，公司应当在决议载明的时间内完成利润分配。决议没有载明时间的，以公司章程规定的为准。决议、章程中均未规定时间或者时间超过1年的，公司应当自决议作出之日起1年内完成利润分配。决议中载明的利润分配完成时间超过公司章程规定时间的，股东可以自决议作出之日起60日内，请求人民法院撤销决议中关于该时间的规定。（2020年新增）

【相关链接】 股东会或者股东大会、董事会的决议内容违反公司章程的，股东可以自决议作出之日起60日内，请求人民法院撤销。

经典题解

【真题1·单选题】 甲、乙成立有限责任公司，甲认购出资4万元，乙认购2万元。1年后公司利润为9万元，甲实缴1万元，乙缴足出资，设立公司时未约定利润分配方式。根据公司法律制度的规定，甲应分配的利润是(　　)。(2015年)

A. 6万元　　B. 3万元

C. 4.5万元　　D. 9.5万元

【解析】 由于股东未事先约定利润分配方式，应按股东实缴的出资比例进行分配，甲可以分得1/3×9=3（万元）。

【答案】 B

【真题2·单选题】 根据公司法律制度的规定，在股东起诉请求公司分配利润的案件中，应当列为被告的是(　　)。(2018年)

A. 公司

B. 反对分配利润的董事

C. 反对分配利润的股东

D. 公司及反对分配利润的股东

【答案】 A

【考点2】查阅权（知情权）（★★★）（P172）

1. 有限责任公司（2013年案例分析题）

（1）股东有权查阅、复制公司章程、股

东会会议记录、董事会会议决议、监事会会议决议和财务会计报告。

（2）股东可以要求查阅（不包括复制）公司会计账簿。股东要求查阅公司会计账簿的，应当向公司提出书面请求，说明目的。公司有合理根据认为股东查阅会计账簿有不正当目的，可能损害公司合法利益的，可以拒绝提供查阅，并应当自股东提出书面请求之日起 15 日内书面答复股东并说明理由。

（3）有限责任公司有证据证明股东存在下列情形之一的，人民法院应当认定股东“有不正当目的”：

①股东自营或者为他人经营与公司主营业务有实质性竞争关系业务的，但公司章程另有规定或者全体股东另有约定的除外；

②股东为了向他人通报有关信息查阅公司会计账簿，可能损害公司合法利益的；

③股东在向公司提出查阅请求之日前的3年内，曾通过查阅公司会计账簿，向他人通报有关信息损害公司合法利益的；

④股东有不正当目的的其他情形。

2. 股份有限公司

股东有权查阅（不包括复制）公司章程、股东大会会议记录、董事会会议决议、监事会会议决议、财务会计报告、股东名册和公司债券存根。

【解释 1】有限责任公司与股份有限公司股东知情权的范围不同：股份有限公司增加了“股东名册和公司债券存根”两项内容。有限责任公司的股东有权要求查阅“会计账簿”，而股份有限公司的股东并没有该项权利。

【解释 2】股东有权查阅股东（大）会的“会议记录”，但只能查阅董事会和监事会的“会议决议”。

【解释 3】有限责任公司的股东要求查阅会计账簿时，才必须向公司提出“书面请求”；对于其他查阅事项，法律并没有要求股东必须提出“书面请求”（可以电话请求）。

【解释 4】公司章程或者股东间协议可以对查阅范围、方式等作出规定，但不得“实质性剥夺”股东依《公司法》享有的查阅权。

表 6-2 查阅权

查阅权的范围	有限责任公司	股份有限公司
公司章程	查阅、复制	查阅
股东（大）会会议记录	查阅、复制	查阅
董事会会议决议	查阅、复制	查阅
监事会会议决议	查阅、复制	查阅
财务会计报告	查阅、复制	查阅
股东名册	×	查阅
公司债券存根	×	查阅
会计账簿	查阅	×

经典题解

【真题 1 · 多选题】根据公司法律制度的规定，股份有限公司的下列文件中，股东有权要求查阅的有（　　）。（2008 年）

A. 公司章程

B. 股东名册

C. 董事会会议决议

D. 公司财务会计报告

【答案】ABCD

【真题 2 · 多选题】甲为一有限责任公司的小股东，不参与公司经营管理。根据公

司法律制度的规定，下列文件中，甲有权查阅和复制的有（　　）。（2009年）

A. 股东会会议记录

B. 财务会计报告

C. 公司会计账簿

D. 公司章程

【答案】ABD

【真题3·多选题】根据公司法律制度的规定，股份有限公司的下列文件中，股东有权查阅的有（　　）。（2016年）

A. 公司债券存根

B. 股东名册

C. 董事会会议决议

D. 公司会计账簿

【答案】ABC

【真题4·多选题】根据公司法律制度的规定，下列各项中，股份有限公司的所有股东均有权查阅的有（　　）。（2019年）

A. 股东名册

B. 股东大会会议记录

C. 董事会会议记录

D. 监事会会议记录

【答案】AB

3. 司法解释

（1）股东资格

公司有证据证明原告在起诉时不具有公司股东资格的，人民法院应当驳回起诉，但原告有初步证据证明在持股期间其合法权益受到损害，请求依法查阅或者复制其持股期间的公司特定文件材料的除外。

（2）胜诉股东查阅权的行使

人民法院审理股东请求查阅或者复制公司特定文件材料的案件，对原告诉讼请求予以支持的，应当在判决中明确查阅或者复制公司特定文件材料的时间、地点和特定文件材料的名录。股东依据人民法院生效判决查阅公司文件材料的，在该股东在场的情况下，可以由会计师、律师等依法或者依据执业行为规范负有保密义务的中介机构执业人员辅助进行。

（3）保密义务

股东行使知情权（查阅权）后泄露公司商业秘密导致公司合法利益受到损害，公司请求该股东赔偿相关损失的，人民法院应当予以支持。辅助股东查阅公司文件材料的会计师、律师等泄露公司商业秘密导致公司合法利益受到损害，公司请求其赔偿相关损失的，人民法院应当予以支持。

【考点3】异议股东的回购请求权（★★★）（P175）

1. 有限责任公司

有限责任公司出现下列情形之一的，对股东会决议投反对票的股东，可以请求公司按照合理价格收购其股权：

（1）公司连续5年不向股东分配利润，而公司该5年连续盈利，并且符合法律规定的分配利润条件的；

（2）公司合并、分立、转让主要财产的；

（3）公司章程规定的营业期限届满或者章程规定的其他解散事由出现，股东会会议通过决议修改章程使公司存续的。

【解释】自股东会会议决议通过之日起60日内，股东与公司不能达成股权收购协议的，股东可以自股东会会议决议通过之日起90日内向人民法院提起诉讼，要求公司回购股权。

2. 股份有限公司

股份有限公司异议股东的股份回购请求权仅限于对股东大会作出的“公司合并、分立决议”持有异议的情形。（2015年案例分析题、2018年案例分析题）

【考点4】股东诉讼（★★★）（P175）

1. 股东直接诉讼

公司董事、高级管理人员违反法律、行政法规或者公司章程的规定，损害股东利益的，股东可以依法向人民法院提起诉讼。

【解释1】股东代表诉讼（股东间接诉讼）的前提条件是侵犯了公司利益（全体股东的利益），股东直接诉讼的前提条件是侵犯了个别股东的利益（如侵犯了个别股东的分红权、知情权）。

【解释2】利益受到侵犯的个别股东，以

自己的名义提起诉讼，对股东的资格（持股比例、持股期限）没有限制。

【解释3】该股东可以直接提起诉讼（无须先找董事会或者监事会）。

经典题解

【例题·单选题】 甲有限责任公司设立股东会、董事会、监事会，该公司经理王某违反法律规定，拖延向股东张某分配利润，张某拟通过诉讼维护自己的权利。下列关于张某诉讼权利的表述中，符合公司法律制度规定的是（　　）。

A. 张某有权直接向人民法院起诉王某

B. 张某有权书面请求监事会起诉王某

C. 张某有权书面请求董事会起诉王某

D. 张某有权书面请求股东会起诉王某

【答案】 A

2. 股东代表诉讼（2011年案例分析题、2013年案例分析题、2015年案例分析题、2016年案例分析题、2017年案例分析题）

（1）董事、高级管理人员侵犯公司利益：找监事会

股东（有限责任公司的股东、股份有限公司连续180日以上单独或者合计持有公司1%以上股份的股东）可以书面请求监事会（或者不设监事会的有限责任公司的监事）向人民法院提起诉讼。如果监事会（或者不设监事会的有限责任公司的监事）收到股东的书面请求后拒绝提起诉讼，或者自收到请求之日起30日内未提起诉讼，或者情况紧急、不立即提起诉讼将会使公司利益受到难以弥补的损害的，股东有权为了公司的利益以自己的名义直接向人民法院提起诉讼。

（2）监事侵犯公司利益：找董事会

股东（有限责任公司的股东、股份有限公司连续180日以上单独或者合计持有公司1%以上股份的股东）可以书面请求董事会（或者不设董事会的有限责任公司的执行董事）向人民法院提起诉讼。如果董事会（或者不设董事会的有限责任公司的执行董事）收到股东的书面请求后拒绝提起诉讼，或者自收到请求之日起30日内未提起诉讼，或者情况紧急、不立即提起诉讼将会使公司利益受到难以弥补的损害的，股东有权为了公司的利益以自己的名义直接向人民法院提起诉讼。

（3）公司董事、监事、高级管理人员以外的他人侵犯公司利益：找董事会或者监事会

股东（有限责任公司的股东、股份有限公司连续180日以上单独或者合计持有公司1%以上股份的股东）可以书面请求董事会或者监事会向人民法院提起诉讼。如果董事会、监事会收到股东的书面请求后拒绝提起诉讼，或者自收到请求之日起30日内未提起诉讼，或者情况紧急、不立即提起诉讼将会使公司利益受到难以弥补的损害的，股东有权为了公司的利益以自己的名义直接向人民法院提起诉讼。

【解释1】哪个股东有资格代表公司提起诉讼？（1）有限责任公司：任何一个股东均可，没有持股比例和持股期限的限制；（2）股份有限公司：只有“连续180日以上单独或者合计持有公司1%以上股份的股东”才有资格。

【解释2】股东能否不通过董事会、监事会而直接对被告提起诉讼？除非情况紧急、不立即提起诉讼将会使公司利益受到难以弥补的损害，否则股东必须先找董事会或者监事会，只有他们明确拒绝或者超过30日迟迟不动的情况下，股东才不得不亲自出马。

【解释3】找董事会还是监事会？（1）“董事、高级管理人员”侵犯公司利益的：找监事会；（2）“监事”侵犯公司利益的：找董事会。

【解释4】谁是原告？（1）监事会（或者不设监事会的有限责任公司的监事）依法对董事、高级管理人员提起诉讼的，应当列公司为原告，由监事会主席（或者不设监事会的有限责任公司的监事）代表公司进行诉讼；（2）董事会（或者不设董事会的有限责任公司的执行董事）依法对监事或者他人提起诉讼的，应当列公司为原告，由董事长

（或者执行董事）代表公司进行诉讼；（3）如果董事会或者监事会收到股东的书面请求后拒绝提起诉讼，或者自收到请求之日起30日内未提起诉讼，股东代表公司对董事、监事、高级管理人员或者他人提起诉讼的，股东只能以自己的名义提起诉讼，不能列公司为原告。

【解释5】胜诉利益归谁所有？股东代表公司对董事、监事、高级管理人员或者他人提起诉讼的案件，胜诉利益归属于公司。股东请求被告直接向其承担民事责任的，人民法院不予支持。

【解释6】费用由谁承担？股东代表公司对董事、监事、高级管理人员或者他人提起诉讼的案件，其诉讼请求部分或者全部得到人民法院支持的，公司应当承担股东因参加诉讼支付的合理费用。

经典题解

【例题1·单选题】郑贺为甲有限责任公司的经理，利用职务之便为其妻吴悠经营的乙公司谋取本来属于甲公司的商业机会，致甲公司损失50万元。甲公司小股东付冰欲通过诉讼维护公司利益。甲公司设立了董事会、监事会，根据公司法律制度的规定，关于付冰的做法，下列表述中，正确的是（　　）。

A. 必须先书面请求甲公司董事会对郑贺提起诉讼

B. 必须先书面请求甲公司监事会对郑贺提起诉讼

C. 只有在董事会拒绝起诉的情况下，才能请求监事会对郑贺提起诉讼

D. 只有在其股权达到1%时，才能请求甲公司有关部门对郑贺提起诉讼

【解析】（1）选项ABC："董事、高级管理人员"损害公司利益时，先找"监事会"；（2）选项D：有限责任公司的任何一个股东均有权代表公司提起诉讼，不受1%的限制。

【答案】 B

【例题2·多选题】刘某是甲有限责任公司的董事。任职期间，多次利用职务之便，指示公司会计将资金借贷给一家主要由刘某的儿子投资设立的乙公司。对此，持有公司股权0.5%的股东王某自行直接向人民法院对刘某提起股东代表诉讼。根据公司法律制度的规定，下列选项中，正确的有（　　）。

A. 王某持有公司股权不足1%，不具有提起股东代表诉讼的资格

B. 王某不能直接提起诉讼，必须先向监事会提出请求

C. 王某应以甲公司的名义提起股东代表诉讼

D. 王某应以自己的名义提起股东代表诉讼

【解析】（1）选项A：有限责任公司任何一个股东均有资格代表公司提起诉讼，不受1%的限制；（2）选项B：董事、高级管理人员侵犯公司利益，在非紧急情况下，王某必须先向监事会提出书面请求；（3）选项CD：王某应以自己的名义提起诉讼。

【答案】 BD

【考点5】关联交易（★★★）（P177）（2020年新增）

1. 根据《公司法》第21条的规定，公司的控股股东、实际控制人、董事、监事、高级管理人员不得利用其关联关系损害公司利益。违反上述规定，给公司造成损失的，应当承担赔偿责任。

【解释】关联关系是指公司控股股东、实际控制人、董事、监事、高级管理人员与其直接或者间接控制的企业之间的关系，以及可能导致公司利益转移的其他关系；但是，国家控股的企业之间不仅因为同受国家控股而具有关联关系。

2. 关联交易损害公司利益，原告公司依据《公司法》第21条的规定请求控股股东、实际控制人、董事、监事、高级管理人员赔偿所造成的损失，被告仅以该交易已经履行了信息披露、经股东会或者股东大会同意等法律、行政法规或者公司章程规定的程序为

由抗辩的，人民法院不予支持。

【解释】该司法解释明确规定了关联交易损害公司利益的，履行法定程序不能豁免关联交易的赔偿责任。

3. 公司没有提起诉讼的，有限责任公司的股东、股份有限公司连续 180 日以上单独或者合计持有公司 1% 以上股份的股东，可以书面请求董事会（或者不设董事会的有限责任公司的执行董事）或者监事会（或者不设监事会的有限责任公司的监事）向人民法院提起诉讼；董事会（或者不设董事会的有限责任公司的执行董事）或者监事会（或者不设监事会的有限责任公司的监事）收到股东书面请求后拒绝提起诉讼，或者自收到请求之日起 30 日内未提起诉讼，或者情况紧急、不立即提起诉讼将会使公司利益受到难以弥补的损害的，该股东有权为了公司的利益以自己的名义直接向人民法院提起诉讼。

【解释】鉴于关联交易情形下，行为人往往控制公司或者对公司决策能够产生重大影响，公司本身很难主动主张赔偿责任，该司法解释明确了股东在相应情况下可以提起股东代表诉讼，给中小股东提供了追究关联人责任，保护公司和自身利益的利器。

4. 关联交易合同存在无效或者可撤销情形，公司没有起诉合同相对方的，有限责任公司的股东、股份有限公司连续 180 日以上单独或者合计持有公司 1% 以上股份的股东，可以书面请求董事会（或者不设董事会的有限责任公司的执行董事）或者监事会（或者不设监事会的有限责任公司的监事）向人民法院提起诉讼；董事会（或者不设董事会的有限责任公司的执行董事）或者监事会（或者不设监事会的有限责任公司的监事）收到股东书面请求后拒绝提起诉讼，或者自收到请求之日起 30 日内未提起诉讼，或者情况紧急、不立即提起诉讼将会使公司利益受到难以弥补的损害的，该股东有权为了公司的利益以自己的名义直接向人民法院提起诉讼。

【解释】公司作为合同一方，如果合同存在无效或者显失公平等可撤销情形，可以根据相关规定直接请求确认合同无效或者撤销该合同。但是关联交易合同不同于一般的合同，是关联人通过关联关系促成的交易，而关联人往往控制公司或者对公司决策产生重大影响，即使合同存在无效或者可撤销的情形，公司本身也很难主动提出请求。该司法解释明确了在公司没有起诉合同相对方的情形下，符合条件的股东可根据法律规定提起股东代表诉讼，来维护公司利益，进而维护股东自身利益。

【考点 6】解散诉讼（★★★）（P214）

1. 人民法院应当受理的情形

单独或者合计持有公司全部股东表决权 10% 以上的股东，有下列事由之一，公司继续存续会使股东利益受到重大损失，通过其他途径不能解决，提起解散公司诉讼，人民法院应当受理：

（1）公司持续 2 年以上无法召开股东会或者股东大会，公司经营管理发生严重困难的；

（2）股东表决时无法达到法定或者公司章程规定的比例，持续 2 年以上不能作出有效的股东会或者股东大会决议，公司经营管理发生严重困难的；

（3）公司董事长期冲突，并且无法通过股东会或者股东大会解决，公司经营管理发生严重困难的；

（4）经营管理发生其他严重困难，公司继续存续会使股东利益受到重大损失的情形。

【解释】“公司经营管理发生严重困难”的侧重点在于公司管理方面存有严重内部障碍，如股东会机制失灵、无法就公司的经营管理进行决策等，不应片面理解为公司资金缺乏、严重亏损等经营性困难。

2. 人民法院不予受理的情形

股东以知情权、利润分配请求权等权益受到损害，或者公司亏损、财产不足以偿还全部债务，以及公司被吊销企业法人营业执照未进行清算等为由，提起解散公司诉讼的，人民法院不予受理。

【解释 1】（1）个别股东的知情权、利润分配请求权受到损害时，该股东可以提起“股东直接诉讼”解决自己的问题，谈不上解散公司的问题；（2）公司亏损、财产不足以偿还全部债务时，可以申请破产（而非解散公司）；（3）公司被吊销企业法人营业执照（公司已经解散了）未进行清算的，应提起清算诉讼（而非解散诉讼）。

【解释2】股东提起解散公司诉讼，同时又申请人民法院对公司进行清算的，人民法院对其提出的“清算申请”不予受理（对“解散申请”仍应受理）。人民法院可以告知原告，在人民法院判决公司解散后，依法自行组织清算或者另行申请人民法院对公司进行清算。

3. 解散诉讼程序

（1）股东提起解散公司诉讼，应当以公司为被告。

（2）人民法院审理解散公司诉讼案件，应当注重调解。经人民法院调解公司收购原告股份的，公司应当自调解书生效之日起6个月内将股份转让或者注销。股份转让或者注销之前，原告不得以公司收购其股份为由对抗公司债权人。

（3）人民法院关于解散公司诉讼作出的判决，对公司全体股东具有法律约束力。

（4）人民法院判决驳回解散公司诉讼请求后，提起该诉讼的股东或者其他股东又以同一事实和理由提起解散公司诉讼的，人民法院不予受理。

经典题解

【真题1·多选题】甲为持有某有限责任公司全部股东表决权10%以上的股东。根据公司法律制度的规定，在某些事由下，若公司继续存续会使股东利益受到重大损失，且通过其他途径又不能解决的，甲提起解散公司诉讼时，人民法院应予受理。下列选项中，属于上述“某些事由”的有（　　）。（2009年）

A. 公司亏损、财产不足以偿还全部债务的

B. 公司被吊销营业执照未进行清算的

C. 公司持续2年以上无法召开股东会，且经营管理发生严重困难的

D. 公司董事长期冲突，且无法通过股东会解决，致使公司经营管理发生严重困难的

【答案】CD

【真题2·单选题】根据公司法律制度的规定，当公司出现特定情形，继续存续会使股东利益受到重大损失，通过其他途径不能解决，持有公司全部股东表决权10%以上的股东提起解散公司诉讼的，人民法院应当受理。下列各项中，属于此类特定情形的是（　　）。（2011年）

A. 甲公司连续2年严重亏损，已濒临破产

B. 乙公司由大股东控制，连续4年不分配利润

C. 丙公司股东之间发生矛盾，持续3年无法召开股东会，经营管理发生严重困难

D. 丁公司2年来一直拒绝小股东查询公司会计账簿的请求

【解析】股东以知情权（选项D）、利润分配请求权（选项B）等权益受到损害，或者公司亏损、财产不足以偿还全部债务（选项A）为由提起解散公司诉讼的，人民法院不予受理。

【答案】C

【真题3·单选题】根据公司法律制度的规定，下列情形中，构成股东要求司法解散公司的正当理由的是（　　）。（2016年）

A. 公司最近3年未开股东会，无法形成股东会决议，经营管理严重困难，继续存续会使股东利益严重受损，且无其他途径解决

B. 公司连续3年亏损，累计亏损达到实收股本总额的1/2

C. 公司连续5年盈利，并符合法律规定的利润分配条件，但不分红

D. 公司无故拒绝股东查询公司会计账簿

【解析】（1）选项BD：股东以知情权、利润分配请求权等权益受到损害，或者公司亏损、财产不足以偿还全部债务为由，提起

第六章

解散公司诉讼的，人民法院不予受理；(2) 选项C：公司连续5年不向股东分配利润，而公司该5年连续盈利，并且符合法律规定的分配利润条件的，对股东会决议投反对票的股东可以请求公司按照合理的价格收购其股权，而非提起解散公司诉讼。

【答案】A

【真题4·单选题】某有限责任公司有甲、乙、丙三名股东，甲、乙各持8%的股权，丙持84%的股权。丙任执行董事，乙任监事。甲发现丙将公司资产以极低价格转让给其妻开办的公司，严重损害了本公司利益，遂书面请求乙对丙提起诉讼。乙碍于情面予以拒绝。根据公司法律制度的规定，下列表述中，正确的是(　　)。(2016年)

A. 甲可以提议召开临时股东会，要求丙对相关事项作出说明

B. 甲可以以自己的名义对丙提起诉讼，要求其赔偿公司损失

C. 甲可以以公司内部监督机制失灵、公司和股东利益严重受损为由，请求人民法院判决解散公司

D. 甲可以请求公司以合理价格收购其股权，从而退出公司

【解析】(1) 选项A：有限责任公司代表10%以上表决权的股东，才有权提议召开临时股东会，而甲的股权比例仅为8%，无权提议召开临时股东会。(2) 选项C：公司经营管理发生严重困难，继续存续会使股东利益受到重大损失，通过其他途径不能解决的，单独或者合计持有公司全部股东表决权10%以上的股东，可以请求人民法院解散公司。本题所述情形（丙的行为严重损害了公司利益，但不意味着公司经营管理发生严重困难）不具备请求人民法院解散公司的法定条件。(3) 选项D：本题所述情形不具备有限责任公司的股东可以请求公司以合理价格回购其股权的法定条件。(召开股东会了吗？投反对票了吗？属于那三种法定情形吗？一个条件都不满足啊！)

【答案】B

【真题5·单选题】某有限责任公司股东甲、乙、丙的持股比例分别为9%、9%和82%。公司未设董事会和监事会，乙任监事，丙任执行董事。甲发现丙将公司资产擅自低于市价转让给丙妻，严重损害公司利益，遂书面请求乙对丙提起诉讼。乙碍于情面，未提起诉讼。甲的下列行为中，符合公司法律制度规定的是(　　)。(2018年)

A. 以自己的名义对丙提起诉讼，要求其赔偿公司损失

B. 提议召开临时股东会，要求丙对相关事项作出说明

C. 请求公司以合理价格收购其股权，从而退出公司

D. 以公司监督机构失灵、公司和股东利益受到严重损害为由，请求人民法院解散公司

【答案】A

【考点7】有限责任公司股东的分歧解决机制（★★★）(P215)(2020年新增)

1. 人民法院审理涉及有限责任公司股东重大分歧案件时，应当注重调解。

2. 当事人协商一致以下列方式解决分歧，且不违反法律、行政法规的强制性规定的，人民法院应予支持：

(1) 公司回购部分股东股份；

(2) 其他股东受让部分股东股份；

(3) 他人受让部分股东股份；

(4) 公司减资；

(5) 公司分立；

(6) 其他能够解决分歧，恢复公司正常经营，避免公司解散的方式。

【解释1】当有限责任公司的股东之间产生重大分歧，公司无法正常运营，出现公司僵局时，只要尚有其他途径解决矛盾，应当尽可能采取其他方式解决，从而维持公司运营，避免解散。但有限责任公司基于其人合性特征，股权转让受到诸多限制，不愿意继续经营公司的股东退出公司较为困难。通过调解，可以由愿意继续经营公司的股东收购不愿意继续经营公司股东的股权，争议股东的股权被收购后，退出公司，公司僵局即可

解开，从而维持公司的正常经营。在转让股权不能实现的情形下，通过调解，实现公司减资，使得争议股东“套现离场”，其余股东继续经营减资后的公司，也可以使得公司存续；公司分立则使得无法继续合作的股东“分家”，各自经营公司，也使得公司以新的形式存续。

【解释2】异议股东的回购请求权也属于股东分歧解决机制之一。有限责任公司出现下列情形之一的，对股东会决议投反对票的股东，可以请求公司按照合理价格收购其股权：（1）公司连续5年不向股东分配利润，而公司该5年连续盈利，并且符合法律规定的分配利润条件的；（2）公司合并、分立、转让主要财产的；（3）公司章程规定的营业期限届满或者章程规定的其他解散事由出现，股东会会议通过决议修改章程使公司存续的。

表6-3　股东权利

股东权利	有限责任公司	股份有限公司
表决权	股东按照出资比例行使表决权，但公司章程另有规定的除外	股东按照持股比例行使表决权
分红权	股东按照实缴的出资比例分取红利，但是全体股东可以事先约定不按照出资比例分取红利	股东按照持有的股份比例分配利润，但股份有限公司章程规定不按持股比例分配的除外
优先认缴权/优先认购权	有限责任公司的股东当然享有增资优先认缴权，除非全体股东另有约定。有限责任公司新增资本时，股东有权优先按照实缴的出资比例认缴出资；但是，全体股东可以事先约定不按照出资比例优先认缴出资	股份有限公司的股东并不当然享有新股优先认购权，除非股东大会在发行新股时作出优先向原股东配售新股的决议
异议股东的回购请求权	合并、分立、转让主要财产	合并、分立
	公司连续5年不向股东分配利润，而公司该5年连续盈利，并且符合法律规定的分配利润条件	×
	股东会会议通过决议修改公司章程使公司存续	×
股东代表诉讼中的股东资格	任何一个股东	连续180日以上单独或者合计持有公司1%以上股份的股东
解散诉讼中的股东资格	单独或者合计持有公司全部股东表决权10%以上的股东	

第三单元　公司的经营管理

扫码听名师课

【考点 1】 董事、监事和高级管理人员（★★★）（P178）

1. 基本规定

（1）公司法定代表人依照公司章程的规定，由董事长、执行董事或者经理担任。（2006 年案例分析题）

【解释】公司章程只能在“董事长、执行董事或者经理”中 3 选 1，公司章程不能约定由副经理、财务负责人担任法定代表人。

（2）公司章程对公司、股东、董事、监事和高级管理人员均有约束力。

（3）董事、高级管理人员不得兼任监事。

经典题解

【真题·单选题】 下列有关公司董事、监事以及高级管理人员兼任的表述中，符合公司法律制度规定的是（　　）。（2009 年）

A. 公司董事可以兼任公司经理

B. 公司董事可以兼任公司监事

C. 公司经理可以兼任公司监事

D. 公司董事会秘书可以兼任公司监事

【答案】 A

2. 任职资格

有下列情形之一的，不得担任公司的董事、监事、高级管理人员：

（1）无民事行为能力或者限制民事行为能力。

（2）因贪污、贿赂、侵占财产、挪用财产或者破坏社会主义市场经济秩序，被判处刑罚，执行期满未逾 5 年，或者因犯罪被剥夺政治权利，执行期满未逾 5 年。

（3）担任破产清算的公司、企业的董事或者厂长、经理，对该公司、企业的破产负有个人责任的，自该公司、企业破产清算完结之日起未逾 3 年。

（4）担任因违法被吊销营业执照、责令关闭的公司、企业的法定代表人，并负有个人责任的，自该公司、企业被吊销营业执照之日起未逾 3 年。

（5）个人所负数额较大的债务到期未清偿。

【解释】如果上述人员被选举、委派或者聘任，该选举、委派或者聘任无效；公司的董事、监事、高级管理人员在任职期间出现上述情形的，公司应当解除其职务。

3. 忠实义务（2013 年案例分析题）

董事、高级管理人员不得有下列行为：

（1）挪用公司资金；

（2）将公司资金以其个人名义或者以其他个人名义开立账户存储；

（3）违反公司章程的规定，未经股东（大）会或者董事会同意，将公司资金借贷给他人或者以公司财产为他人提供担保；

（4）违反公司章程的规定或者未经股东（大）会同意，与本公司订立合同或者进行交易；

（5）未经股东（大）会同意，利用职务便利为自己或者他人谋取属于公司的商业机会，自营或者为他人经营与所任职公司同类的业务；

（6）接受他人与公司交易的佣金归为己有；

（7）擅自披露公司秘密；

（8）违反对公司忠实义务的其他行为。

【解释】公司董事、高级管理人员违反上述规定所得的收入应当归公司所有。给公司造成损失的，应当承担赔偿责任。

4. 勤勉义务（2017 年案例分析题）

《公司法》对董事、监事和高级管理人员的勤勉义务只是提出了原则性要求，并没有具体规定。

经典题解

【真题·单选题】 根据公司法律制度的规定，公司董事的下列行为中，涉嫌违反勤勉义务的是（　　）。（2015 年）

A. 擅自披露公司商业秘密

B. 将公司资金以个人名义开立账户存储

C. 无正当理由长期不出席董事会会议

D. 篡夺公司商业机会

【解析】选项ABD：属于违反“忠实义务”的行为。

【答案】C

5. 股份有限公司不得直接或者通过子公司向董事、监事、高级管理人员提供借款。（2013年案例分析题、2017年案例分析题）

经典题解

【真题·单选题】李某为甲股份有限公司的董事长，赵某为乙股份有限公司的董事长。甲公司持有乙公司60%的股份。甲、乙公司的下列行为中，公司法律制度不予禁止的是（　　）。（2015年）

A. 甲公司向赵某提供200万元购房借款

B. 甲公司向李某提供200万元购房借款

C. 乙公司向赵某提供200万元购房借款

D. 甲公司通过乙公司向李某提供200万元购房借款

【解析】（1）选项B：甲公司不得直接向其董监高提供借款；（2）选项C：乙公司不得直接向其董监高提供借款；（3）选项D：甲公司不得通过子公司（乙公司）向其董监高提供借款。

【答案】A

【考点2】对外担保（★★★）（P159）

1. 对外担保的规模

公司章程对担保总额及单项担保的数额有限额规定的，不得超过规定的限额。

2. 对外担保的决议

（1）2选1

公司为他人提供担保的，按照公司章程的规定由董事会或者股东（大）会决议。

（2）1选1

公司为股东或者实际控制人提供担保的，必须经股东（大）会决议。接受担保的股东或者受实际控制人支配的股东不得参加表决，该项表决由出席会议的其他股东所持表决权的过半数通过。（2011年案例分析题、2013年案例分析题）

经典题解

【真题·单选题】某有限责任公司的股东会拟对公司为股东甲提供担保事项进行表决。下列有关该事项表决通过的表述中，符合公司法律制度规定的是（　　）。（2007年）

A. 该项表决由公司全体股东所持表决权的过半数通过

B. 该项表决由出席会议的股东所持表决权的过半数通过

C. 该项表决由除甲以外的股东所持表决权的过半数通过

D. 该项表决由出席会议的除甲以外的股东所持表决权的过半数通过

【答案】D

【考点3】公司的财务会计（★★）（P207）

1. 财务会计报告

（1）有限责任公司应当按照公司章程规定的期限将财务会计报告送交各股东。

（2）股份有限公司的财务会计报告应当在召开股东大会年会的20日前置备于本公司，供股东查阅。

【相关链接】召开年度股东大会应当于会议召开20日前通知各股东。

经典题解

【真题·单选题】根据公司法律制度的规定，股份有限公司召开股东大会年会时应当提前将财务会计报告置备于本公司，该提前的期限是（　　）。（2015年）

A. 10日　　B. 20日

C. 30日　　D. 50日

【答案】B

2. 利润分配

（1）有限责任公司的股东按照实缴的出资比例分取红利；但是，全体股东可以事先约定不按照出资比例分取红利。

（2）股份有限公司按照股东持有的股份比例分配红利，但股份有限公司章程规定不按持股比例分配的除外。

（3）公司持有的本公司股份不得分配利润。

（4）公司股东（大）会或者董事会违反规定，在公司弥补亏损和提取法定公积金之前向股东分配利润的，股东必须将违反规定分配的利润退还公司。

【解释】制作虚假财务会计报表虚增利润进行分配的，属于抽逃出资的行为。

【考点4】公积金（★★★）（P207）

1. 盈余公积金

（1）法定公积金

公司分配当年税后利润时，应当提取利润的10%列入公司法定公积金。公司法定公积金累计额为公司注册资本50%以上的，可以不再提取。法定公积金转为资本时，所留存的该项公积金不得少于转增前公司注册资本的25%。

（2）任意公积金

公司从税后利润中提取法定公积金后，经股东会或者股东大会决议，还可以从税后利润中提取任意公积金。用任意公积金转增资本时，不受25%的限制。

2. 资本公积金

（1）股份有限公司以超过股票票面金额的发行价格发行股份所得的溢价款，应当列为公司资本公积金。

（2）资本公积金不得用于弥补亏损。

3. 公积金的用途

公司的公积金用于弥补公司的亏损、扩大公司生产经营或者转为增加公司资本。（2019年案例分析题）

经典题解

【真题1·单选题】根据公司法律制度的规定，股份有限公司以超过股票票面金额的价格发行股份所得的溢价款，应当列为（　　）。（2013年、2017年）

A. 盈余公积金

B. 未分配利润

C. 法定公积金

D. 资本公积金

【答案】D

【真题2·单选题】根据公司法律制度的规定，用法定公积金转增股本后，留存的该项公积金不得少于转增前公司注册资本的一定比例。该比例是（　　）。（2012年）

A. 10%　　B. 25%

C. 30%　　D. 50%

【答案】B

【真题3·单选题】某公司注册资本为100万元。2008年，该公司提取的法定公积金累计额为60万元，提取的任意公积金累计额为40万元。当年，该公司拟用公积金转增公司资本50万元。下列有关公司拟用公积金转增资本的方案中，不符合公司法律制度规定的是（　　）。（2009年）

A. 用法定公积金10万元、任意公积金40万元转增资本

B. 用法定公积金20万元、任意公积金30万元转增资本

C. 用法定公积金30万元、任意公积金20万元转增资本

D. 用法定公积金40万元、任意公积金10万元转增资本

【解析】（1）法定公积金最多可以转增35万元（$60-100\times25\%=35$万元）；（2）任意公积金不受25%的限制。

【答案】D

【真题4·单选题】甲公司注册资本为700万元，公司当年税后利润300万元，法定公积金累计额310万元，公司无亏损。根据公司法律制度的规定，甲公司当年应提取的法定公积金金额是（　　）。（2016年）

A. 30万元　　B. 40万元

C. 50万元　　D. 60万元

【解析】法定公积金按照税后利润（300万元）的10%提取，当法定公积金累计额为注册资本的50%（350万元）以上时可以不再提取。

【答案】A

第四单元 有限责任公司的组织机构

扫码听名师课

【考点1】股东会、董事会和监事会的职权（★★★）（P199）

1. 股东会的职权

（1）决定公司的经营方针和投资计划；

（2）选举和更换由非职工代表担任的董事、监事，决定有关董事、监事的报酬事项；

（3）审议批准董事会或者执行董事的报告；

（4）审议批准监事会或者监事的报告；

（5）审议批准公司的年度财务预算方案、决算方案；

（6）审议批准公司的利润分配方案和弥补亏损方案；

（7）对公司增加或者减少注册资本作出决议；

（8）对发行公司债券作出决议；

（9）对公司合并、分立、解散、清算或者变更公司形式作出决议；

（10）修改公司章程。

2. 董事会（或者不设董事会的执行董事）的职权

董事会的一般职权是“制订方案”，提交股东会表决通过。董事会有权“决定”的事项包括但不限于：

（1）决定公司的经营计划和投资方案；

（2）决定公司内部管理机构的设置；

（3）决定聘任或者解聘公司经理及其报酬事项；根据经理的提名，聘任或者解聘公司副经理、财务负责人，并决定其报酬事项。

【解释1】公司的高级管理人员（总经理、副总经理和财务负责人）由董事会任免。

【解释2】决定公司的投资计划属于股东会的职权，决定公司的投资方案属于董事会的职权。

3. 监事会（或者不设监事会的监事）的职权

（1）检查公司财务；

（2）对董事、高级管理人员执行公司职务的行为进行监督，对违反法律、行政法规、公司章程或者股东会决议的董事、高级管理人员提出罢免的建议；

（3）当董事、高级管理人员的行为损害公司的利益时，要求董事、高级管理人员予以纠正；

（4）对董事、高级管理人员提起诉讼；

（5）提议召开临时股东会会议，在董事会不履行召集和主持股东会会议职责时召集和主持股东会会议；

（6）向股东会会议提出提案；

（7）监事可以列席董事会会议，并对董事会决议事项提出质询或者建议；

（8）发现公司经营情况异常，可以进行调查。

经典题解

【真题1·多选题】 乙有限责任公司不设监事会，只设了一名监事甲。甲的下列做法中，符合公司法律制度规定的有（　　）。（2009年）

A. 提议召开临时股东会会议

B. 制订公司的年度财务预算方案，提交股东会讨论

C. 制订公司分立的方案，提交股东会讨论

D. 向股东会提议罢免违反公司章程的董事的职务

【解析】 选项BC：属于董事会的职权。

【答案】 AD

【真题2·单选题】 根据公司法律制度的规定，下列各项中，属于董事会职权的是（　　）。（2015年）

A. 决定有关董事的报酬事项

B. 修改公司章程

C. 决定公司内部管理机构的设置

D. 决定发行公司债券

【解析】 选项ABD：属于股东（大）会的职权。

【答案】 C

【真题 3 · 多选题】 甲有限责任公司未设董事会，股东乙为执行董事。根据公司法律制度的规定，在公司章程无特别规定的情形下，乙可以行使的职权有(　　)。(2017 年)

A. 决定公司的投资计划

B. 决定公司的投资方案

C. 决定公司的利润分配方案

D. 决定聘任公司经理

【解析】 选项 AC：属于股东会的职权。

【答案】 BD

【真题 4 · 单选题】 根据公司法律制度的规定，下列各项中，有权制订公司年度财务预算、决算方案的是(　　)。(2019 年)

A. 总经理

B. 股东大会

C. 董事会

D. 监事会

【答案】 C

【考点 2】 董事会、监事会中的职工代表（★★★）(P200)

1. 监事会

所有的监事会(不论是有限责任公司还是股份有限公司）均应包括职工代表，职工代表的比例不得低于监事会人数的 1/3。

2. 董事会

（1）股份有限公司

股份有限公司的董事会中可以（而非必须）包括职工代表。

（2）有限责任公司

一般有限责任公司的董事会中可以（而非必须）包括职工代表。只有国有独资公司以及由两个以上的国有企业或者其他两个以上的国有投资主体投资设立的有限责任公司的董事会，才必须包括职工代表。

【解释 1】董事会盯“国有”，监事会盯“所有”。

【解释 2】(1) 监事会中的职工代表不得低于 1/3；(2) 董事会中的职工代表不受 1/3 的限制。

【解释 3】董事会、监事会中的职工代表由公司职工通过职工代表大会、职工大会或者其他形式民主选举产生。因此，股东（大）会只能选举和更换由非职工代表担任的董事、监事。

经典题解

【真题 · 单选题】 根据公司法律制度的规定，公司董事会、监事会的成员可以由公司职工代表出任。下列表述中，正确的是(　　)。(2009 年)

A. 国有独资公司的董事会、监事会成员中，应当有职工代表，且其比例不得低于董事会、监事会成员的 1/3

B. 两个以上的国有企业投资设立的有限责任公司，其董事会成员中可以无职工代表，但监事会成员中必须有职工代表，且其比例不得低于监事会成员的 1/3

C. 没有国有投资主体投资设立的有限责任公司，其董事会、监事会成员中可以无职工代表

D. 股份有限公司董事会成员中可以有职工代表，监事会中应当有职工代表且其比例不得低于监事会成员的 1/3

【解析】（1）选项 A：国有独资公司的董事会必须有职工代表，但不受 1/3 的限制；（2）选项 B：两个以上的国有企业投资设立的有限责任公司，其董事会必须有职工代表；（3）选项 C：没有国有投资主体投资设立的有限责任公司，其监事会必须有职工代表。

【答案】 D

【考点 3】股东会的会议制度（★★★）(P199)

1. 法定事项

（1）首次股东会会议由出资最多的股东召集和主持。

（2）以后的股东会会议

①有限责任公司设立董事会的，由董事会召集，董事长主持；董事长不能履行职务或者不履行职务的，由副董事长主持；副董事长不能履行职务或者不履行职务的，由半数以上（≥1/2）董事共同推举一名董事主

持。有限责任公司不设董事会的，股东会会议由执行董事召集和主持。

②董事会或者执行董事不能履行或者不履行召集股东会会议职责的，由监事会或者不设监事会的公司的监事召集和主持。

③监事会或者监事不召集和主持的，代表10%以上表决权的股东可以自行召集和主持。

（3）临时股东会的召开条件

①代表10%以上表决权的股东提议召开；

②1/3以上的董事提议召开；

③监事会（或者不设监事会的公司监事）提议召开。

（4）股东会的特别决议

下列决议必须经代表2/3以上表决权的股东通过：

①修改公司章程；

②增加或者减少注册资本；

③公司合并、分立、解散；

④变更公司形式（有限责任公司变更为股份有限公司）。

【解释1】（1）有限责任公司股东会的特别决议必须经代表全部表决权2/3以上的股东通过；（2）股份有限公司股东大会的特别决议由出席会议的股东所持表决权的2/3以上通过。

【解释2】有限责任公司变更为股份有限公司时，折合的实收股本总额不得高于有限责任公司的净资产额。

2. 先约定后法定

（1）会议通知

召开股东会会议，应当于会议召开15日以前通知全体股东，但公司章程另有规定或者全体股东另有约定的除外。

（2）表决权

股东会会议由股东按照出资比例行使表决权，但公司章程另有规定的除外。

经典题解

【真题1·多选题】根据公司法律制度的规定，有限责任公司股东会会议的下列决议中，须经代表2/3以上表决权的股东通过的有（　　）。（2016年）

A. 修改公司章程

B. 决定利润分配方案

C. 对外提供担保

D. 增加注册资本

【答案】AD

【例题2·单选题】某有限责任公司股东甲、乙、丙、丁分别持有公司5%、20%、35%和40%的股权，该公司章程未对股东行使表决权及股东会决议方式作出规定。根据公司法律制度的规定，下列关于该公司股东会会议召开及决议作出的表述中，正确的是（　　）。

A. 甲可以提议召开股东会临时会议

B. 只有丁可以提议召开股东会临时会议

C. 只要丙和丁表示同意，股东会即可作出增加公司注册资本的决议

D. 只要乙和丁表示同意，股东会即可作出变更公司形式的决议

【解析】（1）选项AB：代表10%以上表决权的股东有权提议召开临时股东会。在本题中，甲无权提议召开股东会临时会议，而乙、丙、丁均有权提议召开股东会临时会议；（2）选项CD：增加注册资本和变更公司形式均属于股东会的特别决议，必须经代表2/3以上表决权的股东通过。在本题中，乙和丁的表决权合计未达到2/3。

【答案】C

【真题3·多选题】甲、乙、丙三人共同出资500万元设立了一个有限责任公司，其中甲和乙各出资40%，丙出资20%。该公司章程约定的下列条款中，符合公司法律制度规定的有（　　）。（2010年）

A. 股东会表决时，甲、乙、丙按照出资比例行使表决权

B. 召开股东会会议时，应提前20日通知全体股东

C. 公司分配利润时，丙有优先分配权；公司当年利润不足10万元的，仅分配给丙，超过10万元的，甲、乙、丙按照出资比例分配

D. 公司解散清算后，如有剩余财产，甲、乙、丙按照出资比例分配

【解析】（1）选项A：有限责任公司股东的表决权，先看公司章程的约定（公司章

程爱怎么约定就怎么约定)；(2) 选项B：股东会会议通知的时间，先看公司章程或者全体股东是否另有约定（爱怎么约定就怎么约定)；(3) 选项C：有限责任公司股东的分红权，先看公司章程的约定（公司章程爱怎么约定就怎么约定)；(4) 选项D：公司解散清算后，如有剩余财产，有限责任公司按照股东的出资比例分配。

【答案】 ABCD

【考点4】 董事会的组成（★★★）（P200）

1. 董事会的组成

(1) 有限责任公司董事会由3~13人组成。

(2) 董事会设董事长一人，可以（而非必须）设副董事长。

(3) 有限责任公司董事长、副董事长的产生办法由公司章程规定（爱怎么规定就怎么规定）。

【董事长】 (1) 股份有限公司的董事长和副董事长由董事会全体董事过半数选举产生；(2) 国有独资公司的董事长和副董事长由国有资产监督管理机构从董事会成员中指定。

【监事会主席】 (1) 有限责任公司和股份有限公司的监事会主席由全体监事过半数选举产生；(2) 国有独资公司的监事会主席由国资委从监事会成员中指定。

(4) 董事任期由公司章程规定，但每届任期不得超过3年，连选可以连任。

【解释1】董事任期由公司章程自由规定，每届任期只要不超过3年即可（≤3年)；监事每届任期法定为3年，公司章程不能自由规定。

【解释2】董事、监事任期届满未及时改选，或者董事、监事在任期内辞职导致董事会、监事会成员低于法定人数(3人）的，在改选出的董事、监事就任前，原董事、监事仍应当依照法律、行政法规和公司章程的规定履行职务。

2. 小公司的特别规定

(1) 股东人数较少或者规模较小的有限责任公司，可以不设立董事会，只设1名执行董事，执行董事可以兼任公司经理。

(2) 股东人数较少或者规模较小的有限责任公司，可以不设立监事会，只设1~2名监事。

【解释1】(1) 小公司设立监事会的，必须包括职工代表，且职工代表的比例不得低于1/3；(2) 小公司不设立监事会的，可以不考虑职工代表的问题。

【解释2】公司法定代表人依照公司章程的规定，由董事长、执行董事或者经理担任。

经典题解

【例题·多选题】 甲、乙、丙三人共同出资80万元设立了一家有限责任公司，其中甲出资40万元，乙出资25万元，丙出资15万元。公司成立后，召开了第一次股东会会议。有关这次会议的下列情况中，符合公司法律制度规定的有(　　)。

A. 会议由甲召集和主持

B. 会议决定不设董事会，由甲担任执行董事，甲为公司的法定代表人

C. 会议决定设1名监事，由乙担任，任期2年

D. 会议决定了公司的经营方针和投资计划

【解析】 (1) 选项A：有限责任公司首次股东会由出资最多的股东召集和主持；(2) 选项B：股东人数较少或者规模较小的有限责任公司，可以不设董事会，只设1名执行董事，执行董事可以为公司的法定代表人；(3) 选项C：股东人数较少或者规模较小的有限责任公司，可以不设监事会，只设1~2名监事，监事任期为3年（不能为2年)；(4) 选项D：决定公司的经营方针和投资计划属于股东会的职权。

【答案】 ABD

【考点5】 董事职务的无因解除（★★★）（P188）（2020年新增）

1. 董事任期届满前被股东会或者股东大会有效决议解除职务，其主张解除不发生法律效力的，人民法院不予支持。

2. 董事职务被解除后，因补偿与公司发生纠纷提起诉讼的，人民法院应当依据法律、行政法规、公司章程的规定或者合同的约定，综合考虑解除的原因、剩余任期、董事薪酬等因素，确定是否补偿以及补偿的合理数额。

【解释1】股东会或者股东大会是董事的产生机构，《公司法》不要求股东会或者股东大会解除董事职务时必须提供法定理由。司法解释（五）明确了公司股东会或者股东大会可以随时解除董事职务。公司与董事之间为委托关系，依股东会或者股东大会的选任决议和董事同意任职而成立委托合同。既然为委托合同，双方当事人均可以随时解除合同，公司可以随时解除董事职务（无论任期是否届满），董事也可以随时辞职。

【解释2】无因解除不能损害董事的合法权益。根据《合同法》的规定，在委托合同中，委托人或者受托人均可以随时解除委托合同，因解除合同给对方造成损失的，除不可归责于该当事人的事由以外，应当赔偿损失。因此，公司解除董事职务时，应综合考虑解除的原因、剩余任期、董事薪酬等因素，确定是否补偿以及补偿的合理数额，以保护董事的合法权益，防止公司无故任意解除董事职务。

【解释3】因职工董事不由股东会或者股东大会决议任免，因此不存在股东会或者股东大会决议解除其职务的情形。

【考点6】一人有限责任公司的特别规定（★★★）（P201）

【解释】修订后的《公司法》取消了原“一人有限责任公司的注册资本最低限额为10万元、股东不得分期出资”的规定。

1. 计划生育政策

一个自然人只能投资设立1个一人有限责任公司，该一人有限责任公司不能再投资设立新的一人有限责任公司。

【解释】一个自然人只能投资设立1个一人公司（“独生子女”政策），该一人公司不能再投资设立新的一人公司（“断子绝孙”政策）；但该政策不适用于法人。

2. 公示

一人有限责任公司应当在公司登记时注明自然人独资或者法人独资，并在营业执照中载明。

3. 公司章程

一人有限责任公司的公司章程由股东制定。

4. 组织机构

（1）一人有限责任公司不设股东会，股东作出决议时，应当采用书面形式，并由股东签字后置备于公司。

（2）一人有限责任公司可以设1名执行董事，不设立董事会，执行董事可以兼任公司经理。

（3）一人有限责任公司可以设1~2名监事，不设立监事会。

5. 财务监督

一人有限责任公司应当在每一个会计年度结束时编制财务会计报告，并经会计师事务所审计。

【解释】并非所有公司的财务会计报告都需要年度审计。

6. 法人的人格否定原则

一人有限责任公司的股东不能证明公司财产独立于股东自己财产的，应当对公司债务承担连带责任。

【解释】一人公司属于法人，一般情况下股东只承担有限责任；只有当股东不能证明公司财产独立于股东自己财产的，股东才应对公司债务承担连带责任。

【相关链接】股东滥用公司法人独立地位和股东有限责任，逃避债务，严重损害公司债权人利益的，股东应当对公司债务承担连带责任。

经典题解

【真题1·单选题】刘某出资12万元设立了一个一人有限责任公司。公司存续期间，刘某的下列行为中，符合公司法律制度规定的是（ ）。（2009年）

A. 决定由其本人担任公司经理和法定代表人

B. 决定用公司盈利再投资设立另一个一人有限责任公司

C. 决定不制定公司章程

D. 决定不编制财务会计报告

【解析】（1）选项A：由刘某担任公司经理和法定代表人没问题，但由刘某担任公司副经理和法定代表人就不行（因为法定代表人依照公司章程的规定，由“董事长、执行董事或者经理”担任）；（2）选项B：一个自然人只能投资设立1个一人有限责任公司，该一人有限责任公司不能再投资设立新的一人有限责任公司；（3）选项C：一人有限责任公司必须有公司章程；（4）选项D：一人有限责任公司必须在每一个会计年度结束时编制财务会计报告，并经会计师事务所审计。

【答案】 A

【真题2·单选题】 根据公司法律制度的规定，下列关于一人有限责任公司（以下简称“一人公司”）的表述中，正确的是（　　）。（2016年）

A. 一个自然人只能投资设立一个一人公司，但该一人公司可以再投资设立新的一人公司

B. 一人公司应当在公司登记中注明自然人独资或者法人独资

C. 一人公司设立时，股东应当一次缴足公司章程规定的出资额

D. 一人公司的股东应当对公司债务承担连带清偿责任

【答案】 B

【考点7】国有独资公司的特别规定（★★★）（P202）

1. 股东会

（1）国有独资公司不设股东会，由国有资产监督管理机构行使股东会职权。

（2）国有资产监督管理机构可以授权董事会行使股东会的部分职权，但“合并、分立、解散、增减注册资本和发行公司债券”，必须由国有资产监督管理机构决定。

（3）重要的国有独资公司的“合并、分立、解散、申请破产和企业改制”，应当由国有资产监督管理机构审核后，报本级人民政府批准。

2. 董事会

（1）董事会中应当包括职工代表，职工代表由职工代表大会选举产生，其他董事由国有资产监督管理机构委派。

（2）必须设董事长1人，可以（而非必须）设副董事长。

（3）董事长、副董事长由国有资产监督管理机构从董事会成员中指定。

（4）国有独资公司的董事长、副董事长、董事、高级管理人员，未经国有资产监督管理机构同意，不得在其他公司或者经济组织兼职。

（5）国有独资公司设经理，由董事会聘任或者解聘。

（6）经国有资产监督管理机构同意，董事会成员可以兼任经理。

【解释】（1）对于一般的有限责任公司，经理不是必设机构，公司章程可以规定不设经理，而设总裁、首席执行官等职务，行使公司的管理职权；（2）对于国有独资公司和股份有限公司，必须设立经理，由董事会聘任或者解聘。

3. 监事会

（1）监事会成员不得少于5人，其中职工代表的比例不得低于1/3。

（2）监事会成员由国有资产监督管理机构委派，但监事会中的职工代表由职工代表大会选举产生。

（3）监事会主席由国有资产监督管理机构从监事会成员中指定。

【解释】（1）一般的有限责任公司监事会成员不得少于3人；（2）一般的有限责任公司监事会主席由全体监事过半数选举产生。

4. 公司章程

国有独资公司的公司章程由国有资产监督管理机构制定，或者由董事会制订报国有资产监督管理机构批准。

表 6-4　人数要求

投资人	普通合伙企业	≥2人
	有限合伙企业	2～50人
	有限责任公司	1～50人
	股份有限公司的发起人	2～200人
董事会	有限责任公司	3～13人
	股份有限公司	5～19人
监事会	有限责任公司	≥3人
	股份有限公司	
	国有独资公司	≥5人

表 6-5　公司的组织机构

公司类型	股东（大）会	董事会	监事会	经理
一人有限责任公司	×	可以不设	可以不设	可以不设
有限责任公司（股东≥2人）	√	小公司可以不设	小公司可以不设	可以不设
国有独资公司	×	√	√	√
股份有限公司	√	√	√	√

表 6-6　机构负责人

有限责任公司	董事长	由公司章程规定
	监事会主席	选举
股份有限公司	董事长、监事会主席	选举
国有独资公司	董事长、监事会主席	由国资委指定
债权人会议	债权人会议主席	由人民法院指定

经典题解

【真题1·单选题】下列关于国有独资公司的表述中，符合公司法律制度规定的是（　　）。（2011年）

A. 国有独资公司不设股东会，由国有资产监督管理机构行使股东会职权

B. 国有独资公司的董事会获得国有资产监督管理机构授权，可以决定公司合并事项

C. 国有独资公司监事会的职工代表由国有资产监督管理机构委派

D. 国有独资公司的董事会成员全部由国有资产监督管理机构委派

【答案】A

【真题2·单选题】中国公民甲、乙、丙共同设立一家有限责任公司，根据公司法律制度的规定，该公司必须设立的组织机构是（　　）。（2014年）

A. 董事会

B. 监事会

C. 股东会

D. 职工代表大会

【答案】C

【真题3·单选题】某有限责任公司共有股东3人，根据公司法律制度的规定，下列各项中，该公司必须设置的是（　　）。（2015年）

A. 董事会

B. 股东会

C. 监事会

D. 经理

【答案】 B

【例题4·单选题】 甲公司为国有独资公司，其董事会作出的下列决议中，符合公司法律制度规定的是(　　)。

A. 聘任张某为公司经理

B. 增选职工王某为公司董事

C. 批准董事林某兼任乙有限责任公司经理

D. 决定发行公司债券500万元

【解析】（1）选项A：国有独资公司的经理由董事会聘任或者解聘；（2）选项B：国有独资公司董事会中的职工代表由职工代表大会选举产生；（3）选项C：国有独资公司的董事长、副董事长、董事、高级管理人员，未经国有资产监督管理机构（而非董事会）同意，不得在其他公司兼职；（4）选项D：国有独资公司的“合并、分立、解散、增减注册资本和发行公司债券”，由国有资产监督管理机构（而非董事会）决定。

【答案】 A

【例题5·单选题】 甲、乙两个国有企业出资设立丙有限责任公司。下列关于丙有限责任公司组织机构的表述中，不符合公司法律制度规定的是(　　)。

A. 丙公司监事会成员中应当有公司职工代表

B. 丙公司董事会成员中应当有公司职工代表

C. 丙公司董事长须由国有资产监督管理机构从董事会成员中指定

D. 丙公司监事会主席由全体监事过半数选举产生

【解析】（1）选项A：所有的监事会中必须包括职工代表；（2）选项B：两个以上的国有企业投资设立的有限责任公司，董事会中必须包括职工代表；（3）选项C：丙公司有两个股东，并非国有独资公司，谈不上由国有资产监督管理机构指定的问题；（4）选项D：普通有限责任公司的监事会主席由全体监事过半数选举产生。

【答案】 C

【考点8】约定与法定的关系（考点综述）（★★★）（P159、188）

1. 法定

大多数条文属于这类，其中包括但不限于：

（1）公司为股东或者实际控制人提供担保的，必须经股东会或者股东大会决议。接受担保的股东或者受实际控制人支配的股东不得参加表决，该项表决由出席会议的其他股东所持表决权的过半数通过。

（2）监事任期为3年。

（3）股份有限公司的董事长、副董事长由董事会以全体董事的过半数选举产生。

2. 先法定后约定

在法定的范围之内公司章程可以自由规定，其中包括但不限于：

（1）公司法定代表人依照公司章程的规定，由董事长、执行董事或者经理担任。

（2）公司为他人（非股东、非实际控制人）提供担保的，按照公司章程的规定由董事会或者股东（大）会决议。

（3）公司对外投资时，按照公司章程的规定由董事会或者股东（大）会决议。

（4）有限责任公司的董事任期由公司章程规定，但每届任期不得超过3年。

3. 先约定后法定

公司章程可以自由规定或者全体股东可以自由约定，只有公司章程未规定或者全体股东未约定的，才看《公司法》的规定。其中包括但不限于：

（1）有限责任公司的股东按照实缴的出资比例分取红利；但是，全体股东可以事先约定不按照出资比例分取红利。

（2）有限责任公司新增资本时，股东有权优先按照实缴的出资比例认缴出资；但是，全体股东可以事先约定不按照出资比例优先认缴出资。

（3）有限责任公司的股东会会议由股

东按照出资比例行使表决权，但公司章程另有规定的除外。

（4）有限责任公司召开股东会会议，应当于会议召开 15 日以前通知全体股东，但公司章程另有规定或者全体股东另有约定的除外。

（5）有限责任公司的股东对外转让股权时，公司章程对其另有约定的，从其约定。

第五单元　上市公司的组织机构

扫码听名师课

【考点 1】股东大会的会议制度（★★★）（P186）

1. 年会

（1）上市公司的年度股东大会应当于上一会计年度结束后的6 个月内举行。

（2）召开年度股东大会应当于会议召开20 日前通知各股东。

2. 临时股东大会

有下列情形之一的，应当在2 个月内召开临时股东大会：

（1）董事人数不足法定最低人数 5 人或者不足公司章程规定人数的 2/3 时；

（2）公司未弥补的亏损达实收股本总额的 1/3 时；

（3）单独或者合计持有公司 10%以上股份的股东请求时；

（4）董事会认为必要时；

（5）监事会提议召开时。

【解释 1】临时股东大会应当于会议召开15 日前通知各股东。

【解释 2】（1）董事人数不足 5 人时，肯定应当召开临时股东大会；（2）董事人数虽然在 5 人以上但已经不足公司章程所规定人数的 2/3 时，也应当召开临时股东大会。

【解释 3】以募集方式设立的股份有限公司，注册资本为在公司登记机关登记的实收股本总额。

【解释 4】（1）股份有限公司必须设立监事会，监事会（部分监事不行）有权提议召开临时股东大会；（2）有限责任公司设立监事会的，由监事会（部分监事不行）提议召开临时股东会；对于股东人数较少或者规模较小的有限责任公司，可以不设监事会，如果该公司只设立 1 名监事，该监事有权提议召开临时股东会。

经典题解

【真题 1 · 多选题】根据公司法律制度的规定，下列各项中，有权提议召开临时股东大会的有（　　）。（2015 年）

A. 持有公司 1/10 股份的股东

B. 董事长

C. 1/3 的董事

D. 监事会

【答案】AD

【例题 2 · 多选题】甲公司是一家以募集方式设立的股份有限公司，其注册资本为人民币 6000 万元，董事会有 8 名成员，最大股东李某持有公司 12%的股份。根据公司法律制度的规定，下列各项中，属于甲公司应当在 2 个月内召开临时股东大会的情形有（　　）。

A. 董事人数减至 5 人

B. 监事陈某提议召开

C. 最大股东李某请求召开

D. 公司未弥补亏损达人民币 1600 万元

【解析】（1）选项 A：董事人数已经不足公司章程所规定人数的 2/3，应当召开临时股东大会；（2）选项 B：监事会（单个监事不行）有权提议召开临时股东大会；（3）选项 C：李某持有的表决权在 10%以上，有权提议召开临时股东大会；（4）选项 D：公司未弥补的亏损未达到实收股本总额的 1/3，无须召开临时股东大会。

【答案】AC

【例题 3 · 多选题】甲有限责任公司注

册资本为120万元，股东人数为9人，董事会成员为5人，监事会成员为5人。股东一次缴清出资，该公司章程对股东表决权行使事项未作特别规定。根据公司法律制度的规定，该公司出现的下列情形中，属于应当召开临时股东会的有（ ）。

A. 出资20万元的某股东提议召开

B. 公司未弥补的亏损达到40万元

C. 2名董事提议召开

D. 2名监事提议召开

【解析】（1）选项A：代表1/10以上表决权的股东提议时，应当召开临时股东会；（2）选项B：股份有限公司未弥补的亏损达到实收股本总额1/3时，应当召开临时股东大会，有限责任公司并没有该规定；（3）选项C：1/3以上的董事提议时，应当召开临时股东会；（4）选项D：有限责任公司设立监事会的，由监事会提议召开临时股东会（部分监事不行）。

【答案】 AC

表6-7 临时股东（大）会的召开条件

	临时股东会	临时股东大会
董事人数不足法定最低人数5人或者不足公司章程规定人数的2/3时		√
未弥补的亏损达实收股本总额的1/3时		√
持有公司10%以上表决权/股份的股东请求时	√	√
监事会提议召开时	√	√
董事/董事会	≥1/3的董事提议	董事会认为必要时

3. 股东大会的召集和主持（2011年案例分析题）

（1）股东大会由董事会召集，董事长主持。董事长不能履行职务或者不履行职务的，由副董事长主持；副董事长不能履行职务或者不履行职务的，由半数以上（≥1/2）的董事共同推举一名董事主持。

（2）董事会不能履行或者不履行召集股东大会会议职责的，监事会应当及时召集和主持。

（3）监事会不召集和主持的，连续90日以上单独或者合计持有公司10%以上股份的股东可以自行召集和主持。

【解释1】考生应注意严格的先后顺序：董事会→监事会→股东。

【解释2】有限责任公司股东会的召集和主持与此类似，但股东资格中没有“连续90日”的时间限制。

【解释3】在公司法律制度和证券法律制度中，只有两处对股东的持股比例和持股期限均作出了限制：（1）股东代表诉讼：股份有限公司“连续180日以上单独或者合计持有公司1%以上股份的股东”才有资格代表公司提起诉讼；（2）股东大会的召集和主持：监事会不召集和主持的，“连续90日以上单独或者合计持有公司10%以上股份的股东”可以自行召集和主持。

4. 股东的临时提案权（2011年案例分析题、2019年案例分析题）

（1）单独或者合计持有公司3%以上股份的股东，可以在股东大会召开10日前提出临时提案并书面提交董事会。

（2）董事会应当在收到提案后2日内通知其他股东，并将该临时提案提交股东大会审议。

5. 股东大会不得对通知中未列明的事项作出决议。

6. 会议记录

股东大会的会议记录由主持人和出席会议的董事（而非股东）签名。

【相关链接1】有限责任公司股东会的会议记录由“出席会议的股东”签名。

【相关链接2】董事会的会议记录由“出席会议的董事”签名。

【相关链接3】监事会的会议记录由“出席会议的监事”签名。

【考点2】上市公司股东大会的决议方式（★★★）（P187、190）（2011年案例分析题、2015年案例分析题）

1. 出席+>1/2

股东大会的一般决议（对解聘会计师事务所作出决议、选举和更换独立董事、审议批准变更募集资金用途事项、发行公司债券等），由出席股东大会的股东所持表决权的过半数通过。

2. 回避+出席+>1/2

股东大会在审议为股东、实际控制人及其关联方提供的担保议案时，该股东或者受该实际控制人支配的股东，不得参与该项表决，该项表决由出席股东大会的其他股东所持表决权的过半数通过。

3. 出席+≥2/3

上市公司的下列事项，应当经出席股东大会的股东所持表决权的2/3以上通过：

（1）修改公司章程；

（2）增加或者减少注册资本；

（3）公司合并、分立、解散；

（4）变更公司形式；

（5）重大资产重组；

（6）上市公司在1年内购买、出售重大资产或者担保金额超过公司资产总额30%的。

【解释】普通股份有限公司股东大会的特别决议限于前4条。

4. 回避+出席+≥2/3

（1）上市公司重大资产重组事宜与本公司股东或者其关联人存在关联关系的，股东大会就重大资产重组事项进行表决时，关联股东应当回避表决，该事项由出席股东大会的其他股东所持表决权的2/3以上通过。（见第7章）

（2）上市公司非公开发行股票，本次发行涉及关联股东的，应当回避表决，该事项由出席股东大会的其他股东所持表决权的2/3以上通过。（见第7章）

（3）上市公司发行可转换公司债券的募集说明书约定转股价格向下修正条款的，转股价格修正方案须提交公司股东大会表决，且须经出席会议的股东所持表决权的2/3以上同意；股东大会进行表决时，持有公司可转换债券的股东应当回避。（见第7章）

5. 分类表决：≥2/3+≥2/3

对于发行优先股的上市公司，一般情况下，优先股股东不出席股东大会会议，所持股份没有表决权。但以下情形，除须经出席会议的普通股股东（含表决权恢复的优先股股东）所持表决权的2/3以上通过之外，还须经出席会议的优先股股东（不含表决权恢复的优先股股东）所持表决权的2/3以上通过：

（1）修改公司章程中与优先股相关的内容；

（2）一次或者累计减少公司注册资本超过10%；

（3）公司合并、分立、解散或者变更公司形式；

（4）发行优先股。

经典题解

【真题1·单选题】根据公司法律制度的规定，上市公司在1年内出售重大资产超过公司资产总额一定比例的，应当由股东大会作出决议，并经出席会议的股东所持表决权的2/3以上通过。该比例是（　）。（2019年）

A. 30%　　B. 70%

C. 50%　　D. 60%

【答案】A

【真题2·多选题】根据公司法律制度的规定，在公司章程没有特别规定时，优先股股东可以出席股东大会会议并参与表决的事项有（　）。（2019年）

A. 公司合并

B. 变更公司形式

C. 累计减少公司注册资本超过10%

D. 公司解散

【答案】 ABCD

【考点3】 上市公司的对外担保（★★）（P186、190）

1. 股东大会

（1） 回避+出席+>1/2

上市公司为股东、实际控制人及其关联方提供的担保，必须由股东大会作出决议；股东大会在审议为股东、实际控制人及其关联方提供的担保议案时，该股东或受该实际控制人支配的股东，不得参与该项表决，该项表决由出席股东大会的其他股东所持表决权的过半数通过。

（2） 出席+≥2/3

上市公司在1年内购买、出售重大资产或者担保金额超过公司资产总额30%的，应当由股东大会作出决议，并经出席会议的股东所持表决权的2/3以上通过。

（3） 出席+>1/2

①上市公司及其控股子公司的对外担保总额达到或者超过最近一期经审计净资产50%以后提供的任何担保。

②为资产负债率超过70%的担保对象提供的担保。

③单笔担保额超过最近一期经审计净资产10%的担保。

上市公司为上述事项提供担保，应当经出席股东大会的股东所持表决权的过半数通过。

2. 董事会

应由董事会审批的对外担保，必须经出席董事会的2/3以上董事审议同意并做出决议。

经典题解

【真题·多选题】 根据公司法律制度的规定，下列各项中，应当由上市公司股东大会作出决议的有（　　）。（2018年）

A. 单笔担保额超过最近一期经审计净资产10%的担保

B. 为资产负债率超过70%的非关联方提供的担保

C. 公司对外担保总额达到最近一期经审计净资产的50%以后的提供的担保

D. 为公司实际控制人及其关联方提供的担保

【答案】 ABCD

【考点4】 股份有限公司的董事会（★★）（P188、191）

1. 股份有限公司董事会的职权与有限责任公司相同。

2. 董事会的组成

（1） 股份有限公司董事会成员为5~19人（可以是双数），董事会成员中可以（而非必须）有公司职工代表。

（2） 董事会设董事长1人，可以（而非必须）设副董事长。

3. 董事会的会议制度

（1） 董事会每年度至少召开2次会议，每次会议应当于会议召开10日前通知全体董事和监事。

【相关链接】 股份有限公司的监事会每6个月至少召开1次会议。

（2） 董事会会议应有过半数（>1/2）的董事出席方可举行。（2013年案例分析题、2016年案例分析题）

（3） 董事会会议由董事长召集和主持，董事长不能或者不履行职务的，由副董事长履行职务；副董事长不能或者不履行职务的，由半数以上（≥1/2）董事共同推举一名董事履行职务。

（4） 董事因故不能出席会议的，可以书面委托其他董事（不能是非董事）代为出席，委托书中应载明授权范围。

（5） 董事会的会议记录由出席会议的董事（不包括列席会议的监事）签名。

4. 临时董事会的召开条件（2016年案例分析题）

（1） 代表10%以上表决权的股东提议；

（2） 1/3以上董事提议；

（3） 监事会提议。

【解释1】股份有限公司临时董事会与有限责任公司临时股东会的召开条件基本相同。唯一的区别在于：对于股东人数较少或者规模较小的有限责任公司，可以不设监事会，如果该公司只设立1名监事，该监事有权提议召开临时股东会。

【解释2】上市公司独立董事有权提议召开董事会会议。

【解释3】股份有限公司的监事会有权提议召开临时股东大会，也有权提议召开临时董事会。

5. 董事会的决议方式(2016年案例分析题)

(1) 全体+>1/2

董事会作出决议（如选举董事长、更换高级管理人员）必须经全体董事的过半数通过。

(2) 出席+≥2/3

上市公司应由董事会审批的对外担保，必须经出席董事会的2/3以上董事审议同意并作出决议。

(3) 回避+>1/2

上市公司董事与董事会会议决议事项所涉及的企业有关联关系的，不得对该项决议行使表决权，也不得代理其他董事行使表决权。该董事会会议由过半数的无关联关系董事出席即可举行，董事会会议所作决议须经无关联关系董事过半数通过。出席董事会的无关联关系董事人数不足3人（≤2人）的，应将该事项提交上市公司股东大会审议。

【案例】甲上市公司共有董事9人，其中股东乙企业派出的董事有4人。如果甲上市公司与股东乙企业进行关联交易，在董事会对该项关联交易进行表决时：(1) 关联股东乙企业派出的那4名傻董事应当彻底回避（自己不能行使表决权，也不得代理其他董事行使表决权）；(2) 在无关联关系董事（5人）中，如果有3人出席（过了无关联关系董事的半数），即可召开董事会会议，董事会决议需要经无关联关系董事的过半数通过（赞成票至少为3票）；(3) 如果只有1名无关联关系董事出席（对着镜子喊也不足3人，无法正常开会了），应将该事项提交上市公司股东大会审议。

6. 损失赔偿

董事会的决议违反法律、行政法规或者公司章程、股东大会决议，致使公司遭受严重损失的，参与决议的董事对公司负赔偿责任；但经证明在表决时曾表明异议并记载于会议记录的，该董事可以免除责任。

经典题解

【例题1·多选题】某上市公司召开董事会会议，下列选项中，符合公司法律制度规定的有(　　)。

A. 董事长因故不能出席会议，会议由副董事长甲主持

B. 通过了有关公司董事报酬的决议

C. 通过了免除乙的经理职务，聘任副董事长甲担任经理的决议

D. 会议记录由主持人甲和记录员丙签名后存档

【解析】(1) 选项B：决定董事报酬属于股东大会的职权；(2) 选项D：董事会的会议记录由出席会议的董事签名。

【答案】AC

【真题2·多选题】下列关于股份有限公司董事会的表述中，符合公司法律制度规定的有(　　)。(2012年)

A. 董事会成员为5至19人，且人数须为单数

B. 董事会成员中应有一定比例的独立董事

C. 董事会会议应有过半数的董事出席方可举行

D. 董事会作出决议须经全体董事的过半数通过，董事会决议的表决实行一人一票

【解析】选项B：只有“上市公司”才要求董事会成员中必须包括独立董事。

【答案】CD

【例题3·单选题】某上市公司董事会成员共9名，监事会成员共3名。下列关于该公司董事会召开的情形中，符合公司法律制度规定的是(　　)。

A. 经2名董事提议可召开董事会临时会议

B. 公司董事长、副董事长不能履行职务时，可由4名董事共同推举1名董事履行职务

C. 经2名监事提议可召开董事会临时会议

D. 董事会每年召开2次会议，并在会议召开10日前通知全体董事和监事

【解析】（1）选项AC：经代表1/10以上表决权的股东、1/3以上的董事（至少3名董事）或者监事会（2名监事不行）提议，可以召开股份有限公司临时董事会；（2）选项B：董事长、副董事长不能履行职务或者不履行职务的，由半数以上董事共同推举一名董事履行职务。在本题中，4名董事不足董事会人数的半数。

【答案】 D

【考点5】公司决议的效力（★★★）（P181）

1. 决议不成立

股东（大）会、董事会决议存在下列情形之一，当事人主张决议不成立的，人民法院应当予以支持：

（1）公司未召开会议的，但依据公司法或者公司章程规定可以不召开股东会或者股东大会而直接作出决定，并由全体股东在决定文件上签名、盖章的除外；

（2）会议未对决议事项进行表决的；

（3）出席会议的人数或者股东所持表决权不符合公司法或者公司章程规定的；

（4）会议的表决结果未达到公司法或者公司章程规定的通过比例的；

（5）导致决议不成立的其他情形。

2. 决议无效

股东（大）会、董事会的决议内容违反法律、行政法规的无效。

3. 决议的撤销（2018年案例分析题、2019年案例分析题）

股东（大）会、董事会的会议召集程序、表决方式违反法律、行政法规或者公司章程，或者决议内容违反公司章程的，股东可以自决议作出之日起60日内，请求人民法院撤销。

【解释1】会议召集程序或者表决方式仅有轻微瑕疵，且对决议未产生实质影响，股东请求撤销的，人民法院不予支持。

【解释2】60日期限为除斥期间（不变期间），自决议作出之日起计算，超过该期限，股东即丧失撤销权。

表6-8　决议无效VS可撤销

	违反	法律效力
决议内容	法律、行政法规	无效
	公司章程	可撤销
会议召集程序、表决方式	法律、行政法规	
	公司章程	

表6-9　原告与被告

诉讼请求	原告	被告
请求确认股东会或者股东大会、董事会决议无效或者不成立	股东、董事、监事等	公司
请求撤销股东会或者股东大会、董事会决议	股东	
请求解散公司	股东	
请求公司分配利润	股东	

4. 原告资格

（1）公司股东、董事、监事等请求确认股东（大）会、董事会决议无效或者不成立的，人民法院应当依法予以受理。

（2）请求撤销股东（大）会、董事会决议的原告，应当在起诉时具有公司股东资格。

【解释】(1) 决议无效或者不成立：股东、董事、监事、公司高级管理人员、员工、公司债权人等与诉讼决议有直接利害关系的当事人；(2) 撤销决议：在起诉时具有股东资格。

5. 被告

原告请求确认股东（大）会、董事会决议不成立、无效或者撤销决议的案件，应当列公司为被告。对决议涉及的其他利害关系人，可以依法列为第三人。

6. 股东（大）会、董事会决议被人民法院判决确认无效或者撤销的，公司依据该决议与善意相对人形成的民事法律关系不受影响。

经典题解

【真题1·多选题】根据公司法律制度的规定，有限责任公司发生的下列事项中，属于公司股东可以依法请求人民法院予以撤销的有(　　)。(2007年)

A. 股东会的决议内容违反法律的

B. 股东会的决议内容违反公司章程的

C. 股东会的会议召集程序违反法律的

D. 股东会的会议表决方式违反公司章程的

【解析】选项A：决议内容违反法律、行政法规的，决议无效。

【答案】BCD

【真题2·单选题】某股份有限公司董事会有9名董事。该公司召开董事会会议，甲、乙、丙、丁、戊5名董事出席，其余4名董事缺席。会议表决前，丁因故提前退席，亦未委托他人代为表决。会议最终由4名董事一致作出一项决议。根据公司法律制度的规定，下列关于该决议法律效力的表述中，正确的是(　　)。(2016年)

A. 有效　　　B. 无效

C. 可撤销　　D. 不成立

【解析】董事会作出决议必须经全体董事的过半数通过。在本题中，赞成票仅为4票，未达到法定要求，该决议不成立。

【答案】D

【真题3·单选题】某有限责任公司有甲、乙两名股东，分别持有70%和30%的股权。2018年3月，乙发现该公司基于股东会2017年2月作出的增资决议增加了注册资本，乙的持股比例被稀释。经查，该公司2017年2月并未召开股东会作出增资决议。根据公司法律制度的规定，如果乙拟提起诉讼推翻增资决议，其诉讼请求应当是(　　)。(2018年)

A. 撤销决议

B. 确认决议不成立

C. 确认决议无效

D. 确认决议效力待定

【答案】B

【真题4·多选题】根据公司法律制度的规定，下列情形中，人民法院应当确认董事会决议不成立的有(　　)。(2019年)

A. 公司未召开董事会会议作出该决议

B. 董事会会议表决结果未达到公司法或者公司章程规定的通过比例

C. 公司召开了董事会会议，但未表决该决议事项

D. 公司召开董事会会议时，到会董事人数不符合公司法或者公司章程规定

【答案】ABCD

【真题5·单选题】根据公司法律制度的规定，确认董事会决议无效之诉的被告是(　　)。(2019年)

A. 公司

B. 对该决议投赞成票的董事

C. 董事会

D. 出席会议的董事

【答案】A

【考点6】上市公司独立董事制度(★★)(P191)

1. 担任独立董事应当符合的基本任职条件

（1）根据法律、行政法规及其他有关规定，具备担任上市公司董事的资格；

（2）具有5年以上法律、经济或者其他履行独立董事职责所必需的工作经验。

【相关链接】不得担任公司董事、监事、高级管理人员的情形（包括但不限于）：（1）因贪污、贿赂、侵占财产、挪用财产或者破坏社会主义市场经济秩序，被判处刑罚，执行期满未逾5年；或者因犯罪被剥夺政治权利，执行期满未逾5年；（2）个人所负数额较大的债务到期未清偿。

2. 下列人员不得担任独立董事（2011年案例分析题）

（1）在上市公司或者其附属企业任职的人员及其直系亲属（配偶、父母、子女等）和主要社会关系（兄弟姐妹、岳父母、儿媳女婿、兄弟姐妹的配偶、配偶的兄弟姐妹等）；

（2）直接或间接持有上市公司已发行股份1%以上或者是上市公司前10名股东中的自然人股东及其直系亲属；

（3）在直接或者间接持有上市公司已发行股份5%以上的股东单位或者在上市公司前5名股东单位任职的人员及其直系亲属；

（4）最近1年内曾经具有前三项所列举情形的人员；

（5）为上市公司或者其附属企业提供财务、法律、咨询等服务的人员；

（6）公司章程规定的其他人员；

（7）中国证监会认定的其他人员。

【解释】第（1）条"本人及其直系亲属和主要社会关系"均不得担任独立董事，第（2）、（3）条仅限于"本人及其直系亲属"不得担任独立董事。考生必须掌握"直系亲属"和"主要社会关系"的范围。

经典题解

【真题1·单选题】甲、乙、丙、丁拟任A上市公司独立董事。根据《上市公司独立董事制度》的规定，下列选项中，不影响当事人担任独立董事的情形是（　　）。（2008年）

A. 甲之妻半年前卸任A上市公司之附属企业B公司总经理之职

B. 乙于1年前卸任C公司副董事长之职，C公司持有A上市公司已发行股份的7%

C. 丙正在担任B公司的法律顾问

D. 丁是持有A上市公司已发行股份2%的自然人股东

【解析】（1）选项A：现在或者最近1年内曾经在上市公司或者其附属企业任职的人员及其直系亲属和主要社会关系，不得担任独立董事。在本题中，由于甲妻半年前刚刚卸任A上市公司之附属企业B公司总经理之职，因此甲夫妇二人均不得担任A上市公司的独立董事；（2）选项B：现在或者最近1年内曾经在直接或间接持有上市公司已发行股份5%以上的股东单位或者在上市公司前5名股东单位任职的人员及其直系亲属，不得担任独立董事。在本题中，尽管乙曾经在C公司（持有A上市公司已发行股份5%以上的股东单位）任职，但1年前已经卸任，不影响其担任A上市公司的独立董事；（3）选项C：为上市公司或者其附属企业提供财务、法律、咨询等服务的人员，不得担任上市公司的独立董事；（4）选项D：现在或者最近1年内曾经是直接或间接持有上市公司已发行股份1%以上或者是上市公司前10名股东中的自然人股东及其直系亲属，不得担任上市公司独立董事。

【答案】B

【真题2·单选题】某上市公司拟聘任独立董事一名，甲为该公司人力资源总监的大学同学，乙为该公司中持股7%的某国有企业的负责人，丙曾任该公司财务部经理，半年前离职，丁为某大学法学院教授、兼职担任该公司子公司的法律顾问，根据公司法律制度的规定，可以担任该公司独立董事的是（　　）。（2014年）

A. 甲　　B. 乙

C. 丙　　D. 丁

【解析】（1）甲：在上市公司或者其附属企业任职的人员及其直系亲属和主要社会关系（大学同学、战友不在此列），不得担任独立董事；（2）乙：在直接或者间接持有上市公司已发行股份5%以上的股东单位任职的人员及其直系亲属，不得担任独立董事；

(3) 丙：最近1年内曾经在上市公司或者其附属企业任职的人员及其直系亲属和主要社会关系，不得担任独立董事；(4) 丁：为上市公司或者其附属企业提供财务、法律、咨询等服务的人员，不得担任独立董事。

【答案】 A

3. 独立董事的提名

上市公司**董事会、监事会、单独或者合并持有上市公司已发行股份1%以上的股东**可以提出独立董事候选人，并经股东大会选举决定。

【解释】在上市公司董事会、监事会的职权中，新增了"提名独立董事候选人"一项。

经典题解

【真题1·单选题】 根据公司法律制度的规定，下列主体中，有资格提出上市公司独立董事候选人的是(　　)。(2018年)

A. 持有上市公司已发行股份1%以上的股东

B. 上市公司的董事长

C. 上市公司的职工代表大会

D. 上市公司的监事会主席

【答案】 A

【例题2·多选题】 根据公司法律制度的规定，下列选项中，属于上市公司监事会职权的有(　　)。

A. 检查公司财务

B. 提议召开临时股东大会

C. 提名独立董事候选人

D. 决定公司内部管理机构的设置

【解析】 选项D：属于董事会的职权。

【答案】 ABC

4. 人数要求

(1) 上市公司董事会成员中应当**至少1/3**为独立董事。

(2) 如果上市公司董事会下设薪酬、审计、提名等委员会的，独立董事应当在委员会成员中占有**1/2以上**的比例。

(3) 专门委员会成员全部由董事组成，其中审计委员会、提名委员会、薪酬与考核委员会中独立董事应占多数并担任召集人，审计委员会中至少有1名独立董事是会计专业人员。

5. 独立董事的任期

(1) 独立董事每届任期与该上市公司其他董事任期相同，任期届满，连选可以连任，但是连任时间**不得超过6年**。

(2) 独立董事如果**连续3次**未亲自出席董事会会议，应由董事会提请股东大会予以撤换。

(3) 独立董事在任期届满前不得无故被免职。提前免职的，上市公司应将其作为特别披露事项予以披露，被免职的独立董事认为公司的免职理由不当的，可以作出公开的声明。

(4) 独立董事在任期届满前可以提出辞职。如因独立董事辞职导致公司董事会中独立董事所占的比例低于规定的最低要求(≥1/3)时，该独立董事的辞职报告应当在下任独立董事填补其缺额后生效。

6. 独立董事的特别职权

(1) 重大关联交易（指上市公司拟与关联人达成的总额**高于300万元或高于上市公司最近经审计净资产值的5%**的关联交易）应由独立董事认可后，提交董事会讨论；独立董事作出判断前，可以聘请中介机构出具独立财务顾问报告，作为其判断的依据；

(2) **向董事会提议**聘用或解聘会计师事务所；

(3) **向董事会提请**召开临时股东大会；

(4) 提议召开董事会；

(5) 独立聘请外部审计机构和咨询机构；

(6) 可以在股东大会召开前公开向股东征集投票权。

【解释】独立董事行使上述职权应当取得全体独立董事的**1/2以上**同意。

7. 应当发表独立意见的情形

独立董事应当对上市公司的以下重大事项向董事会或者股东大会发表独立意见：

(1) 提名、任免董事；

(2) 聘任或解聘高级管理人员；

(3) 公司董事、高级管理人员的薪酬；

(4) 上市公司的股东、实际控制人及其关联企业对上市公司现有或新发生的总额高于300万元或高于上市公司最近经审计净资产值的5%的借款或其他资金往来，以及公司是否采取有效措施回收欠款；

（5）独立董事认为可能损害中小股东权益的事项；

（6）公司章程规定的其他事项。

【解释】独立董事应当就上述事项发表以下几类意见之一：（1）同意；（2）保留意见及其理由；（3）反对意见及其理由；（4）无法发表意见及其障碍。

第六单元 有限责任公司的股权转移

扫码听名师课

【考点1】股东资格的继承（★）（P204）

1. 自然人股东死亡后，其合法继承人（无论是否具备完全民事行为能力）可以继承股东资格；但是，公司章程另有规定的除外。

2. 有限责任公司的自然人股东因继承发生变化时，其他股东主张同等条件下行使优先购买权的，人民法院不予支持，但公司章程另有规定或者全体股东另有约定的除外。

【相关链接1】共有份额的权利主体因继承、遗赠等原因发生变化时，其他按份共有人主张优先购买的，人民法院不予支持，但按份共有人之间另有约定的除外。

【相关链接2】无民事行为能力人或者限制民事行为能力人，不得担任公司的董事、监事和高级管理人员。

经典题解

【真题1·单选题】某有限责任公司的自然人股东甲死亡，公司章程对于股权继承无特别规定。根据公司法律制度的规定，甲的合法继承人享有的权利是（　　）。（2018年）

A. 继承甲的股东资格，并享有全部股东权利

B. 继承甲的股东资格，但表决权受一定限制

C. 继承甲所持股权的财产利益，但不得继承股东资格

D. 继承甲所持股权的财产利益，但继承股东资格须经其他股东过半数通过

【答案】A

【真题2·多选题】某有限责任公司关于股东资格解除与认定的下列做法中，符合公司法律制度规定的有（　　）。（2013年）

A. 股东乙病故后，其妻作为合法继承人要求继承股东资格，公司依章程中关于股东资格不得继承的规定予以拒绝

B. 股东丙抽逃部分出资，股东会通过决议解除其股东资格

C. 股东甲未依照章程规定缴纳出资，董事会通过决议解除其股东资格

D. 实际出资人丁请求公司解除名义股东戊的股东资格，并将自己登记为股东，因未获公司其他股东半数以上同意，公司予以拒绝

【解析】（1）选项B：股东丙只是抽逃部分出资，股东会通过决议解除其股东资格不合法；（2）选项C：有限责任公司的股东未履行出资义务，经公司催告，在合理期间内仍未缴纳的，股东会（而非董事会）可以作出决议解除该股东的股东资格。

【答案】AD

【考点2】自愿转让（★★★）（P203）

1. 对内转让

有限责任公司的股东之间可以相互转让全部或者部分股权。《公司法》对此未设任何限制。（2013年案例分析题）

2. 对外转让（2010年案例分析题）

（1）有限责任公司的股东向股东以外的人转让股权，应当经其他股东（人数）过半数同意。

（2）有限责任公司的股东向股东以外的人转让股权，应就其股权转让事项以书面或者其他能够确认收悉的合理方式通知其他股东征求同意。其他股东自接到通知之日起

满30日未答复的，视为同意转让。

（3）其他股东半数以上不同意转让，不同意的股东不购买的，人民法院应当认定视为同意转让。

【解释】公司章程对股权转让另有规定的，从其规定。有限责任公司的股东对外转让股权时，先看公司章程的规定（爱怎么规定就怎么规定），公司章程没有规定的，才适用《公司法》的规定（经其他股东过半数同意）。

3. 优先购买权

（1）有限责任公司的股东向股东以外的人转让股权，在同等条件下，其他股东有优先购买权。人民法院在判断是否属于“同等条件”时，应当考虑转让股权的数量、价格、支付方式及期限等因素。

（2）两个以上股东主张行使优先购买权的，协商确定各自的购买比例；协商不成的，按照转让时各自的出资比例行使优先购买权。

【相关链接】按份共有人向共有人之外的人转让其份额，两个以上按份共有人主张优先购买且协商不成时，请求按照转让时各自份额比例行使优先购买权的，人民法院应予支持。

（3）有限责任公司的股东主张优先购买转让股权的，应当在收到通知后，在公司章程规定的行使期间内提出购买请求。公司章程没有规定行使期间或者规定不明确的，以通知确定的期间为准，通知确定的期间短于30日或者未明确行使期间的，行使期间为30日。

经典题解

【真题·单选题】甲有限公司章程规定，股东优先购买权的行使期间是收到书面转让通知之日起60日。股东赵某拟对外转让股权并书面通知其他股东：欲行使优先购买权者，请自收到通知之日起20日内提出。根据公司法律制度的规定，其他股东优先购买权的行使期间是（　　）。（2019年）

A. 自收到赵某书面通知之日起20日内

B. 自收到赵某书面通知之日起90日内

C. 自收到赵某书面通知之日起30日内

D. 自收到赵某书面通知之日起60日内

【答案】D

4. 转让程序

有限责任公司的股东向股东以外的人转让股权后，公司应当注销原股东的出资证明书，向新股东签发出资证明书，并相应修改公司章程和股东名册中有关股东及其出资额的记载。对公司章程的该项修改无须再由股东会表决。

经典题解

【真题·单选题】根据公司法律制度的规定，有限责任公司的股东转让股权后，公司无须办理的事项是（　　）。（2006年）

A. 注销原股东的出资证明书

B. 向新股东签发出资证明书

C. 召开股东会作出修改章程中有关股东及其出资额记载的决议

D. 申请变更登记

【答案】C

5. 股东放弃转让

（1）有限责任公司的转让股东，在其他股东主张优先购买后又不同意转让股权的，对其他股东优先购买的主张，人民法院不予支持，但公司章程另有规定或者全体股东另有约定的除外。

（2）其他股东主张转让股东赔偿其损失合理的，人民法院应当予以支持。

6. 损害救济

（1）有限责任公司的股东向股东以外的人转让股权，未就其股权转让事项征求其他股东意见，或者以欺诈、恶意串通等手段，损害其他股东优先购买权，其他股东主张按照同等条件购买该转让股权的，人民法院应当予以支持，但其他股东自知道或者应当知道行使优先购买权的同等条件之日起30日内没有主张，或者自股权变更登记之日起超过1年的除外。

（2）如果其他股东仅提出确认股权转让合同及股权变动效力等请求，未同时主张按照同等条件购买转让股权的，人民法院不予支持，但其他股东非因自身原因导致无法行使优先购买权，请求损害赔偿的除外。

（3）股东以外的股权受让人，因股东行使优先购买权而不能实现合同目的的，可以依法请求转让股东承担相应民事责任。

【相关链接】按份共有人向共有人之外的人转让其份额，其他按份共有人以其优先购买权受到侵害为由，仅请求撤销共有份额转让合同或者认定该合同无效的，人民法院不予支持。

【考点3】强制移转（★★）（P204）

1. 人民法院依照强制执行程序转让股东的股权时，应当通知公司及全体股东，其他股东在同等条件下有优先购买权。

2. 其他股东自人民法院通知之日起满20日不行使优先购买权的，视为放弃优先购买权。

经典题解

【真题·单选题】某有限责任公司共有甲、乙、丙三名股东，因甲无法偿还个人到期债务，人民法院拟依强制执行程序变卖其股权偿债，根据公司法律制度的规定，下列表述中，正确的是（　　）。（2014年）

A. 人民法院应当征得乙、丙同意，乙、丙在同等条件下有优先购买权

B. 人民法院应当征得公司及乙、丙同意，乙、丙在同等条件下有优先购买权

C. 人民法院应当通知乙、丙，乙、丙在同等条件下有优先购买权

D. 人民法院应当通知公司及全体股东，乙、丙在同等条件下有优先购买权

【答案】D

【考点4】一股二卖（★）（P204）

1. 股权转让后尚未向公司登记机关办理变更登记，原股东将仍登记于其名下的股权转让、质押或者以其他方式处分的，受让股东以其对于股权享有实际权利为由，请求认定处分股权行为无效的，人民法院可以参照善意取得制度的规定处理。第三人在受让原股东处分的股权时如果构成善意取得，则最终获得该股权。

2. 如果原股东处分股权造成受让股东损失，受让股东有权请求原股东承担赔偿责任。同时，受让股东还可以要求对于未及时办理变更登记有过错的董事、高级管理人员或者实际控制人承担相应责任。但是，受让股东对于未及时办理变更登记也有过错的，可以适当减轻上述董事、高级管理人员或者实际控制人的责任。

【案例】甲持有A有限责任公司20%的股权。2019年3月1日，甲将其股权作价100万元转让给乙，但未及时办理股权变更登记。2019年4月1日，甲又将该股权作价150万元转让给不知情的丙，并办理了股权变更登记。在本案中：（1）如果丙善意、支付了合理对价并办理了股权变更手续，则丙基于善意取得制度依法取得了该股权；（2）乙有权请求甲承担赔偿责任；（3）乙还可以要求对于未及时办理变更登记有过错的董事、高级管理人员或者实际控制人承担相应责任；但是，如果乙对于未及时办理变更登记也有过错的，可以适当减轻上述董事、高级管理人员或者实际控制人的责任。

第七单元　股份有限公司的股份转让

扫码听名师课 291895

【考点1】股份转让的限制（★★★）（P195）

1. 转让场所的限制

股东转让其股份，应当在依法设立的证券交易所进行或者按照国务院规定的其他方式进行。

2. 发起人

发起人持有的本公司股份，自公司成立之日起1年内不得转让；因司法强制执行、

继承、遗赠、依法分割财产等导致股份变动的除外。

3. 非公开发行的股份

公司公开发行股份前已发行的股份，自公司股票在证券交易所上市交易之日起1年内不得转让；因司法强制执行、继承、遗赠、依法分割财产等导致股份变动的除外。

4. 董事、监事、高级管理人员（2013年案例分析题）

（1）董事、监事、高级管理人员所持本公司股份，自公司股票上市交易之日起1年内不得转让。

（2）董事、监事、高级管理人员在任职期间每年转让的股份不得超过其所持有本公司股份总数的25%（≤25%）。上市公司董事、监事和高级管理人员所持股份不超过1000股（≤1000股）的，自公司股票上市交易之日起1年后可以一次性全部转让，不受25%的限制。

（3）董事、监事、高级管理人员离职后6个月内，不得转让其所持有的本公司股份。

【解释】因司法强制执行、继承、遗赠、依法分割财产等导致股份变动的，不受上述限制。

（4）上市公司董事、监事和高级管理人员在下列期间不得买卖本公司股票：

①上市公司定期报告公告前30日内；

②上市公司业绩预告、业绩快报公告前10日内；

③自可能对本公司股票交易价格产生重大影响的重大事项发生之日或者在决策过程中，至依法披露后2个交易日内。

经典题解

【真题1·单选题】下列关于股份有限公司股票转让限制的表述中，符合公司法律制度规定的是（　　）。（2012年）

A. 股东转让其股份，必须在依法设立的证券交易所进行

B. 发起人持有的本公司股份，自公司成立之日起1年内不得转让

C. 公司公开发行股份前已发行的股份，自公司股票在证券交易所上市交易之日起3年内不得转让

D. 公司董事、监事、高级管理人员离职1年内，不得转让所持有的本公司股份

【答案】B

【真题2·单选题】某股份有限公司于2016年3月7日首次公开发行股份并在上海证券交易所上市交易。2016年4月8日，该公司召开股东大会，拟审议的有关董事、高级管理人员持股事项的议案中包含下列内容，其中，符合公司法律制度规定的是（　　）。（2016年）

A. 董事、高级管理人员离职后半年内，不得转让其所持有的本公司股份

B. 董事、高级管理人员持有的本公司股份，自决议通过之日起6个月后可以对外自由转让

C. 董事、高级管理人员持有的本公司股份，自决议通过之日起3个月后可以内部自由转让

D. 董事、高级管理人员在任职期间每年转让的股份不得超过其所持有的本公司股份总数的50%

【答案】A

【真题3·单选题】根据公司法律制度的规定，股份有限公司发起人持有的本公司股份，自公司成立之日起一定期限内不得转让。该期限是（　　）。（2018年）

A. 1年

B. 2年

C. 3年

D. 6个月

【答案】A

【考点2】股份回购（★★★）（P196）

1. 公司不得收购本公司股份。但是，有下列情形之一的除外：

（1）减少公司注册资本；

（2）与持有本公司股份的其他公司合并；

（3）股东因对股东大会作出的公司合并、分立决议持异议，要求公司收购其股份；

（4）将股份用于员工持股计划或者股权激励；

（5）将股份用于转换上市公司发行的可

转换为股票的公司债券；

（6）上市公司为维护公司价值及股东权益所必需。

【解释】上市公司收购本公司股份的，应当依照《证券法》的规定履行信息披露义务。

2. 公司不得接受本公司的股票作为质押权的标的。

表 6-10　股份回购

可以回购的情形	具体规定
减少公司注册资本	（1）经股东大会决议 （2）应当自收购之日起 10 日内注销
与持有本公司股份的其他公司合并	（1）经股东大会决议 （2）应当在 6 个月内转让或者注销
股东因对股东大会作出的公司合并、分立决议持异议，要求公司收购其股份	应当在 6 个月内转让或者注销
将股份用于员工持股计划或者股权激励	（1）可以依照公司章程的规定或者股东大会的授权，经 2/3 以上董事出席的董事会会议决议 （2）公司合计持有的本公司股份数不得超过本公司已发行股份总额的 10%，并应当在 3 年内转让或者注销 （3）上市公司收购本公司股份的，应当通过公开的集中交易方式进行
将股份用于转换上市公司发行的可转换为股票的公司债券	
上市公司为维护公司价值及股东权益所必需	

经典题解

【例题 1 · 多选题】 甲公司为股份有限公司。根据公司法律制度的规定，下列情形中，甲公司可以收购本公司股份的有（　　）。

A. 甲公司减少注册资本

B. 甲公司与持有本公司股份的其他公司合并

C. 甲公司将股份用于员工持股计划或者股权激励

D. 甲公司接受以本公司的股票作为质押权的标的

【解析】 选项 D：公司不得接受以本公司的股票作为质押权的标的。

【答案】 ABC

【例题 2 · 单选题】 2020 年 4 月 1 日，某上市公司董事会根据股东大会的授权，通过了收购本公司部分股份用于员工持股计划的决议。该上市公司已发行股份总额 8000 万股，该上市公司之前未持有任何本公司股份。根据公司法律制度的规定，下列表述中，不正确的是（　　）。

A. 公司可以收购的本公司股份不得超过 400 万股

B. 公司可以收购的本公司股份不得超过 800 万股

C. 公司收购的本公司股份应当在 3 年内转让给职工

D. 公司收购本公司股份时，应当通过公开的集中交易方式进行

【解析】 选项 AB：因将股份用于员工持股计划或者股权激励而收购本公司股份的，公司合计持有的本公司股份数不得超过本公司已发行股份总额的 10%，并应当在 3 年内转让或者注销。

【答案】 A

第八单元 公司合并、分立、减资与清算

扫码听名师课

【考点1】公司合并（★★★）（P208）

1. 公司合并是指两个以上的公司依照法定程序，不需要经过清算程序，直接合并为一个公司的行为。

2. 公司合并可以采取吸收合并或者新设合并。一个公司吸收其他公司为吸收合并，被吸收的公司解散。两个以上公司合并设立一个新的公司为新设合并，合并各方解散。

3. 公司合并，应当由合并各方签订合并协议，并编制资产负债表及财产清单。

4. 公司应当自作出合并决议之日起10日内通知债权人，并于30日内在报纸上公告。债权人自接到通知书之日起30日内，未接到通知书的自公告之日起45日内，可以要求公司清偿债务或者提供相应的担保。（2018年案例分析题）

5. 公司合并时，合并各方的债权、债务，应当由合并后存续的公司或者新设的公司承继。

【解释1】（1）有限责任公司的股东会对公司合并作出决议时，必须经代表2/3以上表决权的股东通过；（2）股份有限公司的股东大会对公司合并作出决议时，必须经出席会议的股东所持表决权的2/3以上通过。

【解释2】合并是公司行为，只要股东（大）会依法通过即可，不需要征求每一个股东的同意。但《公司法》赋予了对合并决议投反对票的小股东一个"逃生的机会"：投反对票的股东有权请求公司按照合理价格收购其股权。

【解释3】参与合并的公司（无论其是否消灭）均应当履行通知、公告义务。

【解释4】被消灭公司的债务转移不需要经过债权人的同意，合并各方的债权债务，直接由合并后继续存续的公司或者新设立的公司承继。但《公司法》赋予了债权人一次"举手发言的机会"：无论其债权是否到期，均可以在法定期限内要求公司清偿债务或者提供相应的担保。

【解释5】被消灭公司的法人人格在合并完成后可以直接消灭，不需要经过清算程序。

【考点2】公司分立（★★）（P211）

1. 公司分立，应当编制资产负债表及财产清单。

2. 公司应当自作出分立决议之日起10日内通知债权人，并于30日内在报纸上公告。

3. 公司分立前的债务由分立后的公司承担连带责任。但是，公司在分立前与债权人就债务清偿达成的书面协议另有约定的除外。

【相关链接】 当事人订立合同后分立的，除债权人和债务人另有约定的以外，由分立的法人或其他组织对合同的权利和义务享有连带债权，承担连带债务。

【解释】由于公司分立前的债务由分立后的公司承担连带责任，公司分立并未增加债权人的风险。因此，公司分立时应通知、公告债权人，但债权人没有"请求公司清偿债务或者提供相应担保"的权利。

4. 司法解释

（1）企业分立时对原企业的债务承担有约定并经债权人认可的，按照当事人约定处理。

（2）企业分立时对原企业债务承担无约定或者约定不明，或者虽有约定但债权人不予认可的，分立后的企业应当承担连带责任。但是，分立的企业在承担连带责任后，各分立的企业间对原企业债务承担有约定的，按约定处理，没有约定或约定不明的，按分立时的资产比例分担。

【案例】 甲公司欠乙银行100万元，甲公司分立为A公司和B公司，A公司和B公司之间约定，由A公司承担60万元的债务，由B公司承担40万元的债务。在本案中：（1）如果该约定经债权人乙银行认可，该约定对债权人有约束力，乙银行只能要求A公司清偿60万元；（2）如果该约定未经债权人乙银行认可，该约定对债权人无约束力，A公司和

B公司应承担连带责任。因此，乙银行有权要求A公司清偿100万元。A公司对外承担100万元的连带责任后，有权向B公司追偿40万元。

经典题解

【真题1·多选题】2009年4月，甲公司决定分立出乙公司单独经营。甲公司原有负债5000万元，债权人主要包括丙银行、供货商丁公司和其他一些小债权人。在分立协议中，甲、乙公司约定：原甲公司债务中，对丁公司的债务由分立出的乙公司承担，其余债务由甲公司承担。该债务分担安排经过了丁公司的认可，但未通知丙银行和其他小债权人。根据公司法律制度的规定，下列说法中，正确的有（　　）。（2010年）

A. 丁公司有权要求甲、乙公司连带清偿其债务

B. 丙银行有权要求甲、乙公司连带清偿其债务

C. 小债权人有权要求甲、乙公司连带清偿其债务

D. 甲、乙公司不得对债务分担作出约定

【解析】甲公司分立时，可以与乙公司就原公司的债务进行约定（选项D错误），该约定得到了债权人丁公司的认可，该约定对丁公司具有约束力（选项A错误），但该约定未通知丙银行和其他小债权人，因此甲公司和乙公司应对丙银行和其他小债权人承担连带责任（选项BC正确）。

【答案】BC

【真题2·单选题】甲公司分立成乙、丙两公司。根据分立协议，乙公司承继甲公司20%净资产，丙公司承继甲公司80%净资产以及所有负债。甲公司的到期债权人丁公司接到分立通知后，要求上述相关公司立即清偿债务。下列关于丁公司债务清偿请求的表述中，符合公司法律制度规定的是（　　）。（2019年）

A. 丁公司仅能请求乙公司对该债务承担20%的责任

B. 丁公司仅能请求丙公司对该债务承担80%的责任

C. 丁公司仅能请求丙公司对该债务承担责任，不能请求乙公司对该债务承担责任

D. 丁公司可请求乙、丙公司对该债务承担连带责任

【答案】D

【考点3】公司减资（★★）（P212）

1. 减资的概念（2020年调整）

减资是指公司根据需要，依照法定条件和程序，减少公司的注册资本额。公司为避免资本闲置、向股东返还出资或者减免股东认缴而未缴的出资，可依照法定程序减少注册资本。公司依照法律规定（根据《公司法》第142条的规定，股份有限公司在特定情形下可以回购本公司的股份）、公司章程的规定（例如公司章程规定特定条件下应回购职工股份）、合同约定（例如对赌协议中的股份回购条款）或者调解协议（例如公司为避免法院强制解散而回购原告股东的股份），回购股东的股份后，如果将之注销，则公司必须减少注册资本。当公司出现严重亏损时，也可以通过减资弥补亏损。

2. 减资方式

（1）返还出资或者股款；

（2）减免出资或者购股义务；

（3）缩减股权或者股份。

经典题解

【真题·多选题】根据公司法律制度的规定，下列选项中，属于公司减少注册资本可以采取的方式有（　　）。（2018年）

A. 向股东返还出资或者股款

B. 减免股东的出资或者购股义务

C. 股东对外转让股权

D. 缩减股权或者股份

【答案】ABD

3. 减资程序

（1）股东（大）会作出减资的决议，并相应地修改公司章程

（2）公司应当编制资产负债表及财产清单

（3）通知、公告债权人

公司应当自作出减少注册资本决议之日

起10日内通知债权人，并于30日内在报纸上公告。债权人自接到通知书之日起30日内，未接到通知书的自公告之日起45日内，可以要求公司清偿债务或者提供相应的担保。

（4）实施减资

（5）办理变更登记

公司减少注册资本的，应当自公告之日起45日后申请变更登记，并应当提交公司在报纸上登载减少注册资本公告的有关证明和公司债务清偿或者债务担保情况的说明。

【解释】对于股东（大）会通过的减少注册资本决议，表决时投反对票的股东无权请求公司按照合理的价格收购其股权。

表6-11　合并、分立和减资的区别

	合并	分立	减资
通知/公告	√	√	√
债权人要求公司清偿债务或提供担保	√	×	√
异议股东的回购请求权	√	√	×

【考点4】公司清算（★★）（P215）

1. 是否需要清算？

（1）因合并、分立而解散公司，因其债权债务由合并、分立后继续存续的公司承继，在解散时不需要清算。

（2）公司债权债务无人承继的，在解散时应当清算。

2. 自行清算

（1）公司应当在解散事由出现之日起15日内成立清算组。

（2）有限责任公司的清算组由股东组成。

（3）股份有限公司的清算组由董事或者股东大会确定的人员组成。

3. 人民法院指定清算组

（1）有下列情形之一，债权人申请人民法院指定清算组进行清算时，人民法院应予受理：

①公司解散逾期（15日）不成立清算组进行清算的；

②虽然成立清算组但故意拖延清算的；

③违法清算可能严重损害债权人或者股东利益的。

【解释】如果债权人未提起清算申请，公司股东申请人民法院指定清算组对公司进行清算的，人民法院应予受理。

（2）人民法院受理公司清算案件，清算组成员可以从下列人员或者机构中产生：

①公司股东、董事、监事、高级管理人员；

②依法设立的会计师事务所、律师事务所、破产清算事务所等社会中介机构；

③依法设立的会计师事务所、律师事务所、破产清算事务所等社会中介机构中具备相关专业知识并取得执业资格的人员。

4. 清算组的职权

（1）清理公司财产，分别编制资产负债表和财产清单；

（2）通知、公告债权人；

（3）处理与清算有关的公司未了结的业务；

（4）清缴所欠税款以及清算过程中产生的税款；

（5）清理债权、债务；

（6）处理公司清偿债务后的剩余财产；

（7）代表公司参与民事诉讼活动。

5. 清算程序

（1）通知债权人

清算组应当自成立之日起10日内书面通知全体已知债权人，并于60日内在全国或者公司注册登记地省级有影响的报纸上公告。

（2）债权申报

债权人应当自接到通知书之日起30日

内，未接到通知书的自公告之日起45日内，向清算组申报其债权。债权人在规定的期限内未申报债权，在公司清算程序终结前补充申报的，清算组应予登记。

（3）清算方案的确认

公司自行清算的，清算方案应当报股东（大）会决议确认；人民法院组织清算的，清算方案应当报人民法院确认。

（4）公告公司终止

公司清算结束后，清算组应当制作清算报告，报股东（大）会或者人民法院确认，并报送公司登记机关，申请注销公司登记，公告公司终止。

经典题解

【真题1·单选题】甲公司拟吸收合并乙公司。下列关于乙公司解散的表述中，符合公司法律制度规定的是（　　）。（2010年）

A. 乙公司不必进行清算，但必须办理注销登记

B. 乙公司必须进行清算，但不必办理注销登记

C. 乙公司必须进行清算，也必须办理注销登记

D. 乙公司不必进行清算，也不必办理注销登记

【答案】A

【真题2·多选题】根据公司法律制度的规定，清算组在清算期间可以行使的职权有（　　）。（2017年）

A. 清理公司财产，分别编制资产负债表和财产清单

B. 处理公司清偿债务后的剩余财产

C. 通知、公告债权人

D. 代表公司参与民事诉讼

【答案】ABCD

案例分析题专项演练

【解释】涉及本章的其他案例分析题见第7章。

【案例1】（2006年）

【解释】本题根据2020年教材进行了删减。

甲、乙、丙拟共同出资设立一个有限责任公司（以下简称“公司”），并共同制定了公司章程草案。该公司章程草案部分内容如下：

（1）公司注册资本为600万元。各方出资数额、出资方式分别为：甲出资180万元，其中：货币出资70万元、计算机软件作价出资110万元；乙出资150万元，其中：机器设备作价出资100万元、特许经营权作价出资50万元；丙以货币270万元出资。

（2）董事长由甲委派，副董事长由乙委派，经理由丙提名并经董事会聘任，经理作为公司的法定代表人。在公司召开股东会会议时，出资各方行使表决权的比例为：甲按照注册资本30%的比例行使表决权；乙、丙分别按照注册资本35%的比例行使表决权。

（3）公司需要增加注册资本时，出资各方按照在股东会行使表决权的比例优先认缴出资；公司分配红利时，出资各方依照以下比例进行分配：甲享有红利25%的分配权；乙享有红利40%的分配权；丙享有红利35%的分配权。

要求：

根据上述内容，分别回答下列问题：

（1）甲以计算机软件和乙以特许经营权出资的方式是否符合公司法律制度的规定？并分别说明理由。

（2）公司的法定代表人由经理担任是否符合公司法律制度的规定？并说明理由。公司章程规定的出资各方在公司股东会会议上行使表决权的比例是否符合公司法律制度的规定？并说明理由。

（3）公司章程规定增加注册资本时，不按照出资比例优先认缴出资是否违反公

司法律制度的规定？并说明理由。公司章程规定的出资各方分红比例是否符合公司法律制度的规定？并说明理由。

【案例 1 答案】

(1) ①甲以计算机软件出资符合规定。根据规定，股东可以用货币出资，也可以用实物、知识产权、土地使用权等可以用货币估价并可以依法转让的非货币财产作价出资；②乙以特许经营权出资不符合规定。根据规定，股东不得以劳务、信用、自然人姓名、商誉、特许经营权或者设定担保的财产等作价出资。

(2) ①法定代表人由经理担任符合规定。根据规定，公司法定代表人依照公司章程的规定，由董事长、执行董事或者经理担任；②公司章程规定的出资各方在公司股东会会议上行使表决权的比例符合规定。根据规定，有限责任公司股东会会议由股东按照出资比例行使表决权，但公司章程另有规定的除外。

(3) ①公司章程规定增加注册资本时，不按照出资比例优先认缴出资不违反规定。根据规定，一般情况下，公司新增资本时，股东有权优先按照实缴的出资比例认缴出资。但是，全体股东可以事先约定不按照出资比例优先认缴出资；②公司章程规定的出资各方分红比例符合规定。根据规定，有限责任公司的股东按照实缴的出资比例分取红利；但是，全体股东可以事先约定不按照出资比例分取红利。

【案例 2】(2013 年)

2006 年 2 月，甲、乙、丙、丁四人共同出资设立文路留学服务有限责任公司（以下简称“文路公司”）。四名股东的出资比例依次是 35%、30%、25% 和 10%。甲担任公司执行董事、总经理；公司不设监事会，丙任监事。

(1) 2007 年 2 月，丙提出，甲在留学咨询行业从业多年，经验丰富，对公司业务发展有较大贡献，提议 2006 年的利润由甲、乙、丙、丁分别以 45%、25%、20% 和 10% 的比例进行分配。全体股东均表示同意。

(2) 2008 年 3 月，乙以分期付款方式购买一辆轿车，经销商要求其提供担保。乙与甲商量后，甲便以文路公司名义与经销商签署一份保证合同，并加盖文路公司印章。事后，甲将此事告知丙，丙未表示异议。丁得知后表示反对，甲回应说公司多数股东已经同意，担保不违反法律规定。

(3) 2010 年 7 月，丁因公司 3 年来一直不分配利润而提出查阅会计账簿的书面请求。文路公司允许丁在公司查阅会计账簿，但拒绝丁复印部分账簿内容的请求。

(4) 2011 年 1 月，丁见投资无回报，也无法参与管理，心生转让股权之意。经询问，乙有兴趣购买。甲听说后提出，有限责任公司股东之间转让股权，须经其他股东过半数同意，因此，丁必须先获得其他股东过半数同意，才可以将股权转让给乙。后丁认为乙的出价太低，遂放弃转让给乙的打算。

(5) 2011 年 4 月，甲编写的《留学指南丛书》出版。甲未告知其他股东，就以文路公司名义从自己手中购买 5000 套该丛书。丁知道后提出异议，认为甲的行为违反了董事对公司的忠实义务。

(6) 2011 年 5 月 6 日，丁向公司监事丙当面递交一份书面请求，请求其向法院起诉甲违反忠实义务，要求甲赔偿公司损失。丙一直未做答复，也未采取任何行动。6 月 20 日，丁为公司利益以自己名义直接对甲提起诉讼。

要求：

根据上述内容，分别回答下列问题：

(1) 根据本题要点（1）所提示的内容，文路公司 2006 年的利润未按照股东的出资比例进行分配是否违反了公司法律制度的规定？并说明理由。

(2) 根据本题要点（2）所提示的内容，甲以文路公司名义为股东乙提供的担保是否违反了公司法律制度的规定？并说明理由。

(3) 根据本题要点 (3) 所提示的内容，文路公司拒绝丁复印部分账簿内容的做法是否符合公司法律制度的规定？并说明理由。

(4) 根据本题要点 (4) 所提示的内容，甲的观点是否符合公司法律制度的规定？并说明理由。

(5) 根据本题要点 (5) 所提示的内容，甲的行为是否违反了公司法律制度的规定？并说明理由。

(6) 根据本题要点 (6) 所提示的内容，丁为公司利益以自己名义直接对甲提起诉讼的做法是否符合公司法律制度的规定？并说明理由。

【案例 2 答案】

(1) 未按照股东的出资比例进行分配并不违反公司法律制度的规定。根据规定，有限责任公司的股东按照实缴的出资比例分取红利；但是，全体股东可以事先约定不按照出资比例分取红利。

(2) 甲以文路公司名义为股东乙提供的担保违反了公司法律制度的规定。根据规定，有限责任公司为股东提供担保的，必须经股东会决议。在本题中，甲以文路公司名义为股东乙提供的担保未经股东会决议通过。

(3) 文路公司拒绝丁复印部分账簿内容的做法符合公司法律制度的规定。根据规定，有限责任公司的股东可以要求查阅公司会计账簿，但无权复制。

(4) 甲的观点不符合公司法律制度的规定。根据规定，有限责任公司的股东之间可以相互转让全部或者部分股权，公司章程对股权转让另有规定的，从其规定。在本题中，文路公司章程未对股权转让事项作出特别规定，丁可以向乙转让其股权，无须经其他股东过半数同意。

(5) 甲的行为违反了公司法律制度的规定。根据规定，董事、高级管理人员违反公司章程的规定或者未经股东会同意，与本公司订立合同或者进行交易的，属于法律禁止的行为。

(6) 丁的做法符合公司法律制度的规定。根据规定，董事、高级管理人员侵犯公司利益时，有限责任公司的股东可以书面请求监事会或者不设监事会的有限责任公司的监事向人民法院提起诉讼。如果监事会或者不设监事会的有限责任公司的监事收到股东的书面请求后拒绝提起诉讼，或者自收到请求之日起 30 日内未提起诉讼，或者情况紧急、不立即提起诉讼将会使公司利益受到难以弥补的损害的，股东有权为了公司的利益以自己的名义直接向人民法院提起诉讼。

扫一扫　“码”上做题

本书中各部分试题均配备二维码，下载安装东奥“会计云课堂”APP，扫一扫左侧二维码，即可在线做题，并获得详尽的答案解析、解题思路等超值服务，解决您做题时的一切疑惑。

【“会计云课堂”APP 安装二维码详见封底】

同步强化练习题

一、单项选择题

1. 甲、乙两公司与郑某、张某欲共同出资设立一家有限责任公司，下列股东的出资中，符合公司法律制度规定的是(　　)。

A. 甲公司以其获得的某知名品牌特许经营权评估作价 20 万元出资

B. 乙公司以其商誉评估作价 30 万元出资

C. 郑某以其享有的某项专利权评估作价40万元出资

D. 张某以其设定了抵押权的某房产作价50万元出资

2. 郑某、吴某、蔡某共同出资设立甲有限责任公司。郑某在规定时间缴纳了认缴出资额的一半；吴某以房产出资，但未按章程规定办理房屋所有权转移手续；蔡某如期足额缴纳出资。根据公司法律制度的规定，下列关于郑某承担责任的表述中，正确的是(　　)。

A. 郑某应向公司足额缴纳出资，但无须向吴某、蔡某承担违约责任

B. 郑某可将出资抽回，退出公司，但应向吴某、蔡某承担违约责任

C. 郑某应向公司足额缴纳出资，并向蔡某承担违约责任

D. 郑某应向公司足额缴纳出资，并向吴某、蔡某承担违约责任

3. 李某以违法犯罪所得的20万元出资并取得公司股权。根据公司法律制度的规定，对李某的犯罪行为予以追究、处罚时，就其股权处置的下列表述中，正确的是(　　)。

A. 将李某的出资从公司中抽出，补偿受害人损失

B. 将李某的出资从公司中抽出，并将公司注册资本减少20万元

C. 将李某的出资从公司中抽出，其他股东对20万元出资承担连带责任

D. 采取拍卖或者变卖的方式处置李某的股权

4. 某市房地产主管部门领导王大伟退休后，与其友张三、李四共同出资设立一家房地产中介公司。王大伟不想让自己的名字出现在公司股东名册上，在未告知其弟王小伟的情况下，直接持王小伟的身份证等证件，将王小伟登记为公司股东。根据公司法律制度的规定，下列表述中，正确的是(　　)。

A. 公司股东应是王大伟

B. 公司股东应是王小伟

C. 王大伟和王小伟均为公司股东

D. 公司债权人有权请求王小伟对公司债务承担相应的责任

5. 在乙公司设立过程中，发起人甲以乙公司的名义与他人签订一份房屋租赁合同，所租房屋作为乙公司的办公用房。乙公司成立后，下列关于该房屋租赁合同责任承担的表述中，符合公司法律制度规定的是(　　)。

A. 由甲承担合同义务

B. 由乙公司承担合同义务

C. 由甲和乙公司连带承担合同义务

D. 先由甲承担合同义务，乙公司承担补充责任

6. 甲、乙拟设立一家贸易公司，委派乙负责租赁仓库供贸易公司使用，乙以自己的名义与丙签订仓库租赁合同。贸易公司成立后，下列关于该仓库租赁合同责任承担的表述中，符合公司法律制度规定的是(　　)。

A. 丙只能请求乙承担合同义务

B. 丙只能请求贸易公司承担合同义务

C. 丙有权选择请求乙或者贸易公司承担合同义务

D. 丙有权选择请求乙或者甲承担合同义务

7. 根据公司法律制度的规定，下列关于股东知情权的表述中，正确的是(　　)。

A. 有限责任公司的股东有权查阅并复制公司会计账簿

B. 股份有限公司的股东有权查阅公司会计账簿

C. 有限责任公司的股东有权查阅并复制公司财务会计报告

D. 股份有限公司的股东有权查阅并复制公司财务会计报告

8. 根据公司法律制度的规定，下列各项中，有限责任公司的股东有权查阅并复制的是(　　)。

A. 股东会会议记录

B. 董事会会议记录

C. 监事会会议记录

D. 公司会计账簿

9. 郑贺为甲有限责任公司的经理，利用职务之便为其妻子吴悠经营的乙公司谋取本来属于甲公司的商业机会，致使甲公司损失500万元。甲公司小股东付冰书面请求甲公司监事会对郑贺提起诉讼，遭到监事会的拒绝。根据公司法律制度的规定，下列表述中，不正确的是(　　)。

A. 付冰有权以自己的名义对郑贺提起诉讼

B. 付冰代表甲公司对郑贺提起诉讼，胜诉利益归属于甲公司

C. 付冰代表甲公司对郑贺提起诉讼，其诉讼请求部分或者全部得到人民法院支持的，甲公司应当承担付冰因参加诉讼支付的合理费用

D. 付冰代表甲公司对郑贺提起诉讼，即使其诉讼请求部分或者全部得到人民法院的支持，付冰仍应自行承担因参加诉讼支付的合理费用

10. 甲股份有限公司2020年4月召开股东大会，选举公司董事。根据公司法律制度的规定，下列人员中，不得担任该公司董事的是(　　)。

A. 张某，因挪用财产被判处刑罚，执行期满已逾6年

B. 吴某，原系乙有限责任公司董事长，因其个人责任导致该公司破产，清算完结已逾5年

C. 储某，系丙有限责任公司控股股东，该公司股东会决策失误，导致公司负有300万元到期不能清偿的债务

D. 杨某，原系丁有限责任公司法定代表人，因其个人责任导致该公司被吊销营业执照未逾2年

11. 甲有限责任公司董事陈某拟出售一辆轿车给本公司，公司章程对董事、高级管理人员与本公司交易事项未作规定。根据公司法律制度的规定，陈某与本公司进行交易须满足的条件是(　　)。

A. 经股东会同意

B. 经董事会同意

C. 经监事会同意

D. 经总经理同意

12. 李某是甲股份有限公司（以下简称“甲公司”）的控股股东，因借款需要请求甲公司为其提供担保。甲公司遂召开股东大会对此事项进行表决。根据公司法律制度的规定，下列关于甲公司股东大会决议的表述中，正确的是(　　)。

A. 李某不可以参加表决，该项决议由出席会议的其他股东过半数通过

B. 李某不可以参加表决，该项决议由出席会议的其他股东所持表决权的过半数通过

C. 李某可以参加表决，该项决议由全体股东所持表决权的过半数通过

D. 李某可以参加表决，该项决议由出席会议的股东所持表决权的过半数通过

13. 根据公司法律制度的规定，下列各项中，属于有限责任公司董事会职权的是(　　)。

A. 对公司增加注册资本作出决议

B. 决定公司内部管理机构的设置

C. 对发行公司债券作出决议

D. 审议批准公司的利润分配方案和弥补亏损方案

14. 张某、王某、李某、赵某共同出资设立甲有限责任公司（以下简称“甲公司”），出资比例分别为5%、15%、36%和44%。公司章程对股东会召开及表决事项无特别规定。下列关于甲公司股东会召开和表决的表述中，符合公司法律制度规定的是(　　)。

A. 首次股东会会议由赵某召集和主持

B. 张某有权提议召开股东会临时会议

C. 张某、王某和李某行使表决权赞成即可通过修改公司章程的决议

D. 王某和李某行使表决权赞成即可通过解散公司的决议

15. 根据公司法律制度的规定，下列关于公司职工代表的表述中，不正确的是(　　)。

A. 股份有限公司董事会成员中应当包括公司职工代表

B. 股份有限公司监事会成员中应当包括公司职工代表

C. 国有独资公司董事会成员中应当包括公司职工代表

D. 国有独资公司监事会成员中应当包括公司职工代表

16. 荣吉有限责任公司是一家商贸公司，刘壮任董事长，马姝任公司总经理。根据公司法律制度的规定，下列表述中，正确的是(　　)。

A. 马姝担任公司总经理须经刘壮的聘任

B. 马姝有权决定公司内部管理机构的设置

C. 马姝有权制定公司的具体规章

D. 马姝有权聘任公司的财务经理

17. 王某、刘某共同出资设立了甲有限责任公司，下列关于甲公司组织机构的表述中，不符合公司法律制度规定的是(　　)。

A. 甲公司决定不设董事会，由王某担任执行董事

B. 甲公司决定不设监事会，由刘某担任监事

C. 甲公司决定由执行董事王某兼任经理

D. 甲公司决定由执行董事王某兼任监事

18. 根据公司法律制度的规定，下列人员中，可以担任公司监事的是(　　)。

A. 职工代表　　B. 财务负责人

C. 总经理　　D. 独立董事

19. 王某投资设立了一人有限责任公司。公司存续期间，王某实施的下列行为中，违反了公司法律制度规定的是(　　)。

A. 决定由其本人担任公司执行董事兼公司经理

B. 决定公司不设立监事会，仅由其亲戚张某担任公司监事

C. 决定用公司资本的一部分与他人共同投资另一有限责任公司，但未作书面记载

D. 未召开任何会议，自作主张制订公司经营方针

20. 根据公司法律制度的规定，下列关于国有独资公司组织机构的表述中，正确的是(　　)。

A. 经理由国有资产监督管理机构聘任

B. 董事长、副董事长由董事会选举产生

C. 经国有资产监督管理机构同意，董事会成员可以兼任经理

D. 监事会成员不得少于3人

21. 下列关于国有独资公司监事会组成的表述中，不符合公司法律制度规定的是(　　)。

A. 监事会主席由全体监事过半数选举产生

B. 监事会成员不得少于5人

C. 公司董事不得兼任监事

D. 监事会成员中职工代表的比例不得低于1/3

22. 甲、乙、丙、丁共同出资设立一家有限责任公司，其草拟的公司章程规定的下列事项中，符合公司法律制度规定的是(　　)。

A. 公司由副经理王某担任法定代表人

B. 公司不设董事会，由甲担任执行董事，任期为4年

C. 公司不设监事会，由乙担任监事，任期为2年

D. 股东向股东以外的人转让股权，应当经其他股东2/3以上同意

23. 某上市公司拟聘请独立董事。根据公司法律制度的规定，下列人员中，可以担任该上市公司独立董事的是(　　)。

A. 该上市公司的分公司的经理

B. 该上市公司董事会秘书配偶的弟弟

C. 持有该上市公司已发行股份2%的股东郑某的岳父

D. 持有该上市公司已发行股份10%的甲公司的某董事的配偶

24. 根据公司法律制度的规定，下列关于上市公司董事会决议的表述中，不正确的是(　　)。

A. 会议召集程序或者表决方式仅有轻微瑕疵，且对决议未产生实质影响，股东请求撤销的，人民法院不予支持

B. 董事会决议被人民法院判决确认无效或者撤销的，公司依据该决议与善意相对人形成的民事法律关系不受影响

C. 请求人民法院确认董事会决议无效或者不成立的原告，应当在起诉时具有公司股东资格

D. 请求人民法院撤销董事会决议的原告，应当在起诉时具有公司股东资格

25. 甲股份有限公司于 2017 年 6 月在上海证券交易所上市交易，甲公司有关人员的下列股份转让行为中，符合公司法律制度规定的是(　　)。

A. 李某于 2018 年 4 月将其持有的甲公司公开发行股份前已发行的股份 2000 股一次性转让

B. 董事罗某于 2018 年 5 月将其持有的甲公司全部股份 800 股一次性转让

C. 董事吴某于 2018 年 8 月将其持有的甲公司全部股份 500 股一次性转让

D. 经理王某 2019 年 1 月离职，2019 年 6 月将其持有的甲公司全部股份 5000 股一次性转让

26. 根据公司法律制度的规定，下列关于公司利润分配的表述中，正确的是(　　)。

A. 公司股东大会可以决议在弥补亏损前向股东分配利润

B. 有限责任公司的股东可以约定不按出资比例分配利润

C. 股份有限公司章程不得规定不按持股比例分配利润

D. 公司持有的本公司股份可以分配利润

27. 根据公司法律制度的规定，公司解散逾期不成立清算组进行清算且债权人未提起清算申请的，下列人员中，可以申请人民法院指定清算组对公司进行清算的是(　　)。

A. 公司股东　　B. 公司董事

C. 公司监事　　D. 公司经理

二、多项选择题

1. 根据公司法律制度的规定，下列人员中，公司章程可以规定由其担任法定代表人的有(　　)。

A. 财务负责人　　B. 总经理

C. 执行董事　　D. 监事

2. 根据公司法律制度的规定，下列人员中，受公司章程约束的有(　　)。

A. 公司经理

B. 公司副经理

C. 公司董事

D. 公司财务负责人

3. 张三、李四、王五成立天问投资咨询有限责任公司，张三、李四各以现金 50 万元出资，王五以价值 20 万元的办公设备出资。张三任公司董事长，李四任公司总经理。根据公司法律制度的规定，公司成立后，股东的下列行为中，构成抽逃出资的有(　　)。

A. 张三与自己所代表的公司签订一份虚假购货合同，以支付货款的名义，由天问公司支付给自己 50 万元

B. 李四以公司总经理身份，与自己所控制的另一公司签订设备购置合同，将 15 万元的设备款虚报成 65 万元，并已由天问公司实际转账支付

C. 王五擅自将天问公司的笔记本电脑拿回家

D. 三人决议制作虚假财务会计报表虚增利润，并进行分配

4. 甲、乙、丙出资设立一个有限责任公司，在其拟订的公司章程中约定的下列事项中，符合公司法律制度规定的有(　　)。

A. 甲、乙、丙按照出资比例分配红利

B. 甲、乙、丙不按照出资比例分配红利

C. 甲、乙、丙按照出资比例行使表决权

D. 甲、乙、丙不按照出资比例行使表决权

5. 张某是红叶有限责任公司的小股东，同时张某还在枫林有限责任公司任董事，而红叶公司与枫林公司均从事保险经纪业务。红叶公司多年没有给张某分红，张某一直对红叶公司的会计账簿存有疑惑。根据公司法律制度的规定，下列表述中，正确的有(　　)。

A. 张某可以口头提出查阅公司会计账簿的请求

B. 张某有权要求查阅和复制公司会计账簿

C. 如果红叶公司有证据证明张某是为了向枫林公司通报有关信息而要求查阅公司会计账簿，可能损害红叶公司合法利益的，可以拒绝提供查阅

D. 如果红叶公司有证据证明张某在向公司提出查阅请求之日前的3年内，曾通过查阅公司会计账簿，向枫林公司通报有关信息损害了红叶公司合法利益的，可以拒绝提供查阅

6. 根据公司法律制度的规定，对有限责任公司股东会的有关决议投反对票的股东，可以请求公司按照合理的价格收购其股权。下列各项中，属于该有关决议的有(　　)。

A. 公司合并的决议

B. 公司转让主要财产的决议

C. 公司增加注册资本的决议

D. 公司减少注册资本的决议

7. 甲、乙、丙、丁共同设立A有限责任公司，丙持有A公司20%的股权。丙拟提起解散公司诉讼。根据公司法律制度的规定，丙拟提出的下列理由中，人民法院不予受理的有(　　)。

A. 公司董事长甲严重侵害其股东知情权

B. 公司管理层严重侵害其利润分配请求权

C. 公司被吊销企业法人营业执照未进行清算

D. 公司亏损、财产不足以偿还全部债务

8. 根据公司法律制度的规定，人民法院审理涉及有限责任公司股东重大分歧案件时，当事人协商一致以下列方式解决分歧，且不违反法律、行政法规的强制性规定，人民法院应予支持的有(　　)。

A. 公司回购部分股东股份

B. 他人受让部分股东股份

C. 公司减资

D. 公司分立

9. 甲、乙共同出资设立一家有限责任公司。乙与丙订立股权代持协议，约定由丙实际出资并享有投资权益，乙为名义股东。下列表述中，符合公司法律制度规定的有(　　)。

A. 丙不得要求公司变更股东

B. 丙有权要求乙将公司分配所得的利润转交给自己

C. 丙应对公司债务承担连带责任

D. 乙向不知情的银行借款时，以持有的该公司股权设定质押的，该质押有效

10. 下列关于公司利润分配的表述中，符合公司法律制度规定的有(　　)。

A. 公司持有的本公司股份不得分配利润

B. 资本公积金可用于弥补公司的亏损

C. 有限责任公司的股东可以约定不按出资比例分配利润

D. 股份有限公司章程可以规定不按持股比例分配利润

11. 下列关于公司公积金用途的表述中，符合公司法律制度规定的有(　　)。

A. 资本公积金可以用于弥补公司亏损

B. 法定公积金不得转增公司资本

C. 任意公积金可以转增公司资本

D. 盈余公积金可以用来扩大公司生产经营

12. 某股份有限公司注册资本为3000万元，公司现有法定公积金1000万元，任意公积金500万元，现该公司拟以公积金500万元增资派股。下列方案中，符合公司法律制度规定的有(　　)。

A. 将法定公积金500万元转为公司资本

B. 将任意公积金500万元转为公司资本

C. 将法定公积金200万元，任意公积金300万元转为公司资本

D. 将法定公积金300万元，任意公积金200万元转为公司资本

13. 甲有限责任公司未设董事会，股东乙为执行董事。根据公司法律制度的规定，在公司章程无特别规定的情形下，乙可以行使的职权有(　　)。

A. 决定公司的投资计划

B. 决定公司内部管理机构的设置

C. 决定公司的利润分配方案

D. 决定聘任公司经理

14. 根据公司法律制度的规定，下列各项中，属于有限责任公司监事会职权的有(　　)。

A. 向股东会会议提出提案
B. 提议召开股东会临时会议
C. 选举和更换由股东代表出任的监事
D. 决定公司内部管理机构的设置

15. 甲、乙、丙三个国有企业共同投资设立了一家有限责任公司，该公司设立了董事会和监事会。股东会通过的下列决议中，不符合公司法律制度规定的有(　　)。
A. 选举和更换全部董事
B. 选举和更换全部监事
C. 解聘公司经理
D. 决定公司内部管理机构的设置

16. 甲、乙、丙、丁共同出资设立一家有限责任公司，四人均以25万元的货币出资。公司章程规定，召开股东会时，甲享有50%的表决权，乙享有7%的表决权，丙享有13%的表决权，丁享有30%的表决权。2020年4月1日，丙提议召开临时股东会，拟将该公司变更为股份有限公司。在表决时，丁未出席会议，甲和丙表示赞成，乙表示反对。根据公司法律制度的规定，下列表述中，正确的有(　　)。
A. 丙有权提议召开临时股东会
B. 丙无权提议召开临时股东会
C. 因甲和丙所持的表决权已超过出席会议的股东所持表决权的2/3，股东会可以通过该决议
D. 因甲和丙所持的表决权未达到全部表决权的2/3，股东会不能通过该决议

17. 根据公司法律制度的规定，下列关于国有独资公司组织机构的表述中，正确的有(　　)。
A. 国有独资公司不设股东会
B. 国有独资公司设立董事会
C. 国有独资公司不设监事会
D. 国有独资公司的董事会成员均由国有资产监督管理机构委派

18. 根据公司法律制度的规定，下列关于国有独资公司组织机构的表述中，正确的有(　　)。
A. 国有独资公司董事会成员中应当有公司职工代表
B. 国有独资公司不设立股东会，由国有资产监督管理机构行使股东会职权
C. 国有独资公司的董事每届任期不得超过3年
D. 国有独资公司监事会成员不得少于3人

19. 根据公司法律制度的规定，股份有限公司股东大会所作的下列决议中，必须经出席会议的股东所持有表决权的2/3以上通过的有(　　)。
A. 批准公司年度预算方案的决议
B. 公司合并、分立、解散的决议
C. 变更公司形式的决议
D. 增加或者减少注册资本的决议

20. 某股份有限公司股本总额为5000万元，董事会有12名成员。根据公司法律制度的规定，下列情形中，该公司应当在2个月内召开临时股东大会的有(　　)。
A. 董事会人数减至7人时
B. 未弥补亏损为1000万元时
C. 监事会主席提议召开时
D. 持有该公司10%股份的股东请求时

21. 根据公司法律制度的规定，下列各项中，可以提议召开股份有限公司临时董事会会议的有(　　)。
A. 代表20%表决权的股东提议
B. 40%的董事提议
C. 总经理提议
D. 监事会提议

22. 某股份有限公司董事会由11人组成，其中董事长1人，副董事长2人。该董事会某次会议发生的下列情形中，不符合公司法律制度规定的有(　　)。
A. 因董事长不能出席会议，副董事长王某主持该次会议
B. 通过了增加公司注册资本的决议
C. 通过解聘公司现任经理，由副董事长王某兼任经理的决议
D. 会议所有决议事项均载入会议记录后，由主持会议的副董事长王某和记录员签名存档

23. 某上市公司董事会成员有11人，根据公司章程的规定对与其股东甲公司签订重

要采购合同的事项召开临时董事会会议，其中董事李某是甲公司董事长，董事张某、刘某因故未出席本次会议，也未委托其他董事代为出席，表决时有3个董事不同意。根据公司法律制度的规定，下列关于本次会议的表述中，正确的有(　　)。

A. 该董事会会议由于过半数的无关联关系董事出席，因此可以举行

B. 该董事会会议决议经参加会议的无关联关系董事半数以上通过，该决议有效

C. 该董事会会议决议未经无关联关系董事过半数通过，该决议不能通过

D. 该董事会会议决议经全体董事过半数通过，该决议有效

24. 星煌公司是一家上市公司，现董事长吴某就星煌公司向坤诚公司的投资之事准备召开董事会。因公司资金比较紧张，董事梁某的妻子又在坤诚公司任副董事长，有部分董事对此投资事宜表示异议。根据公司法律制度的规定，下列表述中，正确的有(　　)。

A. 梁某不应参加董事会表决

B. 吴某可代梁某在董事会上表决

C. 如果参加董事会的无关联关系董事人数不足3人，则应提交股东大会审议

D. 如果参加董事会的无关联关系董事人数不足5人，则应提交股东大会审议

25. 根据公司法律制度的规定，下列关于股份有限公司监事会的表述中，正确的有(　　)。

A. 职工代表的比例不得少于监事会成员的1/3

B. 总经理可以兼任监事

C. 监事会设主席1人

D. 监事会成员不得少于3人

26. 根据公司法律制度的规定，下列各项中，属于上市公司监事会职权的有(　　)。

A. 提议召开临时董事会

B. 提议召开临时股东大会

C. 选举和更换由股东代表出任的监事

D. 提名独立董事候选人

27. 甲上市公司拟聘请独立董事。根据公司法律制度的规定，下列人员中，不得担任该上市公司独立董事的有(　　)。

A. 王某，因侵占财产被判刑，3年有期徒刑刑满释放未逾3年

B. 张某，甲上市公司的法律顾问

C. 赵某，个人负债100万元到期未清偿

D. 李某，甲上市公司某监事的弟弟

28. 根据公司法律制度的规定，上市公司独立董事在经公司全体独立董事1/2以上同意后，可以行使的职权有(　　)。

A. 事先认可提交董事会讨论的总额高于300万元的关联交易事项

B. 向董事会提议聘用或者解聘会计师事务所

C. 在股东大会召开前公开向股东征集投票权

D. 提议召开董事会

29. 根据公司法律制度的规定，上市公司的下列事项中，独立董事应当发表独立意见的有(　　)。

A. 公司董事的提名

B. 解聘公司经理

C. 公司高级管理人员的薪酬

D. 公司内部管理机构的设置

30. 根据公司法律制度的规定，下列情形中，导致股份有限公司董事会的决议不成立的有(　　)。

A. 出席会议的董事人数不符合公司法或者公司章程的规定

B. 会议的表决结果未达到公司法或者公司章程规定的通过比例

C. 会议的召集程序、表决方式违反法律、行政法规或者公司章程

D. 决议内容违反公司章程

31. 根据公司法律制度的规定，下列诉讼中，应当列公司为被告的有(　　)。

A. 股东请求公司分配利润案件

B. 股东提起解散公司诉讼

C. 原告请求确认股东大会决议不成立案件

D. 原告请求撤销董事会决议案件

32. 根据公司法律制度的规定，下列人员中，可以作为原告请求人民法院确认股东大会决议不成立的有(　　)。
A. 与该决议有直接利害关系的公司股东
B. 与该决议有直接利害关系的公司董事
C. 与该决议有直接利害关系的公司监事
D. 与该决议有直接利害关系的公司债权人

同步强化练习题参考答案及解析

“扫码看解析”
使用“微信”或“会计云课堂”APP扫右方二维码，对答案、看解析、听名师讲难题，开启轻松过关之旅。

一、单项选择题

1. 【答案】 C
2. 【答案】 C
解析：股东（郑某）不按照规定缴纳出资的，除应当向公司足额缴纳外，还应当向已按期足额缴纳出资的其他股东（蔡某）承担违约责任。
3. 【答案】 D
4. 【答案】 A
5. 【答案】 B
解析：发起人为设立公司以设立中公司的名义与他人订立合同，根据《民法总则》的规定，公司成立后自动承担该合同义务。
6. 【答案】 C
解析：发起人为设立公司以自己的名义与他人订立合同，根据《民法总则》的规定，合同相对人有权选择请求该发起人或者成立后的公司承担合同义务。
7. 【答案】 C
解析：（1）选项AB：有限责任公司的股东有权要求查阅（不包括复制）会计账簿，而股份有限公司的股东没有该项权利；（2）选项D：股份有限公司的股东有权查阅（不包括复制）财务会计报告。
8. 【答案】 A
解析：（1）选项ABC：有限责任公司的股东有权查阅、复制公司章程、股东会会议记录、董事会会议决议、监事会会议决议和财务会计报告；（2）选项D：有限责任公司的股东有权要求查阅（不包括复制）会计账簿。
9. 【答案】 D
解析：（1）选项B：股东代表公司对董事、监事、高级管理人员或者他人提起诉讼的案件，胜诉利益归属于公司；（2）选项CD：股东代表公司对董事、监事、高级管理人员或者他人提起诉讼的案件，其诉讼请求部分或者全部得到人民法院支持的，公司应当承担股东因参加诉讼支付的合理费用。
10. 【答案】 D
11. 【答案】 A
12. 【答案】 B
13. 【答案】 B
解析：选项ACD：属于股东会的职权。
14. 【答案】 A
解析：（1）选项A：有限责任公司首次股东会由出资最多的股东召集和主持；（2）选项B：代表10%以上表决权的股东有权提议召开股东会临时会议，张某的表决权仅为5%；（3）选项CD：修改公司章程、解散公司属于有限责任公司股东会的特别决议事项，必须经代表2/3以上表决权的股东通过，张某、王某和李某的表决权合计为56%，王某和李某的表决权合计为51%，均未达到2/3的法定要求。

15.【答案】A

16.【答案】C

解析：(1) 选项AD：有限责任公司的经理、副经理及财务负责人由董事会决定聘任或解聘；(2) 选项B：属于董事会的职权。

17.【答案】D

解析：(1) 选项AC：股东人数较少或者规模较小的有限责任公司，可以不设董事会，只设1名执行董事，执行董事可以兼任公司经理；(2) 选项B：股东人数较少或者规模较小的有限责任公司，可以不设监事会，只设1～2名监事；未设监事会的，可以不考虑职工代表的问题；(3) 选项D：公司董事、高级管理人员不得兼任监事。

18.【答案】A

解析：选项BCD：董事、高级管理人员不得兼任监事。

19.【答案】C

解析：(1)选项A：一人有限责任公司可以不设立董事会，只设1名执行董事，执行董事可以兼任公司经理；(2)选项B：一人有限责任公司可以不设立监事会，设1～2名监事(无须考虑职工代表的问题)；(3)选项C：一人有限责任公司不设股东会，股东作出决定时，应当采用书面形式，并由股东签名后置备于公司。

20.【答案】C

解析：(1)选项A：国有独资公司设经理，由董事会聘任或者解聘；(2)选项B：董事长、副董事长由国有资产监督管理机构从董事会成员中指定；(3)选项D：国有独资公司监事会成员不得少于5人，其中职工代表的比例不得低于1/3。

21.【答案】A

22.【答案】D

解析：(1) 选项A：公司法定代表人依照公司章程的规定，由董事长、执行董事或者经理担任（副经理不能担任法定代表人）；(2) 选项B：股东人数较少或者规模较小的有限责任公司，可以不设立董事会，只设1名执行董事，但董事的任期不得超过3年（不能是4年）；(3) 选项C：股东人数较少或者规模较小的有限责任公司，可以不设立监事会，只设1～2名监事，不设立监事会的，可以不考虑职工代表的问题，但监事任期为法定制3年（不能是2年）；(4) 选项D：有限责任公司的股东对外转让股权时，先看公司章程的规定（公司章程爱怎么规定就怎么规定），公司章程未规定时，才适用《公司法》的规定（经其他股东过半数同意）。

23.【答案】C

解析：(1) 选项AB：在上市公司或者其附属企业任职的人员及其直系亲属和主要社会关系，不得担任独立董事；(2) 选项C：直接或者间接持有上市公司已发行股份1%以上的自然人股东及其直系亲属（岳父不属于直系亲属），不得担任独立董事；(3) 选项D：在直接或者间接持有上市公司已发行股份5%以上的股东单位任职的人员及其直系亲属，不得担任独立董事。

24.【答案】C

解析：选项C：公司股东、董事、监事等请求确认股东（大）会、董事会决议无效或者不成立的，人民法院应当依法予以受理。

25.【答案】C

解析：(1) 选项A：公司公开发行股份前已发行的股份，自公司股票在证券交易所上市交易之日起1年内不得转让；(2) 选项B：董事、监事、高级管理人员所持本公司股份，自公司股票上市交易之日起1年内不得转让；(3) 选项C：上市公司董事、监事、高级管理人员在任职期间每年转让的股份不得超过其所持有本公司股份总数的25%；但其所持股份不超过1000股的，可以一次性全部转让，不受25%的限制；(4) 选项D：董事、监事、高级管理人员离职后 6 个月内，不得转让其所持有的本公司股份。

26.【答案】B

解析：（1）选项 A：公司利润分配顺序是法定的，股东大会不得决议在弥补亏损前向股东分配利润；（2）选项 B：有限责任公司按照股东实缴的出资比例分配，但全体股东约定不按照出资比例分配的除外；（3）选项 C：股份有限公司按照股东持有的股份比例分配，但股份有限公司章程规定不按持股比例分配的除外。

27.【答案】A

二、多项选择题

1.【答案】BC

2.【答案】ABCD

3.【答案】ABD

解析：（1）选项 A：属于"通过虚构债权债务关系将其出资转出"的行为；（2）选项 B：属于"利用关联交易将出资转出"的行为；（3）选项 D：属于"制作虚假财务会计报表虚增利润进行分配"的行为。

4.【答案】ABCD

解析：（1）选项 AB：有限责任公司的股东按照实缴的出资比例分取红利；但是，全体股东可以事先约定不按照出资比例分取红利；（2）选项 CD：有限责任公司的股东按照出资比例行使表决权，但公司章程另有规定的除外。

5.【答案】CD

解析：选项 AB：有限责任公司的股东有权要求查阅（不包括复制）公司会计账簿，但应当向公司提出书面请求（口头不行），说明目的。

6.【答案】AB

7.【答案】ABCD

8.【答案】ABCD

9.【答案】BD

10.【答案】ACD

解析：（1）选项 B：资本公积金不得用于弥补亏损；（2）选项 C：有限责任公司按照股东实缴的出资比例分配，但全体股东约定不按照出资比例分配的除外；（3）选项 D：股份有限公司按照股东持有的股份比例分配，但股份有限公司章程规定不按持股比例分配的除外。

11.【答案】CD

解析：（1）选项 A：资本公积金不得用于弥补亏损；（2）选项 B：法定公积金可以转增公司资本，但所留存的该项公积金不得少于转增前公司注册资本的 25%。

12.【答案】BC

解析：（1）用法定公积金转增资本时，转增后所留存的该项公积金不得少于转增前公司注册资本的 25%，本次最多转增 250 万元；（2）用任意公积金转增资本的，不受 25%的限制。

13.【答案】BD

解析：选项 AC：属于股东会的职权。

14.【答案】AB

解析：（1）选项 C：属于股东会的职权；（2）选项 D：属于董事会的职权。

15.【答案】ABCD

解析：（1）选项 A：两个以上的国有企业投资设立的有限责任公司，董事会中应当包括职工代表，股东会只能选举和更换由"非职工代表"担任的董事；（2）选项 B：监事会中应当包括职工代表，股东会只能选举和更换由"非职工代表"担任的监事；（3）选项 CD：属于董事会的职权。

16.【答案】AD

解析：（1）选项 AB：代表 1/10 以上表决权的股东有权提议召开临时股东会，丙享有 13%的表决权，有权提议召开临时股东会；（2）选项 CD：变更公司形式属于股东会的特别决议，必须经代表全部表决权 2/3 以上的股东通过，甲和丙的表决权仅为 63%，未达到 2/3 的法定要求。

17.【答案】AB

18. 【答案】 ABC

解析：选项 D：国有独资公司设监事会，其成员不得少于 5 人。

19. 【答案】 BCD

20. 【答案】 AD

解析：(1) 选项 A：董事人数不足公司章程所规定人数的 2/3 时，应当召开临时股东大会；(2) 选项 B：公司未弥补亏损尚未达到实收股本总额的 1/3，无须召开临时股东大会。

21. 【答案】 ABD

22. 【答案】 BD

解析：(1) 选项 A：董事会会议由董事长召集和主持，董事长不能或者不履行职务的，由副董事长履行职务；(2) 选项 B：对增加注册资本作出决议属于股东大会的职权；(3) 选项 C：聘任或者解聘公司经理属于董事会的职权；(4) 选项 D：董事会的会议记录由出席会议的董事签名（只有王某的签名不行，而且记录员无须签名）。

23. 【答案】 AC

解析：(1) 董事李某应当回避，无关联关系的董事人数为 10 人；(2) 董事张某、刘某未参加本次会议，出席会议的无关联关系董事人数为 8 人，超过了无关联关系董事人数的半数，符合会议召开条件；(3) 8 人参加表决，有 3 个董事不同意，赞成票为 5 票，未超过无关联关系董事人数的半数（赞成票至少应为 6 票），该决议不能通过。

24. 【答案】 AC

解析：选项 AB：上市公司董事（梁某）与董事会会议决议事项所涉及的企业（坤诚公司）有关联关系的，梁某不得对该项决议行使表决权，吴某也不得代梁某行使表决权。

25. 【答案】 ACD

解析：选项 B：董事、高级管理人员不得兼任监事。

26. 【答案】 ABD

解析：选项 C：属于股东大会的职权。

27. 【答案】 ABCD

解析：(1) 选项 A：因贪污、贿赂、侵占财产、挪用财产或者破坏社会主义市场经济秩序，被判处刑罚，执行期满未逾 5 年的，不得担任董事、监事、高级管理人员；(2) 选项 B：为上市公司或者其附属企业提供财务、法律、咨询等服务的人员，不得担任独立董事；(3) 选项 C：个人所负数额较大的债务到期未清偿的，不得担任董事、监事、高级管理人员；(4) 选项 D：在上市公司或者其附属企业任职的人员及其直系亲属和主要社会关系，不得担任独立董事。

28. 【答案】 ABCD

29. 【答案】 ABC

30. 【答案】 AB

31. 【答案】 ABCD

32. 【答案】 ABCD

解析：公司股东、董事、监事、高级管理人员、员工、公司债权人等与诉讼决议有直接利害关系的当事人请求确认股东（大）会、董事会决议无效或者不成立的，人民法院应当依法予以受理。